普通高等教育新形态教材

U0366823

GUOJI MAOYIXUE LILUN YU ZHENGCE

国际贸易学
理论与政策

李汉君　张　霞◎主　编

代　磊　霍　杰
苗长青　陈晓琴　◎副主编

杨美玲　刘　颖　赵亚茹◎参　编

清华大学出版社
北京

内容简介

本书紧扣国际贸易中的热点问题，吸收和借鉴国内外同行的研究成果，从国际贸易理论与国际贸易政策两个方面，深入系统地介绍了国际分工、世界市场与世界市场价格，古典国际贸易理论，新古典国际贸易理论，保护贸易理论，当代国际贸易理论，国际贸易政策，关税措施，非关税措施，出口鼓励和出口管制措施，国际贸易体制，国际服务贸易，国际投资与跨国公司，以及区域经济一体化等内容。

本书适合应用型本科院校国际贸易类专业的学生使用，也适合其他跨专业的学生选修使用或作为国际贸易从业者的参考用书。

图书在版编目(CIP)数据

国际贸易学：理论与政策 / 李汉君，张霞主编. —北京：清华大学出版社，2022.5(2025.1重印)
普通高等教育新形态教材
ISBN 978-7-302-60678-9

Ⅰ.①国…　Ⅱ.①李…②张…　Ⅲ.①国际贸易-高等学校-教材　Ⅳ.①F74

中国版本图书馆 CIP 数据核字(2022)第 069398 号

责任编辑：刘志彬
封面设计：汉风唐韵
责任校对：宋玉莲
责任印制：刘海龙

出版发行：清华大学出版社
　　　　　网　　　址：https://www.tup.com.cn，https://www.wqxuetang.com
　　　　　地　　　址：北京清华大学学研大厦 A 座　　　邮　　编：100084
　　　　　社 总 机：010-83470000　　　邮　　购：010-62786544
　　　　　投稿与读者服务：010-62776969，c-service@tup. tsinghua. edu. cn
　　　　　质量反馈：010-62772015，zhiliang@tup. tsinghua. edu. cn
印 装 者：三河市少明印务有限公司
经　　销：全国新华书店
开　　本：185mm×260mm　　　印　　张：18.75　　　字　　数：478 千字
版　　次：2022 年 5 月第 1 版　　　印　　次：2025 年 1 月第 3 次印刷
定　　价：52.50 元

产品编号：095209-01

前　言

国际贸易学是经济学的重要分支学科，它通过研究各国或地区间货物和服务交换活动的产生、发展过程以及贸易利益的产生和分配，揭示这种交换活动的特点和规律。国际贸易对世界经济的发展乃至人类社会的进步都起到了巨大的促进作用。改革开放以来，为适应我国对外开放和经济发展的需要，国际贸易学科在我国得到迅速的发展，国际贸易专业的学生也越来越多。进入21世纪以来，国际经济贸易环境发生了重大变化，对我国外经贸人才的素质和知识结构提出了更高的要求；同时，随着我国对外贸易的迅速发展，基层外经贸部门和企业对应用型外经贸人才的需求也随之增加。学习国际贸易有助于掌握国际贸易理论、通晓国际贸易政策和规则，成为能从事国际贸易经营、管理和研究的人才。

为适应培养新型经贸人才的需要，我们在广泛吸收国内外国际贸易学教材成果的基础上，结合多年的教学实践，编写了本书，目的是使学生掌握和学会运用国际贸易中的基本理论、基本知识和基本技能，培养学生分析和解决国际贸易问题的能力，并为毕业后从事对外经济贸易工作奠定良好的基础。

本教材是以纸质教材为核心、以互联网为载体、以信息技术为手段，通过多种形式将纸质内容与数字化资源相融合的新形态教材。本教材开展线上线下互动教学，使教学双方深度参与教与学的过程。

本书力求做到以下几点。

▶ **1. 体系完整**

在设计本教材框架结构时，参阅了国内外具有代表性的相关教材并结合编写人员多年的教学经验，形成本书的结构体系。同时，在教材体系上采取了国际上惯用的方法，将全书划分为国际贸易理论和国际贸易政策两大部分，便于学生学习和掌握。

▶ **2. 内容新颖**

国际贸易理论一直是一个非常活跃的研究领域，本书在保证思想性、科学性的前提下，注重对国际贸易发展的新领域、新现象、新理论、新规则的介绍，把当代国际贸易学理论与实践的最新发展纳入本书。

▶ **3. 联系实际**

本书在对各种贸易理论、政策措施论述的同时，注重理论与实际的结合，在保证理论系统完整的同时，又注重案例分析，培养学生独立分析问题、思考问题和解决问题的能力。

▶ 4. 适用范围广

在教学内容的难易程度方面，本书既可满足国际贸易学基础教学的需要，又便于学有余力的读者了解更深入的内容。

▶ 5. 便于教学使用

作为"互联网＋"新形态教材，本书在每章前有学习目标，有助于学生明确学习目的；在正文中以二维码的形式嵌入在线拓展阅读；章后有本章小结、案例分析、思考题和线上课堂。

本书由李汉君、张霞任主编；代磊、霍杰、苗长青、陈晓琴任副主编；杨美玲、刘颖、赵亚茹参与编写和修改。具体分工如下：李汉君编写第一～三章；代磊编写第四章和第八章；张霞编写第五～七章；霍杰编写第九章；陈晓琴编写第十章；苗长青编写十一章；杨美玲编写第十二章；刘颖编写第十三章；赵亚茹编写第十四章。全书由李汉君负责统稿。

本书的编写得到了有关院校和许多同行的大力支持和协助，在编写过程中参考了国内外有关学者的著述和研究成果，在此一并表示谢意。

由于编者的水平有限，书中难免有疏漏之处，恳请广大读者提出宝贵意见和建议，以使本书不断完善。

编　者

目　录

第一章　导论 ·· 1
　　学习目标 ·· 1
　　第一节　国际贸易学的研究对象和内容 ······························· 1
　　第二节　国际贸易的产生与发展 ··· 5
　　第三节　国际贸易的基本概念和分类 ·································· 17
　　本章小结 ··· 25
　　案例分析 ··· 25
　　思考题 ·· 26
　　线上课堂——训练与测试 ··· 26

第二章　国际分工、世界市场与世界市场价格 ···················· 27
　　学习目标 ··· 27
　　第一节　国际分工 ·· 27
　　第二节　世界市场 ·· 33
　　第三节　世界市场价格 ·· 37
　　本章小结 ··· 41
　　案例分析 ··· 41
　　思考题 ·· 42
　　线上课堂——训练与测试 ··· 42

第三章　古典国际贸易理论 ··· 43
　　学习目标 ··· 43
　　第一节　绝对优势理论 ·· 43
　　第二节　比较优势理论 ·· 49
　　第三节　相互需求理论 ·· 52
　　本章小结 ··· 56
　　案例分析 ··· 57
　　思考题 ·· 57
　　线上课堂——训练与测试 ··· 57

第四章　新古典国际贸易理论 ··· 58
　　学习目标 ··· 58

第一节　要素禀赋理论 ·· 58
第二节　"里昂惕夫之谜"及其解释 ···························· 63
本章小结 ·· 68
案例分析 ·· 68
思考题 ·· 69
线上课堂——训练与测试 ···································· 69

第五章　保护贸易理论 ·· 70
学习目标 ·· 70
第一节　重商主义 ·· 70
第二节　保护关税理论 ······································ 73
第三节　保护幼稚工业理论 ·································· 75
第四节　超保护贸易理论 ···································· 79
第五节　中心—外围理论 ···································· 82
第六节　战略性贸易政策理论 ································ 85
本章小结 ·· 89
案例分析 ·· 90
思考题 ·· 90
线上课堂——训练与测试 ···································· 90

第六章　当代国际贸易理论 ·· 91
学习目标 ·· 91
第一节　新要素理论 ·· 91
第二节　技术差距理论和产品生命周期理论 ·················· 93
第三节　产业内贸易理论 ···································· 97
第四节　国家竞争优势理论 ································· 102
本章小结 ··· 109
案例分析 ··· 110
思考题 ··· 110
线上课堂——训练与测试 ··································· 110

第七章　国际贸易政策 ··· 111
学习目标 ··· 111
第一节　国际贸易政策概述 ································· 111
第二节　自由贸易政策的演变 ······························ 115
第三节　保护贸易政策的演变 ······························ 118
第四节　发展中国家的对外贸易政策 ························ 122
第五节　发达国家的对外贸易政策新趋势 ···················· 127
本章小结 ··· 129
案例分析 ··· 130
思考题 ··· 130

线上课堂——训练与测试 ·································· 130

第八章 关税措施 ······················· 131
学习目标 ······················· 131
第一节 关税概述 ······················· 131
第二节 关税的主要种类 ······················· 133
第三节 关税的征收 ······················· 139
第四节 关税的经济效应 ······················· 145
第五节 关税水平与保护程度 ······················· 148
本章小结 ······················· 152
案例分析 ······················· 153
思考题 ······················· 153
线上课堂——训练与测试 ······················· 153

第九章 非关税措施 ······················· 154
学习目标 ······················· 154
第一节 非关税壁垒概述 ······················· 154
第二节 非关税壁垒的主要种类 ······················· 157
第三节 新型非关税壁垒 ······················· 165
第四节 非关税壁垒对国际贸易的影响 ······················· 177
本章小结 ······················· 179
案例分析 ······················· 179
思考题 ······················· 180
线上课堂——训练与测试 ······················· 180

第十章 出口鼓励和出口管制措施 ······················· 181
学习目标 ······················· 181
第一节 鼓励出口措施 ······················· 181
第二节 出口管制措施 ······················· 191
本章小结 ······················· 193
案例分析 ······················· 194
思考题 ······················· 194
线上课堂——训练与测试 ······················· 194

第十一章 国际贸易体制 ······················· 195
学习目标 ······················· 195
第一节 国际贸易条约与协定 ······················· 195
第二节 关税与贸易总协定 ······················· 200
第三节 世界贸易组织 ······················· 206
第四节 中国与世界贸易组织 ······················· 212
第五节 世界贸易组织的新发展 ······················· 217

本章小结 ·· 222

案例分析 ·· 222

思考题 ·· 223

线上课堂——训练与测试 ·· 223

第十二章　国际服务贸易 ··· 224

学习目标 ·· 224

第一节　国际服务贸易概述 ·· 224

第二节　国际服务贸易的发展 ··· 228

第三节　《服务贸易总协定》 ··· 233

第四节　服务外包 ··· 236

本章小结 ·· 238

案例分析 ·· 239

思考题 ·· 239

线上课堂——训练与测试 ·· 239

第十三章　国际投资与跨国公司 ·· 240

学习目标 ·· 240

第一节　国际投资与国际贸易 ··· 240

第二节　跨国公司与国际贸易 ··· 244

第三节　跨国公司理论 ··· 255

本章小结 ·· 258

案例分析 ·· 259

思考题 ·· 259

线上课堂——训练与测试 ·· 259

第十四章　区域经济一体化 ·· 260

学习目标 ·· 260

第一节　区域经济一体化概述 ··· 260

第二节　区域经济一体化的相关理论 ·· 264

第三节　区域经济一体化组织的发展 ·· 269

第四节　区域经济一体化对国际贸易的影响 ··· 279

第五节　中国与区域经济一体化 ·· 282

本章小结 ·· 286

案例分析 ·· 286

思考题 ·· 287

线上课堂——训练与测试 ·· 287

参考文献 ·· 288

第一章 导 论

学习目标

本章是全书的导读部分，在学习具体的国际贸易知识之前，要对国际贸易有一个宏观的认识。

1. 掌握国际贸易学的研究对象和内容；
2. 了解国际贸易及中国对外贸易产生和发展的基本脉络；
3. 掌握国际贸易的基本概念和分类。

在当今经济全球化大潮的推动下，国际贸易已成为世界各国政治、经济、文化交往的重要领域和平台，成为人们社会经济生活中不能缺失的内容。

那么，为什么各国都追求贸易的增长？为什么贸易可以拉动各国的经济发展？为什么贸易使双方都能获益？其获益的源泉何在？为什么有些国家还要实行市场保护来限制贸易的开展？国际交易中有何共同的规则？交易的具体过程中有何惯例和条件？为了解答这些问题，就必须对国际贸易的相关理论和知识进行系统的学习。如今，我国已成为贸易大国，随着改革开放的深入和经济的发展，我国将更全面地融入全球经济中，同其他国家和地区间的商品、服务等方面的交易将会更加扩大。因此，具备国际贸易知识，了解国际贸易领域的规则，掌握开展国际贸易的技能是非常必要的。

第一节 国际贸易学的研究对象和内容

一、国际贸易的含义和特点

（一）国际贸易的含义

国际贸易（international trade）亦称世界贸易，指各国或地区之间商品和服务的交换活动。它是各国之间劳动分工的表现形式，也是国际经济关系的基本内容，反映了世界各国在经济上的相互联系与依赖。

如果从某个国家或地区的角度来看，一国或地区与其他国家或地区的商品和服务的交换活动称为对外贸易（foreign trade）；有些海岛国家或地区，如英国、日本等，其对外贸易常称为海外贸易（oversea trade）；从全球范围来看，人们往往把各国对外贸易的总和称为世界贸易（world trade）。

（二）国际贸易的特点

国际贸易和国内贸易都是商品和服务的交换，交换过程和货物流向大致相同，经营目的也都是为了取得经济利益和利润。与国内贸易相比，国际贸易又有以下几个特点。

▶ 1. 困难大

由于各国语言、风俗习惯、宗教信仰、法律和贸易法规等不同，世界市场上贸易障碍多，交易技术困难多，交易接洽不方便，不易于进行贸易对手资信调查和市场调查，所以国际贸易的困难大于国内贸易。例如，从语言来看，各国差别很大，尽管当今国际贸易中的通行商业语言是英语，但在有些地区使用得还不够普遍，因此存在交流方面的障碍。从法律和风俗习惯来看，各国也有很大的差异，不了解和掌握这方面的知识，就会给贸易洽商、签约、履行合同和进行市场营销活动带来极大困难，甚至造成重大损失。除此之外，国际贸易的障碍也多于国内贸易。各国为了争夺世界市场，保护本国工业和市场，往往采取关税壁垒与非关税壁垒来限制外国商品的进口。由于可比性、保密性和排他性等原因，使贸易商为开拓国外市场、掌握市场需求动态而进行的市场调查活动也很不容易进行。在国际贸易活动中，一旦出现贸易纠纷，也不容易顺利解决。

▶ 2. 复杂

国际贸易在内容、程序等方面均比国内贸易复杂得多，货币、商业习惯、海关制度以及国际汇兑、货物运输与保险等也均比国内贸易复杂。例如，各国的货币差别很大，货款的计价、支付及结算都远比国内贸易复杂得多。各国和各地区的市场商业习惯不同，对国际贸易中的规则和条例的解释不一致，从而给贸易各方的沟通造成障碍。与此同时，各国的海关制度及其他贸易法规也不同，而货物的种类、品质、规格、包装和商标等必须符合进口国的有关规定才能进入该国市场。此外，国际贸易货款的清偿多以外汇支付，而汇价依各国采取的汇率制度而定，从而使国际汇兑变得更加复杂。在进出口货物的运输中，还要考虑到运输工具、运输合同的条款、运费、承运人与托运人的责任，此外，办理装卸、提货手续及保险也非常复杂。

▶ 3. 风险较大

经营国际贸易可能发生的风险多，这些风险包括信用风险、商业风险、汇兑风险、运输风险、价格风险以及政治风险等。例如，在国际贸易中，由买卖双方接洽、报价、还价、缔约和履约的整个过程中，买卖双方的财务经营可能发生变化，有时会危及履约而导致信用风险；因货样不符、交货期晚、单证不符等，进口商往往拒收货物，从而给出口商造成商业风险；如果出现外汇汇率频繁变化，信息不灵，就会出现汇兑风险；国际货物的运输里程长，由于自然条件和各种人为因素的影响，会产生各种运输风险；贸易双方签约后，货价可能上涨或下跌，对买卖双方会造成价格风险；同时，一些国家因政权更迭频繁、贸易政策不稳和多变，常常使进出口商承担更多的政治风险。

▶ 4. 受不同国家利益关系的制约

各国为了本国的利益制定了不同的外贸政策、措施以及法律法规。国际贸易虽然有共同遵守的国际惯例和国际条约，但仍然受到不同国家外贸政策、法律制度、外交政策的制约。因此，国际贸易中经常会发生国家与国家之间在经济贸易利益方面的矛盾、摩擦与冲突，而国内贸易是在一个国家统一市场内部进行的，因此没有这方面的冲突。

了解国际贸易的特点，认识国际贸易与国内贸易的区别，对于创造有利的外贸经营条件具有重要意义。无论是国家还是企业，在从事国际贸易活动时，都应该认清世界经济和国际贸易的发展趋势，树立良好的商业信誉，掌握市场行情、各国法律制度和贸易政策等有关的专门知识，发展实力和提高竞争力，建立完备的组织结构，从而克服国际贸易的各种困难和障碍，规避经营风险，取得较大的外贸经济效益。

二、国际贸易学的研究对象和内容

（一）国际贸易学的研究对象

国际贸易学作为一门学科，它的研究对象是各国或地区之间货物和服务的交换活动。通过研究这些货物和服务交换活动的产生、发展过程以及贸易利益的产生和分配，揭示这种交换活动的特点和规律。

（二）国际贸易学的研究内容

国际贸易学研究的具体内容包括国际贸易的发展历程、国际贸易理论、国际贸易政策与措施、与国际贸易有关的各种理论与现实问题四个方面。

▶ **1. 国际贸易的发展历程**

国际贸易是一个历史范畴，它是社会生产力和国际分工发展的必然结果。随着生产力的发展，交换活动的领域和范围不断扩大，内容和形式也更加多样化。研究国际贸易产生、发展的历程及其一般发展规律，是深入学习、研究国际贸易理论与政策的重要前提。

▶ **2. 国际贸易理论**

对国际贸易现状的研究促进了国际贸易理论的产生和发展，学习和研究这些理论的精华，是国际贸易课程的重要内容，它主要回答以下三个基本问题。

（1）国际贸易产生的原因。对国际贸易产生原因的研究要回答各种形式的国际贸易为什么产生，它们产生的经济学基础是什么，或者国际贸易产生的动力是什么。了解国际贸易产生的原因，可以进一步明确一国参与国际贸易的目的和动力。对这个问题的回答，不同的国际贸易理论有不同的答案。

（2）国际贸易的结构。国际贸易结构所要研究的是各国进出口贸易的商品种类和数量是如何决定的，这种结构所存在的差异，或者贸易模式是怎样的。通过对国际贸易结构的研究，可以得知国际贸易依托的生产结构或分工结构的特征，从而进一步厘清一国在国际贸易中所出口或进口的商品结构的特征。

（3）国际贸易的结果。对国际贸易结果的研究要回答国际贸易能否给参与国带来经济利益。国际贸易结果的分析主要集中在生产、消费、价格和社会福利等方面，其中，社会福利包括生产者利益、消费者利益、整个社会及整个世界的利益。

▶ **3. 国际贸易政策与措施**

国际贸易直接涉及各国的经济发展，因此，各国都制定了对外贸易的政策与措施。国际贸易政策与措施也是国际贸易研究的重要内容，主要回答以下三个基本问题。

（1）采取特定贸易政策的原因。各国往往根据本国经济发展的实际以及对贸易理论的分析，遵循国际贸易的基本规则，制定有利于本国经济和社会发展的对外贸易政策。国际贸易政策常常是建立在国际贸易理论分析基础上的自然推论。

（2）国际贸易政策与措施，主要包括关税措施和非关税措施等。

（3）国际贸易政策的效果。国际贸易政策的效果是用来检验某种特定的政策措施能否收到预期效果，并且这种预期效果是否有利于政策决策方的利益。

▶ **4. 与国际贸易有关的各种理论与现实问题**

研究国际贸易不可避免地会涉及与国际贸易有关的各种理论与现实问题。而且，研究国际贸易的主要目的也是更好地解决国际贸易发展中所遇到的各种现实问题。

（1）国际贸易中的各种理论问题。国际贸易的发展必然会涉及一系列与货币收付、汇兑、结算、信贷等相关的问题，而且国际贸易的发展必然会促进国际资金流动和国际金融市场的形成，引发人们对国际金融领域内的许多问题进行研究，例如，对国际货币体系的研究、对国际金融机构的研究等。因此，人们通常会把国际金融的有关理论和实际问题，作为国际贸易学科需要研究的一部分内容。

（2）国际贸易中的各种现实问题。国际贸易的发展引起了生产国际化的发展，形成了许多对国际经贸有重大影响的跨国公司，有关这些跨国公司活动的实际问题是国际贸易所要关注和加以解释的。此外，世界各国为了推进国际贸易自由化的发展而建立起世界贸易组织，与世界贸易组织有关的一系列问题，自然也是国际贸易不可回避、必须进行研究的。

三、学习国际贸易的意义和方法

（一）学习国际贸易的意义

▶ 1. 掌握国际贸易理论与政策，为今后的学习和研究打下基础

国际贸易是联结国内生产与国外消费、国内消费与国外生产、国内生产与国外生产的纽带。同时，国际贸易可以给其从事者——商人与外贸公司带来利润，可以使一国国民的生活丰富多彩起来，因此受到大众的欢迎。这些都是容易看到的，不容易看到的则是国际贸易的基础、模式和利益分割，这些需要借助理论分析与抽象推理去观察和认识。国际贸易就是围绕这种分析构筑其体系的。

▶ 2. 认识、理解现实国际贸易现象和政策的需要

作为认识现实经济活动的方法之一，掌握国际贸易相关知识，借以观察、理解、判断当今时代的国际贸易发展趋势，提出或设计、完善国家、企业以及关系到大众福利的贸易战略与政策。

▶ 3. 作为职业准备之一，为从事国际贸易实践活动（就业）创造条件

学习国际贸易是对创造未来生存条件、实现人生价值、服务社会的一种投资和建设。在世界广阔的舞台上追求自身收益最大化，大概是每一位学子的心愿。进入世界市场可以采取商品贸易、知识服务，以及要素流动的方式，无论采取哪种方式，都需要了解国际贸易的基本理论和政策，因为它们可以揭示出这些方式发生的条件和利益所在。因此，了解并掌握有关国际贸易的一般运行规律，积累丰富的国际贸易知识，能为今后走向工作岗位打下良好的基础。

（二）学习国际贸易的方法

▶ 1. 经济学知识的储备

国际贸易理论是国际经济学中非常重要的一个部分，其基础是微观经济学，因此，有人将国际贸易学称为开放条件下的微观经济学或国际微观经济学。由于国际贸易至少涉及两个国家或地区的两种商品交换问题，所以国际贸易问题的讨论比微观经济学要复杂得多。同时，贸易政策理论分析中还涉及福利经济学的知识和政治经济学分析方法，要学好国际贸易学需要打好这些知识基础。

▶ 2. 工具的掌握

国际贸易在研究方法上主要以微观经济分析为基本工具。例如，微观经济学中消费者行为理论和生产者行为理论的一些分析工具，包括生产可能性边界、社会无差异曲线、生产者剩余、消费者剩余、生产均衡、消费均衡等，都是研究国际贸易问题的基本分析

工具。

▶ **3. 正确的方法论**

具体来说，在国际贸易的学习和研究中，应该采用以下方法。

(1) 微观分析和宏观分析。国际贸易中的微观分析主要考察的是国际市场的交易行为，研究国际市场的价格、资源配置、收入分配、经济效率和福利等问题。宏观分析主要研究国际收支的均衡过程、国际收支的调整机制以及它们同国民收入的相互影响等。在实际分析中，往往需要将两者相结合，不能割裂。

(2) 实证分析和规范分析。实证分析是对事实进行描述，不做任何的价值判断。它要回答"是什么"的问题，而不对事物的好坏做评价，实证分析必须是可以用事实来检验的。规范分析是对分析对象做出价值判断，它回答"应该是什么"的问题。实证分析偏重于"纯理论"研究，而规范分析则有很强的政策倾向性。在国际贸易研究中，往往既要说明某些事物是怎样，也要说明应该怎样，前者说明某种理论，后者用已叙述的理论来为其提出的政策提供理论支持，在实际分析中应将两者有机结合。

(3) 静态分析和动态分析。静态分析是指在研究某一因素对过程的影响时，假定其他变量固定不变的一种分析方法。动态分析则要求对事物变化的过程以及变动中的各个变量对过程的影响加以分析。大多数国际贸易学者经常采用的一种分析方法是比较静态分析方法，它既不假定影响研究对象的诸条件是稳定不变的，也不对变量与过程的变动和调整本身加以研究，而是对变化的不同阶段的一些既定结果加以比较分析。

(4) 定量分析和定性分析。定量分析侧重于对数量关系的变化进行考察，需要运用数学原理与公式，形成一定的数学模型，来说明所研究的经济现象中所有的有关经济变量之间的依存关系。定性分析则旨在揭示事物和过程本质的、结构性的联系，强调用逻辑推理方法阐述事物性质与发展趋势。在国际贸易分析中，也需要把两者结合起来使用。

第二节　国际贸易的产生与发展

国际贸易是一个历史的范畴，它是人类社会发展到一定历史阶段的产物。在社会生产力水平不断提高的过程中，国际贸易也在不断地发展和完善。

一、国际贸易的产生

拓展阅读 1-1
国际贸易理论的
产生和发展

国际贸易是国与国之间的商品交换活动，因此，国际贸易的产生必须具备两个基本条件：一是有可供交换的剩余产品；二是国家的形成，各自为政的社会实体之间进行商品交换。前者是指随着社会生产力的发展能够提供交换用的剩余产品；后者是指开始出现各自为政的国家实体。

国际贸易是人类社会生产力发展到一定的阶段才产生和发展起来的，它是社会生产力发展的必然结果。原始社会初期，人类生产还处于自然分工状态。由于生产力水平低下，只能通过集体劳动来平均分配劳动产品，没有剩余的产品，也没有私有制和国家，因此也就不会有对外贸易。到原始社会末期，由于生产力的发展，人类社会经历了三次社会大分工，出现了最初的对外贸易：第一次社会大分工，畜牧业从农业中分离出来，劳动产品有了少许剩余，部落之间有了偶然的物品交换；第二次社会大分工，手工业从农业中分离出来，有了以直接交换为目的的商品生产；第三次社会大分工，商人从农业、手工业者分离出来，有了专门从事商品交换的阶层。在原始社会末期奴隶社会初期，随着生产力的发展和国家的形成，商品交换超出了国界，国家便有了对外贸易，国际贸易也随之产生了。因此，从根本上讲，社会生产力的发展和社会分工的不断扩大，是国际贸易产生和发展的基础。

当时，对外贸易的主要形式是部落之间的物物交换，主要是由部落首领直接进行，主要目的是用于部落成员消费，商品结构以食物等生活资料为主。由于交通等条件的限制，交换的规模很小，只限于邻近的部落之间。

二、国际贸易的发展

国际贸易的发展大致可以分为三个阶段：资本主义社会以前的奴隶社会和封建社会的国际贸易；资产阶级革命后的国际贸易；第二次世界大战后迅速发展的国际贸易。

（一）奴隶社会和封建社会的国际贸易

▶ 1. 奴隶社会的国际贸易

奴隶社会制度最早出现在古代东方国家，如古埃及、古巴比伦、古代中国（殷周时期已进入奴隶社会），但以欧洲的古希腊、古罗马等国的古代奴隶制最为典型。早在公元前2000年前，由于水上交通便利，地中海沿岸的各奴隶社会国家之间就已开展了对外贸易，出现了腓尼基、希腊、罗马等贸易中心。中国的黄河流域贸易中心也在这一时期产生。从贸易的商品结构来看，奴隶社会的国际贸易所交换的主要是奴隶和奢侈消费品，如宝石、香料、各种织物和装饰品等。当时，奴隶也成为对外交换的商品，希腊的雅典就是当时贩卖奴隶的一个中心。

奴隶社会时期，国际贸易有所扩大，但在各国经济中的地位仍然是微不足道的。由于在奴隶社会自然经济占统治地位，商品经济不发达，生产的主要目的是直接消费，商品生产在整个生产中占的比例也很小，加之交通工具简陋，使国际贸易的范围受到很大限制。某些民族或国家商业发达的情况，在当时仍只是一种局部现象。

▶ 2. 封建社会的国际贸易

封建社会取代奴隶社会之后，国际贸易又有了较大发展。尤其是从封建社会的中期开始，实物地租转变为货币地租，商品经济的范围逐步扩大，对外贸易也进一步增长。到封建社会晚期，随着城市手工业的进一步发展，资本主义因素已经开始孕育和生长，商品经济和对外贸易都比奴隶社会有了明显的发展。

从地区范围来看，早期的国际贸易中心位于地中海东部，君士坦丁堡、威尼斯和北非的亚历山大是中世纪著名的三大国际贸易中心。11世纪之后，意大利北部和波罗的海沿海城市的兴起，使贸易范围扩大到了地中海、北海和黑海沿岸。此后城市手工业发展了起来，如意大利北部城市佛罗伦萨成为当时毛纺织业的中心，它从英国和西班牙进口羊毛，从荷兰进口粗制呢绒，进行纺织与加工后输往东方。城市手工业的发展推动了当时国际贸易的发展，而国际贸易的发展又促进了手工业的发展和社会经济的进步，并促进了资本主义因素在欧洲各国内部的迅速发展。

从商品结构来看，封建社会的国际贸易所交换的仍主要是奢侈消费品和生活必需品，如东方国家的丝绸、珠宝、香料，西方国家的呢绒、酒等。手工业品在国际贸易中的比重有了明显的上升。与此同时，交通运输工具，主要是造船技术有了较大进步，使得国际贸易的范围扩大了，更多国家和地区的产品进入了国际贸易领域。不过由于自然经济仍占统治地位，封建社会的国际贸易在经济生活中所起的作用还相当小。

总体来说，在奴隶社会和封建社会，由于生产力水平低下以及生产方式和交通条件的限制，国际贸易的商品种类和贸易范围都有着很大的局限性，国际贸易在社会经济中都不占主要地位，只有资本主义社会机器大工业建立以后，国际贸易才有了广泛而迅速的发展。

(二) 资产阶级革命后的国际贸易

国际贸易的产生虽然源远流长，但真正具有世界意义的国际贸易是在资本主义生产方式建立起来之后。在资本主义生产方式下，国际贸易急剧扩大，贸易活动遍及全球，贸易商品种类日益增多，国际贸易越来越成为影响世界经济发展的一个重要因素。在资本主义发展的各个不同历史时期，国际贸易的发展又各具特征。

▶ **1. 资本主义原始积累时期的国际贸易(16—18世纪中叶)**

16—18世纪中叶是西欧各国资本主义原始积累和工场手工业发展的时期，这一时期是资本主义生产方式的准备时期。工场手工业的发展使劳动生产率得到提高，商品生产和商品交换进一步发展，为国际贸易的扩大提供了物质基础。这一时期的"地理大发现"更是加速了资本的原始积累，促使世界市场初步形成，从而大大扩展了世界贸易的规模。

从贸易的地区范围来看，主要是大西洋沿岸的荷兰、葡萄牙、西班牙、意大利、英国、法国。1492年，意大利航海家克里斯托弗·哥伦布(Christophe Columbus)由西班牙出发，经大西洋发现了美洲；1498年，葡萄牙人达·伽马(Vascp da Gama)从欧洲绕道南非好望角直达印度，这些都对欧洲的经济与贸易的发展产生了深远的影响。"地理大发现"使西欧国家纷纷走上了向亚洲、美洲和拉丁美洲扩张的道路，在殖民主义制度下进行资本的血腥原始积累。殖民主义者用武力、欺骗和贿赂等办法，实行掠夺性贸易，把广大的殖民地国家卷入国际贸易中，国际贸易的范围和规模空前地扩大了。"地理大发现"还导致世界贸易中心的转移，伊比利亚半岛上的里斯本、塞维利亚，大西洋沿岸的安特卫普、阿姆斯特丹、伦敦等地取代远离大西洋海上商路的威尼斯、亚历山大和君士坦丁堡，成为世界贸易中心。

从贸易的商品结构来看，主要是原料、工业品、非洲奴隶。国际贸易中的商品结构也开始转变，工业原料和城市居民消费品的比重上升，一些从未进入欧洲市场的新商品，如烟草、可可、咖啡、茶叶等都加入国际商品的流通范围中。可见，资本主义原始积累时期的国际贸易比奴隶社会和封建社会有了很大的发展。

▶ **2. 资本主义自由竞争时期的国际贸易(18世纪60年代—19世纪70年代)**

18世纪中叶—19世纪中叶是资本主义自由竞争时期，这一时期是资本主义生产方式确立的时期，欧洲国家先后发生了产业革命和资产阶级革命，资本主义大机器工业得以建立并广泛发展。18世纪中叶，英国开始第一次产业革命，蒸汽机、纺纱机、织布机等的发明和应用，使工场手工业发展到机器大工业。而机器大工业的建立和发展，一方面，使社会生产力水平得到巨大的提高，商品产量大大增加，可供交换的商品空前增多，真正的国际分工开始形成；另一方面，机器大工业使交通运输和通信联络发生了巨大的变革，为国际贸易提供了极大的便利并大大推动了国际贸易的发展。

在资本主义自由竞争时期，国际贸易的特点表现在以下几个方面。

(1) 国际贸易量显著增长。1800—1870年国际贸易量增长了10多倍，年均增长率从1780—1800年的0.27%增加到1860—1870年的5.53%。

(2) 国际贸易的商品结构发生了很大变化，主要是初级产品和工业品中，工业品比重显著上升。18世纪末以前的大宗商品交易，如香料、茶叶、丝绸、咖啡等，虽然绝对量在增加，但所占份额已经下降。在工业品贸易中，以纺织品的增长最为迅速并占有重要地位。以前，欧洲国家都从中国和印度进口棉布，19世纪英国完成工业革命以后成为棉布的主要出口国，其出口商品中有 1/3～1/2 是纺织品。煤炭、钢铁、机器等商品的贸易也有了很大的增长。同时，粮食也开始成为国际贸易的大宗商品。由于工业发展的需求和运输费用的降低，粮食贸易额占当时国际贸易总额的 10% 左右。

（3）英国成为世界贸易的中心。在19世纪的世界贸易中，英国、法国、德国、美国居于重要地位，其中又以英国居最前列。依靠工业革命所积累的雄厚技术基础，英国取得世界工业的霸主地位，成为名副其实的"世界工厂"。1870 年，英国在世界贸易中的比重达 25%，几乎相当于法国、德国和美国的总和。与其在世界贸易中的中心地位相对应的是，当时英国拥有的商船吨位也占世界第一位，超过荷兰、法国、美国、德国、俄国等国商船吨位的总和。依靠强大的海运业，英国从其他国家获得了廉价的原料，控制着其他国家的贸易往来，并获得了巨额的贸易收入。

（4）国际贸易的方式有了进步，出现了期货贸易、凭样交易。这一时期国际定期集市的作用下降，现场看货交易逐渐转变为样品展览会和商品交易所，根据样品来签订合同。1848 年，芝加哥出现了第一个谷物交易所；1862 年，伦敦成立了有色金属交易所；19世纪后半叶，纽约成立了棉花交易所。期货交易也开始出现，小麦、棉花等常常在收获之前就已经售出，交易所里的投机交易也应运而生。

（5）国际贸易的组织形式有了改进。出现了外贸公司和国际贸易服务的组织。19世纪以前，英国、荷兰、法国等纷纷建立了由政府特许的海外贸易垄断公司（如东印度公司等）。随着贸易规模的扩大，享有特权的外贸公司逐步让位于在法律上负有限责任的股份公司，对外贸易的经营组织日趋专业化，成立了许多专门经营某一种或某一类商品的贸易企业。同时，为国际贸易服务的组织也趋向专业化，出现了专门的运输公司、保险公司等，银行信贷业务在国际贸易中也开始广泛运用。

（6）政府在对外贸易中的作用出现了转变，在国内主张自由放任，国家之间开始普遍签订贸易条约。政府对外贸经营的干预减少，在国际上为了调整各国彼此间的贸易关系，协调移民和其他待遇方面的问题，国家之间开始普遍签订贸易条约。

▶ **3. 垄断资本主义时期的国际贸易（19世纪70年代—第二次世界大战期间）**

19世纪末20世纪初，各主要资本主义国家从自由竞争阶段过渡到垄断资本主义阶段。19世纪最后30年间，发生了以电力和内燃机发明与应用为标志的第二次产业革命。产业革命使一些新兴工业如汽车、飞机、轮船等制造业相继出现，这一方面推动了工业的迅速发展，另一方面使世界的交通运输业发生了革命性的变化，促进了国际贸易的增长。这个时期的国际贸易具有以下特点。

（1）国际贸易规模仍在扩大，但增长速度下降。截至第一次世界大战（以下简称"一战"）前，国际贸易仍呈现出明显的增长趋势，但同自由竞争时期相比，速度已经下降了。例如，在 1870—1913 年的 43 年期间，世界贸易量只增加了 3 倍，而在 1840—1870 年的 30 年自由竞争期间，国际贸易却增长了 3.4 倍之多。第一次产业革命后，19世纪70年代又发生了以电力的发明与应用为标志的第二次科技革命。科技革命推动了经济增长，也促进了国际贸易的增长。但由于垄断形成的市场分割和垄断高价对国际贸易增长带来了负面影响，因此，同自由竞争时期相比这一时期的增长速度下降了。

（2）贸易商品结构发生了变化。国际贸易商品结构发生变化。初级产品和工业制成品在国际贸易中所占比重持续稳定，但内部结构发生了变化。制成品贸易中，纺织品所占比例持续下降，金属产品的比例持续上升，化学产品、纸张、木制品、玻璃制品也增长迅速。在初级产品中，随着生产的迅速发展，矿产原料所占比例快速上升，食品和农业原料的比例下降。

（3）贸易格局发生了变化。在这一时期内，美国和德国迅速崛起，工业生产取得了跳跃式的发展，而英国世界贸易第一位的地位下降，其作为"世界工厂"的地位已逐步丧失。

（4）经济落后国家被卷进国际分工体系。这一时期，垄断组织把资本输出和商品输出直接结合起来，加重了对殖民地、附属国的掠夺；同时，殖民地、附属国不仅在对外贸易上，而且所有经济活动都卷入错综复杂的国际经济联系中，形成了资本主义的世界经济体系。这些经济落后国家由于加入了国际分工体系，或是由于受跨国公司或殖民体系的影响，不仅成为发达国家的原料产地和商品销售市场，而且成为重要的投资场所。因此，国际贸易使这些国家成为资本主义世界经济体系中的重要组成部分。

（5）垄断势力加剧竞争，国际贸易受到冲击。这一时期，各主要资本主义国家之间的竞争更趋激烈，关税壁垒与非关税壁垒等贸易政策措施进一步加深了资本主义国家之间的矛盾，而经济发展不平衡的日益加剧，也使资本主义国家之间为重新瓜分世界市场的争斗日趋尖锐，最终引发了世界大战。两次世界大战使世界经济和国际贸易的发展受到很大的冲击。1929—1933 年的世界经济大危机更是破坏广泛、影响深远，使各主要资本主义国家的经济和贸易均陷入了普遍的衰退和萧条之中。

（三）第二次世界大战后迅速发展的国际贸易

第二次世界大战（以下简称"二战"）以后，特别是 20 世纪 80 年代以来，世界经济发生了巨大的变化，科技进步的速度不断加快。国际分工、世界市场和国际贸易也都发生了巨大的变化。概括起来，当代国际贸易发展有以下新特征。

▶ **1. 国际贸易规模空前扩大**

国际贸易发展迅速，国际贸易的增长速度大大超过世界产值的增长速度，服务贸易的增长速度又大大超过货物贸易的增长速度。世界货物贸易额从 1950 年的 607 亿美元增加到 2008 年的 16.07 万亿美元，增加了 263 倍多。2021 年新冠疫情肆虐，但全球贸易额达到创纪录的 28.5 万亿美元。国际贸易在现代经济中的地位越来越重要。其主要原因，一是世界经济高速增长，为国际贸易的增长奠定了雄厚的物质基础；二是"二战"后发生的以原子能、信息技术、新材料技术为标志的第三次科技革命，导致世界各国产业结构和产业组织形式的调整，促进了进出口贸易的快速增长，也带动了国际技术贸易的迅速发展。

▶ **2. 国际贸易结构向高科技、服务业发展**

（1）工业制成品的比重超过初级产品比重。1953 年，工业制成品出口占世界全部商品出口价值的比重为 50.3%，开始超过初级产品。2018 年，国际贸易中制成品贸易占到近 69.7%，2019 年国际贸易中制成品贸易占到近 70.2%。

（2）资本、技术密集型产品比重将越来越大。在工业制成品贸易中，劳动密集型轻纺产品的比重下降，而资本、技术密集型商品所占比重上升，高技术产品的增长加快，化工产品、机器和运输设备等的贸易比重增长也较快。在初级产品贸易中，石油贸易增长迅速，而原料和食品贸易发展缓慢。

（3）国际服务贸易急剧发展。国际服务贸易在整个世界贸易中的比重不断加大。据统计资料显示，2010—2019 年，国际服务贸易额由 7.8 万亿美元猛增到 11.9 万亿美元。服务贸易占世界贸易的比重也从 2012 年的 19.5% 上升到 2019 年的 24.5%。1979 年，国际服务贸易额的增长速度首次超过了货物贸易。21 世纪以来，国际服务贸易的增长速度一直高于货物贸易的增长速度。其中，旅游、通信、计算机、信息、保险和金融服务业所占比重呈上升趋势，而运输业则呈下降趋势。

▶ 3. 以发达国家为中心的贸易格局保持不变，中国成为国际贸易增长的新生力量

发达国家经济体既是世界经济的主要力量，在国际贸易中也居于主导地位。1950—2000年，发达国家占据世界货物出口65%以上的份额。虽然近年来其比重有所下降。但更为重要的是，发达国家通过开展区域贸易合作和控制多边贸易体制来主宰国际贸易秩序，并在国际交换中获得了大部分贸易利益。

中国对外贸易在世界贸易中的总额和排名不断攀升。2009年，中国货物进出口总额在世界货物贸易进出口排名上升到第2位；2010年，中国出口总额和进口总额占世界货物出口和进口的比重分别提高到10.4%和9.1%；2020年中国货物进出口额46 462亿美元，出口25 016亿美元，出口稳居世界第1位，占世界出口总额比重上升为15.8%。2021年中国货物进出口额6.05万亿美元，中国贸易大国地位更加巩固。

▶ 4. 贸易投资一体化趋势明显，跨国公司对全球贸易的主导作用日益增强

跨国公司通过在全球范围内建立生产和营销网络，推动了贸易投资一体化，并对国际经济贸易格局产生了深刻影响。

(1)跨国公司已成为全球范围内资源配置的核心力量。跨国公司总数从1993年的35 000家增加到2001年的65 000家，在全球的子公司达到850 000家。不仅掌握着全球1/3的生产和70%的技术转让，更掌握着全球2/3的国际贸易和90%的外国直接投资。

(2)国际贸易竞争从以比较优势为主，转变为以跨国公司数量和在国际范围内整合资源的能力为主。这就意味着一个国家具备国际竞争优势的企业越多，就越可以在国际分工中更多地整合别国的资源。

(3)国际贸易格局由产业间贸易转向产业内贸易和公司内贸易，主要表现为中间产品、零部件贸易在国际贸易中的比重增加。

(4)跨国公司产业转移不断加快，加工贸易在整个国际贸易中的比重持续提高，已成为发展中国家对外贸易的增长点。

▶ 5. 区域集团化贸易日益活跃

世界主要贸易国为保持其在全球市场上的竞争力，不断寻求与其他国家联合，通过优惠贸易安排、自由贸易区、关税同盟、共同市场等不同方式，组建区域贸易集团，实现在区域内贸易自由化。以1957年成立的欧洲经济共同体(以下简称欧共体)为导线，贸易集团在全球迅速蔓延。进入20世纪90年代，区域经济合作不断地向深度和广度推进，区域贸易集团化步伐进一步加快，贸易集团激增，区域内贸易日益活跃和扩大。区域内贸易的发展和扩大有力地推动了世界贸易的发展。因区域内贸易的开放性高于排他性，预计今后区域内贸易的发展速度仍将高于其对外贸易的增长速度，在世界贸易中的比重会进一步加大。但是，区域贸易集团的排他性和程度不同的贸易转移效应对世界贸易也产生了一些消极影响，在一定程度上困扰着世界贸易组织体制的正常运行和进一步发展。

▶ 6. 多边贸易体制加强，贸易自由化成为贸易政策的主流

"二战"后，国际贸易政策和体制也发生了很大变化，但贸易政策和体制总的特征是自由贸易。关税与贸易总协定和世界贸易组织对"二战"后国际贸易政策和体制的调整，对贸易自由化的推动和多边贸易体制的确立，均起了十分重要的促进作用。在关贸总协定主持

下的多边贸易谈判，关税不断下调，非关税壁垒受到约束，推动了贸易自由化。经济全球化的发展，要求多边贸易体制得到加强，1995 年建立的世贸组织取代了关贸总协定，其管理的贸易协定与协议，从货物延伸到服务贸易、投资和知识产权，使多边贸易体制更加巩固和完善，使贸易自由化向纵深发展。进入 20 世纪 90 年代以来，经济全球化趋势使生产要素在全球范围内更加自由地流动和有效配置，各种限制性的壁垒不断减少甚至逐步消除，自由贸易已是不可逆转的基本潮流。

但是也必须注意，世贸组织诸协议在为自由贸易运作提供制度保证的同时，它所允许的如反倾销、反补贴、技术标准、环境标准等规则，也为发达国家对发展中国家实施歧视性的贸易政策助威增势，诱发了新一轮的贸易保护主义。不仅如此，发达国家还力图通过将贸易与环境保护、贸易与劳工标准、贸易与竞争政策等新贸易问题，提上世贸组织的议事日程，以抵制环境倾销、绿色补贴、不公平竞争等为由对发展中国家实施贸易制裁，这将成为国际贸易"自由化"发展中的障碍。

▶ **7. 世界市场竞争向综合化、集团化和有序化发展**

在国家存在的前提下，为了能以对外贸易带动经济发展，贸易各国和企业在世界市场上进行着激烈的竞争，出现了以下特点。

（1）世界市场竞争日益综合化，表现在：①把货物、服务与知识产权有机地结合起来；②把贸易自由化与允许的保护结合起来；③把关税措施与非关税措施综合使用；④把跨国公司的发展与提高中小企业竞争力结合起来；⑤把国内市场竞争与国外市场竞争有机地结合起来；⑥把价格竞争与非价格竞争有机地结合起来。

（2）世界市场竞争日益集团化，表现在：①地区经贸集团的数目急剧增加，已从 20 世纪 80 年代的 80 多个增加到 21 世纪初的 150 多个；②地区经贸集团的类型更加多样化，除了自由贸易区、关税同盟、共同市场、经济同盟外，还出现了自我承诺类型的经贸集团，如亚太经合组织，个别经贸集团已从经贸集团向政治集团发展，如欧盟；③地区经贸集团形成的基础发生结构性的变化，已突破地区、社会制度和经济发展水平的限制；④经贸集团内部通过贸易和投资等方面的自由化，统一市场，使内部贸易不断扩大。

（3）世界市场竞争向有序化方向发展，表现在：①积极利用世界贸易组织，在世界贸易组织规则基础上进行"开放、公平和无扭曲的竞争"；②国际贸易法律、规则和标准日益趋同化，它们与各国国内的相关法规的相融性在加强。

▶ **8. 国际贸易方式多样化发展**

"二战"后，除了传统的国际贸易方式如包销、代理、寄售、招标、拍卖、展卖等外，又出现了一些新的贸易方式，如补偿贸易、加工贸易和租赁贸易等。这些新型国际贸易方式的发展，不仅扩大了国际贸易的范围，而且增加了国际贸易的深度，使经济发达的国家和经济落后的发展中国家，都能借助不同的贸易方式加入国际分工体系和国际贸易合作的阵营中来。

▶ **9. 国际贸易交易方式网络化**

随着知识经济时代多媒体技术和网络技术的发展，国际贸易交易日益借助国际互联网来完成，出现了所谓的网络贸易。整个交易过程包括交易磋商、签约、货物交付、货款收付等大都在计算机网络上进行。其交易的产品主要是数字化产品，如金融服务、网上娱乐、售票服务、音像书刊、软件设计、咨询服务、信息传递等；也有实物产品交易，即交易磋商、签约、货款支付在网上进行，实物交付在具体地点进行。网络贸易具有如此强大的生命力，引起世界各国和国际经济组织的关注，纷纷制定各种政策和采取各种措施来维护和促进网络贸易的发展。

总之，从以上国际贸易的历史发展中可以看到，尽管世界政治与经济的发展道路并不平坦，但总的趋势仍是不断前进的，特别是和平与发展已成为当今时代的两个主题。在科学技术革命的推动下，经济全球化、生产国际化的趋势越来越突出，这是国际贸易不断发展的强大动力。各个国家在积极参与国际竞争的同时，都有必要也有可能更多地参与国际分工和国际贸易，以促进本国经济的发展。

四、我国对外贸易的产生和发展

我国对外贸易的发展可以分为古代对外贸易、近代对外贸易和新中国对外贸易三个阶段。

(一) 我国古代对外贸易

我国的对外贸易史源远流长，早在秦汉时期，就开辟了从新疆经中亚通往中东和欧洲的"丝绸之路"，丝、茶、瓷器通过"丝绸之路"输往欧洲。明朝郑和率领庞大的船队七下西洋，扩大了海上贸易。通过对外贸易，中国把"四大发明"传播了出去，同时把欧洲各国的物产等输入国内。我国古代对外贸易经历了一系列辉煌时期，到明清又出现了新的特点。

▶ 1. 第一个外贸辉煌时期：汉朝

早在西汉之前，"丝绸之路"就已经出现了。"丝绸之路"正式得到官方的支持与保护，成为中国对外贸易陆上通道是在汉朝。公元前138年和公元前119年，汉武帝两次派张骞出使西域，结交友邦，平定匈奴，并采取了一系列措施加强控制与管理，保证了"丝绸之路"的畅通，开始了中国真正意义上的对外贸易。"丝绸之路"东起长安(今陕西西安)，向西经河西走廊和新疆，越过帕米尔高原，然后分几路进入中亚、西亚和南亚。这是一条横贯亚洲大陆的商路，主干道约长7 000多千米，在中国境内约有4 000多千米。

当时对外贸易的主要动机是"互通有无"。中国汉代时主要的出口商品是丝绸、铁器、漆器、纤维纸，还有肉桂、生姜、谷子、高粱等；主要的进口商品有印度的香料、犀角、象牙、宝石，罗马的金银、玻璃、亚麻布、铜、锡，缅甸的宝石、翡翠、木棉，朝鲜的兽皮以及中亚和西亚的毛皮、马匹、葡萄、苜蓿、石榴、胡麻、胡豆、胡桃等。

中国汉代和西方之间的丝绸贸易曾经繁荣一时，达到相当大的规模。在当时的罗马，丝绸深受富有阶级的欢迎，穿着丝绸服装成为一种社会时尚。中东和罗马的商人则专门开通陆路和海路以从事中国和罗马之间的丝绸贸易。因此，汉代开始的对外贸易不仅是中国对外贸易史的开端，也是世界贸易史中的辉煌篇章。

▶ 2. 第二个外贸辉煌时期：唐朝

唐朝的陆路贸易基本上沿原有的"丝绸之路"进行，但政府采取了一系列政策加强了保护和管理，包括在西域建立完整的军政机构，沿途设置驿馆，继续执行"过所制度"(相当于许可证制度)等。在"丝绸之路"沿线的主要城镇关口还驻有军队以保证贸易的安全。

唐代还发展了海路贸易。当时的海路贸易主要通过两条航线：一条是东到朝鲜、日本；另一条是南下向西，经中南半岛、马来半岛、马六甲海峡、印度半岛，最终与阿拉伯半岛和东非沿岸连接。当然，海路贸易并非从唐代才开始的。早在春秋战国时期，中国就与日本、朝鲜有了来往，汉代时又打通了中国南海与印度的海上航线，并连接上从印度到西方的海上通道。而到了隋唐时期，中国不仅延长了航线的距离，还大大增强了海路贸易的能力。

唐代进行海路贸易的主要港口有广州、明州(今宁波)、扬州、胶州等，其中广州更是唐代海路通商的主要集散地。当时与广州通航贸易的国家有数十个，在广州经商的外国人（主要是阿拉伯人）有数万名。长安一度成为世界上最大的商业中心，当时在长安从事商贸活动的波斯人、阿拉伯人、东罗马人等外国人有数千人之多，整个长安东西两市商人云集，商品丰富。

唐代中国主要出口产品仍是丝绸锦缎。从公元 8 世纪开始，唐代的瓷器开始大量出口。无论是细腻精巧的青釉瓷还是色彩绚丽的唐三彩，都颇得各国青睐，以至于西方国家称中国为"china"（瓷器），意为瓷器之国，此名沿用至今，成为中国的正式英文名称。此外，中国还出口茶叶、漆器、纸笔等。进口商品主要是来自东南亚、印度和阿拉伯的香料、药材、奇珍异宝，还有中国没有的农产品如胡椒、菠菜、无花果等。由于中国在财富和技术上的优势，出口往往大于进口，西方国家的金银不断流入中国。

中国唐代对外贸易繁荣的原因主要是当时经济技术的发达和唐朝政府推行的开放政策。在对外贸易方面还实行了严禁重征、滥征外商税赋，保护外商遗产，惩治外贸中的贪官污吏等措施，鼓励外商与中国的贸易。应当说在中国古代历史中，唐代是一个比较开放的时代，是中国经济与文化发展的一个高峰时期，也是中国对外贸易的一个繁荣阶段。

宋代的贸易结构与汉唐相比没有什么大的变化，中国仍是以丝绸、瓷器为主要出口产品，同时进口香料、象牙和新的植物品种。主要变化是贸易通道从以陆路为主变成了以海路为主。由于当时中东及西域各国的分割与战争，包括宋朝与北方金国的战争，使通往西方国家的陆路交通受到了阻塞，中西陆路贸易由此处于衰落状态。但也正因如此，宋朝的海上贸易得到了很大的发展，尤其到了南宋，通过海路与中国进行贸易的国家和地区已达50 多个。

宋朝继续推行鼓励对外贸易的政策。一是实行"招诱奖进"的外贸政策，宋太宗执政期间，朝廷派遣官方使团前往南海各国进行招商，同时通过外国使节、僧人等鼓励外国商人来华从事贸易；二是聘用外籍人员任职管理海外贸易，有许多外商留居中国，娶妻生子，甚至通过考试进入中国官僚机构。

▶ 3. 第三个外贸辉煌时期：元朝

元帝国成吉思汗及其后裔征服了欧亚大陆的大部分领土，欧亚之间一度出现了无疆界的状况，使得因长期战争动乱而萎缩的东西方陆路贸易又得到了很好的恢复和发展。除了牧师外，有许多欧洲商人通过陆路到中国旅行，如意大利著名商人马可·波罗。与历代王朝相比，元朝政府更重视商业，这在很大程度上与蒙古族的游牧经济有关。元代的海路贸易港口主要是泉州、广州和庆元（唐宋时期的明州，今宁波）等。

元朝时，同中国进行贸易的国家大大增加。据元朝陈大震的《大德南海志》记载，元代时同中国进行海路贸易的就有 140 多个国家和地区，遍及欧洲、东亚、南亚、西亚及东南亚。当时中国的主要出口商品为纺织品、陶瓷器、金属和金属器皿、日常生活用品（木梳、雨伞、席帘、漆器等）、文化用品（文具、乐器等）和经过加工的食品；进口的商品主要是珍宝（象牙、犀角、珍珠、珊瑚等）、贵重香料、布匹、皮货、木材、药材等。

▶ 4. 明清时期的对外贸易

明朝之前，中国的对外贸易一直伴随着中国经济和社会的进步而逐步发展。中国在维持自给自足小农经济的同时，各朝基本都实行鼓励对外贸易的开放政策。与当时的世界各国相比，中国是一个较为发达和开放的经济国度。但是，这一状况到了明清两朝时发生了变化，在明清的一段漫长的历史时期中，中国的对外贸易一直处于徘徊停滞的状态。

(1) 明朝

明朝初期实行了"海禁"与"朝贡贸易"。1371 年，明朝刚刚建立四年，明太祖朱元璋为了巩固政权，削弱海外反明势力，下令全面禁海，禁止任何私人出海贸易。这项闭关自守的政策实行了将近 200 年，直到 1567 年隆庆皇帝宣布开禁，其间政策的具体执行虽然有松有紧，但毕竟抑制了正常的海外贸易。与此同时，由于蒙古帝国的崩溃，中国通往中西亚和欧洲的陆路贸易通道又被穆斯林封锁占领，曾经极度繁荣的中国对外贸易到了明朝顿时变得冷落起来。

在实行"海禁"的同时，明朝积极推行"朝贡贸易"。所谓"朝贡贸易"，实际上不是商业上的等价交换，而是天子对臣国或蛮夷的一种恩赐行为。每次由各国的贡使带来本国特产作为"贡品"，朝廷则回赠大大超过"贡品"价值的礼物，并且免费为贡使提供食宿交通，还授予他们一些贸易特权，以体现天朝上国的气度与实力。这种"贸易"虽然造成了一种"万国来朝"的盛世景象，但实际上并不是正常的贸易发展，而且这种"贸易"的结果不仅不会促进中国的生产和消费，反而对明朝经济和政府财政造成沉重的负担。

明朝最著名的海外开拓是"郑和七下西洋"。在 1405—1433 年的 28 年里，明政府七次派宦官郑和率领庞大的船队，载无数宝物，远涉重洋，遍访亚非 36 国，在人类航海史上写下了辉煌的一页。尽管郑和七下西洋极大地加强了中国与其他国家的交往，开辟了中国与亚非国家的海上交通网络，但这次远航本身不是经济行为，也不表示明朝时期中国的对外开放思想和对贸易利益的追求。这就是为什么这场当时浩浩荡荡的海上探险后来说停就停的原因，也是为什么中国最早具有这样的探险能力而没有最早发现新大陆并为中国带来利益的主要原因。

到明朝后期，由于"朝贡贸易"的衰落和海上走私的发展，明朝被迫放弃闭关自守的政策而开放了海禁，恢复了对外贸易。明朝后期的对外贸易有了很快的发展，尤其是与欧洲国家的贸易。但是，这一时期也正是哥伦布发现新大陆、达·伽马绕过好望角、麦哲伦（Magallanes）环球航行、整个欧洲疯狂向海外扩张的时候。与蓬勃兴起的欧洲对外贸易相比，中国已变得被动落后。从明朝后期开始，中国与欧洲国家的贸易并非是中国主动去发展，而多为欧洲人推动的。葡萄牙商人于 1514 年到达广州，1553 年又占领了澳门，并以澳门为基地从事与中国、日本、印度、东南亚之间的贸易，而且还控制了中国与欧洲的主要贸易。到了 16 世纪末 17 世纪初，荷兰人和英国人也来到了中国，并向葡萄牙对中国贸易的垄断地位发起挑战。荷兰人侵占了我国台湾，并以台湾为基地从事对华贸易。荷属东印度公司和英属东印度公司分别于 1604 年和 1637 年抵达广州。在欧洲的殖民扩张下，中国的对外贸易不再是中国人自己的行为，而开始成为欧洲国家通过贸易进行资本原始积累的一个组成部分。

(2) 清朝

不幸的是，在欧洲不断扩张、逐步赢得对亚洲海上贸易的控制权的同时，明朝政府却仍在积极反对海外贸易事业，执行闭关自守的政策。明朝的闭关锁国政策到了清朝又得到沿袭。为了巩固刚刚建立的政权，清朝初期顺治皇帝和康熙皇帝都多次实行了"禁海"政策，直到雍正五年（1727 年）才开禁。在西方国家积极向海外移民扩张开辟殖民地时，康熙却于 1712 年下令禁止中国人去东南亚经商和定居；在面对与外国的贸易纠纷时，乾隆采取的政策是缩减通商口岸，由多口通商变为一口（广州）通商并施以行商制度和海关制度的严格管理。尽管与明朝相比，清朝已开放了很多，但世界形势发生了巨大的变化，一个生气勃勃的欧洲正在兴起，而止步不前或缓慢前进就必然会落后。

清代的对外贸易基本延续了中国自汉代以来的基本模式，但在规模、商品种类、贸易国家数量上都大大扩增了。这段时间中国出口的仍然主要是丝绸、瓷器、茶叶、手工艺品，进口的主要是金银、毛织品、棉花、大米和各种杂货。在与欧洲各国的贸易中，中国仍然保持着大量的出超（对外贸易顺差）。

(二) 中国近代对外贸易

中国的大门最终在19世纪中叶被欧美各国的大炮强行轰开。1840年，英国发动鸦片战争，战后中国被迫与英国签订了中英《南京条约》，中国开始沦为半殖民地半封建社会。

西方国家想打开中国的贸易大门绝不是偶然的。作为一个自给自足的国家，中国历来的贸易动机是"互通有无"。中国自然资源丰富，对西方的所求不多，而西方国家则对中国生产的生活必需品的需求很大。因此，自罗马帝国开始，西方国家对中国的贸易就一直处于逆差地位。到了近代，西方国家对中国的产品需求增加更快，而清朝则仍然严密地控制和限制贸易，对西方国家紧闭国门。

1737年，为了扭转与中国贸易长期逆差的局面，英国确立了向中国出口鸦片的政策。从18世纪到19世纪中叶，英国的对华贸易中，鸦片已成为一种举足轻重的商品。对于这项罪恶的贸易，清政府不得不采取抵制手段，派林则徐赴广州禁烟。禁烟运动本是中国主权范围内的事，然而19世纪中叶的英国已不再是西欧的一个落后的国家，经过了工业革命与海外殖民开拓，英国在经济与军事实力上都远远超过了清朝。英国于1840年对中国发动了一场旨在保护"鸦片贸易"和打开中国门户的侵略战争，即中英鸦片战争。

鸦片战争以中国的失败而告终，而战争失败的结果，除了清政府割地赔款之外，最重要的是不得不对英国实行自由贸易和全面开放。1842年签订的《南京条约》规定开放广州、厦门、福州、宁波、上海五个通商口岸并可自由贸易；规定中英贸易关税必须"双方共同议定"；取消原来由政府控制贸易的行商制度；并用"最惠国待遇"来保证英国以后可以享受任何其他国家所获得的贸易特权。中国从此开始逐渐失去了对外贸易的控制权。

此后，随着西方列强对中国的一系列侵略战争和清政府的一系列失败，随着中美《望厦条约》（1844），中法《黄埔条约》（1844），第二次鸦片战争后中国与英国、法国、美国、俄国的《天津条约》（1858），中国与英国、法国、俄国的《北京条约》（1860），中英《烟台条约》（1876）以及中日《马关条约》（1895）等一系列不平等条约的签订，到19世纪末20世纪初清朝灭亡前，中国的大门被西方列强彻底打开，中国的对外贸易成为西方资本主义世界市场的一个组成部分。

这一阶段中国进口产品除鸦片外，主要是棉制品、棉花、煤油、糖类、粮食、钢铁等西方国家具有生产技术绝对优势或比较优势的产品，其中棉纱和棉布的进口量大大增加。1842年，在中国的进口产品中，鸦片为第一位，占进口总值的55.2%；棉花为第二位，占进口总值的20%；棉制品为第三位，占进口总值的8.4%。到了1885年，棉制品（棉纱、棉布）以35.7%的比重超过鸦片（28.8%）而跃居第一，这一地位一直保持到20世纪20年代。

中国出口商品中仍然主要是初级产品，其中丝、茶仍处于主要地位，两项加起来占出口总值的50%～90%。但是，棉花、豆类、糖类的出口增长也很快。从19世纪70—90年代，棉花与豆类的年出口量分别增长了33%和12%。中国棉花和豆类的出口主要满足了日本棉纺工业和化学工业日益增长的需求。

鸦片战争以后的将近40年中，中国对外贸易时有逆差，但也有许多年处于顺差地位。1877年以后，西方各国输入中国的产品日益增多，中国出口增长缓慢，出现连年逆差。

1877—1912 年清朝灭亡的 35 年中，中国外贸逆差已累计达到 197 699 万海关两，约为 156 526 万美元；1911—1948 年的 37 年中，中国的外贸也是连年逆差，累计超过 569 993 万美元。

1840 年后，中国的对外贸易政策基本上被控制在西方列强手中，实行对外的全面开放。在列强的要求下，中国开放了从广州、福州、上海等沿海城市到伊犁、张家口、重庆等内陆城市共 20 多个通商口岸，在许多通商口岸设立大量的租界，允许外国人居住通商并享有特权。中国的海关也基本由外国人掌握。在很长一段时间里，中国的海关主管由英国人充任，从总税务司到各海关的税务司及其他高级职员清一色是外国人。中国的关税税率中国政府无权单独决定，必须与西方列强协定，其结果是税率大幅度下降，平均只有 5%～6%。一些国家如英国大量向中国出口的产品（如白洋布等）的关税从原来的 30%～33%降到了 6.95%，主要白布税率只有 2.6%。

更重要的变化是，鸦片战争后，外国资本开始进入中国。1840—1894 年甲午战争前，西方各国在中国的投资总额为 2 亿～3 亿美元；到了 1902 年，各国在中国的总投资超过 15 亿美元；到了清朝灭亡后的 1914 年，外国投资有将近 23 亿美元，而这些投资主要来自英国、俄国、德国、日本、法国等。

1911 年，辛亥革命推翻了清朝后，民国政府经过多年努力，于 1930 年前后收回了关税自主权，并将进口关税从民国初年的 4%左右逐渐提高到 20 世纪 30 年代的 27%左右。但从民国建立到 1949 年中华人民共和国成立，中国仍然受到西方列强的控制，对外贸易基本保持了开放的状况。进口产品主要是棉布、棉纱、钢铁、面粉、煤油、糖、机器等，出口产品仍主要是茶、丝、豆类及其他农产品和矿产品。这段时期，随着美国、德国和日本的崛起，中国的主要贸易伙伴逐渐由英国和法国变成了美国、日本和德国。

（三）中华人民共和国成立后的对外贸易

▶ **1. 改革开放前，遭受了将近 30 年的经济封锁和贸易禁运**

1949 年，中华人民共和国成立，中国摆脱了列强的控制，以美国为首的西方国家对中国实行长期的经济封锁和贸易禁运，中国对外贸易的大门又基本关上了。这一关就是整整 30 年！

1950 年 12 月 2 日，美国下令管制对中国大陆的物资运输，此后日本、英国、加拿大、法国、比利时等国也先后宣布对中国一系列产品实行禁运。1951 年 5 月 18 日，联合国通过了美国关于对中国和朝鲜实行贸易禁运的提案。1952 年，美国控制下的西方 15 国"巴黎统筹委员会"专门成立了一个"中国委员会"来制定对中国实行禁运的清单。在美国的压力下，到 1953 年 3 月，对中国实行贸易禁运的国家达 45 个。20 世纪 50 年代，中国主要贸易伙伴是苏联和其他东欧社会主义国家，与社会主义国家的贸易额约占中国对外贸易的 70%左右。当时对外贸易的指导思想是"互通有无，调剂余缺"。

20 世纪 60 年代初，中苏关系的恶化使得中国更加封闭。1960 年，中苏贸易额比上一年下降了 85%，与东欧各国的贸易下降了近 70%。1959—1969 年，中国的出口额从 22.61 亿美元降到 22.04 亿美元，中国出口占世界的比重也从 1.9%下跌到 0.8%。

▶ **2. 改革开放后，中国对外贸易实现了大发展**

中国对外贸易在沉寂了 1 000 多年后，终于在 20 世纪末期开始实现了大发展。1978 年，中国对外贸易规模只有 206.4 亿美元，而当时世界贸易的规模已经达到 26 573 亿美元，中国对外贸易额占世界贸易额的比重仅为 0.78%，名列世界第 32 位，大大落后于美国、日本和欧洲国家。

2004 年，我国在世界出口和进口排名中均已位居第 3 位，其中出口额占世界货物贸易出口的比重为 6.5%，进口额占世界货物贸易进口的比重为 5.9%。中国已经成为贸易大国。2009 年中国货物进出口总额 22 075.35 亿美元，其中，出口总额 12 016.12 亿美元，占世界出口总额的比重上升到 9.7%，首次超过德国，位居世界第一位；进口总额 10 059.23 亿美元，占世界进口总额比重上升为 7.95%，在世界货物进口国排名跃居第二位。中国成为世界货物贸易第一出口大国和第二进口大国，中国已经成为名副其实的贸易大国。

拓展阅读 1-2
从贸易大国走向
贸易强国

2020 年中国货物进出口额 46 462 亿美元，其中，出口 25 906 亿美元，进口 20 556 亿美元，出口稳居世界第一位，其中，占世界出口总额比重上升为 15.8%。中国贸易大国地位更加巩固。

第三节　国际贸易的基本概念和分类

一、国际贸易的基本概念

（一）出口、进口、净出口和净进口

▶ 1. 出口与进口

一国或地区的对外贸易包括出口与进口两个组成部分。

出口（export）是指一国或地区生产或加工过的商品和服务向他国或地区出售。出售商品的国家叫出口国；出口商品收入的货币总额叫出口额。出口是一国或地区外汇的主要来源。

进口（import）是指一个国家或地区由他国或地区购进商品和服务，用于本国生产和生活消费。购进商品的国家叫进口国；进口商品所支付的货币总额叫进口额。

▶ 2. 净出口和净进口

出口大于进口，即为净出口（net export）。一个国家或地区在一定时期内（一般为一年），将某种商品的出口数量或金额与进口数量或金额相比较，若出口大于进口，即为净出口。进口大于出口，则为净进口（net import）。一国常常是既有进口又有出口，在一定时期内，如果进口数大于出口数为净进口，净进口用进口数与出口数的差额来表示，反映了一国某种商品在对外贸易中的作用和地位及其变化趋势。

（二）对外贸易差额

对外贸易差额是指一国或地区在一定时期内出口额与进口额之间的差额。对外贸易差额是衡量一国对外贸易的重要指标。若出口额大于进口额称为对外贸易顺差（favourable balance of trade），也叫对外贸易盈余或出超；若出口额小于进口额称为对外贸易逆差（infavourable balance of trade），也叫对外贸易赤字或入超。

贸易顺差表明一国外汇有净收入，外汇储备增加，说明该国商品国际竞争力较强，商品在国际市场上处于有利地位。贸易逆差表明一国有外汇净支出，外汇储备减少，黄金外流或形成负债，说明该国商品的国际竞争力较差，商品在国际市场上处于不利地位。因此，一般来说，一个国家或地区都希望出口大于进口，收入大于支出，以增强对外支付能力。但对经常保持顺差的国家来说，由于长期大量顺差，造成外汇大量积压，未能及时用于国内的生产建设，且与对应的逆差国之间易产生贸易矛盾。因此，一时的逆差也并非绝对的坏事，长期保持顺差也不一定有利。

（三）对外贸易额与贸易量

对外贸易额（value of foreign trade）是指用货币来表示的一定时期内一国或地区的对外贸易总值，是指出口额与进口额相加之和，它是反映一国或地区对外贸易规模和状况的重要指标之一。出口额（value of exports）是指一国或地区在一定时期内向国外出口的金额，它是反映一国或地区对外贸易规模的重要指标之一。进口额（value of imports）是指一国或地区在一定时期从国外进口的金额。

对外贸易额一般都用本国货币表示，也有用国际上通用货币表示的。例如，联合国编制和发表的世界各国对外贸易额的相关数据就是以美元表示的。

国际贸易额（value of international trade）是指世界各国出口额之和，而不是指世界各国出口额和进口额的总和，也不是世界各国对外贸易的总和。与一国的进出口额不同，世界进出口总额没有任何独立的经济意义，因为一国的出口，就是另一国的进口，如果把各国进、出口额相加，计算就重复了。

世界各国一般都是按离岸价格（FOB，即装运港船上交货价，其中不包括保险费和运费）计算出口额，按到岸价格（CIF，即成本加保险费、运费）计算进口额，所以，世界进口额总是大于出口额。为了更准确地表示国际贸易额的计算单位，一般要把各国的货币折合成同一种货币来表示（一般都用美元来表示国际贸易额）。因此，把世界上一定时期所有国家和地区的出口总额按同一种货币单位换算后加在一起，即得到国际贸易额。

对外贸易量（quantum of foreign trade）是指以不变价格计算的对外贸易额，是反映贸易规模的指标。由于国际市场上的物价经常变动，各国货币的币值也经常波动，因此，用价值表示的对外贸易额或国际贸易额并不能确切地反映一国或地区对外贸易或国际贸易的实际规模。为了准确反映对外贸易的实际规模，各国往往用一定年份为基期计算的进口价格或出口价格指数去除当时的进口总额或出口总额，得到相当于按不变价格计算的进口额或出口额。由此得出的贸易额由于消除了价格变动的影响，单纯反映的是量的变化，所以称为对外贸易量。按一定时期的不变价格为标准计算出来的单纯反映一国或地区对外贸易的数量，就叫对外贸易量。对外贸易量指标不仅可以比较确切地反映出一国或地区对外贸易的规模，便于把不同时期的对外贸易额进行比较，还可以由此计算各个时期定期的或环比的物量指数。

（四）对外贸易商品结构与国际贸易商品结构

对外贸易商品结构（foreign trade by commodities）是指一定时期内各类进出口商品在一国对外贸易总额中的比重，即主要出口哪些商品或进口哪些商品。在一定程度上，对外贸易商品结构可以反映出一个国家的经济发展水平、在国际分工中的地位和本国的产业结构。一般情况下，发达国家主要出口工业制成品和进口初级产品，发展中国家正相反，主要出口初级产品和进口工业制成品。

国际贸易商品结构（international trade by commodities）是指一定时期内各类商品在整个国际贸易额中所占的比重。分析对外贸易或国际贸易货物结构，可以看出一个国家或世界的经济发展水平和国际分工状况。因为，科学技术状况、资源条件、生产力水平和人民生活需要等条件是对外贸易货物构成的重要条件。

国际货物贸易商品一般分为初级产品和工业制成品两大类。前者是指未经加工或只是简单加工过的农矿产品；后者则是指经过完全加工的产品，如机械设备、家用电器等。

（五）国际贸易地理方向与对外贸易地理方向

国际贸易地理方向（direction of international trade）又称国际贸易地区分布，是指各大洲、各国(地区)或各经济集团对外贸易在整个国际贸易中所占的比重。国际贸易地理方向表明世界各洲、各国或各个集团在国际贸易中所占的地位。通常用它们的出口额或进口额占世界出口总额或进口总额的比重来表示,也可以计算各国的进出口总额在国际贸易总额(世界进出口总额)中的比重,一般按洲、国别、地区划分计算,如欧洲、美国、亚太地区等;也可按工业发展水平计算,如发达国家和发展中国家,发展中国家又可细分为石油输出国和非石油输出国等。

对外贸易地理方向(direction of foreign trade)又称对外贸易地区分布或国别构成,是指一定时期内世界上一些国家或地区在某一国家对外贸易中所占的比重。通常以它们在该国出口总额或进口总额中的比重来表示。对外贸易地理方向指明一国出口商品的去向和进口商品的来源,从而反映一国与其他国家、地区、国家集团之间经济贸易联系的程度,即可以看出哪些国家或国家集团是该国的主要贸易对象和主要贸易伙伴。

对一国而言,如果与某一个或某几个国家的贸易额占其对外贸易总额的比重比较高,则对外贸易地理方向比较集中;反之,则比较分散。对外贸易地理方向的集中和分散各有优劣。以出口为例,对外贸易地理方向比较集中,可以凭借对传统市场的熟悉而节省开拓市场的费用,降低交易成本,扩大出口国商品在进口国的影响;但出口的集中又会造成出口商之间的恶性竞争,影响出口收益。而无论对进口还是出口而言,一国对外贸易地理方向过于集中,都会使该国容易受制于人,从而在对外贸易中处于不利的境地。

由于对外贸易是一国与别国之间发生的商品交换,因此把对外贸易按商品分类和按国家分类结合起来分析研究,即把商品结构和地理方向的研究结合起来,可以查明一国出口中不同类别商品的去向和进口中不同类别商品的来源,具有重要意义。

(六) 贸易条件

一国开展对外贸易的最重要原因是为了获得国际分工和交换的好处。一国宏观上对外贸易经济效益如何,可以从该国的贸易条件来考察。贸易条件可分为价格贸易条件、收入贸易条件、单项因素贸易条件和双项因素贸易条件。

▶ 1. 价格贸易条件或贸易条件

价格贸易条件(net barter terms of trade)又称贸易条件或净贸易条件,是指一国出口商品价格指数与进口商品价格指数之比。价格贸易条件是衡量一国(地区)对外贸易经济效益的一种综合性指标。价格贸易条件反映了一国一定数量的出口商品能换回多少数量的进口商品。由于国际贸易商品数量众多,度量单位不同,不可能使用商品数量比例来说明贸易条件,而商品价格指数就避免了不同度量单位的问题,其计算公式为

$$N = P_x / P_m \times 100\%$$

式中:N——价格贸易条件(贸易条件指数);P_x——出口价格指数;P_m——进口价格指数。

从出口商品或进口商品价格的变动上可以看出价格贸易条件的变化。当出口与进口商品价格指数之比大于 1 时,说明贸易条件改善;当比值小于 1 时,则表明贸易条件下降。

【例 1-1】某国以 2010 年为基准年,其进出口价格指数均定为 100;到 2020 年,出口商品价格上涨 7%,进口商品价格下降 3%,即 2020 年出口价格指数为 107,进口价格指数为 97,则价格贸易条件指数＝107/97×100%＝110.3%。即该国价格贸易条件指数比基准年进出口价格指数高 10.3%,这表明贸易条件改善,交换比价上升,同等数量的出口商品能换回比基期更多的商品;如果出现相反的情况,则视为贸易条件下降。

▶ **2. 收入贸易条件**

收入贸易条件(income terms of trade)是在价格贸易条件的基础上把贸易量加进去,反映了一国进口能力的变化与出口量变化之间的关系,其计算公式为

$$I = P_x / P_m \times Q_x \times 100\%$$

式中:I——收入贸易条件;Q_x——出口数量指数。

因加入了出口数量指数,故若价格贸易条件下降,由于出口量的上升,本身的进口能力可能没有削弱,收入贸易条件可能上升。

▶ **3. 单项因素贸易条件**

单项因素贸易条件(single factor terms of trade)是在价格贸易条件的基础上考虑出口商品劳动生产率提高或降低后贸易条件的变化,其计算公式为

$$S = P_x / P_m \times Z_x \times 100\%$$

式中:S——单项因素贸易条件;Z_x——出口商品劳动生产率指数。

▶ **4. 双项因素贸易条件**

双项因素贸易条件(double factor terms of trade)不仅考虑到了出口商品劳动生产率的变化,而且考虑到了进口商品劳动生产率的变化,其计算公式为

$$D = P_x / P_m \times (Z_x / Z_m) \times 100\%$$

式中:D——双项因素贸易条件;Z_m——进口商品劳动生产率指数。

【例 1-2】 以 2010 年为基准年,某国进出口价格指数均定为 100;到 2020 年,出口商品价格下降 7%,进口商品价格下降 3%,即 2020 年出口价格指数为 93,进口价格指数为 97,而同期该国的出口数量指数为 130,出口商品的劳动生产率指数为 140,进口商品的劳动生产率指数为 110,则该国 2020 年的贸易条件变化为

价格贸易条件指数 $= 93/97 \times 100\% = 95.8\%$

收入贸易条件 $= 93/97 \times 130\% = 124.64\%$

单项因素贸易条件 $= 93/97 \times 140\% = 134.22\%$

双项因素贸易条件 $= 93/97 \times 140/110 \times 100\% = 122.02\%$

这表明在该国价格贸易条件下降的情况下,由于出口量大幅度上升,收入贸易条件改善。考虑到此期间出口商品的劳动生产率提高,该国的单项因素贸易条件改善。尽管此期间进出口商品的劳动生产率均有提高,但出口商品劳动生产率提高的幅度大于进口商品劳动生产率提高的幅度,该国的双项因素贸易条件仍然得到改善。

影响一国贸易条件的因素除了上面提到的出口数量、进出口商品的劳动生产率以外,还有很多其他因素,如一国财政政策、货币政策、对外贸易政策以及世界经济的周期性波动等。

(七) 对外贸易依存度

对外贸易依存度(degree of dependence on foreign trade)是指一国对外贸易额在国内生产总值中所占的比重。外贸依存度还可分为出口依存度和进口依存度。前者是指一国出口额在其国内生产总值(或国民生产总值)中所占的比重;后者是指一国进口额在其国内生产总值(或国民生产总值)中所占的比重。

外贸依存度反映了一个国家或地区对外开放的程度;外贸依存度也衡量着一国国民经济对进出口贸易的依赖程度,贸易依存度大,说明该国经济易受世界经济危机和其他突发性因素的冲击;外贸依存度也反映对外贸易对经济增长的贡献度,一国外贸依存度越高,则对外贸易在国民经济中的作用越大;外贸依存度还反映出一个国家或地区参与国际分工

和国际经济技术合作的程度。因此，外贸依存度主要用于反映一国对外贸易在国民经济中的地位，同其他国家经贸联系的密切程度及该国参与国际分工、世界市场的广度和深度。

（八）国际收支

国际收支（international balance of payment）是指一国对所有其他国家或地区在一定时期内所发生的全部对外支出与收入的对比，其直观的表示即国际收支平衡表。

如果收入总额大于支出额，则为国际收支顺差或盈余（surplus）；反之，如果收入总额小于支出额，则为国际收支逆差或赤字（deficit）。国际收支一般可分为三大类：第一类是经常项目，包括有形、无形商品贸易和单方面转移收支；第二类是资本项目，包括长、短期资本的输出、输入；第三类是平衡项目。

（九）一般贸易与加工贸易

一般贸易与加工贸易是对外贸易方式中的两种主要方式。

一般贸易（ordinary trade）是指在我国有进出口经营权的各类公司、企业（包括外商投资企业）单位进行单边进出口的贸易。一般是经过对外签订合同、协议、函电或当面洽谈而成交。

加工贸易（processing trade）是指使用进口料件在国内进行加工，再将产成品出口所发生的进出口贸易。与加工贸易相比，一般贸易更能反映一国在国际贸易中的地位。

二、国际贸易的分类

国际贸易性质复杂、种类繁多，按不同的分类标准，可以分为不同类型。

（一）按贸易商品流向分类

国际贸易按贸易商品流向可分为出口贸易、进口贸易、过境贸易、复出口贸易和复进口贸易。

（1）出口贸易（export trade）是指将本国生产或加工的商品运往他国市场销售，亦称为输出贸易。

（2）进口贸易（import trade）是指将外国商品输入本国国内市场销售。

（3）过境贸易（transit trade）是指其他国家出口货物通过本国国境，未经加工改制，在基本保持原状条件下运往另一国的贸易活动。过境贸易有两种类型：一种是直接过境贸易，如在海运情况下，外国货物到港后，在海关监管下，从一个港口通过国内航线装运到另一个港口，而后离境，有时不需卸货转船。直接过境完全是为了转运而通过某国国境，承办过境的国家和地区由此可获得与转运相关的费用。另一种是间接过境贸易，指外国货物到港后，先存入海关保税仓库，未经加工改制，然后从海关保税仓库提出，运出国境的活动。过境货物均应按照过境国家海关的规定办理过境手续，有的还要向过境国缴纳过境税。有些国家为了从过境贸易中获取收益，往往通过简化海关手续、免征过境税等措施来促进过境贸易发展。有些内陆国家同非邻国的贸易，其货物必须通过第三国过境。但是，由于在过境贸易中，货物所有权不属于过境国，因此，过境商品一般不列入过境国的进出口统计中。

（4）复出口贸易（re-export trade）也叫再出口贸易，是指一国从他国进口商品后，没经加工又输出到国外进行销售。复出口贸易有两种情况，一是指外国商品运进本国海关仓库未经加工复出口；二是外国商品已经进入本国市场，但未经加工的复出口。

（5）复进口贸易（re-import trade）是指出口到国外的本国商品未经加工又重新输入国内。复进口往往是由于商品在国外未能销售，或是被损坏等原因造成的，具有偶然性，没有什么经济意义。

（二）按贸易商品形态和内容分类

国际贸易按贸易商品形态和内容可分为货物贸易、服务贸易和技术贸易。

（1）货物贸易（goods trade）又称有形贸易（tangible trade），是指有形的、实物形态的商品贸易。为便于统计和国与国之间进行协调，1974 年，联合国秘书处修订了 1950 年版的《联合国国际贸易标准分类》（SITC），把国际贸易货物分为十大类、63 章、233 组、786 个分组和 1 924 个基本项目。这十类货物分别为：食品及主要供食用的活动物（0）；饮料及烟类（1）；燃料以外的非食用粗原料（2）；矿物燃料、润滑油及有关原料（3）；动植物油脂（4）；未列名化学品及有关产品（5）；主要按原料分类的制成品（6）；机械及运输设备（7）；杂项制品（8）；没有分类的其他货物（9）。在国际贸易统计中，把（0）～（4）类货物称为初级产品，（5）～（8）类货物称为制成品。

（2）服务贸易（service trade）是指国家间各种类型服务的交换活动，是无形贸易的重要组成部分。按世界贸易组织《服务贸易总协定》的规定，国际服务贸易具体包括四种方式：过境交付、境外消费、商业存在和自然人流动。

（3）技术贸易（technology trade）是指技术供应方通过签订技术合同或协议，将技术有偿转让给技术接受方使用的行为。在信息技术产品的贸易中，软件技术的商业转让列入无形贸易，而硬件设备的交易则列入有形贸易。

在上述按照商品形态划分的三类贸易中，服务贸易和技术贸易也统称无形贸易（intangible trade），是指一切不具备自然属性的、无实物形态商品的进出口交易活动。有形贸易和无形贸易的主要区别在于前者均需办理海关手续，其贸易额总是列入海关的贸易统计；而无形贸易尽管也是一国国际收支的组成部分，但由于它无须经过海关手续，因此一般不反映在海关统计资料上，但显示在一国国际收支平衡表上。

（三）按贸易商品运输方式分类

国际贸易按贸易商品运输方式可分为陆路贸易、海路贸易、空运贸易和邮购贸易。

（1）陆路贸易（trade by roadway）是指用火车、汽车、管道等采取陆路运输商品方式的贸易。一般是大陆相连国家（地区）之间进行贸易往来所采取的方式。

（2）海路贸易（trade by seaway）是指利用各种船舶通过海上运输商品方式的贸易。

（3）空运贸易（trade by airway）是指利用飞机航空运输商品方式的贸易。贵重物品、精密元件、鲜活商品等多采用此种方式。

（4）邮购贸易（trade by mail order）是指商品通过邮件运输的贸易方式。

（四）按贸易是否有第三者参加分类

国际贸易按贸易是否有第三者参加可分为直接贸易、间接贸易和转口贸易。

（1）直接贸易（direct trade）是指商品生产国与商品消费国之间直接的贸易活动。

（2）间接贸易（indirect trade）是指商品生产国与商品消费国通过第三国进行的贸易活动。

（3）转口贸易（entrepot trade）是指商品生产国与商品消费国通过第三国进行的贸易活动，对第三国来讲，就是转口贸易。

转口贸易和过境贸易的区别在于，商品的所有权在转口贸易中先从生产国出口者那里转到第三国（或地区）商人手中，再转到最终消费该商品的进口国商人手中，而在过境贸易中，商品所有权无须向第三国商人转移。

（五）按商品贸易结算方式的不同分类

国际贸易按商品贸易结算方式的不同可分为自由结汇贸易和易货贸易。

（1）自由结汇贸易又称现汇贸易（spot exchange trade or cash trade），是指直接以货币作为清偿工具的贸易。在当今国际贸易中，作为国际支付手段的货币主要有美元、英镑、欧元、瑞士法郎、日元、人民币等。

（2）易货贸易（barter trade）又称换汇贸易，是指两国间均以出口等值商品支付给对方进口商品的贸易活动，即两国间以货物计价作为清偿工具，不使用现汇作为清偿工具，货币只作为计价手段的一种贸易活动，是双方进出口基本平衡的商品交换。

政府间的易货贸易需要签订贸易协定和支付协定，故又称为协定贸易。补偿贸易则是民间的易货贸易。实践中也有把现汇贸易和易货贸易结合起来操作的情况。

（六）按交货时间进行分类

国际贸易按交货时间不同可分为现货贸易和期货贸易。

（1）现货贸易（spots trade）是指实际商品的买卖，在交易达成后可马上交货。

（2）期货贸易（forward trade）是指买卖双方在成交后的一定时间内交割的贸易。

（七）按统计标准的不同分类

国际贸易按统计标准的不同可分为总贸易和专门贸易。

（1）总贸易（general trade）是以国境为标准划分和统计的进出口贸易。据此，凡进入国境的商品一律为进口，凡离开国境的商品一律列为出口，前者叫作总进口，后者叫作总出口。在总出口中又包括国内出口和复出口，国内出口是指本国货物的出口，复出口是指未经加工的进口商品的出口。总进口额加总出口额就是一国的总贸易额，中国、日本、英国、加拿大、澳大利亚等 90 多个国家和地区采用这种划分标准，它的大小说明该国在世界贸易中所处的地位。

（2）专门贸易（special trade）是以关境为标准划分和统计的进出口贸易。当外国商品进入国境后，暂时存在保税仓库，不进入关境，一律不列为进口，只有从外国进入关境的商品以及从保税仓库提出，进入关境的商品，才列为进口，称为专门进口。专门进口额加上专门出口额称为专门贸易额。美国、德国、意大利等 80 多个国家采用这种划分标准。联合国所公布的各国贸易额一般都注明了是总贸易额还是专门贸易额，它说明了一个国家的进出口状况。

（八）按参与贸易国的多少分类

国际贸易按参与贸易国的多少可分为双边贸易、三角贸易和多边贸易。

（1）双边贸易（bilateral trade）是指两国间的贸易往来，双方都有向对方的出口，贸易支付在双边基础上进行结算，不参与对第三国的贸易结算。

（2）三角贸易（triangular trade）是指双边贸易的扩大。两国之间进行贸易谈判，由于彼此的商品不适销对路，进出口不能平衡，使外汇支付产生困难而不能达成协议时，把贸易谈判扩大到第三国，在三国之间协调商品的进出口，使外汇收支平衡。

（3）多边贸易（multilateral trade）是指在三个或三个以上国家间进行多边结算的贸易行为。两国间的贸易在进出口相抵后总会出现出超（余额）或入超，这时，就可用对某些国家的出超支付另外一些国家的入超，在许多国家间进行贸易的多边结算。

（九）按参与贸易国经济发展水平情况分类

国际贸易按参与贸易国经济发展水平情况可分为水平贸易和垂直贸易。

（1）水平贸易(horizontal trade)是指经济发展水平大致相同国家间的贸易，如发达国家间的贸易、发展中国家间的贸易及区域性集团内的国际贸易。

（2）垂直贸易(vertical trade)是指经济发展水平不同的国家之间的贸易，如经济发达国家与发展中国家之间的贸易。

（十）按交易手段分类

国际贸易按交易手段可分为单证贸易和无纸贸易。

（1）单证贸易(trade with documents)是指以纸面单证为基本手段的贸易。这是一种传统的交易方式，目前大部分交易仍采用此手段。

（2）无纸贸易(trade without documents)是指以电子数据交换(electronic data interchange，EDI)为内容的贸易，即贸易伙伴之间按协定通过电子计算机通信网络传递规范化和格式化的商贸数据和信息而进行的贸易。这是一种现代化的交易手段，代表了国际贸易交易方式和手段的发展趋势。

（十一）按贸易方式分类

国际贸易按贸易方式可分为包销、代理、寄售、招标、拍卖、商品交易所（贸易）、对等贸易和租赁贸易等。

（1）包销(exclusive sales)是指出口企业为了在别国推销自己的产品，不一定通过自己办销售店的办法，可以和国外的某家企业达成包销或独家经销协议，把某一种或某一类商品在某一地区的独家经营权在一定期限内给予对方（包销商），至于具体的买卖合同需要另行签订，但要受包销协议条款的约束。如果出口企业通过协议只是把某一种或某一类商品在某一地区的经营权在一定期限内给予一家企业，并无排他性，则这家出口企业还可以把该经营权给予其他企业，这些企业就是一般经销商。

（2）代理(agency)是指出口企业也可以通过和国外企业达成代理协议，委托代理商在市场上招揽生意，或从事其他委托的事务，委托商对由此产生的权利与义务负责，代理商只收取约定的佣金。根据代理商职权范围大小，可分为独家代理和一般代理。独家代理(sole agency)是指代理商在约定的地区和时期内拥有独家经营权，即委托商不得将该商品直接或间接地销售给代理区内的其他买主，而一般代理不享有这种独家经营权。

（3）寄售(consignment)是指出口企业和国外的代销商订立寄售协议，把货物运交代销商，代销商出售货物后，扣除协议规定的销售费及佣金后把钱交付给寄售商。

（4）招标(invitation to tender)是指招标单位需要采购商品或兴办某工程时，说明有关条件，邀请有兴趣的企业在指定期限内按照一定程序报价（投标），然后由招标人开标与评标，选择最满意的投标人进行交易。国际贸易中经常采用这种方式。

（5）拍卖(auction)是拍卖行接受货主的委托，按照一定的规则和程序在拍卖场以公开叫价的方法，把货物卖给出价最高的买主的一种交易方式。不易标准化的鲜活产品或艺术品、古董等的国际贸易一般都是通过拍卖来完成的。

（6）商品交易所(commodity exchange)是指按一定规章程序买卖特定商品的有组织的市场。只有正式会员可以进入商品交易所交易，其他人或企业通过正式会员或经纪人交易。商品交易所经营的商品一般是标准化的原材料，且按照标准化的合同交易。商品交易所里有现货交易和期货交易，并以期货交易为主。许多农产品、有色金属原料等主要在商品交易所里交易。

（7）对等贸易(counter trade)是指贸易双方用某种协议使进出口平衡的一种贸易方式。

具体有多种形式，如易货贸易、互购贸易、补偿贸易等。易货贸易双方交易值相等，通常不涉及现汇支付；互购贸易则通常使用现汇结算，并不要求互购价值相等；补偿贸易通常是由设备出口方先提供设备给进口方，然后由进口方用该设备生产的产品或其他产品交付给设备出口方，以补偿设备的价款。

（8）租赁贸易（lease trade）是指设备拥有者与承租人订立租约，把设备交付给承租人使用一段时间，同时收取一定租金的交易方式，可分为融资租赁和经营租赁。融资租赁租期较长，通常租期结束、全部租金付清后，设备所有权就转移给承租人，相当于承租人分期付款买到了设备；经营租赁租期较短，设备拥有者须通过多次出租，才能收回设备投资及其他费用。

本章小结

国际贸易是国家（地区）之间商品和服务的交换活动，是各国经济生活的重要组成部分。国际贸易学作为一门学科，它的研究对象是不同国家或地区之间货物和服务的交换活动，通过研究这些货物和服务交换活动的产生、发展过程，以及贸易利益的产生和分配，揭示这种交换活动的特点和规律。国际贸易学研究的主要内容包括国际贸易发展历程、国际贸易理论、国际贸易政策与措施、国际贸易相关理论和现实问题等。

国际贸易是人类发展到一定历史阶段的产物，它属于一个历史范畴。要产生国际贸易必须具备两个基本条件：一是有可供交换的剩余产品；二是国家的形成。国际贸易产生于原始社会末期，在奴隶社会和封建社会得到进一步发展。但一直到了资本主义生产方式确立以后，出于生产过程的内在需要，国际贸易才成为现代化大生产正常进行的必要条件而真正得以迅速发展。在当代，随着科技迅速发展所带来的国际分工的深化，各国经济联系日益加强，加上跨国公司的迅速发展，使国际贸易出现了许多不同以往的新特征。

中国古代对外贸易经历了三个辉煌时期，在明清时出现了新的特点。中国近代由于受帝国主义及封建主义的束缚，对外贸易有所衰落。新中国的对外贸易在 20 世纪末期开始实现了跨越式的大发展。

在学习国际贸易的理论和政策之前，应掌握国际贸易的基本概念和分类，对一些容易混淆的概念加以区分，理解常用贸易统计指标的经济含义。

案例分析

案例分析
"丝绸之路"：东西方文明交往的通道

案例分析
中西方截然不同的大航海

思考题

1. 国际贸易学研究的对象和内容是什么？
2. 简述国际贸易与国内贸易的不同。
3. 国际贸易的产生必须具备的两个基本条件是什么？
4. 简述当代国际贸易发展的新特征。
5. 国际贸易额是怎样计算的？为什么？
6. 什么是贸易条件？其公式是什么？
7. 如何看待贸易差额？

线上课堂——训练与测试

扫描封底刮刮卡　　测试　　获取答题权限

在线自测

第二章 国际分工、世界市场与世界市场价格

学习目标

国际贸易的产生和发展是与国际分工及世界市场的产生和发展密切相关的。有了国际分工才有了以国际专业化生产为纽带的世界市场，随之产生了日益发达的国际贸易。

1. 了解国际分工的含义、产生与发展；
2. 理解和掌握影响国际分工的因素；
3. 掌握世界市场的含义和特征；
4. 掌握国际分工、世界市场的形成对国际贸易的影响。

第一节 国际分工

一、国际分工的含义

分工与生产力的发展水平密切相关。人类发展史上曾出现过三次社会大分工：畜牧业和农业的分工、手工业和农业的分工、商业和手工业的分工，这三次社会大分工促进了生产力的发展和人类文明的进步。但这时的社会分工却受到地域、民族和国家界限的限制，因此只是一种较低层次的分工。随着社会生产力的进一步发展，特别是随着资本主义经济制度的确立与扩张，社会分工开始超越国家的界限，从经济上把整个世界连为一体，形成了国际间的专业化生产与合作，这便是国际分工。

国际分工（international specialization）是指世界各国之间的劳动分工。它是社会生产力发展到一定阶段的产物，是国民经济内部分工超越国家界限的产物。因此，国际分工是一个历史范畴。

国际分工必然会引起国际贸易，并促进世界市场的发展；同时，国际贸易和世界市场的发展又促进了国际分工的进一步发展。各国不同的自然条件和地理环境会对国际分工产生影响，但自然条件和地理环境的差异只是提供了进行国际分工的可能性，并不等于一定会产生国际分工。我们知道，自然条件和地理环境的变化是比较缓慢的，国与国之间自然条件和地理环境的差异亘古有之，但国际分工却只是近代的事，而且在短期内发生了重大变化。这就表明，对国际分工有决定性作用的绝非自然禀赋条件，而应该是各国的科学技术和生产力发展水平。

二、国际分工的形成与发展

我们知道，影响国际分工产生与发展的决定性因素是社会生产力的发展水平。因此，国际分工的发展阶段也与代表生产力发展水平的科技革命的发展阶段基本一致，只是在第

一次科技革命前，就已有了萌芽状态的国际分工。这样，国际分工基本上经历了四个发展阶段。

（一）国际分工的萌芽阶段（16—18 世纪中叶）

国际分工的萌芽阶段出现在封建社会末期和资本主义生产方式准备时期。在资本主义史前时期，由于社会生产力水平较低，自然经济占主导地位，商品生产很不发达。虽然当时也存在一定的国际贸易，但总体来说不存在现代意义上的国际分工。

15—16 世纪上半叶的地理大发现，促使欧洲一些国家的手工业生产向工场手工业生产过渡，同时也为近代国际分工提供了地理条件和准备了国际市场。当时的欧洲殖民主义用暴力手段在他们所能到达的美洲、非洲和亚洲进行掠夺和贸易，在殖民地发展了以奴隶劳动为基础的面对国外市场的专业化生产，建立种植棉花、烟草、甘蔗等农作物的庄园，开发矿山、生产金银，并把生产出来的农作物和金银运回本国，出现了宗主国与殖民地之间最初的分工形式。但是，由于当时的产业革命尚未发生，自然经济在各国仍占统治地位，当时的国际分工和交换与整个社会生产相比并不具有决定性作用，而且明显带有地域分工的性质。因此，这一时期出现的专业化生产可被视为近代国际分工的萌芽时期。

（二）国际分工的形成阶段（18 世纪 60 年代—19 世纪 60 年代）

18 世纪 60 年代—19 世纪 60 年代的产业革命，使国际分工的发展进入形成阶段。随着产业革命的完成，英国等国家建立起大机器工业和现代工厂制度，建立起资本主义生产体系，促进了社会分工和商品经济的发展，由此促成了真正意义上国际分工的形成。这一阶段国际分工的特点如下。

▶ 1. 大机器工业的建立为国际分工的形成奠定了物质基础

18 世纪后半叶始于英国的产业革命，使人类的生产力获得空前的发展。蒸汽机、纺纱机、织布机等的发明和应用，使手工工业发展到了机器大工业。19 世纪中叶，法、德、美等国继英国之后也先后实现了产业革命，建立起了机器大工业。机器大工业使社会生产的规模不断扩大，原先自然经济条件下的民族孤立性开始消失，各国开始被卷入国际分工的轨道。

大机器生产方式的建立产生了两方面的需求：一方面，生产出来的大量商品很快会使国内市场饱和，客观上要求不断扩大销售市场；另一方面，迅速扩大的生产能力引起了对原材料的大量需求，要求寻求新的、廉价的原料来源。商品生产的迅速扩张与对原材料的大量需求，使国际交换成为必然。

▶ 2. 英国成为这一时期国际分工的中心

由于英国最早完成了产业革命，这一时期的国际分工主要围绕英国形成，英国与殖民地之间的国际分工最具代表性。当时的印度已经成为向英国提供棉花、羊毛、亚麻、黄麻、蓝靛的地方，澳大利亚则成为专门为英国生产羊毛的殖民地，英国生产的棉纱、棉布、毛呢则行销世界各地。原来在一国范围内城市与农村的分工、工业部门与农业部门之间的分工，现在逐渐变成世界各国之间的分工，并且促使世界城市和世界农村的分离与对立。当时的英国作为"世界工厂"，它所生产的钢铁、煤炭、机器、纺织品等均在世界上占有极大的比重，它的商队几乎垄断了当时的销售市场和专门向它提供原料、农产品的基地，国际分工呈现"垂直型"格局。

▶ 3. 随着国际分工的发展，世界市场上交换的商品日益为大宗商品所代替

这些大宗商品包括小麦、棉花、羊毛、咖啡、铜、木材等。19 世纪中叶以后，随着英国全面自由贸易政策的实施，其加强了对棉花和谷物的进口依赖，其他资本主义国家也

在不同程度地寻找、开发海外原料和食物资源，从而使得大宗商品在世界市场上的贸易额迅速增长。

（三）国际分工的发展阶段（19世纪中叶—第二次世界大战前）

国际分工的发展阶段对应于第二次产业革命和资本主义垄断时期。从19世纪末—20世纪初，自由竞争的资本主义开始过渡到垄断资本主义，这一时期的国际分工得到进一步发展。在英国产业革命的带动下，西欧、北美等一些国家在19世纪中叶纷纷开始了产业革命，德国、法国等欧洲大陆国家在19世纪中叶开始在工业生产中推广应用蒸汽机，并兴起修筑铁路的高潮。轮船在海上开始逐渐取代帆船，电报的运用也极大地便利了贸易。交通、通信工具的发展，运输费用的下降，使越来越多的地区卷入现代国际分工体系中。这一阶段国际分工的特点如下。

▶ **1. 亚、非、拉国家的经济变为单一型经济**

亚、非、拉国家的经济发展主要依赖于少数几种产品的生产和出口。例如，1937年，锡和钨的出口值占玻利维亚出口总值的67.9%，香蕉和咖啡的出口值占洪都拉斯出口总值的90.7%、危地马拉出口总值的87.4%、哥斯达黎加出口总值的90.3%。单一经济导致它们的收入状况高度依赖其出口产品在国际市场上的行情。

▶ **2. 发达国家之间的水平分工得到不断发展**

伴随着新技术革命，逐渐产生了化学工业、电力工业、精密仪器等一系列新兴工业部门，各资本主义强国分别在一个或几个工业部门形成了自己的优势。如德国在化学工业及电器、精密仪器方面领先，英国在钢铁、机械部门保持着领先地位。于是，在这些工业化的国家之间逐渐产生"水平型"的国际分工。19世纪末20世纪初，这种"水平型"的国际分工已在世界上占有重要地位。

总体来看，这一时期，发达资本主义国家与其殖民地、半殖民地之间的"垂直型"分工进一步扩大，后者对前者在经济上的依赖性进一步加强。同时，发达资本主义国家之间的水平分工开始得到发展，各个国家在某些工业部门显现出了一定的优势，它们分别出口自己具有优势的工业产品，形成一种彼此依赖的国际分工格局。

▶ **3. 贸易方式也在不断变化**

传统的国际定期集市、现场看货交易的方式逐渐减少，取而代之的是样品展览和商品交易所的产生和发展。此时的商品交易所开始依照商品大类品种实施专业化经营，并引入期货交易。1848年，美国芝加哥第一个谷物交易所诞生；1862年，伦敦有色金属交易所成立。

（四）国际分工深化阶段（第二次世界大战以后）

第二次世界大战以后，世界的政治、经济形势发生了很大变化，新科技革命使生产力有了巨大增长，世界经济获得了前所未有的发展。国际分工呈现以下新特点。

▶ **1. 发达国家之间国际分工发展迅速，并在现代国际分工中占据主导地位**

1938年，发达国家之间的贸易额占世界贸易总额的39%。发达国家与发展中国家的贸易额占49%，发展中国家之间的贸易额占12%。而1980年，上述三种类型的国际贸易额占世界贸易总额的比重分别为53%、39%和8%。可见，发达国家之间的国际分工在第二次世界大战后已成为国际分工的主流。据世界贸易组织的统计，2007年，美国向加拿大、欧盟、日本的出口额占其出口总额的48.08%，在这三个地区的进口总额占其进口总额的41.18%。2016年，欧盟和美国货物贸易出口总额占全球的30%，进口总额占33%。

2020 年，美国对加拿大、日本、德国的进出口额占其进出口总额的 23.41%，美国和英国的欧盟对外贸易总额中占比分别为 15.22% 和 12.20%。

▶ **2. 发达国家之间产业内的分工迅速发展**

由于技术的不断发展，工业部门的内部分工变得更为精细，同一工业部门的生产也需要通过国际分工进行，在国际贸易中表现为产业内贸易（intra-industry trade）的迅速发展。一个国家可能既出口汽车、电器、服装，同时又进口这些产品。产业内贸易的迅速发展主要得益于产品的差异化发展。由于产品在规格、型号、外观、商标等方面的差异，一个国家的产品不可能同时满足一国所有的消费需求，这为产业内的分工奠定了基础。不同国家的厂商扩大生产规模专门生产某一种差异化产品，然后通过国际贸易去满足各国不同的消费需求。

▶ **3. 发达国家与发展中国家的分工格局也有了较大变化**

第二次世界大战以后，大批殖民地国家纷纷独立，它们要求在经济上摆脱对单一经济的依赖，发展民族工业；其他发展中国家也开始发展自己的民族制造业，逐步完成本国的工业化进程，以最终使本国与发达国家在国际分工中取得平等地位。伴随着这一过程，发达国家与发展中国家之间的工业制成品、农产品和初级产品的"垂直型"国际分工格局不断削弱。同时，在工业化过程中，发展中国家的出口商品结构有了较大变化，初级产品的出口比重不断下降，工业制成品的出口比重则呈不断上升之势，发达国家与发展中国家之间"水平型"国际分工的格局正在形成和发展。

▶ **4. 区域型经济贸易集团成员之间的内部分工迅速发展**

第二次世界大战以后，区域经济贸易组织或集团发展迅速，促进了区域内部分工的大发展。在众多的经济一体化组织或集团中，成员之间贸易壁垒不断降低，但对非成员还保留着较高的关税和非关税壁垒。其结果是，区域一体化形成的内部市场促成了成员之间资本、人员、商品和服务的流动，在某些情形下政府还有意识利用政策引导，更加深了集团成员之间的分工，由此带动了成员之间贸易的迅速发展。目前，经济一体化程度最高的区域型经济贸易集团当属欧盟。

三、影响国际分工形成和发展的因素

影响国际分工的因素是多方面的，既有社会经济方面的因素，如科学技术发展水平、生产力发展水平、国内市场大小等；也有国际政治方面的条件，如各国政府、国际经济秩序的情况，以及各国自然禀赋的差异等。

（一）生产力是国际分工产生与发展的决定性因素

社会生产力因素在国际分工的产生和发展中起着决定性的作用，国际分工是生产力发展的必然结果。生产力对国际分工的影响突出表现在科学技术的进步上。很明显，人类社会迄今为止的三次科技革命最终都带来了社会分工和国际分工的重大发展。生产力的发展水平决定了国际分工的内容、广度和深度，也决定了各国在国际分工中的地位。

（二）自然条件是影响国际分工产生与发展的重要因素

自然条件指地理环境、气候、自然资源等，是国际分工产生和发展的基础。矿产品的生产需要矿藏，农作物的种植需要相应的土壤和气候，因此自然条件无疑在一定程度上对某些具体的生产活动起决定性作用。但从整个世界经济发展趋势看，自然条件在国际分工中的作用不断下降，因为自然条件主要影响农、矿等初级产品的生产，而现代经济的发展产生了大量合成的替代品，例如，合成橡胶的发明与生产就使许多国家减少了对天然橡胶的进口。而且，现代经济的增长越来越多地依靠技术进步而非原材料的投入。

（三）人口、生产规模和市场情况

▶ **1. 人口分布以及受教育程度的影响**

世界人口在各国的分布很不平衡，有的国家人口众多，劳动力比较充裕；有的国家人口较少，劳动力较为稀缺。而不同产品在生产过程中所需要的劳动力比重是不同的。劳动力富裕的国家在劳动密集型产品的生产方面具有比较优势，而劳动力稀缺的国家则有可能在其他生产要素密集的产品生产中具有比较优势，这样就导致了两类国家的生产分工的不同。同时，人口的受教育程度也会在一定程度上影响国际分工。教育发达、劳动力素质高的国家经常在技术密集型产业的研究和生产方面具有优势，而劳动力素质较低的国家通常只能生产非技术密集型产品。

▶ **2. 生产规模和市场多样化需求的影响**

工业产品的大规模生产，既能极大地提高产品数量，又能产生规模经济效应，提高产品的国际市场竞争力。许多时候，一家企业生产出来的产品会超过整个国家的市场容量，所以规模经济时代，各国都会按照比较优势原则选择一种差异化产品进行大规模生产，以满足不同的消费需求，并以竞争优势最大限度地占领国际市场。很多近年来出现的国际分工新格局可以用生产的规模经济进行解释。

（四）跨国公司和资本输出对国际分工的推动作用

第二次世界大战以后，跨国公司成为推动当代国际分工的主要力量。跨国公司凭借其雄厚的资金实力、强劲的产品研发能力、畅通的销售渠道及科学的管理模式，在世界范围内安排其生产经营活动，充分利用各国、各地区的资源优势。在跨国公司的全球经营模式下，国际分工日益演变为跨国公司生产经营产业链上各生产环节之间的分工，并且通过公司内部贸易把各国的生产活动紧密联系在一起。由跨国公司发展带动的国际分工模式主要表现为各产业链生产环节上的垂直分工。

（五）国家政策和国际经济秩序

▶ **1. 上层建筑影响国际分工的开展**

这里的上层建筑包括国家力量、经济政策、国际组织等。当年，英国等欧洲殖民帝国为了形成有利于自己的国际分工局面，运用国家力量，强迫其殖民地按宗主国的需求去发展单一作物，强迫接受殖民主义的贸易条件。第二次世界大战以后，民族运动风起云涌，大批殖民地国家纷纷获得独立。它们为了摆脱单一经济结构和对原宗主国经济的依赖，纷纷提出了发展民族工业的政策措施，发展中国家的制造业由此得到极大的发展。据联合国有关机构的统计，"二战"后，发展中国家的工业生产增长速度超过了发达国家。例如，1960—1970 年，发达国家的工业生产年均增长速度为 5.3%，而发展中国家为 7.5%；1970—1980 年，这两个数据分别为 3%和 4.5%。近些年，一些发展中国家和地区通过政府指导下的工业化政策，成功发展了制造业，进入了"新兴工业化国家"的行列。

▶ **2. 国际政治经济秩序起着延缓或推进国际分工的作用**

第二次世界大战以前，各资本主义国家为转嫁经济危机，纷纷实行以邻为壑的高关税政策，极大阻碍了国际分工的开展；"二战"后初期，《关税与贸易总协定》(GATT)的签订与实施则极大地推进了国际分工的发展。GATT 共主持了八轮多边贸易谈判，通过多次关税和非关税减让谈判，大幅度降低了各成员国的关税水平，减少了非关税壁垒，推进了贸易的自由化发展。"二战"后的区域经济一体化趋势，也进一步深化了区域内成员的劳动分工，为区域内贸易的自由化发展起了积极的作用。

四、国际分工对国际贸易的影响

（一）国际分工对国际贸易发展速度的影响

从国际贸易发展来看，在国际分工发展快的时期，国际贸易也发展快；相反，在国际分工缓慢发展时期，国际贸易也发展较慢或处于停滞状态。因此，国际分工是当代国际贸易发展的主动力。在资本主义自由竞争时期，形成了以英国为中心的国际分工体系，英国成为世界工厂，对外贸易出现高涨，其在资本主义世界国际贸易中的比重从 1820 年的 18％提高到 1870 年的 22％，而且贸易的增长还超过了生产的增长。据统计，1800—1913 年，世界人均生产每十年增长率为 7.3％，而世界人均贸易额每十年增长率为 33％，显然大大高于世界生产的发展。相反，在 1913—1938 年间，世界生产发展缓慢，国际分工处于停滞状态，国际贸易量在这个时期年平均增长率极低，只有 0.7％。第二次世界大战后，国际分工又有了飞速的发展，国际贸易量的发展速度也加快了，并快于以前各个时期。

（二）国际分工对国际贸易地区分布的影响

国际贸易地区分布是指一国或地区的对外贸易额在世界国际贸易总额中所占的比重，由此确定一国或地区在国际贸易中所处的地位。

国际分工对于国际贸易地区分布有直接的影响。国际分工发展的过程表明，在国际分工处于中心地位的国家，在国际贸易中也占据主要地位。从 18—19 世纪末，英国一直处于国际分工中心国家的地位，它在资本主义世界对外贸易中一直独占鳌头。英国在资本主义世界国际贸易总额中所占比重 1820 年为 18％，1870 年上升到 22％。随着其他国家在国际分工中地位的提高，英国的地位在逐步下降。19 世纪末以来，发达资本主义国家成为国际分工的中心国家，它们在国际贸易中的地位一直居于支配地位。

（三）国际分工对国际贸易地理方向的影响

各国对外贸易的地理方向与各国相互分工的程度成正方向变化。19 世纪国际分工的主要形式是宗主国同殖民地等落后国家之间的分工，即前者出口工业品，后者出口农矿产品，即"垂直型"分工。这种分工形式决定了当时国际贸易主要在殖民地同宗主国这两类国家间进行。

"二战"后，国际分工发生了变化，从出口制成品、进口原料为主变为工业部门生产专业化协作为主，即从垂直型分工变为水平型分工。国际贸易的地理方向也随之发生了变化，变为发达国家间的贸易居主导地位，发达国家同发展中国家间的贸易则居次要地位。

（四）国际分工对国际贸易商品结构的影响

随着国际分工的发展，国际商品结构与各国的进出口商品结构不断发生变化，"二战"后，这种变化表现在以下几个方面。

▶ 1. 工业制成品在国际贸易中所占比重开始超过初级产品所占的比重

"二战"前，由于殖民主义宗主国与殖民地落后国家的国际分工以垂直型分工为主，故初级产品在国际贸易中的比重一直高于制成品。从 1953 年起，工业制成品贸易在国际贸易中所占比重开始超过初级产品贸易所占比重。

▶ 2. 发展中国家出口的工业制成品增长

随着发达国家与发展中国家分工形式的变化，发展中国家出口的工业制成品不断增加，其在世界贸易中所占比重也在增长。

▶ 3. 中间性产品的比重提高

随着国际分工的深化和跨国公司在国际分工中地位的提高和作用的加强，工业内部、公司内部贸易增加，中间性产品在整个工业制成品贸易中的比重不断提高，在各主要发达国家制成品贸易中占据很高比例。

▶ 4. 服务贸易发展迅速

近年来，服务贸易有了迅速的发展，尤其在各发达国家的对外贸易中占很大比例。世界服务贸易额从 1967 年的 700 亿～900 亿美元剧增到 2014 年的 98 006.90 亿美元。据统计资料显示，2010—2019 年，国际服务贸易额由 7.8 万亿美元猛增到 11.9 万亿美元。服务贸易占世界贸易的比重也从 2012 年的 19.5% 上升到 2019 年的 24.5%。

（五）国际分工对国际贸易利益的影响

国际分工可以扩大整个国际社会劳动的范围，发展社会劳动的种类，使贸易参加国扬长避短，发挥优势，有利于世界资源的合理配置；可以节约全世界的劳动时间，从而提高国际社会的生产力。因此，国际分工的发展是一个进步的过程。但是，由于国际分工的产生与发展是在资本主义生产方式下进行的，它代表了生产力发展的进步过程，同时，也体现了资本主义社会的生产关系。因此，国际分工也成为旧的不平等的国际经济贸易秩序的重要组成部分。

在资本主义国际分工体系中，发达国家之间的分工是比较平等或平等的关系。但是在发达国家与发展中国家或地区之间的分工却是中心和外围的关系，两者之间具有控制与被控制、剥削与被剥削的关系。在这种不平等的分工关系中，发达国家享有国际贸易的大部分利益。

发达国家凭借自己在市场上的独占地位，在国际贸易中高价卖出，低价买进，进行不平等交换；通过对外贸易，转嫁经济危机，把国际贸易中利益的大部分，有时甚至是全部占为己有，使发展中国家或地区的贸易条件不断恶化，大大影响了经济发展。

"二战"后，随着发展中国家在政治上取得独立、民族工业的不断发展、在国际政治经济舞台上的不断斗争，发展中国家在国际分工中的地位有所改善，贸易利益随之增多，但是还未发生实质性的变化。

（六）国际分工对对外贸易依存度的影响

国际分工的发展使各国对外贸易依存度不断提高。首先，随着国际分工的发展，尤其是"二战"后国际分工的深化发展，整个世界贸易依存度都在不断地提高。它表明随着国际分工的深化发展，世界经济生活在不断地国际化。其次，随着国际分工的深化发展，国际分工已成为各国国民经济运转的一个必须条件，国际贸易的重要性有了显著的增加。不同类型的国家的出口依存度都有了不同程度的增长。此外，随着国际分工的深化发展，也使贸易方式向着多样化发展。

拓展阅读 2-1
国际分工与
国际贸易

第二节　世界市场

一、世界市场的含义和类型

世界市场（world market）是指在国际范围内进行商品和服务交换的场所，它是由国际分工联系起来的各个国家或地区商品交换的总和，各国市场是世界市场的组成部分。

世界市场是复杂多样的，依据不同的标准可以划分为不同的类型。

（1）按商品形态划分，可分为有形商品市场和无形商品市场。有形商品市场是指买卖那些看得见、摸得着的物质商品的市场，如生产资料市场和生活资料市场。无形商品市场也称劳务市场，是指买卖那些不具有物质形态的商品的市场，如金融市场、保险市场、工程承包市场、技术市场、旅游市场等。

（2）按商品构成划分，可分为工业制成品市场和初级产品市场。在这两大类市场下面又可以细分为若干小类，如工业制成品市场可分为汽车市场、家电市场、服装市场等；初级产品市场可分为粮食市场、棉花市场、石油市场等。

（3）按交易进行的形式划分，可分为有固定组织形式的世界商品市场和没有固定组织形式的世界商品市场。有固定组织形式的世界商品市场，是指在固定场所，按照事先规定好的原则、规章和程序进行商品交易活动的市场，如商品交易所、国际拍卖行、国际博览会和展览会等。没有固定组织形式的世界商品市场，是指买卖双方经面谈和函电就主要交易条件达成协议或签订合同的商品购销形式，这是世界市场上最基本的和最通行的国际商品交换方式。

（4）按照不同类型的国家划分，可分为发达国家市场、发展中国家市场和经济转型国家市场。

（5）按照区域性经济集团划分，可分为欧洲联盟市场、东南亚联盟市场、北美自由贸易区市场、西非经济共同体市场、南方共同市场等。

二、世界市场的形成与发展

世界市场的形成和发展与国际分工的形成和发展相适应。世界市场是随着地理大发现而萌芽，随着第二次科技革命的发展而发展，随着第二次科技革命的完成而最终形成的。

（一）世界市场的萌芽

世界市场萌芽于 16 世纪。地理大发现以前，人们对世界的认识很不全面，因此，当时只有区域性市场，还未形成世界市场。在各个区域性市场间，产品的价格是不统一的，即使在一个国家的不同市镇之间，同种产品的价格也可能会有很大差异。

地理大发现发生于 15 世纪末。意大利人哥伦布率领的西班牙船队于 1492 年发现了美洲新大陆；达·伽马率领的葡萄牙船队于 1497 年绕过好望角，到达南亚西海岸，打通了欧洲通往印度的新航线；麦哲伦率领的西班牙船队在 1519 年经过大西洋，绕过南美海峡进入太平洋到达亚洲的菲律宾群岛。随后，欧洲国家又陆续开辟了一系列新航道，发现了大片从未到过的新土地。地理大发现的结果，实际上是把原来各自独立发展的各国联系了起来，为真正意义上的世界市场的形成奠定了基础。

地理大发现之后，各区域的市场得以彼此联系，亚洲、美洲、非洲、大洋洲的许多商品开始流通到欧洲市场，欧洲市场的产品也逐渐蔓延到世界其他地方，国际贸易额迅速增加。欧洲各国为了争夺市场开展了激烈竞争，最终由大西洋沿岸的一些国家取代了原地中海沿岸的城市，成为当时的世界市场中心。里斯本、安特卫普、阿姆斯特丹、伦敦等变成了世界商业意义的大都市。与世界性贸易相适应的海上运输、银行、保险公司、交易所等相继出现。这时候，在世界市场交易的大多是奢侈品，占支配地位的是商业资本，它对开拓市场和资本的原始积累起了很大作用，并促进封建主义生产方式向资本主义生产方式过渡。我们把这一时期看作世界市场的萌芽期。

（二）世界市场的发展

18 世纪 60 年代—19 世纪 70 年代，是资本主义自由竞争时期，也是资本主义机器大工业的建立时期。

始于 18 世纪 60 年代英国的第一次产业革命，推动了英国和其他欧洲国家机器大工业的建立。机器大工业一方面带来生产规模的不断扩大、生产效率的不断提高，从而从客观上要求不断拓展新的市场，因此，机器大工业的建立迫使国家必须去海外寻求新的市场；另一方面机器大工业也需要不断扩大原材料的供应，英国等国在产业革命之后，工业迅速发展，促使它们越来越多地从世界市场，特别是从殖民地、半殖民地购买大量的原材料。这样，机器大工业把越来越多的原料来源地卷入世界市场之中，将许多国家纳入国际分工体系，世界市场迅速发展。此时在世界市场进行贸易的主要是机器大工业的产品和经济落后国家的原料及粮食。世界市场上的交换主要是在工业发达国家与落后的农业国之间进行，以工业国家为市场的中心。在这一阶段，国际市场的主导地位已由原来的商业资本转化为产业资本。

（三）统一的世界市场的形成

产业革命以后的 100 年间，世界市场已有了很大的发展，但一直到 19 世纪中叶，世界市场中还只有英国处于支配地位。西欧、北美诸国属于刚开始工业革命的阶段，这些国家刚刚开始大修铁路，使本国的内地与国际市场更紧密地联系起来。从全世界的角度来看，资本主义生产关系对于像中国等亚洲大陆国家来说才刚刚开始，此时还不能认为统一的世界市场已经完全形成。到 19 世纪末 20 世纪初，资本主义进入垄断时期，第二次科技革命和资本的大规模输出使越来越多的国家纳入世界市场，统一的世界市场最终形成。

始于 19 世纪中期的第二次科技革命极大提高了社会生产力。一系列新产业部门，如电力、汽车制造、钢铁、化工等的产生和迅速发展，扩大了对橡胶、石油、农业原料等的需求，使得商品交换的品种和数量不断增加。美国、德国等国在完成产业革命后，借助新科技革命，经济实力已经超越英国。这些工业发达国家加强了资本的对外输出，推进了生产的社会化和国际化进程，推进了世界市场的不断扩大。同时，交通运输业、通信业的进一步改善，也把世界各国在经济上更为紧密地联系在一起。另外，国际金本位制的建立与世界货币的产生、统一世界价格和多边支付体系的形成等都标志着统一的无所不包的世界市场的形成。

三、当代世界市场的特征

"二战"后，世界市场不断扩大，呈现出一些明显特征。

（一）世界市场的规模迅速扩大

"二战"后，科技革命蓬勃发展，随着科学技术的进步，社会生产力不断发展，国际分工进一步向纵深发展，使世界市场的规模迅速扩大。主要表现在世界市场地理范围和联系内容的扩大，以及国际贸易额、国际贸易量和贸易商品种类的增加。"二战"后世界市场的内容包括商品、资本、技术、劳务以及知识产权等方面，国际贸易量迅速增加。

（二）世界贸易的垄断性不断加强

自 19 世纪末 20 世纪初资本主义进入垄断时期以后，资本主义大企业和跨国公司不仅垄断了生产，而且垄断了世界销售市场和原材料产地。"二战"后，一些国家的政府通过与他国组成区域经济集团控制市场；通过跨国公司进行大规模资本输出，以公司内部控制的方式控制市场；通过制定奖出限入的对外贸易政策争夺市场。

（三）世界市场的竞争日益加剧

"二战"后，世界市场由卖方市场转向买方市场，垄断不断加剧，世界市场上的竞争范围不断扩大，程度更为激烈，手段更加多样。为了争夺世界市场，各国在设置关税壁垒的同时，竞相采取各种非关税措施限制进口。在竞争手段上，除了传统的价格竞争外，更注重非价格竞争，想方设法提高产品质量和性能，增加花色品种，改进包装，改善售前售后服务等。

（四）世界市场的国际协调与管理逐步发展

"二战"后，各国一方面通过国内政策和对外贸易政策手段来干预和影响世界市场，另一方面用缔结政府间协定等方式对世界商品、资本、劳务市场进行协调和管理。例如，国际商品协定对特定商品的市场起到了一定的管理作用；关贸总协定和世界贸易组织对世界市场起到了较大的协调和管理作用。

（五）世界市场中的"内部市场"有扩大的趋势

所谓内部市场，是指世界市场中的部分区域被相对封闭起来，商品在内部交易时可以享受多种特殊优惠待遇。这种内部市场在一定程度上排斥来自外部市场的商品。目前世界市场中的内部市场主要有两类。

（1）区域性经济集团市场，如欧盟市场、东盟市场、北美自由贸易区市场等。这类内部市场，无论从发展的广度还是从发展的深度看，都在逐步扩大，其内部市场的贸易量占世界市场贸易总量的比重也在逐步增加。

（2）在跨国公司内部开展贸易所形成的市场，如跨国公司母公司与国外子公司之间的贸易以及同一母公司下各子公司之间跨越国界的贸易。这种贸易之所以被称为世界市场的内部市场部分，是因为它虽然导致了商品跨越国界的运动，但是交易行为主体实际上是同一个所有者。它们既具有国际贸易的特征，又具有公司内部商品调拨的特征。这种内部市场的形成，不仅可以防止跨国公司技术优势的散失，而且可以通过内部市场转移价格获取高额利润和取得竞争优势。

（六）世界市场信息网络逐步完善

世界市场信息网络的建立可以通过多种手段进行，如通信、电话、电报、传真和计算机等。"二战"后的计算机工业发展日新月异，出现了一代又一代的新式计算机，加上计算机的全球联网，使世界市场通过信息高速公路而更加紧密地连为了一体。例如，1994年联合国贸易发展会议推出了一项"贸易信息网点"计划，即利用现代化的电子信息网络系统，传递和交换世界市场信息，以简化贸易程序、提高贸易效率、减少贸易费用为目的，培育更完善的世界市场，促进更和谐的国际贸易。

如果按世界市场中的传统交易方法，一笔出口业务，从调查市场、了解客户到履行合同，需要经过十几道贸易程序，涉及一系列的当事人或关系人，大量的信息和外贸单证文件需要交换和处理。如果依靠人工操作和比较落后的传输手段，不仅费时、费工，而且差错、延误、遗失的情况也时有发生。现在市场上已推出了一套价格低廉、操作简单的微机清关系统，现已有很多国家的海关采用了该系统，收益十分显著，使海关申报时间缩短为原来的1/10～1/5，而且减少了中间费用。现在正在开发一种新的微机信息系统，集市场信息贸易及服务于一体，使与贸易有关的各部门如海关、银行、保险、运输等合署办公，一条龙式地完成各项贸易程序。这种系统将使各贸易公司，尤其是中小贸易公司进入浩如烟海的世界市场变得越来越简单和容易。

第三节　世界市场价格

商品世界市场价格的基础是国际价值，但同时又受多种因素的影响，因此世界市场价格经常会偏离国际价值，呈波动之势。在国际贸易中，通常用贸易条件来表示两国进行贸易时交换比例或是一国参与国际贸易利益的变化。

一、世界市场价格的含义及其构成

世界市场价格是指一定条件下在世界市场上形成的市场价格，也就是某种商品在世界市场上实际买卖时所依据的价格。世界市场价格是衡量国际社会必要劳动时间的标准，是国际价值的货币表现。

在世界市场上买卖双方所进行的价格磋商，一般都参照当时的世界市场价格。例如，能大量买到的某种大宗商品的国际贸易集散地价格，谷物的买卖一般都参照美国芝加哥谷物交易所的价格，棉花的买卖一般都参照纽约棉花交易所的价格，有色金属的买卖一般都参照英国伦敦金属交易所的价格。世界市场价格中还有一些是在特定条件下形成的价格，如拍卖价格、投标价格等。

商品的世界市场价格的构成，与商品的国内市场价格的构成一样，也是由生产成本、流通费用、税金和利润构成的。与商品的国内市场价格构成不同的是，在世界市场上，由于国际贸易需要长距离运输，需要多次装卸及储存，其间需要办理各种申请出口或进口的许可证、报关及纳税等手续，所以，在商品的世界市场价格中，流通费用、商业利润和税金所占的比重往往较大。

二、世界市场价格变动的基础

（一）国际价值是世界市场价格变动的基础

国际价值是指在世界经济现有条件下，按照世界平均劳动强度和熟练程度生产某种使用价值所需要的劳动时间。在国内市场上，商品按国别价值进行交换，国别价值是一国范围内的社会价值，它是由该国生产商品时消耗的社会必要劳动时间决定的。由于各国经济发展程度不同，平均劳动熟练程度和劳动强度不同，以致生产商品所消耗的社会必要劳动时间也不同。因此，在世界市场上，各国之间的商品交换不能按各自的国内价值，而应以生产该商品的国际价值为基础。

世界市场价格的变动受价值规律的支配，国际价值始终是世界价格上下波动的基础与中心。与一个国家内部的交易不同，在世界市场上进行交易的是不同的经济制度、不同价格体系、不同贸易制度的国家或地区间，生产要素流动受到阻碍，因此在世界市场上不能形成生产价格范畴。由国际社会必要劳动时间所决定的国际价值是世界市场价格浮动的基础，当世界市场上某商品供求平衡时，其世界市场价格与国际价值相一致；当某种商品供不应求时，其世界市场价格会超过其国际价值；当某种商品供过于求时，其世界市场价格会低于国际价值。但世界市场价格的变动又会反过来影响国际供求关系并使之趋于平衡，因此从长期来说，世界市场价格与国际价值趋于一致。

（二）影响国际价值量变化的各种因素

商品的国际价值量随着国际社会必要劳动时间的变化而变化。影响国际价值量变化的因素有以下几个。

▶ 1. 世界平均劳动生产率

劳动生产率同单位时间内生产商品的数量成正比，同单位商品的价值量成反比。若世界各国的劳动生产率普遍提高，由于单位时间内生产的商品数量增加，则生产单位商品的必要劳动时间缩短，单位商品的国际价值量就会减少；相反，商品的国际价值量就会增大。

▶ 2. 世界平均劳动强度

劳动强度是指劳动紧张程度，即单位时间内劳动者体力与脑力的消耗程度。就单个国家而言，劳动强度的大小与国际价值量成正比，即强度大的国民劳动强度比强度小的国民劳动在同一时间内会创造出更多的价值。但是，如果世界所有国家和地区的劳动强度同时普遍增加了，则新的、较高的劳动强度就会成为世界新的强度标准，从而影响国际价值量。

▶ 3. 主要供货国的生产条件

某种商品的国际价值，在很大程度上受到该商品主要供货国的社会必要劳动时间的影响。因此，即使本国的价值量没有改变，国际价值也会由于各供货国向世界市场提供商品份额的增减而产生变化。这种变化主要有以下三种情况。

(1) 如果进入世界市场的某种商品绝大部分在相当于世界中等生产条件的国家内生产，而小部分是在生产条件较劣和较优的国家内生产，则这种商品的国际价值应主要根据中等生产条件国家生产这种商品的社会必要劳动时间来确定。

(2) 如果进入世界市场的某种商品主要是在生产条件较劣的国家生产，尽管同时进入世界市场的也有中等和较优生产条件的国家生产的商品，则这种商品的国际价值将主要根据生产条件较劣的国家生产该商品的社会必要劳动时间来确定。

(3) 如果进入世界市场的某种商品主要是在劳动生产率较高的国家中生产，则这种商品的国际价值，将主要根据较优生产条件国家生产该商品的社会必要劳动时间所确定。

三、影响世界市场价格变动的因素

(一) 货币价值

世界市场价格是商品国际价值的货币表现。因此，国际市场价格的变动，不仅取决于国际价值，还依赖于货币价值，主要是世界通用货币的价值。国际通用货币的升值或贬值会直接影响世界市场价格的下跌或上涨。

(二) 世界市场的供求变化

世界市场的供求关系是影响世界市场价格波动的直接因素。国际政治、经济、军事、自然条件等因素对世界市场价格的影响，都是通过供求机制实现的。

供求关系对世界市场价格的影响可概括为以下几种情况。

(1) 当需求不变，而供给增加(或减少)时，世界市场价格将下跌(或上涨)。

(2) 当供给不变，需求增加(或减少)时，世界市场价格将上涨(或下跌)。

(3) 当供给增加，需求减少时(或供给减少，需求增加)时，世界市场价格将急剧下跌(或上涨)。

(4) 当供给与需求同时增加(或减少)时，则看两者增幅差额，如果供给增加(或减少)的幅度大于需求，则世界市场价格将下跌(或上涨)；反之，如果需求增加(或减少)的幅度大于供给，世界市场价格将上涨(或下跌)。

(三) 世界市场的竞争

在世界市场上，同一种商品往往包括三方面的竞争。

（1）各国卖方之间的竞争，即竞售。众多卖主为争夺市场，必须在商品质量、价格、售后服务等方面展开竞争，从而促使商品价格下降。

（2）各国买方之间的竞争，即竞购。如果众多国家的买方都对同一种商品求购心切而彼此竞争，其结果将是导致商品价格的上涨。

（3）买卖双方之间的竞争。这种竞争表现为买卖双方的讨价还价，其结果取决于商品的市场供求状况和买卖双方力量的对比。当某种商品供不应求、卖方力量强大时，市场属于"卖方市场"，价格将趋于上涨；反之，当某种商品供过于求、买方力量强大时，则为"买方市场"，价格将趋于下跌。

在上述三种竞争影响价格的同时，垄断也能对世界市场价格产生影响，有时这种影响甚至对世界市场价格的形成起主导作用。

（四）世界市场的垄断

垄断组织为了获取最大利润，通常会采取各种方法控制世界市场价格。

垄断价格是垄断组织利用垄断地位规定的高于或低于正常价格的一种价格。在世界市场上，垄断价格有两种：垄断高价和垄断低价。垄断组织以卖方身份出现时通常会索取垄断高价，以买方身份出现时则会索取垄断低价。垄断组织通过垄断价格获取超额垄断利润。

垄断组织常见的控制世界市场价格的方法如下。

▶ 1. 直接法

直接法包括瓜分销售市场，规定国内市场的商品销售额，规定出口份额，减产；降低商品价格，使竞争者破产，然后夺取这些市场并规定这些商品的垄断价格；用夺取原料产地的方法垄断原料市场；开采原料并按垄断价格出售原料，获取国家订单，并按垄断价格出售这些订货；直接调整价格，即规定商品的最低限价等；跨国公司内部采用转移价格，公司内部相互约定出口、采购商品和劳务所规定的价格。

▶ 2. 间接法

间接法包括限制商品的生产量和出口量，例如，限制开采矿产和妨碍新工厂的建立；在市场上收买"过多"商品并出口"剩余"产品等。

（五）经济周期

经济周期不同阶段产销的变化直接影响世界市场上商品的供求关系，从而影响商品的国际市场价格。在危机阶段，生产下降，商品滞销，使大部分商品的国际市场价格下跌；危机后，经过一段时间的萧条，经济逐渐恢复，甚至高涨，生产逐渐上升，需求逐渐增加，价格便逐渐上涨。商品的世界市场价格会随着经济周期而不断波动。

（六）各国政府和国际性组织所采取的有关政策措施

第二次世界大战后，世界各国采取了许多政策措施，如价格支持、关税与非关税措施、出口退税、出口补贴、进出口管制、外汇管制、政府采购、战略物资收购及抛售等，一些国际性组织也采取了干预国际市场价格的措施，这些政策措施对国际市场价格产生了很大的影响。

（七）商品的质量、包装及与销售有关的各种因素

在国际市场上，在相同商品的销售中，商品的质量和包装是影响其价格的主要因素。此外，商品销售的其他因素也会影响商品的价格。这些因素主要包括付款条件的难易、运输交货的适时、销售季节的赶前与滞后、是否为品牌商品、使用的货币、成交数量的多

少、客户的爱好、地理位置的远近、广告宣传的效果、服务质量等。

四、世界市场价格的种类

世界市场价格按其形式条件、变化特征可分为以下几种。

(一) 世界"自由市场"价格

商品的世界"自由市场"价格是指商品在国际间不受垄断力量干扰的条件下,由独立经营的买者和卖者进行交易的价格,任何一个买者或者卖者都不能决定或操纵该商品的市场价格,其价格完全是在国际市场供求关系的影响下形成的。

"自由市场"是由较多的买者和卖者集中在固定的地点,按一定的规则,在规定的时间进行的交易。尽管这种市场也会受到国际垄断和国家干预的影响,但是,由于商品价格在这里是通过买卖双方公开竞争而形成的,所以,它常常较为客观地反映了商品供求关系的变化。

在联合国贸易发展会议所做的统计中,通常把交易大宗农产品、矿产品等初级产品的商品期货交易所和拍卖市场等的价格看作"自由市场"价格,包括美国谷物交易所的小麦价格,大米的曼谷离岸价格,砂糖的加勒比口岸价格,咖啡的纽约港交易价格,可可豆的纽约/伦敦日平均价格,茶叶的伦敦拍卖市场价格,伦敦金属交易所的铜、铅、锌、锡的价格等。

(二) 世界"封闭市场"价格

世界"封闭市场"价格是指买卖双方在一定的特殊约束关系下形成的价格。商品在世界市场上的供求关系,一般不会对它产生实质性的影响。世界"封闭市场"价格一般包括以下几种。

▶ 1. 调拨价格

调拨价格又称转移价格(transfer price),是指跨国公司根据其全球战略目标,在母公司与子公司、子公司与子公司之间销售商品和服务时采用的内部价格。调拨价格一般不受市场供求关系的影响,由跨国公司根据战略目标来决定,以便实现其调节利润、转移资金、控制市场和逃避税收的目的。

▶ 2. 垄断价格(monopoly price)

垄断是指国际垄断组织利用其经济力量和市场控制力量决定的价格。国际垄断价格有两种:卖方垄断价格和买方垄断价格。卖方垄断价格是高于国际市场价值的价格,在这种销售价格下,国际垄断组织可以取得垄断超额利润。买方垄断是指垄断企业或组织以买方垄断的身份,按低于商品国际价值的价格,从国际市场上(主要是从发展中国家)购买商品,如原料、食品、中间产品等,以便降低生产费用,取得更大利润。

▶ 3. 区域性经济贸易集团内的价格

第二次世界大战后,成立了许多区域性的经济贸易集团,如欧盟、北美自由贸易区、中美洲共同市场等。这些经济贸易集团对内实行优惠政策,对外则保持各自的关税或实行统一的关税政策。有些经济贸易集团还形成了集团内价格,如欧盟已统一了农产品价格并建立了共同农业基金,主要用来收购过剩的农产品,或对各成员国的农产品出口给予补贴。

▶ 4. 国际商品协定下的协定价格

订立国际商品协定(International Commodity Agreements)的主要目的在于稳定价格,消除短期的、中期的价格波动。所有的国际商品协定都规定一种或数种方法来稳定商品价格。

采取出口限额稳定价格,即由生产国商定限额限制出口,以调节市场供求,在需求不变时可通过减少供给以促使商品价格上涨。但在价格上涨情况下，由于出售商品能获得更多的利润，所以参加协定的成员可能会违反规定，突破限额。

缓冲库存的作用机制是当有关商品价格降到最低价格以下时，就用缓冲库存基金购进商品或扩大出口以增加市场需求，从而促进商品价格的回升；当有关商品价格超过最高限价时，则用抛售缓冲库存寻取或扩大进口的方法来平抑商品价格。但采取缓冲库存，需要占用巨额资金。在市场发生过剩、需要收购过剩商品以维持价格时，如果资金太少而不能收购足够数量的商品，则会导致价格的稳定作用减弱。

拓展阅读 2-2
中国瓷器与
世界市场

本章小结

国际分工的萌芽阶段出现在封建社会末期和资本主义生产方式准备时期；国际分工的形成阶段与第一次产业革命和资本主义的自由竞争时期相对应；国际分工的发展阶段处于第二次产业革命和资本主义垄断时期；而"二战"以后，世界的政治、经济形势发生了很大变化，促进了国际分工的不断深化。

生产力水平、自然条件、人口、生产规模和市场情况等的变化导致国际分工的产生和发展。国际分工是国际贸易和世界市场的基础。

国际分工是当代国际贸易发展的主动力。国际分工不仅影响国际贸易发展的速度，还对国际贸易地区分布、国际贸易地理方向、国际商品结构、国际贸易利益及对外贸易依存度产生较大的影响。

地理大发现、产业革命等因素导致世界市场的产生和发展，而世界市场又是国际贸易发生的重要载体。在当代，世界市场的容量迅速扩大、竞争日益加剧，世界贸易的垄断性不断加强，世界市场呈现出新的特点。

国际价值是世界市场价格变动的基础。世界市场价格的变动受价值规律支配，同时受国际供求关系、国际竞争与垄断、经济周期、国家政策等诸多因素的影响。世界市场价格的表现形式是多样的。

案例分析

案例分析
美国波音公司堪称国际分工的典范

思考题

1. 什么是国际分工？国际分工的发展经历了哪几个阶段？
2. 影响国际分工发生与发展的主要因素是什么？各占什么地位？
3. 国际分工对国际贸易有什么影响？
4. 国际市场价格主要有哪几种？
5. 影响国际市场价格的因素有哪些？

线上课堂——训练与测试

扫描封底刮刮卡

在线自测

获取答题权限

第三章　古典国际贸易理论

学习目标

本章系统介绍了亚当·斯密的绝对优势理论，阐述了大卫·李嘉图的比较优势理论，分析了相互需求理论。

1. 掌握亚当·斯密的绝对优势理论；
2. 理解和掌握大卫·李嘉图的比较优势理论；
3. 掌握相互需求理论的基本概念。

第一节　绝对优势理论

一、绝对优势理论产生的背景

亚当·斯密（Adam Smith，1723—1790）生活在英国资本主义原始积累完成、以机器生产逐步替代手工生产为标志的第一次产业革命时代。随着工业资本的发展，工场手工业中的分工日益发达，机器设备的使用率越来越高，生产规模逐渐扩大。到18世纪末，英国的经济力量已经超过欧洲大陆的两个对手——法国和西班牙，而且工业革命正在由萌芽向高涨发展。资本主义的发展要求清除它前进道路上的一切障碍，而在商业资本统治时期，英国工业在商业资本控制下，基础十分薄弱，它要求鼓励输出、限制输入，以免受外国商品的竞争。因此，当时的英国政府实行的是保护贸易政策，限制贸易自由。随着资本主义生产的迅速发展，工业资本的实力逐渐增强，为了便于对外进行争夺，工业资本要求贸易自由。英国原有的旨在保护商业资本的重商主义的保护贸易政策，既与工业资本的要求相矛盾，也不适合当时的经济情况。新兴的资产阶级要求扩大对外贸易，以便从海外获得生产所需的廉价原料，并为其产品寻找更大的海外市场，为此就要摆脱重商主义者对国民经济和对外贸易的束缚。与此同时，在重商主义制度下所建立的经济上的特许和垄断制度的效率低下、浪费严重的弊端已经暴露无遗，对新兴的产业资产阶级发展资本主义的阻碍作用日益显现。适应时代的要求，在经济思想上产生了以亚当·斯密为代表的经济自由主义思想。

国际贸易理论体系的建立是从亚当·斯密的绝对优势理论提出开始的，亚当·斯密，英国经济学家，是古典经济学和国际贸易理论的建立者，亚当·斯密在1776年发表了《国民财富的性质和原因的研究》（简称《国富论》）一书，提出了绝对优势理论，标志着国际贸易理论的产生。

人物简介

亚当·斯密，英国经济学家。亚当·斯密于1723年6月5日出生于苏格兰爱丁堡的克尔戈迪小镇。他的父亲曾做过律师兼海关官吏，在亚当·斯密出生前两个月去世；母亲出身于苏格兰贵族，笃信基督教。亚当·斯密自小体弱多病，三岁时他独自一人从其外祖父家出外游玩，被吉普赛人拐骗失踪，不过不久便在郊外被找到了。

亚当·斯密少时就读于苏格兰最有名的公立中学。在中学时期，他就以学习努力、求知欲强和记忆力过人见称。亚当·斯密14岁时进格拉斯哥大学学习，当时世界著名的数学家罗伯特·辛姆森（Robert Simson）和英国功利派创始人、"苏格兰哲学之父"赫契森（Hutcheson）都在该校任教。赫契森讲授道德哲学，亚当·斯密随班听课，深受其影响。亚当·斯密当时专攻数学和自然哲学，他在赫契森影响下，开始认识到道德观念是客观存在的，认为道德是一种美德。

1740年，亚当·斯密修完大学课程，被授予硕士学位，之后，前往牛津大学学习。1751年，亚当·斯密就任格拉斯哥大学教授，讲授伦理学、道德哲学等课程，他的讲课颇受学生好评，一时成为众人崇拜的偶像。1759年4月，亚当·斯密的第一部著作《道德情操论》出版（他的另一部著作《言语起源论》也同时问世），轰动了文坛，使亚当·斯密更加声名远扬。《道德情操论》阐述了人们应怎样具备辨别是非的道德观念，答案在于人们必须要将自己放在公正的旁观者的立场上，这样在判断事物时才能不仅从个人利益的角度出发，更从客观的角度出发，正如良知一样，这种公正客观的立场督促人们行事遵守正确的道德准则。

之后，亚当·斯密对伦理学的兴趣下降，转而专心于法学和政治经济学的研究。1764年初他开始创作我们熟知的《国富论》。经过10年多的埋头写作，《国富论》初版于1776年3月9日问世，这一年亚当·斯密52岁。该书一时轰动英国朝野，各界倍加赞扬。当时英国首相庇特对它特别推崇，并根据亚当·斯密书中所阐述的经济原理制定了英国政府的经济政策。在《国富论》中，亚当·斯密认为人们总是依照利己主义原则行事，而且这种个人的利己行为最终会有利于全社会的利益，他认为个人利益和国家利益将会完美地融合为一体，共同促进经济的持续增长和繁荣，因此，亚当·斯密提出了反对重商主义对贸易实施限制，提倡由英国政府控制垄断、对公民征税应谨慎等观点。

亚当·斯密的学术活动除政治经济学外，还涉及哲学、文学、艺术、物理、天文等方面。1787年，亚当·斯密被选为格拉斯哥大学校长。

二、绝对优势理论的主要内容及其模型

（一）对重商主义的批判

许多经济学家都不同程度地对重商主义的学说进行了批判，但真正对其进行理论清算的是亚当·斯密。亚当·斯密对重商主义的批判主要是从以下三个方面进行的。

▶ 1. 金银货币是唯一财富的观点是错误的，认为商品和服务都是财富

亚当·斯密认为重商主义将财富混同于金银货币的观点是完全错误的，他认为一国的真实财富不应当用货币来衡量而应当用生产出来的商品和服务来衡量，因为商品除了用来交换货币外，还有许多用途，而货币除了购买商品以外，不能用于其他用途。相应地，一个真正繁荣昌盛的国家是通过对外贸易不断扩大国内生产的国家，而不是仅仅为了获得金银货币而通过禁令限制贸易的国家。

▶ 2. 只有国家干预才能增强国家力量的观点是错误的，主张自由贸易

亚当·斯密认为国家只有采取自由放任的经济政策，才能充分发挥人们的聪明才智，保证自然资源和生产要素得到最合理的配置，使国家物质财富的产出达到最大，增强国

力。在对重商主义的批判中，他提出经济上自由放任的主张，指出只有个人经济活动不受到干涉，国家财富才能增加，资本积累才能增进。

▶ 3. 根据"价格—铸币流动机制"理论，认为通过顺差来为本国积累金银的想法是错误的

亚当·斯密根据大卫·休谟（David Hume）的"价格—铸币流动机制"理论，认为一国如果长期保持贸易顺差，金银源源不断地流入本国，那么国内的货币流通量就会增加，在商品量没有增长的情况下，价格趋于上涨。当价格上涨时，本国商品在国外的吸引力降低，而外国商品在本国国内的价格相对便宜，因此进口增加，贸易顺差减少，甚至出现逆差，必须输出金银以偿付差额。所以，企图通过持续顺差来为本国积累金银的想法是枉费心机的。

（二）绝对优势理论的主要内容

在批评重商主义的同时，亚当·斯密提出了绝对优势理论，该理论是亚当·斯密主张自由贸易的理论依据，在该理论的论述中，他提出了以下几个观点。

▶ 1. 绝对优势是国际分工和贸易的基础

亚当·斯密的绝对优势理论认为，国际贸易和国际分工的原因和基础是各国间存在的劳动生产率和生产成本的绝对差异。由于各国自然禀赋优势或获得性优势不同，生产同种商品中会有不同的劳动生产率，使一国生产某种商品的生产效率绝对高或劳动成本绝对低于他国，各国生产具有绝对优势商品并进行交换，不仅会提高劳动生产率，增加社会财富，而且对贸易双方都有利。因此，斯密这个理论也称为绝对成本理论。

所谓绝对优势是指一国生产某种商品的劳动生产效率绝对高，从而劳动成本绝对低。在古典时期，劳动被视为唯一的生产要素，劳动生产率的差异决定了生产成本的高低，而生产成本的高低又决定了价格差异。因此，绝对优势的衡量可从劳动生产率、生产成本和价格三方面着手。

亚当·斯密认为，每一个国家都有其适宜生产某些特定产品的绝对有利的生产条件，因此生产这些产品的成本会绝对地低于他国。一般说，一国的绝对成本优势来源于两个方面：

（1）自然禀赋的优势，是指一国固有的自然条件以及各国的地理环境、土地、气候等，这是天赋的优势；自然条件决定了哪个国家最适宜生产什么。因此，亚当·斯密的分工理论也被叫作"地域分工理论"。

（2）获得性优势，是指通过接受教育与训练及生产实践等后天的活动获得的优势。一国如果拥有其中的一种优势，那么这个国家某种商品的劳动生产率就会绝对地高于他国，生产成本就会绝对地低于他国。

▶ 2. 绝对优势与贸易结构

绝对优势理论的贸易结构是分工生产并出口具有绝对优势的产品，不生产并进口具有绝对劣势的产品。

一个国家的贸易结构取决于自身拥有的生产某种产品的绝对优势，如果本国在食物生产上拥有绝对优势，在服装生产上具有绝对劣势，那么，它可以完全专业化于食品的生产，并向另一国出口食物、进口服装，以满足国民消费的需要；同时，另一国在服装生产上拥有绝对优势，那么，它可以完全专业化生产并出口服装、进口食品，以满足国民的消费需求。

▶ **3. 绝对优势与贸易利益**

贸易利益是指一国或地区参加国际贸易而获得的经济利益，包括产出水平和社会福利水平的提高等，是资源在生产领域的更有效配置所得。绝对优势理论认为，如果各国按绝对优势进行生产和交换，贸易的结果是各国都能获益。

亚当·斯密认为，分工和贸易能提高劳动生产率，增加国民财富，其理由有三个：

（1）分工和专业化使劳动者的生产技巧不断提高；

（2）分工避免了在不同工作之间进行转移而造成的时间损失；

（3）分工使专门从事某项作业的劳动者比较容易改良工具和发明机械。

他以制针为例，指出在没有分工的情况下，由于制针需 18 种工序，让一个人去做每天最多生产 20 根针，甚至可能一根也做不出来；而分工后，每人每天最多可生产 4 800 根针，可见分工使劳动生产率提高了最少 240 倍。至于分工产生的原因，亚当·斯密认为是由交换引起的。人们为了追求个人利益，就要生产产品进行交换，由于个人所擅长的领域不同，就导致了分工的出现。

由于分工可以极大地提高劳动生产率，所以亚当·斯密认为，每个人都应该专门从事他最具优势的产品的生产，然后再用这种产品和他人交换其他物品，这样对每个人都是最有利的。

亚当·斯密采用由个人和家庭推及整个国家的办法，论证了国际分工的合理性。他说，如果一件东西在购买时所花费的代价比家内生产时要小，就永远不会想在家内生产，这种不同的个人之间的分工原则在不同的国家之间也是同样适用的。如果从其他国家购买一种商品所花的成本比在国内生产该产品的耗费要低，那么本国就不应生产这种商品，而应当大量生产自己最具有优势的商品以换取货币，然后再购买这种商品，这样就比自己生产要便宜得多。亚当·斯密的分工理论是其主张自由贸易政策的理论基础。

亚当·斯密提出了剩余产品出口理论，即认为国际贸易通过扩大市场规模为一国的过剩产品提供了出路。他假定一国在开展国际贸易之前存在着闲置的土地和劳动力，生产能力没有得到充分发挥，如果这些生产能力被充分利用的话，国内的产品就必然会发生剩余。而国际贸易正好给这种过剩的生产能力找到了出路，这些多余的资源可以用来生产剩余产品以供出口。这样，出口减少了国内的浪费和闲置，提高了国内的储蓄和投资，从而促进了经济增长。

▶ **4. 主张自由贸易政策**

基于国际分工和贸易能给各国带来利益，亚当·斯密反对国家干预经济，主张自由贸易，认为自由贸易能够促进生产的发展和产量的增加。他认为，市场机制像一只看不见的手一样，能够自动调节人们通过自由贸易实现最大的贸易利益。各国只有在自由贸易与自由竞争机制下，更加合理地利用本国生产优势进行国际分工，才能够使世界经济不断发展，并使各国在贸易中获益。

当然，说亚当·斯密是一个自由贸易论者，并不是说他反对任何形式的贸易保护。例如，他认为在下述两种情况下国家就可以适当地征收关税：一是为了保卫国家、保护国内某些民族工业；二是假如对某些国内生产的工业产品课征赋税，就应当对同类进口商品征收同等数量的关税，从而使彼此的负担相当，以体现公平竞争的原则。他认为高关税比低关税危害大，出口税比进口税危害大，对于出口商品应给予津贴和退税以奖励出口。另外，亚当·斯密认为，自由贸易是一种常态，如果一个国家长期实行贸易保护政策，当它开始实行自由贸易政策时就应当允许它有一个过渡期，要逐步地减少保护措施以进入正常状态，尽量减轻这一变化给经济正常发展带来的冲击等不利影响，否则有可能会造成工人失业和企业倒闭。

（三）绝对优势理论的模型

为了进一步了解绝对优势理论，可以用一个简单的模型来说明。

▶ 1. 理论分析的基本假设

绝对优势理论产生的年代，经济学正处在艰难的成长阶段，经济分析工具与方法远不及今天发达，因此，亚当·斯密的原始分析并没有明确界定其理论假设与分析模型，只是或明或隐地包含在其论述中，而由其后的经济学家挖掘、提炼出来。像其他所有的经济分析一样，在研究国际贸易时，经济学家也常常将许多不存在直接关系和并不重要的变量假设为不变，并将不直接影响分析的其他条件尽可能地简化。在这里，依据学术界公认的标准，将这些理论假设概括如下：

（1）两个国家和两种可进行贸易的产品；

（2）生产过程中唯一形成成本的要素是劳动；

（3）生产要素在两国之间不流动，但在一国范围内各部门间可以自由流动；

（4）两国资源得到充分利用，当资源从一个部门转移到另一个部门时，机会成本不变；

（5）没有运输成本或其他交易成本，而且产品在各国间可以自由流动；

（6）进出口的价值相等；

（7）生产和交换在完全竞争的条件下进行。

▶ 2. 生产和贸易模式及贸易所得

根据绝对优势理论，各国应该专门生产并出口其具有绝对优势的产品，不生产并进口绝对劣势产品。

假设美国和英国都生产小麦和棉布两种产品，为简单起见，假定两种产品的成本仅由劳动的消耗构成，劳动时间的多少直接决定了产品的成本。从生产成本的角度来说，由于两国在生产同一种商品的成本上存在差异，根据绝对优势原则，通过两国间的劳动分工和相互贸易，双方都能获得贸易利益。

现以英国和美国生产小麦和棉布为例，对亚当·斯密的绝对优势理论进一步分析说明，如表 3-1 所示。

美国在小麦生产上处于绝对有利地位，因为在美国每工时可生产 6 千克小麦，而在英国每工时只生产 1 千克小麦，即美国生产小麦的成本绝对低于英国；英国则在棉布生产上处于绝对有利地位，因为在英国每工时可生产 5 尺棉布，而在美国每工时只能生产 4 尺棉布，即英国生产棉布的成本绝对低于美国。所以，在自由贸易条件下，英国应专门生产棉布并出口一部分以换取美国的小麦；美国则应专门从事小麦生产并出口一部分小麦，进口英国的棉布。

表 3-1 绝对优势比较表

商　品	美　国	英　国
小麦/（千克/工时）	6	1
棉布/（尺/工时）	4	5

显然，分工后，小麦和棉布的生产效率在总体上均提高了，即劳动生产率提高了，因此在原有资源基础上，能生产出较分工前更多的小麦和棉布，如表 3-2 所示。

表 3-2　分工前后生产效率对比

商　品	分　工　前	分　工　后
小麦/(千克/2 工时)	6＋1＝7	6＋6＝12
棉布/(尺/2 工时)	4＋5＝9	5＋5＝10

如果两国按照 1∶1 交换小麦和棉布，美国用 6 千克小麦可换取英国的 6 尺布，比分工前的国内交换多获 2 尺布或节约 1/2 个工时；而英国用 5 尺布可换取美国的 5 千克小麦，比分工前的国内交换多获 4 千克小麦或节约 4 个工时。

可见，实行国际分工后，通过国际贸易，英、美两国都可同时受惠，利益就来自各自发挥生产中的绝对优势，使生产效率提高而增加的产品量。

三、对绝对优势理论的评价

(一)贡献及现实意义

(1) 从生产领域阐述了国际贸易的基本原因，为国际贸易理论的建立做出了宝贵贡献。

(2) 论证了贸易互利性原理，克服了重商主义者认为国际贸易只是对单方面有利的片面看法。这种贸易分工互利的双赢思想，到现代也没有过时，将来也不会过时。从某种意义上说，这种双赢理念仍然是当代各国扩大对外开放、积极参与国际分工贸易的指导思想。

(3) 在历史实践中，为英国新兴产业资产阶级反对贵族地主和重商主义者以及发展资本主义提供了有力的理论支持，在历史上起过进步作用。

(4) 绝对优势来源于自然禀赋优势或获得性优势的分析，对广大发展中国家有重要启示意义：①如何将潜在的优势转化为现实的优势，自然优势是先天性的潜在优势，只有通过开发才能转化为现实优势，而获得性优势是在经济发展中积累下来的，同样需要利用与转化；②两种优势是相互影响的，一国的自然优势可能由于技术的低下而无法形成生产优势，也可能由于与技术优势相结合而得到增强；③一国的两种优势的转化、相互影响都与产业发展有关，要在产业发展过程中更多地利用自然优势，积累获得性优势，努力使两种优势相结合，更大地增强国际竞争力。

(二)不足之处

(1) 亚当·斯密错误地认为分工是由交换引起的，交换是人类固有的本能，交换是出于利己心。其实恰恰相反，在人类的历史上，分工先于交换而出现，是交换产生的前提；另外，交换也不是人类本性的产物，而是社会生产力和分工发展的必然结果。

(2) 绝对优势理论只能解释具有绝对优势的国家参加国际分工和国际贸易能够获得利益的这种情况，而没有说明没有绝对优势的国家是否也应参加国际分工和国际贸易，并从中获益。

因此，绝对优势理论没有考虑到国际贸易的全部情况，具有一定的片面性。

拓展阅读 3-1
亚当·斯密的
国际贸易理论

第二节　比较优势理论

一、比较优势理论产生的背景和提出

大卫·李嘉图是英国著名的经济学家。李嘉图所处的时代，正好是英国资本主义原始积累完成、以机器生产逐步替代手工生产为标志的第一次产业革命的时代。这时，英国顺利完成由农业国向工业国的转型，并成为世界第一经济强国。

18世纪60年代，英国完成工业革命后，生产力得以迅猛发展，很快成了"世界工厂"，需要进口大量的原材料并出口工业制成品。资产阶级地位也得到了不断巩固，但同地主阶级的利益冲突也日益激烈。1815年，英国政府颁布了旨在维护地主阶级利益的《谷物法》。《谷物法》制定了高得惊人的谷物"法定价格"，规定当国内谷物价格跌至"法定价格"以下时，禁止从国外进口谷物。昂贵的粮价增加了工业成本，提高了英国国内居民的买粮支出而减少了对于工业品的购买，而且使外国的粮食不能进入英国。各国也对从英国进口的工业制成品征收高额的关税，使英国工业品出口受阻。英国工业资产阶级的利益受到了严重损害。英国工业资产阶级和地主阶级围绕《谷物法》的存废问题，展开了激烈的斗争。工业资产阶级迫切需要从理论上论证废除《谷物法》的必要性和实行自由贸易的优越性。李嘉图的比较优势理论便在这一背景下应运而生了。

李嘉图作为工业资产阶级的代言人，以比较优势理论为武器，反对英国政府颁布的《谷物法》。比较优势理论最早是由托伦斯在他1815年出版的《论对外谷物贸易》一书中提出来的。李嘉图在1817年出版的《政治经济学及赋税原理》这本影响广泛的名著中，充分阐述了这个理论，并使其成为国际贸易理论的基础。

人物简介

大卫·李嘉图(David Ricardo，1772—1823)，英国古典经济学家。李嘉图于1772年4月19日出生在英国伦敦。他的父亲是从荷兰移居到英国的犹太人，信奉犹太教，是证券交易所经纪人，很富有。李嘉图所受的学校教育不多，在商业学校读了两年书后，他14岁那年，其父便把他带到股票交易所做事。后来，他爱上一位信奉基督教的女子，并皈依基督教，因宗教信仰不同，导致与父亲脱离关系。脱离家庭后，李嘉图利用父亲的关系，自己经营交易所，到25岁便成为大富翁，拥有200万英镑的财产，这使他有闲暇时间发展自己在智力和科学方面的兴趣。他首先研究自然科学，曾认真地研究过数学、物理、化学、矿物学、地质学，之后转而研究社会科学，尤其是政治经济学，并在这个基础上参加政治活动，使理论和实际得以结合。

1799年，他读了亚当·斯密的《国富论》，对经济发生极大的兴趣。于是，他转而专门研究经济问题。针对当时的情况，李嘉图写了一系列论文，提出了许多政策主张，然后将其归结为基本理论，写成了著名的《政治经济学及赋税原理》，并于1817年出版。他的论文和著作都引起了广泛的关注。1819年，他在众议院中谋到一个职位，并很快成为国会中备受瞩目的财政专家。他主张议会改革，推行自由贸易，主张取消《谷物法》。

二、比较优势理论的主要内容及其模型

(一)比较优势理论的主要内容

李嘉图在亚当·斯密的绝对优势理论的基础上，提出了比较优势理论。所谓比较优

势，是指一国生产某种产品的生产效率相对高，从而劳动成本相对低于另一国。

他认为，国际分工与贸易的基础是劳动生产率和生产成本的相对差异。即使一国与另一国相比，在所有产品的生产上占有绝对优势或劣势，国际贸易仍可发生，因为每个国家都生产优势最大或劣势最小的产品，只要处于绝对劣势的国家集中生产那些劣势较小的产品，而处于绝对优势的国家，则集中生产那些优势最大的产品，即按"两优取重，两劣取轻"的原则进行国际分工与贸易，同样增加社会财富，使交易双方获益。

李嘉图由个人推及国家，认为国家间也应按"两优取其重，两劣取其轻"的比较优势原则进行分工和贸易。如果一个国家在两种产品的生产上都处于绝对优势地位，但优势的程度不同，而另一个国家在两种产品的生产上都处于绝对劣势的地位，但劣势的程度也不同，在此情况下，前者应专门生产最有优势（优势程度最大）的产品，后者应专门生产其劣势程度最小的产品，通过对外贸易，双方都能取得比自己以等量劳动所能生产的更多的产品，从而实现社会劳动的节约，给贸易双方都带来利益。他举例说，如果两个人都能制造鞋和帽，其中一人比另一人在制鞋上强 1/3，制帽上只强 1/5，那么，这个较强的人专门生产鞋，那个较差的人专门生产帽，然后进行交换，则对双方都有利。

总之，比较优势理论认为，国际贸易和国际分工的原因和基础是各国间存在的劳动生产率和生产成本的相对差异。各国生产具有比较优势的产品并进行交换，同样不仅会增加社会财富，而且交易双方也都能获得利益。"两利相权取其重，两弊相权取其轻"是国际贸易中比较优势的基本原则。

（二）比较优势理论的模型

▶ 1. 基本假设

比较优势理论模型的假设与绝对优势理论模型的假设基本一样，在这里，我们依据学术界公认的标准，将这些理论假设概括如下：

（1）只考虑两个国家，两种产品，一种生产要素（理论分析模型：2×2×1）；

（2）生产成本仅为劳动成本，所有劳动是同质的，没有熟练劳动和非熟练劳动的区别；

（3）世界市场是完全竞争的；

（4）实现充分就业，生产要素在国内自由流动，在国外则完全不能流动；

（5）劳动生产率保持不变，假设贸易各国的生产技术均为规模报酬不变的，即产出与投入按同一速率增加，贸易各国生产产品的边际成本是不会随着产出的变化而变化的；

（6）没有运输费用和其他交易费用；

（7）贸易方式是直接的物物交换，没有货币媒介的参与。

▶ 2. 贸易模型

李嘉图以英国和葡萄牙生产毛呢和酒为例子，对比较优势理论做了进一步分析，如表 3-3 所示。

表 3-3　比较优势理论投入产出分析

	国　家	酒产量/单位	所需劳动投入/(人·天)	毛呢产量/单位	所需劳动投入/(人·天)
分工前	英国	1	120	1	100
	葡萄牙	1	80	1	90

续表

	国　家	酒产量/单位	所需劳动投入/(人·天)	毛呢产量/单位	所需劳动投入/(人·天)
分工后	英国			2.2	220
	葡萄牙	2.125	170		
国际交换	英国	1		1.2	
	葡萄牙	1.125		1	

从表 3-3 中可以看出，葡萄牙在葡萄酒和毛呢的生产上都占有优势，在生产葡萄酒上比英国少花费 40 天，在生产毛呢上少花 10 天。虽然葡萄牙在两种产品的生产上都处于绝对优势地位，英国在两种产品的生产上都处于绝对劣势地位，但是两国优势或劣势的程度是不同的，因此两国各具比较优势，葡萄牙在葡萄酒生产上具有比较优势，英国在毛呢生产上具有比较优势。根据比较优势"两优取其重，两劣取其轻"的原则，葡萄牙应专门从事葡萄酒生产并出口部分葡萄酒换取英国的毛呢。而英国则应专门从事毛呢生产，并出口部分毛呢换取葡萄牙的葡萄酒。

另外，分工专业化生产后，劳动生产率提高了，因此在原有资源基础上，能生产出比分工前更多的葡萄酒和毛呢。根据比较优势理论，英国专门生产毛呢，共生产 2.2 单位毛呢；葡萄牙专门生产葡萄酒，共生产 2.125 单位的葡萄酒。结果，葡萄酒和毛呢的总量都比分工前增加了，即毛呢增加了 0.2 单位，葡萄酒增加了 0.125 单位。比较优势理论的贸易所得主要包括来自分工的利益和来自贸易的利益，如果两国间葡萄酒和毛呢的交换比例为 1∶1，则葡萄牙用 1 单位的葡萄酒换取英国 1 单位毛呢，比分工前的国内交换多获 0.125 单位葡萄酒；英国用 1 单位毛呢交换葡萄牙 1 单位的葡萄酒，比分工前的国内交换多获 0.2 单位毛呢。

可见，即使一国在两种商品的生产上都处于不利地位，通过两国分工与贸易，双方仍可获益。因此，如果葡萄牙的劳动力全部用来生产葡萄酒，而英国的劳动力全部用来生产毛呢，也就是各国分工只生产各自具有相对优势的产品，不但各种产品的产量可以增加，而且通过贸易，双方都可以获得利益。

值得注意的是，比较优势理论有一个不常见的例外，即如果一国在两种商品的生产上均处于绝对劣势地位或绝对优势地位，并且两者的不利程度或有利程度是相同的，则不会发生贸易。例如，如果英国生产每单位毛呢需要 130 天，而不是 100 天，则在英、葡两国之间就没有互惠贸易发生。另外，我们也可以看到亚当·斯密的绝对优势理论是李嘉图比较优势理论的特例。

三、机会成本与国际贸易

"机会成本"的概念是哈伯勒（Haberler）在 1936 年出版的《国际贸易理论》一书中提出的。哈伯勒用机会成本理论解释了比较优势理论。所谓机会成本（opportunity cost），是指把既定资源用于生产某种产品时所放弃的另一种产品的数量，或者说是利用既定资源得到某种收入时所必须放弃的另一种收入。机会成本越小，则表示选择该物品的经济合理性越高；反之，则越低。例如，英国的资源可用于生产小麦，也可用于织棉布。如果用来生产小麦，就牺牲了织棉布的机会；反之，若用来织棉布，便牺牲了生产小麦的机会。因此，小麦的机会成本就是增加生产1单位小麦时，必须减少生产的棉布的数量；而布的机会成本则是增加生产1单位棉布所减少生产的小麦的单位数。

哈伯勒认为，当一国在一种商品生产上具有较低的机会成本时，该国在该种商品生产上就具有比较优势，而在另一种商品生产上具有比较劣势。

四、对比较优势理论的评价

（一）贡献及现实意义

（1）为国际贸易奠定了更加广泛的基础。李嘉图的比较优势理论认为，一个国家能从国际分工和贸易中获得利益，不一定具备绝对优势，只要具有比较优势就可以。一个国家可能会在所有产品的生产上都不具有绝对优势，但一定会在某些产品上存在比较优势，从而使国际贸易具有了更加广泛的基础。因此，比较优势理论被誉为国际贸易理论的基石。

（2）为英国工业资产阶级争取自由贸易提供了理论基础，促进了当时英国的资本积累和生产力发展。在这个理论影响下，1846年英国议会废除了《谷物法》，而自由贸易政策又促进了英国生产力的迅速发展，之后的数十年是英国工业资产阶级的黄金时代，使英国成为"世界工厂"，在世界工业和贸易中占据首位。可见，比较优势理论曾在历史上起过积极的推动作用。

（3）为发展中国家积极参与国际分工和贸易提供了理论根据。比较优势理论打破了绝对优势理论的严格假设，说明在一国生产两种商品都处于绝对劣势的情况下，也可以进行贸易。因此，无论一个国家处于什么发展阶段，经济力量是强是弱，都能确定各自的相对优势，即使是处于劣势的也能找到劣势中的优势。各国根据自己的相对优势安排生产、进行贸易，则贸易双方都可以用比较少的劳动耗费，交换到比闭关自守时更多的产品，并增加总的消费量。

（二）不足之处

（1）比较优势理论是一种静态的优势观念，只说明了为什么比较优势可以引起国际贸易，而没有解释比较优势是如何形成的问题。李嘉图把比较优势理论建立在一系列简单的假设前提下，而忽略了动态分析。他没有认识到劳动生产率不是固定不变的，而是一个可变的因素。因此，没有考虑到当劳动生产率发生变化时，贸易格局也会随之而变化的情况。

拓展阅读 3-2
国际贸易对
经济增长的影响

（2）比较优势理论忽视了其他生产要素在国际分工和贸易中的重要作用。比较优势理论关于生产只有劳动一种要素投入的假定远离了经济现实，把引起国际贸易的原因仅归结为劳动生产率或劳动成本的差异，忽视了其他生产要素在国际分工和贸易中的重要作用。

（3）比较优势理论忽视了对长远利益的分析。比较优势理论关注贸易双方特别是处于劣势一方从贸易中得到现实贸易利益，没有说明这种利益是否符合一国的长远利益。一国在参与国际贸易分工时，不能只着眼于眼前的静态利益，还要着眼于长远的发展利益，注意培育动态优势。如果把生产的相对优势长期固定在少数几种产品、特别是固定在少数初级产品的生产上，将是非常不利的。

第三节　相互需求理论

一、相互需求理论的提出

李嘉图的比较优势理论虽然揭示了每个国家都可以通过国际分工和贸易来获取国际贸

易利益的基本原理，但却没有进一步说明参加国际贸易的两个国家究竟按照什么比例来交换他们的产品，即国际贸易利益应按照什么比例在不同的国家之间进行分配。英国古典经济学家约翰·穆勒在比较优势理论的基础上，提出了相互需求理论，即用相互需求解释自由贸易条件下均衡国际贸易条件的决定问题。相互需求理论由约翰·穆勒首先提出，阿尔弗雷德·马歇尔(Alfred Marshall)用几何方法对约翰·穆勒的相互需求理论做了进一步的分析和阐述，并提出了国际供求理论。

人物简介

约翰·穆勒(John Stuart Mill，1806—1873)，英国经济学家。约翰·穆勒1806年生于伦敦，是历史学家、经济学家詹姆士·穆勒(James Mill)之子。从孩提时期，约翰·穆勒的父亲即授以严格教育：3岁学希腊文，8岁习拉丁文；在少年时代已熟读社会科学和自然科学名著；13岁时已完成相当于大学的学业，并开始攻读政治经济学。常在一同散步时由其父讲解口授，经他记录整理，詹姆士·穆勒所著《政治经济学纲要》即是在笔录稿基础上改写而成的。詹姆士·穆勒与李嘉图交往甚密，小穆勒常到李嘉图家当面受教。约翰·穆勒1820年14岁时去法国，颇受萨伊、圣西门的影响。翌年回国，继续钻研。1823年起，约翰·穆勒任职于英属东印度公司，长达30余年，1858年东印度公司解散后退休。

1844年，约翰·穆勒出版的《政治经济学中若干未解决的问题》收集了他在1830—1831年间所写5篇学术论文。1848年出版《政治经济学原理》，还出版过《论自由》《逻辑体系》等书，在哲学领域也建树颇多。

二、相互需求理论的主要内容

(一) 互惠贸易的范围

约翰·穆勒在比较优势理论的基础上，用两国国内商品交换比例的上下限阐述了贸易双方获利的范围问题。相互需求理论认为，交易双方在各自国内市场有各自的交换比例，在世界市场上，两国商品的交换形成一个国际交换比例(贸易条件)，这一比例只有介于两国的国内交换比例之间，才对贸易双方均有利，因此，两国国内商品交换的交换比例决定了国际交换比例的变化范围，即双方获利的范围。下面用英、美两国生产和交换小麦、棉布的例子，来说明这个问题，如表3-4所示。

在表3-4的假设下，分工前，在美国国内，1千克小麦可换取2/3尺棉布，在英国国内，1千克小麦可换取2尺棉布。按比较优势原则，分工后，美国专门生产小麦，英国专门生产棉布，再相互交换产品。如果两国间的交换比例为1千克小麦交换2/3尺棉布，即按美国国内的交换比例进行交换，美国并不比分工前多获产品，即未获得贸易利益，因此会退出交易而使国际贸易不可能发生。显然，两国交换比例更不可能低于1千克小麦交换2/3尺棉布，因为那样美国非但不得利，反而比国内交换少得产品。同理，如果两国间的交换比例为1千克小麦交换2尺棉布，即按英国国内的交换比例进行交换，则英国不能从两国贸易中获益而会退出交易，使国际贸易不会发生。综上所述，两国间小麦和棉布的交换比例必须介于1千克小麦交换2/3尺棉布和1千克小麦交换2尺棉布之间(1∶2/3～1∶2)，即介于美、英两国的国内交换比例之间，才会使两国都能从贸易中获益。可见，两国间商品的交换比例，应在两国国内商品交换比例的上下限之间，可用图3-1来直观地表示。

表 3-4 比较优势比较表

商 品	美 国	英 国
小麦/(千克/工时)	6	1
棉布/(尺/工时)	4	2

穆勒的相互需求理论虽然解释了均衡的国际交换比例,但只是一般陈述,不够精确,马歇尔用几何图形表示了这一上下限。在图 3-1 中,纵轴 Y 表示小麦,横轴 X 表示棉布,P_1 为美国国内的交换比例,P_2 为英国国内的交换比例。两国国内的交换比例用从原点引出的射线的斜率来表示,OP_1 的斜率为 1:2/3,表示美国国内的交换比例,为小麦交换棉布的上限;OP_2 的斜率为 1:2,表示英国国内的交换比例,为小麦交换棉布的下限。OY 与 OP_1 之间为美国不参加交换的区域,OX 与 OP_2 之间为英国不参加交换的区域,OP_1 与 OP_2 之间为互惠贸易区,位于该区域的任何从原点引出的射线的斜率,都是互利贸易条件。

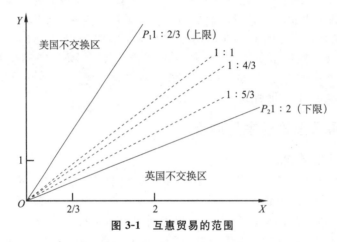

图 3-1 互惠贸易的范围

由此,互利贸易条件可以解释为:从原点引出的、通过 OP_1 与 OP_2 之间互惠贸易区任意点的射线的斜率。实际贸易条件越接近 OP_1 点,对美国越不利,而对英国就越有利;反之,越接近于 OP_2 点,对美国就越有利,对英国就越不利。

（二）贸易利益的分配

国际贸易利益的大小取决于两国交换比例(贸易条件)。两国交换比例越接近本国国内交换比例,获得的贸易利益越小;反之亦然。国际间商品交换比例越接近于本国国内的交换比例,说明本国从贸易中获得的利益越接近于分工和交换前自己单独生产时的产品量。相反,国际间商品交换比例越接近于对方国家的国内交换比例,对本国越有利,分得的贸易利益就越多,因为越接近于对方国家国内交换比例,意味着离本国国内的交换比例越远,本国从贸易中获得的利益超过分工和交换前自己生产时的产品量越多。例如,美、英两国间小麦和棉布贸易的具体交换比例若为 1 千克小麦交换 1 尺布,则美国比分工前的国内交换多获 1/3 尺布,英国比分工前国内交换节约 1 尺布;若为 1 公斤小麦交换 4/3 尺布,则美国多获 2/3 尺布,英国节约 2/3 尺布;若为 1 千克小麦交换 5/3 尺布,则美国多获 1 尺布,英国节约 1/3 尺布。

（三）相互需求法则

约翰·穆勒利用贸易双方的相互需求状况来说明贸易条件的确定与变动,提出了相互需求方程式，基本含义是：两个国家产品的交换比例必须等于两国相互需求对方产品总量的比例。

两国贸易条件或两国间商品交换比例是由两国相互需求对方产品的强度决定的，如果两国的需求强度发生变化，则贸易条件或两国间的交换比例必然发生变动。一国对另一国出口商品的需求越强，而另一国对该国出口商品的需求越弱，则贸易条件对该国越不利；反之，则贸易条件对该国越有利，该国的贸易利得越大，这就是相互需求法则。

仍旧以美、英两国之间的贸易为例来说明相互需求法则。假设两国间均衡的交换比例为 1 千克小麦交换 1.7 尺棉布，所谓均衡的交换比例，就是指达到这个比例时，恰好能使两国的进出口额相等。如果美国需要从英国进口 17 000 尺棉布，而英国需要从美国进口 10 000 千克小麦，那么两国之间的贸易就能达到平衡。一旦两国间的相互需求的强度发生了变化，则交换比例也会发生相应的变动。若英国对美国的小麦需求增强，美国对英国的棉布需求也会减弱，交换比例将会变得对美国有利，使美国从贸易中获得更多的利益；反之，则交换比例会变得对英国有利，英国将从贸易中获利更多。例如，在 1 千克小麦交换 1.7 尺棉布的比例上，美国对英国棉布的需求量由 17 000 尺减少为 13 600 尺，英国对美国小麦的需求仍为 10 000 千克不变，那么英国就只能换到 8 000 千克小麦。为了弥补小麦需求的不足，英国就必须提高小麦交换棉布的比例，假设提高到 1∶1.8，在这个比例上，美国对棉布的需求量增加到 16 200 尺，而英国对小麦的需求量减少到 9 000 千克，两国间的贸易又重新达到平衡。

三、马歇尔的提供曲线

阿尔弗雷德·马歇尔（Alfred Marshall），19 世纪末 20 世纪初著名的英国经济学家，是剑桥学派和新古典学派的创始人。他研究了约翰·穆勒的国际贸易理论，并在 1878 年发表的代表作《对外贸易纯理论》中，首先以几何曲线阐释约翰·穆勒的相互需求理论。西方学术界以此作为马歇尔在国际贸易理论方面的主要贡献，并称他提出的几何曲线为马歇尔提供曲线。

约翰·穆勒用相互需求方程式说明贸易条件或国际交换比例的确定，而马歇尔则是用提供曲线解释贸易条件或国际交换比例。提供曲线是表示一国贸易条件（交换比例）的曲线，它表示在各种贸易条件下，一个国家为了进口某一数量的产品而愿意出口的产品数量。因此，它既是一个国家的出口供给曲线，也是进口需求曲线。下面仍以美、英两国之间的贸易为例加以说明，如图 3-2 所示。

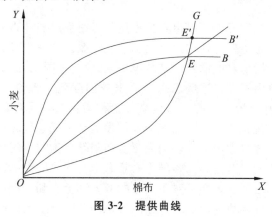

图 3-2　提供曲线

在图 3-2 中，对英国来说，OX 轴表示出口棉布的数量，OY 轴表示从美国进口小麦的数量；相反，对美国来讲，OX 轴表示从英国进口棉布的数量，OY 轴表示出口小麦的数量。OG 表示英国的提供曲线，OB 表示美国的提供曲线。提供曲线上每一点的斜率都表示一个贸易条件，它等于曲线上任意点到 X 轴的距离和到 Y 轴距离之比，即小麦和棉布的交换比例。两条曲线的方向不同，对英国来说，提供曲线越往上弯曲，表示英国用一定量的棉布可以换取更多量的小麦，对英国有利；相反，提供曲线越往下弯曲，则表明美国用一定量的小麦可以换取更多的棉布，对美国有利。

从图 3-2 中可以看出，只有两条提供曲线相交于 E 点，才能使两国的进口量达到平衡。这时，E 点就是均衡贸易条件，OE 为均衡贸易曲线。如果两国的相互需求发生变动（如美国的提供曲线由 OB 移至 OB'），均衡贸易条件就会发生变化，即由 E 点移至 E' 点。

四、对相互需求理论的评价

约翰·穆勒的相互需求理论补充和发展了比较优势理论，它解决了国际贸易为参加方带来利益的范围、双方如何分配利益、贸易条件的变动等问题。他认为，国际贸易利益的范围是两国国内商品交换比例的上下限；国际贸易利益的大小取决于国际交换比例（贸易条件），两国交换比例越接近本国国内交换比例，贸易利益也越小；反之亦然。相互需求强度决定贸易条件。

同穆勒一样，马歇尔认为，均衡贸易条件取决于进行贸易的国家各自对对方商品的相互需求强度。马歇尔的相互需求理论补充和完善了穆勒的相互需求理论。马歇尔引入几何分析的方法来说明贸易条件的决定与变动，比穆勒的文字描述更为精确，丰富了传统的国际贸易理论的表达手段和研究方法。但是与穆勒一样，他并没有对国际生产关系的价值领域进行研究，没有说明国际间的商品交换是否公平合理、是否是等价交换等问题。

相互需求理论对一国进出口策略选择具有指导意义，相互需求理论关于国际交换比例由贸易双方的相互需求决定，并随着需求的变化而变化的观点，在实践上说明，一国在对外贸易中，必须根据市场的需求状况科学地确定进出口数量结构，过度出口和不合理地限制进口对比较利益的实现都是不利的。

拓展阅读 3-3
中美制造业
进出口比较

本章小结

国际贸易理论的起源和发展可以追溯到出现分工交换思想的古罗马、古希腊时代。亚当·斯密之前的贸易思想主要包括重商主义和重农学派。重商主义者认为金银是唯一的财富，对外贸易是获得金银财富的源泉，其政策主张是"奖出限入"。重农学派的核心思想是主张自由经济，实行自由贸易。这些思想对后来的国际贸易理论和政策的发展有很大的影响。人们将劳动价值论为基础的自由贸易理论称为古典贸易理论。古典贸易理论以亚当·斯密提出绝对优势理论为开端，后经李嘉图发展，形成了比较优势理论。

亚当·斯密的绝对优势理论认为，国际贸易和国际分工的原因和基础是各国间存在的劳动生产率和生产成本的绝对差异。各国生产具有绝对优势的产品并进行交换，不仅会提高劳动生产率，增加社会财富，而且对于交易的双方都会有利。

大卫·李嘉图的比较优势理论认为，国际贸易和国际分工的原因和基础是各国间存在的劳动生产率和生产成本的相对差异。各国生产具有比较优势的产品并进行交换，同样不仅会增加社会财富，而且交易双方也都能获得利益。"两利相权取其重，两弊相权取其轻"是国际贸易中比较优势的基本原则。

约翰·穆勒认为，均衡贸易条件取决于进行贸易的两个国家各自对对方产品需求的相对强度。外国对本国商品的需求强度越是大于本国对外国商品的需求强度，贸易条件越是接近于外国国内的两种商品的交换比例，这个比例对本国越是有利。阿尔弗雷德·马歇尔用几何曲线阐释约翰·穆勒的相互需求理论。

案例分析

案例分析
中国农产品贸易的比较优势

思考题

1. 简述亚当·斯密的绝对优势理论。
2. 简述李嘉图的比较优势理论。
3. 用图表分析按绝对优势理论分工后的利益所得。
4. 用图表分析按比较优势理论分工后的利益所得。
5. 简述相互需求理论。

线上课堂——训练与测试

扫描封底刮刮卡　　获取答题权限

在线自测

第四章　新古典国际贸易理论

学习目标

　　要素禀赋理论是由瑞典经济学家赫克歇尔和俄林提出的。20 世纪 50 年代初，美国经济学家里昂惕夫对要素禀赋理论提出了质疑，被后人称为"里昂惕夫之谜"，并引发了人们对传统国际贸易理论的长期争论。

　　1. 掌握要素禀赋理论的内容；

　　2. 理解"里昂惕夫之谜"及其解释。

第一节　要素禀赋理论

一、要素禀赋理论的背景

　　要素禀赋理论的基本论点是赫克歇尔（Heckscher）首先提出来的。俄林（Ohlin）师承赫克歇尔，创立了要素禀赋理论，又称 H-O 理论。萨缪尔森（Samuelson）则发展了 H-O 理论，完善了要素价格均等化学说。

　　1919 年，赫克歇尔在纪念经济学家戴维的文集中发表了题为《对外贸易对收入分配的影响》的著名论文，提出了要素禀赋理论的基本论点，这些论点为俄林所接受。俄林继承其师赫克歇尔的论点，于 1933 年出版了《域际贸易和国际贸易》一书，深入探讨了国际贸易产生的深层原因，创立了要素禀赋理论，认为各国要素禀赋不同是产生国际贸易的基本原因。1941 年，萨缪尔森与斯托尔帕（Stolper）合著并发表了《实际工资和保护主义》一文，提出了生产要素价格日趋均等化的观点。萨缪尔森还在 1948 年前后发表的《国际贸易和要素价格均衡》《国际要素价格均衡》及《论国际要素价格的均衡》等文中对上述观点做了进一步的论证，建立了要素价格均等化学说，发展了要素禀赋理论。

　　要素禀赋理论的基本内容有狭义和广义之分。狭义的要素禀赋理论用要素禀赋来解释国际贸易的产生和一国的进出口贸易类型；广义的要素禀赋理论包括狭义的要素禀赋理论和要素价格均等化学说。

　　人物简介

　　赫克歇尔（Eli F. Heckscher, 1879—1952）是当代著名的瑞典经济学家，于 1879 年出生于瑞典斯德哥尔摩的一个犹太人家庭。1899 年起，在乌普萨拉大学学习历史和经济，并于 1907 年获得博士学位。毕业后，他曾任斯德哥尔摩大学商学院的临时讲师；1909—1929 年任经济学和统计学教授。此后，因他在科研方面的过人天赋，学校任命他为经济史研究所所长。1919 年发表的《外贸对收入分配的影响》是要素禀赋理论的起源，认为在两个国家各个生产部门技术水平相同时，两个国家生产要素禀赋的差异也会形成不同的比较优势，只要生产不同产品所使用的要素比例不同，仍然存在分工和贸易的基础，要素绝对价格的平均化是国际贸易的必然结果。他的论点具有开拓性的意义，其后，这个理论由他的学生俄林进一步加以拓展。此外，他还有许多著作发表，是瑞典学派的代表人物之一。

瑞典经济学家伯蒂尔·俄林(Bertil G. Ohlin，1899—1979)，1899 年出生于瑞典南方的一个小村子克利潘。他于 1917 年在隆德大学获得数学、统计学和经济学学士学位。1919 年，在赫克歇尔的指导下获得斯德哥尔摩大学工商管理学院经济学学士学位。1923 年，在陶西格(Taussig)和威廉斯(Williams)的指导下，获得哈佛大学文科硕士学位。1924 年，在卡塞尔(Cassal)的指导下获得斯德哥尔摩大学博士学位。1925 年，任丹麦哥本哈根大学经济学教授，五年后回瑞典斯德哥尔摩大学商学院任教，1937 年，在加利福尼亚大学(伯克利)任客座教授。1924 年，出版了《国际贸易理论》，1933 年，出版了久负盛名的大作《域际贸易和国际贸易》等，最终形成了他的要素禀赋理论。由于俄林在国际贸易理论方面的特殊贡献，获得了 1977 年的诺贝尔经济学奖。

保罗·萨缪尔森(Paul A. Samuelson，1915—2009)，美国著名经济学家，1970 年诺贝尔经济学奖得主，美国麻省理工学院经济学教授。萨缪尔森是凯恩斯主义在美国的主要代表人物，他融合了新古典主义经济学，创立了新古典综合学派。1970 年，55 岁的萨缪尔森成为第一个获得诺贝尔经济学奖的美国人。萨缪尔森的研究涉及经济理论的诸多领域，例如一般均衡论、福利经济学、国际贸易理论等。他的经典著作《经济学》以四十多种语言在全球销售超过四百万册，是全世界最畅销的教科书，影响了整整一代人。也正是他的这本著作，将西方经济学理论第一次系统地带进中国，并使这种思考方式和视野在中国落地生根。萨缪尔森在经济学领域中可以说是无处不在，被称为经济学界的"通才"。

二、要素禀赋理论的相关概念

要素禀赋理论以生产要素、要素价格、要素密集度、要素密集型产品、要素禀赋、要素丰裕程度等概念表述和说明，掌握这些概念是理解要素禀赋理论的关键。

(一)生产要素和要素价格

生产要素(factor of production)是指生产活动必须具备的主要因素或在生产中必须投入或使用的主要手段。通常指土地、劳动和资本这三个要素，加上企业家的管理才能共四个要素，也有人把技术知识、经济信息也当作生产要素。要素价格(factor price)则是指生产要素的使用费用或要素的报酬，如土地的租金、劳动的工资、资本的利息、管理的利润等。

(二)要素密集度和要素密集型产品

要素密集度(factor intensity)指产品生产中某种要素投入比例的大小，如果某种要素投入比例大，则称该要素密集程度高。根据产品生产所投入的生产要素中所占比例最大的生产要素种类不同，可把产品划分为不同种类的要素密集型产品(factor intensity commodity)。例如，生产小麦投入的土地所占的比例最大，便称小麦为土地密集型产品；生产纺织品劳动所占的比例最大，则称为劳动密集型产品；生产电子计算机资本所占的比例最大，则称为资本密集型产品，依此类推。在只有两种产品(X 和 Y)、两种要素(劳动和资本)的情况下，如果 Y 产品生产中使用的资本和劳动的比例大于 X 产品生产中的资本和劳动的比例，则称 Y 产品为资本密集型产品，称 X 产品为劳动密集型产品。

（三）要素禀赋和要素丰裕程度

要素禀赋（factor endowment）是指一国拥有各种生产要素的数量。要素丰裕（factor abundance）是指在一国的生产要素禀赋中某要素供给所占比例大于别国同种要素的供给比例而相对价格低于别国同种要素的相对价格。

衡量要素的丰裕程度有两种方法：一种方法是以生产要素供给总量衡量，若一国某要素的供给比例大于别国的同种要素供给比例，则该国相对于别国而言，该要素丰裕；另一种方法是以要素相对价格衡量，若一国某要素的相对价格——某要素的价格和别的要素价格的比率低于别国同种要素相对价格，则该国该要素相对于别国丰裕。以总量法衡量的要素丰裕只考虑要素的供给，而以价格法衡量的要素丰裕考虑了要素的供给和需求两方面，因此较为科学。

三、要素禀赋理论的基本假设条件

要素禀赋理论基于一系列简单的假设前提，包括以下9个主要方面。

（1）假定只有两个国家、两种产品、两种生产要素（劳动和资本），这一模型称为2×2×2模型，这一假设的目的是为了便于用平面图说明理论。

（2）假定两国的技术水平相同，即同种产品的生产函数相同。这一假设主要是为了便于考察要素禀赋，从而考察要素价格在决定两国相对产品价格中的作用。

（3）假定X产品是劳动密集型产品，Y产品是资本密集型产品。

（4）假定两国在两种产品的生产上的规模经济利益不变，即增加某产品的资本和劳动使用量，将会使该产品产量以相同比例增加，即单位生产成本不随着生产的增减而变化，因此没有规模经济利益。

（5）假定两国进行的是不完全专业化生产，即尽管是自由贸易，但两国仍然继续生产两种产品，这意味着两国都不是很小的国家。

（6）假定两国的消费偏好相同，若用社会无差异曲线反映，则两国的社会无差异曲线的位置和形状相同。

（7）在两国的两种产品、两种生产要素市场上，竞争是完全的。这是指市场上无人能够购买或出售大量产品或生产要素而影响市场价格，也指买卖双方都能掌握相等的交易资料。

（8）假定在各国内部，生产诸要素是能够自由转移的，但在各国间生产要素是不能自由转移的。这是指在一国内部，劳动和资本能够自由地从某些低收入地区、行业流向高收入地区、行业，直至各地区、各行业的同种要素报酬相同，这种流动才会停止。而在国际间，却缺乏这种流动性。所以，在没有贸易时，国际间的要素报酬差异始终存在。

（9）假定没有运输费用，没有关税或其他贸易限制，这意味着生产专业化过程可持续到两国产品相对价格相等为止。

四、要素禀赋理论的内容

要素禀赋理论的主要内容是一国的比较优势由要素禀赋决定，要素禀赋不同是国际贸易产生的根本原因。一国应生产和出口较密集使用其丰裕要素的产品，进口较密集使用其稀缺要素的产品。

（一）要素禀赋不同是国际贸易产生的根本原因

俄林认为，同种产品在不同国家的相对价格的差异是国际贸易的直接基础，而价格差异则是各国生产要素禀赋不同导致要素相对价格不同决定的，所以要素禀赋不同是国际贸易产生的根本原因。

俄林在分析和阐述要素禀赋时有着以下严密的逻辑思路。

（1）产品价格的国际绝对差异是国际贸易产生的直接原因。产品价格的国际绝对差异是同种产品用同种货币在不同国家的价格差异，这是国际贸易产生的利益驱动力。在没有运输费用的假设前提下，从价格较低的国家输出产品到价格较高的国家是有利的。

（2）产品价格的国际绝对差异是由生产要素相对价格的差异决定的。在各国生产技术相同因而生产函数相同的假设条件下，各国要素相对价格的差异决定了各国产品相对价格存在差异。

（3）要素相对价格的差异由要素相对供给不同决定。俄林认为，在要素的供求决定要素价格的关系中，要素供给是主要的。在各国要素需求一定的情况下，各国不同的要素禀赋对要素相对价格产生不同的影响：相对供给较充裕的要素的相对价格较低，而相对供给较稀缺的要素的相对价格较高。因此，国家间要素相对价格差异是由要素相对供给或供给比例不同决定的。

（4）各国产品价格比例不同是国际贸易产生的必要条件。商品价格的国际绝对差异是国际贸易产生的直接原因，但并不充分，还需具备一个必要条件，即交易双方的国内价格不同。也就是说，必须符合比较成本优势的原则。如 A、B 两种产品在美国和日本两国国内价格之比是 1：2 和 3：6，价格比例相同，此时不存在比较优势，不会产生国际贸易。因此，国际贸易产生的必要条件是两种产品在各自国内的价格比例必须是不同的。

（二）对要素禀赋与贸易模式

在各国生产要素存量一定的条件下，一国将生产和出口较密集使用其丰裕要素的产品，进口较密集使用其稀缺要素的产品。因为，一个国家生产和出口那些大量使用本国供给丰富的生产要素的产品，价格就低，因此有比较优势；相反，生产那些需大量使用本国稀缺的生产要素的产品，价格就高，出口就不利。各国应尽可能利用供给丰富、价格便宜的生产要素，生产廉价产品输出，以交换别国价廉物美的产品。简而言之，劳动力丰富的国家出口劳动密集型产品，进口资本密集型产品；相反，资本丰富的国家出口资本密集型产品，进口劳动密集型产品。例如，澳大利亚、新西兰等国家土地资源丰富而劳动力、资本相对较少，于是地租便宜，而工资和利息相对较高，出口的产品如小麦、羊毛等便充分利用了资源供给比较优势。

（三）要素价格均等化理论

要素价格均等化理论进一步论述了两国在发生贸易之后，两国之间的资源禀赋将会发生怎样的变化。

要素价格均等化理论是指国际贸易使各国的生产要素价格趋于相等。要素禀赋不同的两个国家，通过交换要素密集度不同的产品，这种产品流动在一定程度上替代了要素的流动，从而使两个国家要素禀赋的差异有所缓和。贸易的结果使贸易各国生产要素价格趋于均等化。

要素禀赋理论认为，国际贸易最终会使所有生产要素在所有地区都趋于相等。同时，俄林认为生产要素价格完全相同几乎是不可能的，这只是一种趋势。萨缪尔森通过严密的数学论证，对生产要素价格均等化命题进行了重要的补充，丰富和发展了要素禀赋理论。萨缪尔森在 1941 年发表的《实际工资和保护主义》和 1948 年发表的《国际贸易与要素价格均等化》以及 1953 年发表的《一般均衡中的要素价格和产品价格》等文章中进行了数学推导，证明生产要素价格完全均等是必然的。不仅相对产品价格，而且生产要素价格都是完全均等的，即国际贸易将使贸易各国劳动要素价格工资率相等、资本要素价格利率相等、资源要素价格资源报酬率相等。因此，要素价格均等化定理又被称为H-O-S定理。

五、要素禀赋变化对产出的影响：雷布金斯基定理

1955年，英籍波兰经济学家T. 雷布金斯基（T. Rybczynski）发表了《要素禀赋与相对价格》的论文，分析了一国生产要素的供给发生变化对产出的影响。

他认为，在商品相对价格不变的前提下，一种生产要素的增加，会导致密集使用该种生产要素的产品产量增加和密集使用其他要素的产品产量减少。这里的相对价格不变，意味着生产这两种产品的行业的资本—劳动比例不变。假定增加劳动密集型产品的生产，该行业增加大量的劳动力，同时要维持原来的资本—劳动的比例，就会从资本密集型行业中转移一定量的资本，与之相随的劳动力配合新增加的劳动力。这种调整的过程，其结果必然是扩大了劳动密集型行业的规模，提高了专业化程度。相对而言，资本密集型行业将萎缩。如果密集使用这种生产要素的产品是优势产品，当该要素的供给增加时，该国的对外贸易量将会增加；如果它不是优势产品，那么该国对外贸易的出口量将会减少。

雷布金斯基定理表明，要素禀赋的变化决定着资源配置的变化，也就是产业结构的调整。这就有力地暗示，要素禀赋理论具有动态化的性质。

雷布金斯基定理所阐述的事实在现实世界有许多例证，最典型的莫过于"荷兰病"，即一个行业的增长扩张导致其他行业的萎缩。20世纪60年代，荷兰发现了天然气，使得生产资源转向了石油、天然气相关产业，这些产业迅速扩张（如壳牌石油），与此同时，传统出口产业如制造业开始萎缩。

六、对要素禀赋理论的评价

（一）要素禀赋理念的优点

要素禀赋理论从资源丰富度的角度解释国际贸易产生的原因，被认为是现代国际贸易的理论基础。要素禀赋理论在继承了传统的古典比较优势理论的基础上，又有了新的发展。

（1）在各国参与国际贸易、专业化生产的基础上，要素禀赋理论比李嘉图的比较优势理论更为深入和全面。李嘉图的比较优势理论是建立在各国劳动生产率差异基础上的，而要素禀赋理论中各国生产同一产品的成本差异是由各国不同的要素禀赋造成的。生产要素禀赋理论对李嘉图的比较优势理论无论在理论上还是实践应用范围上都是一个极大的扩展。必须承认，土地、劳动力、资本、技术等状况在决定各国的对外贸易上起着重要作用。

（2）要素禀赋理论比李嘉图的比较优势理论更符合现实。李嘉图的比较优势理论是以单一要素为分析前提的，而生产要素禀赋理论把商品生产由一种要素的投入扩展为两种要素的投入，认为单一的劳动是无法生产产品的，更加符合经济现实，对后人从更广阔的角度研究国际贸易问题具有极大的启迪作用。

（3）要素禀赋理论正确地指出了生产要素在各国对外贸易中的重要地位。要素禀赋理论从资源丰富度角度解释国际贸易的原因，又通过要素价格均等化定理来分析国际贸易对经济结构的影响。在各国对外贸易竞争中，土地、劳动力、资本、技术等要素起着重要的

作用，对于一国如何利用本国资源优势参与国际分工具有积极的意义。

（4）要素禀赋理论为资源小国积极参与国际分工和贸易提供了理论依据。要素禀赋理论关于国际贸易可以代替生产要素流动、弥补要素禀赋差异的观点，对于各个国家特别是资源小国参与国际分工和国际贸易、实现经济发展具有重要的指导意义。这也被国际经济发展的现实所证实。

（二）要素禀赋理论的不足

（1）要素禀赋理论将生产要素视为同质的假定与经济事实不相符合。在实际生产过程中，同样的生产要素并非具有同等的生产能力，如熟练工人与非熟练工人绝不能相提并论。

拓展阅读 4-1
要素禀赋的变化与
出口模式的转变

（2）要素禀赋理论强调静态结果，忽视了技术因素的作用。要素禀赋理论关于技术水平相同的假定，忽视了技术因素在国际贸易中的作用，与经济现实也不相符合。很多国家参与国际贸易不一定是资源禀赋的差异，特别是"二战"后的国际贸易模式中，技术的差异或经济规模的不同都是产生国际贸易的原因。

（3）要素禀赋理论与当代发达国家间贸易迅速发展的实际情况不符。按照要素禀赋理论，国际贸易应发生在要素禀赋不同和需求格局相异的工业国家与初级产品生产国之间。但当代贸易的一个特点却是，大量贸易发生在要素禀赋相似、需求格局接近的工业国之间，而发达国家同发展中国家间的贸易发展却比较缓慢。

第二节　"里昂惕夫之谜"及其解释

一、"里昂惕夫之谜"

"二战"后，在第三次科技革命的推动下，世界经济迅速发展，国际分工和国际贸易随之迅猛发展，贸易产品结构和地区分布发生了很大变化，传统的国际贸易理论显得越来越脱离实际，于是引起经济学家们对包括要素禀赋论在内的已有学说的怀疑，并促成他们对一些理论模式的检验。1953 年开始，里昂惕夫挑起了经济学界针对要素禀赋理论展开的大论战。通过检验，里昂惕夫提出了要素禀赋论的反论——"里昂惕夫之谜"。

人物简介

华西里·里昂惕夫（Wassily Leontief，1906—1999）是美籍俄裔经济学家，投入产出经济学的创始人，第五届（1973 年）诺贝尔经济学奖获得者。

华西里·里昂惕夫出生于俄国彼得堡，1921 年进列宁格勒大学学习，1925 年毕业于该校经济系，留校工作；1925 年秋去德国柏林大学学习，于 1928 年获哲学博士学位；1927—1928 年和 1930 年，在德国基尔大学世界经济研究所任研究助理；1928—1929 年到中国南京，任国民党政府铁道部经济顾问；1931 年初，由德国柏林移居美国纽约，任美国全国经济研究局研究助理；1931—1975 年在哈佛大学经济系任教。从 1941 年起里昂惕夫参加了美国政府部门的许多实际工作。

华西里·里昂惕夫是投入产出分析方法的创始人。投入产出分析方法为研究社会生产各部门之间的相互依赖关系，特别是系统地分析经济内部各产业之间错综复杂的交易提供了一种实用的经济分析方法。1973 年，里昂惕夫因发展了投入产出分析方法以及这种方法在经济领域产生的重大作用，而备受西方经济学界的推崇并因此获得诺贝尔经济学奖。

在哈佛大学经济系任教期间，约瑟夫·熊彼特(Joseph Schumpeter)是他的同事并且对他的研究成果极为推崇，还有两位诺贝尔经济学奖得主保罗·萨缪尔森和罗伯特·索洛(Robert Solow)，都是他的学生。

里昂惕夫发表的各种论文约有200余篇，他的代表作为《投入产出经济学》，该书收录了他从1947年到1965年公开发表的11篇论文，其中有两篇主要是研究国际贸易的，即《国内生产与对外贸易：美国地位的再审查》(1953年)和《要素比例和美国的贸易结构：进一步的理论和经济分析》(1956年)。通过投入产出分析，他提出了国际贸易理论中的"里昂惕夫反论"。

按照要素禀赋理论，一个国家应该出口密集使用本国丰裕生产要素所生产的产品，进口密集使用本国稀缺生产要素所生产的产品。里昂惕夫对此进行验证，得出：资本丰裕的美国出口的劳动密集型产品多于进口的劳动密集型产品，进口的资本密集型产品又大于出口的资本密集型产品。这个结论违背了要素禀赋理论，因此称为"里昂惕夫之谜"。

美国是一个资本丰富而劳动力稀缺的国家，按照要素禀赋理论，美国应出口资本密集型产品，进口劳动密集型产品。为了检验要素禀赋理论，1953年，里昂惕夫用投入—产出分析法对1947年美国200个行业进行分析，把生产要素分为资本和劳动两种，然后选出具有代表性的"一揽子"出口品和"一揽子"进口替代品，计算出每百万美元的出口品和每百万美元进口替代品所需要的国内资本和劳动量及其比例，如表4-1所示。

表4-1　1947年美国出口品和进口替代品对国内资本和劳动力的需求额

需求项目	出　口　品	进　口　品
资本/美元	2 550 780	3 091 339
劳动力/(人·年)	182.313	170.004
资本/劳动力[美元/(人·年)]	13 911	18 184

里昂惕夫的研究发现，美国进口品的资本密集程度反而高于出口品的资本密集程度(约高出30%)，因而得出与要素禀赋论相反的结论："美国之参加国际分工是建立在劳动密集型生产专业化的基础上，而不是建立在资本密集型生产专业化基础上的。换言之，这个国家是利用对外贸易来节约资本和安排剩余劳动力的，而不是相反。"里昂惕夫的惊人发现引起了经济学界的极大关注，里昂惕夫1956年又利用投入—产出法对美国1951年的贸易结构进行第二次检验，检验结果与第一次是一致的，谜仍然存在。

里昂惕夫的结论是"二战"以后首次对传统的国际贸易理论的严峻挑战。这对经验性与理论性研究起了巨大的促进作用，它暗示了劳动熟练程度和技术水平等要素对比较优势的形成和国家对外贸易的重要作用；同时，它促使经济学家们更有兴趣，更热心、积极地去寻求能正确解释国际贸易产生的相关基础理论。

"里昂惕夫之谜"激发了其他经济学家对其他国家的贸易格局的类似研究，以检验要素禀赋理论。1971年，美国经济学家罗伯特·鲍德温(Robert Baldwin)收集了美国1962年的贸易数据进行研究，发现出口商品的资本密集程度比进口竞争商品的低27%，得出了与里昂惕夫相同的结论。

日本两位经济学家建元正弘(M. Tatemoto)和市村真一(S. Ichimura)于1959年使用了与里昂惕夫相类似的研究方法对日本的贸易结构进行分析，结果表明：从整体上看，日本这个劳动力丰裕的国家，输出的主要是资本密集型产品，输入的则是劳动密集型产品；但从双边贸易看，日本向美国出口的是劳动密集型产品，从美国进口的是资本密集型产品，日本出口到不发达国家的则是资本密集型产品。之所以出现这种情况，建元和市村认为，是因为日本资本和劳动的供给比例介于发达国家与不发达国家之间，日本与前者的贸易在劳动密集型产品上占有相对优势，而与后者的贸易则在资本密集型产品上占有相对优势。因此，就日本的全部对外贸易而言，建元和市村的结论支持"里昂惕夫之谜"，但在双边贸易上，他们的结论则支持了要素禀赋理论。

民主德国两位经济家 W. 斯托尔帕（W. Stolper）和 K. 劳斯坎普（K. Roskamp）对民主德国的贸易研究表明，该国出口品相对于进口品是资本密集型的。由于民主德国大约 3/4 的贸易是与东欧其他国家进行的，而这些国家相对于民主德国而言是资本贫乏的国家。所以斯托尔珀和劳斯坎普的结论与要素禀赋论是一致的。

1961 年，加拿大经济学家 D. F. 沃尔（D. F. Wahl）分析了加拿大与美国的贸易后发现，加拿大出口品为相对资本密集型，因为加拿大的大部分贸易与美国进行，而美国是个相对于加拿大而言资本丰富的国家，所得结论与"里昂惕夫之谜"一致，而与要素禀赋理论相悖。

二、对"里昂惕夫之谜"的不同解释

"里昂惕夫之谜"不仅促成了一些类似的研究工作，也引起了经济学家们对这一个"谜"做出了不同解释。归纳起来，对"谜"的产生主要有以下几种具有代表性的解释。

（一）劳动效率说

劳动效率说又称人类技能说和劳动熟练说，最先是里昂惕夫提出的，后来由美国经济学家 D. B. 基辛（D. B. Keesing）加以发展，用劳动效率和劳动熟练或技能的差异来解释"里昂惕夫之谜"和影响进出口商品结构的理论。

里昂惕夫认为各国的劳动生产率是不同的，1947 年，美国工人的生产率大约是其他国家的 3 倍，因此，在计算美国工人的人数时应将美国实际工人数乘以 3。这样，按生产效率计算的美国工人数与美国拥有的资本量之比，较之于其他国家，美国就成了劳动力丰富而资本相对短缺的国家，所以它出口劳动密集型产品，进口资本密集型产品，与要素禀赋理论提示的内容是一致的。但是，一些学者认为里昂惕夫的解释过于武断，一些研究表明实际情况并非如此。例如，美国经济学家克雷宁（Krelnin）经过验证，认为美国工人的效率和欧洲工人相比，最多高出 1.2～1.5 倍。因此，里昂惕夫的这个论断通常不为人们所接受。

后来，美国经济学家基辛对这个问题进一步加以研究。他根据 1960 年美国人口普查资料，将美国企业人员概括为熟练劳动和非熟练劳动两类，并将这种分类应用到包括美国在内的 14 个国家的 1962 年对外贸易情况的分析中去。根据他的计算，美国出口产品使用的熟练劳动比例，比替代进口产品所使用的熟练劳动比例要高，并且美国出口产品使用熟练劳动比例在这 14 个国家当中也是最高的。由此，基辛得出这样的结论：美国拥有大量的技术熟练工人，这是美国的优势所在；它出口的产品并非劳动密集型产品，而是技术密集型产品。这样看来，"里昂惕夫之谜"也就不存在了。

在赫克歇尔—俄林的模型中，生产要素被简单地分为劳动、资本或土地，而并没有将这些要素再进一步细分。事实上，同一要素之间会有很大的不同。就劳动而言，劳动熟练程度的高低在各国之间也像在个人之间那样有很大区别。同样，不同产品生产中所需要的劳动投入也是不同的，在很多情况下甚至是不可相互替代的。

（二）人力资本说

在里昂惕夫之后，一些经济学家如 P. B. 凯南（P. B. Kenen）、罗伯特·鲍德温（Robert Baldwin)、基辛等在要素禀赋理论的框架下引入人力资本这一因素,认为里昂惕夫计量的资本只包括物质资本,而忽略了人力资本。国际贸易产品生产所需的资本应包括人力资本,人力资本是指所有能够提高劳动生产率的教育投资、工作培训、保健费用等开支。人力资本的投入,可提高劳动技能和专业知识水平,促进劳动生产率的提高。由于美国投入了较多的人力资本,而拥有更多的熟练技术劳动力。因此,美国出口产品含有较多的熟练技术劳动。如果把熟练技术劳动的收入高出简单劳动的部分算作资本并同物质资本相加,经过这样处理之后,美国仍然是出口资本密集型产品。这个结论是符合要素禀赋理论的,"里昂惕夫之谜"也就消失了。但这种解释的困难在于,人们很难准确地获得人力资本的真正价值以及相关数据。

(三)贸易壁垒

要素禀赋理论假设两国之间没有关税或影响国际贸易自由进行的其他壁垒,然而在现实经济生活中,自由贸易是很难实现的,各国政府为了本国的利益建立起各种关税和非关税贸易壁垒,其目的是为了减少进口,刺激国内进口替代品的生产。

"里昂惕夫之谜"的产生也有可能是美国贸易保护的结果。美国经济学家罗伯特·鲍德温提出了用贸易壁垒解释"里昂惕夫之谜"的观点。他认为,要素禀赋理论的假设前提是自由贸易,但在现实中,几乎所有的国家(包括美国)都存在一定程度的贸易保护,尤其在"二战"后初期。美国贸易保护程度较高的是劳动密集型产品。根据鲍德温的计算,如果剔除美国对进口设置的贸易壁垒,1947年进口产品中的资本和劳动比率将比里昂惕夫计算的比率低5%。

克拉维斯(Kravis)在1956年的研究中发现,美国受贸易保护最严密的产业就是劳动密集型产业,这就影响了美国的贸易模式,降低了劳动密集型产品的进口。也就是说,如果美国实行自由贸易政策,美国应大量进口劳动密集型商品,但由于其实施贸易保护政策,使得本应大量进口的劳动密集型商品减少了进入美国市场的机会。因此,如果是自由贸易,美国就会进口比现在更多的劳动密集型商品,或出口更多的资本密集型产品,"里昂惕夫之谜"就有可能消失。

(四)自然资源说

美国学者J.凡涅克(J. Vanek)在1959年的一篇论文中提出了以自然资源的稀缺解释"里昂惕夫之谜"的论点。凡涅克认为,在要素禀赋理论中,只考虑了两种生产要素:资本和劳动,而忽略了自然资源要素,如土地、矿藏、森林、水资源等。该学说认为,由于许多贸易产品是资源密集型的,而自然资源要素与资本要素具有一定的替代性。如果生产某种商品的自然资源不足,就会投入较多的资本(先进设备等)。例如,美国的进口品中的初级产品占60%~70%,而且这些初级产品大部分是木材和矿产品,自然资源密集程度很高,把这类产品划归资本密集型产品无形中加大了美国进口产品的资本与劳动的比率,使"谜"产生。同时,美国的出口产品中可能消耗了大量的自然资源,它们的开采、提炼与加工均投入了大量的资本,如果加入这部分资本投入量,"里昂惕夫之谜"就有可能消失。

里昂惕夫在1951年的数据测算中,在减去了19种自然资源密集型产品后,出口产品与进口产品的资本和劳动比率由0.96上升到1.14,虽然"谜"并未消失,但比例已经大大下降。鲍德温对凡涅克的观点也进行了验证,研究结果表明,在美日之间、美欧之间的贸易不存在"谜"的现象,而在美加之间、美国与发展中国家之间的贸易中,美国进口的自然资源比重较大,因此出现了"谜"的现象。鲍德温在1971年研究1962年数据时,在剔除自然资源产品后,出口产品与进口产品的资本和劳动比率由0.79上升到0.96,尽管没有完全消除"里昂惕夫之谜"，但在程度和比例上已经下降了许多。这从另一方面说明，某些自然资源产品同资本密集型产品的确存在着替代关系。美国自然资源商品进口具有资本密集型的特点，这就在美国的进口贸易中加大了资本密集型商品的份额，从而导致"谜"的产生。

（五）要素密集度逆转说

在要素禀赋理论中，假设要素密集度不会发生逆转，即 X 产品总是劳动密集型的，Y 产品总是资本密集型的。但在现实中，要素密集度可能发生逆转。要素密集度逆转是指同一种产品在劳动丰裕的国家是劳动密集型产品，在资本丰裕的国家又是资本密集型产品的情形。例如，小麦在美国由于资本相对丰裕，可以用资本密集（机械化）的方式生产；而中国由于劳动力相对丰裕，则可以用劳动密集（手工作业）的方式生产。在这种情况下，可能会出现要素密集度逆转的情形：美国出口 A 产品，该产品在别的国家是资本密集型的，但在美国是劳动密集型的；同时，美国进口 B 产品，该产品在外国是劳动密集型的，而在美国是资本密集型的。里昂惕夫在计算美国出口产品的资本和劳动比率时，用的都是美国的投入和产出数据。对于美国进口的产品，用的也是美国生产同类产品所需的资本和劳动比率，而不是这一产品在出口国国内生产时实际使用的资本和劳动比率。这样一来，就有可能出现美国进口资本密集型产品、出口劳动密集型产品的情况。因此，存在要素密集度逆转时，要素禀赋理论并不成立。

但在现实中，要素密集度是会发生逆转的，即当劳动的相对价格提高（工资提高），美国进口竞争部门会用相对便宜的资本替代相对昂贵的劳动，由于资本替代劳动的能力很大，或者说进口竞争部门较之出口生产部门有很高的资本替代劳动的替代弹性，致使该部门生产的产品由劳动的相对价格提高前的劳动密集型产品变成之后的资本密集型产品，从而会有美国出口劳动密集型产品、进口资本密集型产品的结果。

生产要素密集度逆转在现实中出现的概率有多大？这又是一个实证检验的问题。经济学家 H. G. 格鲁贝尔（H. G. Grubel）在 1962 年对 19 个国家的 24 个行业进行了统计分析，发现有五个行业存在生产要素密集度的逆转。B. S. 明哈斯（B. S. Minhas）在 1962 年发表的研究结果表明，有大约 1/3 的研究样本中出现了生产要素密集度逆转的情况。明哈斯的研究结果受到了里昂惕夫的质疑，他认为明哈斯的数据来源有偏差，在纠正了这些偏差之后，出现生产要素密集度逆转的情况只剩下 8％。经济学家鲍尔（Ball）也对明哈斯的研究结果重新进行了检验，其结果也认为要素密集度逆转的情况在现实中很少发生。因此，试图通过要素密集度逆转对"谜"进行的解释也没有很强的说服力。

三、"里昂惕夫之谜"及其解释的评价

里昂惕夫对要素禀赋理论的检验和"里昂惕夫之谜"的发现，对"二战"后国际贸易理论的发展具有开创性的意义。

（1）推动了"二战"后国际贸易理论的新发展。"里昂惕夫之谜"是传统国际贸易理论发展史上的一个转折点，"里昂惕夫之谜"发现后，引导经济学家们把过去忽视了的因素引入国际贸易理论的研究中，它引发了人们对"二战"以后国际贸易新现象、新问题的探索，推动了"二战"后国际贸易理论的新发展。"里昂惕夫之谜"引发的各种学说以及由此展开的对里昂惕夫的投入—产出法及要素禀赋理论进行的更为广泛而全面的讨论，弥补了要素禀赋理论的不足，增强了要素禀赋理论的现实性和对"二战"后国际贸易实践的解释能力，推动了"二战"后国际贸易理论的新发展。里昂惕夫投入—产出分析法对美国贸易结构的计算分

析，开辟了用统计数据全面检验贸易理论的道路。

（2）"里昂惕夫之谜"及其解释表明，要素禀赋理论已不能对"二战"后国际贸易的实际情况做出有力的解释，因为"二战"后科学技术、熟练劳动力在生产中的作用日益加强，已构成一个非常重要的生产要素，在这种条件下，如果把生产要素仅仅归结为资本、土地、劳动，则很有可能得出不正确的结论。

拓展阅读 4-2
中国要走出
比较优势的陷阱

（3）国际经济学界关于"里昂惕夫之谜"与要素禀赋理论旷日持久的论战是以对要素禀赋理论前提进行修正而结束的。当今西方传统国际贸易理论中居主导地位的仍然是以比较优势为核心、经过修正的要素禀赋理论，它被誉为西方传统国际贸易理论的基石之一，但其对现实世界的解释范围已越来越小。

本章小结

一个国家将出口的产品是那些需要密集地使用该国相对丰裕和便宜生产要素的产品，而进口的产品是需要密集地使用相对稀缺和昂贵生产要素的产品。

当一个国家强烈地偏好较为密集地使用本国较为富裕的生产要素生产出来的产品时，那么贸易后每个国家有可能出口另外一种产品，即那种密集使用较为缺乏的生产要素生产出来的产品。现实中，如果每个国家都不过分需求本国较富裕生产要素的密集型产品的话，尽管需求结构不同，也能得到与要素禀赋理论相同的结论。

国际贸易将导致在出口产品生产中密集使用的生产要素（本国的相对充裕要素）的报酬提高，在进口产品生产中密集使用的生产要素（本国的相对稀缺要素）的报酬降低，而不论这些要素在哪些行业中使用。

如果各国都以各自的要素禀赋比率差距为基础进行贸易，其结果将是贸易前相对丰富的要素价格上涨，相对稀少的要素价格下降，从而逐渐达到要素价格比率的国际均等化。

要素价格均等化是有条件的：①需要强调非完全专业化是实现要素价格均等化的前提；②如果两国之间的要素禀赋差距足够大，则要素价格均等化难以实现；③如果两种产品的要素禀赋差距足够小，要素价格均等化也难以实现；④尽管有时要素均等化难以实现，但国际贸易还是带来了要素相对价格均等化的趋势，使得两国的要素相对价格向中间位置靠拢。

案例分析

案例分析
全球经济一体化将改变中国的要素禀赋结构

思考题

1. 简述要素禀赋理论的基本内容。
2. 简述"里昂惕夫之谜"。
3. 简述经济学者们对"里昂惕夫之谜"的解释。

线上课堂——训练与测试

扫描封底刮刮卡　　测试　　获取答题权限

在线自测

第五章　保护贸易理论

学习目标

　　本章对主要的保护贸易理论进行了介绍和分析，包括重商主义、保护关税理论、保护幼稚工业理论、外贸乘数理论、中心外围理论和战略性贸易政策理论。

　　1. 掌握重商主义的基本思想内容和贸易政策；

　　2. 掌握保护关税理论的主要内容；

　　3. 掌握保护幼稚工业理论的内容和评价；

　　4. 掌握外贸乘数理论的内涵；

　　5. 掌握中心外围理论的主要内容和评价；

　　6. 掌握战略性贸易政策理论的理论和政策。

　　保护贸易理论旨在解释为实现本国贸易利益最大化，政府采取关税保护和数量限制的合理性与可行性。保护贸易理论始于重商主义，后经汉密尔顿（Hamilton）、李斯特（Liszt）、凯恩斯（Keynes）及普雷维什（Prebisch）等人的发展，形成了一个和自由贸易理论不同的保护贸易理论体系。需要强调指出的是，保护贸易理论虽然和自由贸易理论相对立，但并不意味着它们两者不能相容。事实上，保护贸易理论和自由贸易理论往往是不可以截然分开的，它们的对立常常会在共同的贸易利益基础上统一起来。

第一节　重 商 主 义

一、重商主义产生的背景

　　重商主义(mercantilism)是欧洲资本原始积累时期代表商业资产阶级利益的一种经济思想和政策的体系，它出现于 14 世纪末 15 世纪初，流行于 16—17 世纪，衰落于 18 世纪。这是封建社会末期商业资产阶级和封建专制国家为了追求金银财富而在理论和政策上的反映。

　　15 世纪末 16 世纪初是西欧封建制度瓦解和资本主义制度产生的时期。当时资本主义已经开始萌芽，商品生产不断发展，资本主义生产关系正在逐渐成熟。商业和商业资本的发展，进一步促进了封建自然经济的崩溃和商品生产的增长。重商主义的经济思想就是这一时期经济政策的反映。

　　重商主义的形成与货币资本的积累有关，在当时的历史条件下，货币资本的积累实际上就是金银财富的积累。15 世纪开始的地理大发现，为新兴的资产阶级积累大量的金银财富提供了重要契机。在新大陆，殖民主义者大肆劫掠当地土著人和王室的金银财富，并利用土著人直接开采金银矿。另外，地理大发现也为推动对外贸易的迅速发展起到了积极的作用。随着新大陆的发现，原有的市场扩大了，新的市场被开辟，促进了国内市场的统一和世界市场的形成，这又为财富的进一步积累创造了更好的条件。

但是，随着贸易的繁荣，商人阶级与地主阶级的矛盾日益尖锐起来。从本质上来看，商业资本追求的是增值了的货币财富，为了实现这一目的，就必须发展贸易。在国内，要求消除封建割据、关卡林立的状态；在国外，要求有一个强有力的政府保护对外贸易的顺利进行。于是，商业资本家支持统治者建立高度集中的中央集权制度来维持他们的国内和国际贸易，统治者也需要从商人资本家那里得到收入用于支持庞大的军队和宫廷的开支。在这种历史条件下，重商主义首先作为一种国家经济政策出现了。

人物简介

托马斯·孟（Thomas Mun，1571—1641），是英国重商主义最主要的代表人物，英国贸易差额论的实际创始人。他还是一个商人，曾做过东印度公司的董事和政府贸易委员会的委员。

1621年，托马斯·孟发表了《论英国与东印度的贸易》一书，托马斯·孟是英国重商主义的集大成者，其重商主义理论及税收思想集中表现在《英国得自对外贸易的财富》一书之中。该书不仅成为英国，而且成为一切实行重商主义政策的国家在政治、经济等方面的基本准则。重商主义理论的核心是国际贸易差额论。托马斯·孟正是从这种贸易差额理论出发，提出了他的"财富是战争的命脉"的国防财政论和赋税思想。

二、重商主义的基本思想

英国是当时经济最发达的国家，重商主义发展得也最为成熟。"重商主义"这个名称也是由英国经济学家亚当·斯密最早使用的，虽然如此，重商主义思想却主要是由一些大商人、律师、政府官员等通过处理实际的贸易、工业、航运和行政工作提出来的。

重商主义是15—17世纪代表商业资本利益的经济思想和政策体系。重商主义认为金银是财富的唯一代表，获得财富的途径则是对外贸易顺差，因此主张国家干预经济活动，"奖出限入"，追求顺差，使货币流入国内，以增加国家财富和增强国力。

重商主义对贸易的研究主要集中在如何进行贸易上，重商主义者的这些思想实际上只是反映了商人的目标，或者说只是从商人眼光来看待国际贸易的利益，因此，这种经济思想被称为"商人主义"或"重商主义"，主要包括以下内容。

（一）金银是唯一财富

金银是财富的唯一代表，攫取金银的活动是创造财富的唯一活动，国家的一切经济活动和经济政策，其目的都是获取金银。

（二）对外贸易顺差是增加金银的源泉

在重商主义者看来，国内贸易的结果只是社会财富在不同集团之间的再分配，而对外贸易可以使本国从国外获得金银货币从而使国家致富，因此，只有对外贸易才是获得和增加货币的源泉，而要从对外贸易中获得货币，关键是保持国际贸易的顺差，即在国际贸易中坚持"多卖少买"的原则，造成对外贸易顺差，使国家有金银货币的净收入。

（三）早期重商主义和晚期重商主义

重商主义可以分为早期和晚期两个阶段，两个阶段的基本思想是相同的，区别主要在于对获取金银货币有不同的看法和主张。

▶ 1. 早期重商主义

早期重商主义阶段为15—16世纪中叶，其代表人物包括法国的安徒生·德·孟克列钦(Antoine de Montchrétien)、英国的约翰·海尔斯(John Hales)和威廉·斯塔福(William Stafford)。威廉·斯塔福的观点最具有代表性,其所著的《对我国同胞某些控诉的评述》一书,集中体现了重商主义的经济思想。

早期重商主义主张每一笔交易都要顺差,使货币流入,禁止货币输出,称为"货币差额论"。早期的重商主义者把防止货币外流视为对外贸易政策的指导原则。强调绝对的贸易顺差,他们主张多卖少买或不买,不允许出现每一笔交易的逆差,认为出口越多,从国外输入的货币就越多。主张采取行政手段,控制商品进口,禁止货币输出以积累货币财富。

▶ 2. 晚期重商主义

晚期重商主义盛行于 16 世纪下半期—18 世纪,代表人物是英国的托马斯·孟,在他的著作《英国得自对外贸易的财富》中,全面系统地阐述了重商主义的思想。

晚期重商主义允许一定时期贸易逆差,但长期和总体贸易要顺差,允许适量货币输出。与早期重商主义不同,晚期重商主义重视的是长期的贸易顺差和总体的贸易顺差。晚期重商主义,又称贸易差额论,认为在一定时期内的外贸逆差是允许的,只要最终的贸易结果能保证顺差,保证货币最终流回国内即可。

但总体来说,无论是早期还是晚期,重商主义都还没有一个完整的思想体系,都主张限制进口,对国际贸易的研究很有局限性。

三、重商主义的贸易政策

重商主义实行的是典型的贸易保护主义政策,主张国家干预对外贸易,实行"奖出限入"政策,集中地体现为政府对贸易活动,尤其是对同殖民地之间贸易的高度垄断和管制,其中不少政策迄今仍被许多国家使用。其政策主张具体表现在以下 4 个方面。

(一)货币政策

早期的货币差额论主张通过立法禁止金银输出。到了晚期重商主义阶段,货币政策有所放宽,准许输出适量货币,以期获得更多的货币。

(二)"奖出限入"政策

在出口方面,由于原料价格低廉,加工后产品增值,价格提高,所以重商主义者主张出口制成品代替出口原料,阻止原料和半成品的输出。实行"奖励出口"政策,国家奖励在外国市场上出售本国商品的商人。在进口方面,不仅禁止奢侈品输入,对一般制成品的进口也严加限制,因为奢侈品、工业制成品价格昂贵,进口这些商品要输出大批金银,影响货币积累。

(三)关税保护政策

重商主义把关税作为扩大出口、限制进口的重要手段之一。具体做法是:对进口的制成品课以重税,对进口的原材料免税;对出口的制成品减免关税,以支持和鼓励本国制成品的生产和出口。

(四)鼓励发展本国工业政策

重商主义者认为,保持贸易顺差的关键在于本国能够更多地出口竞争力强的工业制成品,这就需要大力发展本国工业。为此,各国都制定了鼓励发展工业的政策措施,如奖励生育人口,以增加劳动力的供应;实行低工资政策,降低成本,以利于出口竞争;高薪聘请外国工匠;禁止技术工匠移居国外和工具设备的出口,以保持本国的出口优势;向生产者发放贷款并提供各种优惠条件。

四、重商主义的评价

（一）重商主义的进步作用

重商主义的贸易思想和政策在历史上有一定的进步作用。

（1）重商主义的理论和政策，促进了资本主义的原始积累和欧洲各国工业生产的发展。

（2）重商主义重视货币、追求贸易顺差、强调国家干预对外贸易、推行"奖出限入"措施以及鼓励发展出口工业等政策措施至今仍对国际贸易有着重要影响，具有一定的现实意义。

（3）重商主义提出的许多重要概念，为后人研究贸易理论与政策打下了基础，尤其是关于贸易的顺差、逆差进一步发展到后来的"贸易平衡"概念。重商主义关于进口出口对国家财富的影响深远，对后来的凯恩斯的国民收入决定模型亦有启发。

（二）重商主义的局限性

重商主义贸易思想存在明显的错误。

（1）把经济活动局限于流通领域。认为流通过程特别是对外贸易是财富和价值增值的源泉，而忽视了生产领域创造财富的重要性，未能真正揭示财富产生和积累的源泉。

（2）重商主义的财富观是错误的。它把货币（金银）当作唯一的财富，建立在这种财富观基础上的理论，只研究如何从国外得到金银，没能进一步探索国际贸易产生的原因，以及能否为参加国带来利益，没有认识到国际贸易对促进各国经济发展的意义。

拓展阅读 5-1
零和博弈

（3）重商主义只用静止的观点看待世界资源，不仅认为只有金银才是财富，而且认为金银是固定的、有限的，这是一种形而上学的观点。

（4）重商主义者错误地认为国际贸易是一种"零和游戏"。一方得益必定使另一方受损，出口获得财富，而进口减少财富。这种思想的根源是他们只把货币当作财富而没有把交换所获得的产品也包括在财富之内，从而把双方的等价交换看作一得一失。

第二节　保护关税理论

一、保护关税理论产生的背景

保护关税理论是由亚历山大·汉密尔顿（Alexander Hamilton）提出的，他是美国贸易保护主义的鼻祖。汉密尔顿是美国的开国元勋、政治家和金融家，美国独立后的首任财政部长。

人物简介

亚历山大·汉密尔顿（1757—1804）是美国的开国元勋之一，宪法的起草人之一，财政专家，是美国的第一任财政部长。美国政党制度创建者，共济会新泽西州莫里斯敦美国联合分会会员。

亚历山大·汉密尔顿出生于英属西印度群岛的尼维斯岛。1772 年在别人资助下到北美求学深造，就读于新泽西伊丽莎白敦的预备学校，1773 年秋进入纽约国王学院（今哥伦比亚大学）读书。1776 年，他被委以上校军衔，担任华盛顿的副官与机要秘书。独立战争结束后，汉密尔顿于 1782 年 7 月被纽约州立法机构选为联邦国会议员，1789 年 9 月 11 日，汉密尔顿出任美国联邦政府的第一任财政部长。1790 年 1 月 14 日，汉密尔顿向国会呈交《关于公共信用的报告》；12 月 13 日向国会呈交《关于国家银行的报告》；1791 年 12 月向国会呈交《关于制造业的报告》。汉密尔顿以这种向国会呈交一系列报告的形式，提出了他的财政经济纲领。这个纲领主要就体现在上述三个报告中。其中在《关于制造业的报告》中，汉密尔顿提出了加快工业化以推动美国由农业国向工业国转变的措施。因此，他的财政经济纲领是一个旨在使美国全面确立资本主义制度的纲领。

美国独立以前一直受英国的殖民统治，美国实际上是英国经济上的原材料供应市场和工业品销售市场，美国的经济发展尤其是工业的发展受到严重制约，经济发展水平十分落后。1776 年，美国宣布独立，但却遭到英国的极力阻挠。在经过长达七年之久的独立战争后，美国以经济上遭受毁灭性破坏的巨大代价才换取了真正的独立。独立后的美国面临着发展经济方面的严重困难，而迫切需要解决的问题就是美国应当选择什么样的经济发展道路。北方工业资产阶级极力主张独立自主地发展本国工业，特别是制造业，以彻底摆脱来自欧洲殖民主义国家的经济束缚和经济控制；而南方的种植园主则坚持独立以前的经济发展模式，即出口本国农、林初级产品，进口本国所需的工业品。上述两种经济发展道路的不同选择直接关系到美国对外贸易政策的制定，即是实行保护贸易政策扶持本国工业发展，还是沿袭自由贸易政策继续保持经济发展的单一性。汉密尔顿在 1791 年向国会递交了一份题为《关于制造业的报告》的报告，坚定地站在了工业资产阶级一边，主张实行贸易保护关税制度，扶持本国工业特别是制造业的发展。

二、保护关税理论的主要内容

(一) 保护关税理论的依据

汉密尔顿的保护关税理论主要是围绕制造业展开分析的。

▶ 1. 制造业在国民经济发展中具有特殊的重要地位

在国民经济各部门中，制造业具有许多突出的优点：①制造业能够为其他部门提供先进的、效率更高的生产工具和技术设备，从而提高国家总体的机械化水平，并由此带动专业分工和协作的深化，进一步提高劳动生产率；②制造业需要消耗大量的原材料和中间产品以及生活日用品，因而促进了其他相关部门的发展和壮大；③制造业可以吸收大量劳动力，因而将吸收外国移民迁入，缓解人口稀缺的矛盾，进而能够加速美国中西部的开发；④制造业的相当一部分投入品来自农业，这就能保证农产品的销路和价格稳定，从而刺激农业的发展；⑤制造业能够提供开创各种事业的机会，因而能够使个人才能得到充分发挥。

▶ 2. 保护和发展制造业对维护美国经济和政治独立具有重要意义

一个国家如果没有工业的发展，就等于失去了经济发展的基础，其结果不但不能使国家富强，而且很难保持其独立地位。

▶ 3. 自由贸易不适合美国的现实

美国作为一个刚刚起步的国家，难以与其他国家的同类企业进行竞争。因此，自由贸易的结果可能使得美国继续充当欧洲的原材料供应基地和工业品的销售市场，国内的制造业却难以得到发展。汉密尔顿还详细地论述了发展制造业的直接与间接利益。他认为，制造业的发展对国家利益关系重大，它不仅能够使特定的生产部门发展起来，还会产生连带效应，使相关部门也得到发展，这些发展能够给美国带来利益。

▶ **4. 政府应加强干预，实行保护关税制度**

汉密尔顿指出，美国工业起步晚，基础薄弱，技术落后，生产成本高，效率低下，难以同西欧国家相抗衡，在这种条件下实行自由贸易政策，将断送美国工业，进而威胁美国经济和政治上的独立地位。因此，必须采用关税措施将美国的工业特别是制造业保护起来，使之生存、发展和壮大。

（二）保护关税理论的措施

汉密尔顿提出的实行保护关税制度的具体措施有：①向私营工业发放贷款，扶持私营工业发展；②实行保护关税制度，保护国内新兴工业免遭外国企业的冲击；③限制重要原料出口，免税进口本国急需原料；④给各类工业发放奖励金，并为必需品工业发放津贴；⑤限制改良机器及其他先进生产设备输出；⑥建立联邦检查制度，保证和提高工业品质量；⑦吸收外国资金，以满足国内工业发展需要；⑧鼓励移民迁入，以增加国内劳动力供给。

汉密尔顿提出上述主张时，自由贸易学说仍在美国占上风，因此他的主张遭到不少人的反对。后来，随着英国、法国等国家工业的发展，美国的工业遭到了来自国外越来越强有力的挑战，汉密尔顿的主张才在贸易政策上得到反映，并逐步对美国政府的内外经济政策产生了重大和深远的影响。在这一理论的指导下，1816年，美国首次以保护关税的名目提高了制造品的关税；1828年，美国再度加强保护措施，将工业品平均税率提高到49%。美国的贸易保护政策主要表现在为实现较高的关税水平，鼓励原材料的进口，限制原材料的出口，以便为本国制造业的发展提供比较廉价的原材料；同时鼓励工业技术的发展，提高制成品的质量，以增加其产品的市场竞争力。

三、对保护关税理论的评价

汉密尔顿的保护关税理论有以下意义及局限性。

（1）汉密尔顿的保护关税理论是从美国经济发展的实际情况出发所得出的结论，反映了美国建国初期急需发展本国的工业，走工业化道路，追赶欧洲工业先进国的强烈要求。这一观点的提出，为落后国家进行经济自卫和与先进国家相抗衡提供了理论依据。

（2）对落后国家寻求经济发展和维护经济独立具有普遍的借鉴意义。与旨在增加金银货币财富、追求贸易顺差而主张采取保护贸易政策的重商主义不同，汉密尔顿的保护贸易思想和政策主张反映的是经济不发达国家独立自主地发展民族工业的愿望和正当要求，它是落后国家进行经济自卫并通过经济发展与先进国家进行经济抗衡的保护贸易学说。汉密尔顿的关税保护论实际上回答了这样一些问题：落后国家应不应该建立和发展自己的工业部门？如何求得本国工业部门的发展？对外贸易政策如何体现本国经济发展战略？这对落后国家赶超先进国家来说，不无借鉴意义。

（3）没有注意到保护贸易措施也有其制约本国经济发展的消极一面。在当时的历史条件下，汉密尔顿没有能够进一步分析其保护措施的经济效应和经济后果，没有注意到保护贸易措施也有其制约本国经济发展的消极的一面。

第三节 保护幼稚工业理论

一、保护幼稚工业理论产生的背景

李斯特所处时代的德国是一个政治上分裂割据、经济上十分落后的农业国。在政治上，拿破仑战争后的德国仍保持着中古时代的封建制度，全境分裂为38个小邦，每个小邦都拥有自己的政府、军队、法庭、货币及外交。这种状况一直持续到1848年德国革命后才由于完成政治统一而结束。在经济上，各邦之间实施封锁政策，存在不同的地方税率，关税壁垒林立，直到1834年，各邦才建立起统一的关税同盟。德国19世纪30年代开始工业革命，到1848年革命爆发时，它甚至还没有建立起自己的机器制造业，工场手工业和分散的小手工业仍占主导地位。在对外贸易经济方面，由于没有统一的保护国内工业成长的关税制度和贸易政策，致使英国等国的廉价商品涌入德国国内市场。贸易商品结构则是出口原料和食品，进口本国所需的半制品和制成品。德国经济发展实际上受到了来自外国强大经济力量的冲击。因此，对于对外贸易政策的选择问题，德国国内产生了激烈的辩论：一派主张实行自由贸易，认为任何保护税制在理论上都是站不住脚的，这种观点占主导地位；另一派主张实行保护关税制度，德国经济才会发展。

人物简介

弗里德里希·李斯特（Freidrich Liszt，1789—1846）是德国经济学家，保护贸易论倡导者，德国历史学派的先驱者。李斯特的奋斗目标是推动德国在经济上的统一，这决定了他的经济学是服务于国家利益和社会利益的。

他生于南德符腾堡州的一个鞋匠家庭。高中毕业参加文官考试被录取，任下级官吏。后提升为该州（当时称"邦"）会计监察官。曾任蒂宾根（Tubingen）大学行政学教授。因鼓吹德国统一，废除多邦关卡，不容于当局，被迫辞职。后主持德国工商同盟工作，被选为符腾堡州议会议员。1825年赴美，任当地德文报纸主笔。1830年入美籍，曾任美驻莱比锡、汉堡领事。后返回德国继续致力于振兴国家的事业。1834年以普鲁士为中心的关税同盟成立，当时的政府依然实行自由贸易政策，李斯特已无法进行政治活动，只能赴巴黎从事写作，1841年其代表作《政治经济学的国民体系》问世，数月之内发行3版。1846年赴英，鼓吹保护贸易，后因病返德，生活潦倒，身心憔悴。1846年11月30日，在雪夜开枪自杀，享年57岁。

李斯特早年在德国提倡自由贸易，自1825年出使美国以后，受汉密尔顿保护贸易思想的影响，并亲眼看到美国实施保护贸易政策的成效，于是转而提倡贸易保护。李斯特对幼稚产业保护理论集中体现在他于1841年出版的《政治经济学的国民体系》一书中。

二、对保护幼稚工业理论的主要内容

李斯特的保护幼稚工业理论是以生产力理论为基础，以经济发展阶段理论为依据，以英国、荷兰、西班牙等国家兴衰史为佐证，猛烈地抨击古典学派的自由贸易学说而建立起的一套以保护关税为核心，以阶段保护为特点，为落后国家提供保护贸易政策依据的国际贸易理论体系。

（一）生产力论

李斯特保护幼稚工业理论的理论基础是生产力理论，他认为生产财富的能力比财富本身更重要。生产力是决定一个国家兴衰存亡的关键所在，一个国家只有生产力提高了，才能获得更多的财富。

李斯特批评李嘉图的比较利益理论只看重财富本身的增长而忽视了一国生产财富能力的增长。按照比较优势进行贸易，尽管在短期内落后国家能够获得一些贸易利益，但从长远来看，生产财富的能力却不能得到应有的发展。就德国而言，从国外进口廉价商品，表面看似乎合算，但长此下去，德国的民族工业就不可能得到扶持和发展，只会长期处于落后和依附外国的困境中，生产力水平就无法提高；但经过一段时间的保护，德国的工业就会得到充分的发展，生产力水平就会提高，商品的价格就会降低，甚至低于国外进口商品的价格，这样，长期收益就可以补偿短期损失而且有余。因此，李斯特认为生产力是决定一个国家兴衰存亡的关键问题，这里的生产力应是国家综合生产力，而国家综合生产力中最具有决定意义的是国家的工业生产力。

（二）经济发展阶段论

李斯特批评古典自由贸易理论忽视了各国经济发展的阶段，他指出各国经济的发展必须经历五个阶段，即原始未开化阶段、畜牧阶段、农业阶段、农工业阶段和农工商阶段。

李斯特认为，处于不同经济发展阶段的国家应实行不同的对外贸易政策：处于农业阶段的国家应实行自由贸易政策，以利于农产品的自由输出，并自由输入外国的工业产品，以促进本国农业的发展，并培育工业化的基础；处在农工业阶段的国家，由于本国已有工业发展，但并未发展到能与外国产品相竞争的地步，故应实施保护关税制度，使它不受外国产品的冲击；而农工商阶段的国家，由于国内工业产品已具备国际竞争能力，国外产品的竞争威胁已不存在，故应实施自由贸易政策以享受自由贸易的最大利益，刺激国内产业进一步发展。

李斯特提出上述主张时，认为英国已达到第五个阶段，法国处在第四个阶段与第五个阶段之间，德国和美国均处在第四个阶段，葡萄牙和西班牙则处在第三个阶段。因此，李斯特根据其经济发展阶段论，认为德国在当时必须实行保护贸易政策。

（三）国家干预论

李斯特反对古典自由贸易理论的自由放任，主张国家干预经济。李斯特认为，一国经济的增长，生产力的发展，不能仅仅依靠市场机制的自发调节，而必须借助于国家的力量对经济进行干预和调节。他以英国为例，进一步证明了其理论的正确性。他指出，英国工商业已经相当发达，固然可以实行自由贸易政策，但英国工商业能够迅速发展的根本原因还是当初政府的扶植政策，德国正处于类似英国发展初期的状况，所以应实行国家干预下的保护贸易政策。

（四）保护幼稚工业理论的政策主张

▶ 1. 保护的对象

虽然李斯特主张落后国家实行保护贸易，但不是保护所有的产业。李斯特提出保护贸易政策的对象是幼稚工业，即新兴的、面临国外强有力竞争的并具有发展前途的工业。他不主张保护所有的工业，并具体指出：农业一般不需要保护，因为工业发展以后，农业自然跟着发展；无强有力的外国竞争者的幼稚工业不需要保护；有强有力的外国竞争者的幼稚工业需要保护。

▶ 2. 保护的目的

保护的目的主要是保护国内市场以促进国内生产力的发展。这与早期的重商主义的保护贸易目的很不相同。重商主义限制进口，鼓励出口，其目的是积累金银财富；而李斯特所主张的保护贸易的目的则是提高创造财富的生产力。

▶ 3. 保护的手段

以关税作为保护国内工业的主要手段，即用关税壁垒措施挡住国外具有较强竞争力的商品进入国内市场，以确保国内相同行业的发展。在关税措施上，李斯特主张采用递增关税的方法，认为突然征收过高的关税会割断原来存在的与各国之间的商业联系，会对国内市场造成过大的冲击，反而对本国的生产发展不利。所以，关税应逐步地加以提高。

▶ 4. 保护的程度

区别不同对象给予不同程度的保护。保护关税的税率可以高到实际上等于完全禁止进口，也可以低到只对进口数量稍加限制。对国内需求量大、对国计民生有重大影响的制成品征收高关税严格限制进口；对高贵奢侈消费品征收较高关税一般限制进口；而对复杂的机器设备、技术等征收较低的关税或免税鼓励进口。

▶ 5. 保护的时间

保护的时间不宜过长，最多为 30 年。在此期限内，如果受到保护的产业还发展不起来，表明其不适宜成为保护对象，就不应再予以保护。换言之，保护贸易不是保护落后的低效率。

▶ 6. 保护的最终归向

保护关税并不是永久性的政策，它随着国内工业国际竞争力的逐渐提高而逐步降低乃至取消。他认为，禁止性与长期性关税会完全排除外国生产者的竞争，但助长了国内生产者不思进取、缺乏创新的惰性。如果被保护工业生产出来的产品其价格低于进口同类产品且在其能与外国竞争时，应当及时取消关税保护；当国家的物质与精神力量达到相当强盛时，应实行自由贸易政策。

三、对保护幼稚工业理论的评价

李斯特的保护幼稚工业理论既有积极的一面，也存在一定缺陷，这两个方面都对后来的西方经济理论和各国贸易政策的制定产生着重要的影响。

（一）进步意义

▶ 1. 建立了贸易保护完整的理论体系

李斯特发展了重商主义和汉密尔顿的保护贸易理论，以生产力理论为基础，充分论证了落后国家实行贸易保护的必要性、阶段性、动态性，并提出了相关的政策建议，从而建立了贸易保护完整的理论体系，也确立了贸易保护理论在国际贸易理论中的地位。

▶ 2. 保护幼稚工业理论具有理论上的合理性

保护幼稚工业理论在现实中有着广泛的影响力，世界贸易组织也以该理论为依据，列有幼稚产业保护条款。该条款允许一国为了建立一个新工业或者为了保护刚刚建立不久、尚不具备竞争力的工业采取进口限制性措施，对于被确认的幼稚工业可以采取提高关税、实行进口许可证、征收临时进口附加税的方法加以保护。

▶ 3. 对德国工业经济发展起到了重要的推动作用

李斯特的保护贸易理论及政策不仅对德国当时工业资本主义的发展起到了极大的促进作用，使德国在很短时间内赶上了英、法等发展较早的资本主义国家，而且为经济比较落后的国家指定了一条比较切合实际的国际贸易发展道路。在李斯特保护贸易理论政策的影响下，1879 年，俾斯麦改革关税制度，对钢铁、纺织品、化学品征收高额进口税；1898年，又一次修正关税法，使德国成为欧洲的高度保护贸易国家之一。这些保护手段使德国用机器生产代替了手工劳动，用现代的生产代替了宗法制的生产。

▶ 4. 对发展中国家外贸政策的制定起到了积极的影响作用

李斯特主张保护的对象是将来有前途的幼稚工业，对国际分工和自由贸易利益也予以承认。而且，他主张保护贸易是过渡手段，自由贸易是最终目的。这种观点对于今天一些发展中国家发展民族经济仍具有重要的参考价值。

(二)缺陷

▶ 1. 很难准确界定幼稚工业

正确地选择保护对象是保护幼稚工业政策成败的关键,那么,如何判断哪一种幼稚工业是有前途的呢?实践证明,由于没有一种客观标准,许多国家在选择保护对象时,由于技术上的判断错误或出于某种政治或其他利益的考虑,选错了保护对象,保护了一些永远长不大的幼稚工业,造成了严重的损失。

▶ 2. 通过限制进口的手段来保护幼稚工业还可能付出社会代价

拓展阅读 5-2
日本对幼稚产业
的保护

这些社会代价包括推迟接受和普及先进技术和知识所造成的损失等,尤其是在大多数欠发达国家处于幼稚阶段的新兴工业或高科技工业领域。最明显的例子是对电子计算机工业的保护。为了保护国内幼稚的电子计算机工业,一些国家对国外的电子计算机实行进口管制。结果是,在发达国家计算机已普及到家庭的电子时代,这些国家的电子计算机仍因价格昂贵而使大多数人望而却步。与彩电、冰箱等不同,计算机不是一般的消费品,它的普及价值是整个社会生产效率的提高和先进技术的外溢与普及,限制计算机进口,保护的只是一个行业,拖延的是整个社会的进步,其损失是远远超过所得的。

此外,李斯特的保护幼稚工业理论还存在一些明显的缺陷,如对生产力这个概念理解不深,对影响生产力发展的各因素的分析也较混乱,所提出的"以经济部门为依据划分经济发展阶段的基础"等观点不够严谨和科学。

第四节 超保护贸易理论

一、超保护贸易理论产生的背景

超保护贸易理论的出现有其特殊的历史背景,这就是发生于 1929—1933 年的资本主义经济危机。这场空前的经济大危机所产生的破坏作用,使主要资本主义国家的经济倒退了若干年。危机期间所表现出的严重的商品过剩,导致了企业普遍开工不足,很多企业破产倒闭,大批工人处于失业状态,市场问题已成为制约资本主义经济发展的一个关键环节。以保护国内市场和扩张国外市场为目的的超保护贸易理论便由此产生并迅速地发展了起来。

人物简介

约翰·梅纳德·凯恩斯(John Maynard Keynes,1883—1946),是现代西方经济学最有影响的经济学家之一,凯恩斯主义创始人。

凯恩斯 1883 年 6 月 5 日生于英格兰的剑桥,14 岁以奖学金进入伊顿公学(Eton College)主修数学。毕业后,入学剑桥大学国王学院获剑桥文学硕士学位。之后又留剑桥一年,从师马歇尔和庇古(Arthur Cecil Pigou)攻读经济学,1908 年任剑桥大学皇家学院的经济学讲师,1909 年创立政治经济学俱乐部并因其最初著作《指数编制方法》而获"亚当·斯密奖"。1911—1944 年任《经济学杂志》主编,1919 年任财政部巴黎和会代表,1944 年出席布雷顿森林会议(联合国货币金融会议),并担任国际货币基金组织和国际复兴开发银行的董事。1936 年,凯恩斯出版了《就业、利息和货币通论》,批判了传统经济贸易理论,并以有效需求不足为基础，把对外贸易和国内就业结合起来，开创性地提出了保护国内就业的思想。以后凯恩斯的思想由他的追随者们加以充实和扩展，形成了凯恩斯主义的贸易保护思想。他们从宏观经济角度论证了外贸顺差对于国内经济的影响，主张国家干预和实行"奖出限入"的政策。

在 1929—1933 年经济危机以前，凯恩斯是一个自由贸易论者，当时，他否认保护贸易政策会有利于国内的经济繁荣与就业。在大危机以后，凯恩斯改变了立场，认为保护贸易的政策确实能够保护经济的繁荣，扩大就业。虽然凯恩斯并没有一本系统地论述国际贸易的专著，但是他和他的追随者们有关国际贸易的观点却对各国对外贸易政策的制定产生了深刻的影响。该学说推崇重商主义保护贸易的传统，对古典学派的国际贸易理论进行严厉批评，主张国家干预，强调具有进攻性的保护贸易政策——超保护贸易政策。

1936 年，凯恩斯出版了他的主要代表作《就业、利息和货币通论》。在这本著作中，凯恩斯批判了传统经济贸易理论，以有效需求不足为基础，以国家对经济生活的干预为政策目标，把对外贸易与有效需求理论结合在一起，从而形成了凯恩斯的超保护贸易理论。

二、超保护贸易理论的主要内容

（一）批评古典自由贸易理论，主张国家干预对外经济，利用贸易顺差保持国内充分就业

凯恩斯认为，20 世纪 30 年代，由于大量失业存在，自由贸易理论"充分就业"的前提条件已不存在。

凯恩斯还认为，古典国际贸易理论只用"国际收支自动调节机制"来证明贸易顺差、逆差的最终均衡过程，但忽视了国际收支在调节过程中对一国国民收入和就业的影响。他认为，贸易顺差对一国对外贸易有利，而贸易逆差则有害，并且贸易顺差能增加国民收入，扩大就业，而贸易逆差则会减少国民收入，加重失业。因此，凯恩斯极力鼓吹贸易顺差，反对逆差，积极主张国家干预活动，采取各种手段和保护措施，减少进口，以扩大出口的方式形成对外贸易顺差，促进国内经济发展。

凯恩斯认为，失业产生的主要原因是社会的有效需求不足。保持贸易顺差可以增加有效需求，解决失业问题，促进经济繁荣。因此凯恩斯积极主张国家对经济生活进行全面干预，实行贸易保护政策，改变国际收支状况，提高一国国民收入。

（二）凯恩斯的外贸乘数理论

▶ 1. 投资乘数理论

乘数理论最早由英国经济学家卡恩（Kahn）提出，凯恩斯将其运用到投资领域，提出了投资乘数理论，用来说明投资对就业和国民收入的影响。所谓投资乘数理论，是指投资增加所引起国民收入的增加是投资的倍数。其含义是：新增加的投资引起对生产资料需求的增加，从而使从事生产资料生产的人们（工人、企业主）收入增加；收入的增加引起对消费品需求的增加，又引起从事消费品生产的人们收入的增加……如此反复下去，其结果是由此增加的国民收入总量会等于原增加投资量的若干倍。

▶ 2. 凯恩斯的外贸乘数理论

凯恩斯主义者把乘数理论运用到对外贸易领域，进一步论证了对外贸易与国内就业以及国民收入的关系，建立了对外贸易乘数理论。所谓对外贸易乘数理论，是指出口增加所引起国民收入的增加是出口的倍数。其含义是：当本国投资生产的商品出口时，从国外得

到了货币收入，首先会使出口商品的产业部门收入增加，消费也随之增加，对生产资料和生活资料的需求也相应增加，从而也必然会引起其他产业部门生产的增长、就业的增加和收入的增加，如此连锁反应、反复进行下去，收入的增加量将为出口增加量的若干倍，国家就可以从贸易顺差中解决国内的经济危机和失业问题。

凯恩斯主义者认为一国的出口和国内投资一样，属于"注入"，有增加国民收入的作用；而一国的进口与国内储蓄一样，属于"漏出"，有减少国民收入的作用。为此，只有当贸易出超或国际收支顺差时，对外贸易才能增加一国的就业量，提高一国国民收入量，此时，国民收入的增加量将为贸易顺差的若干倍。用公式表示为

$$\Delta Y = [\Delta I + (\Delta X - \Delta M)]K$$

式中：ΔY——国民收入增量；ΔI——投资增量；ΔX——出口增量；ΔM——进口增量；K——乘数。

在 ΔI 与 K 一定时，如果贸易顺差越大，ΔY 越大；反之，如果贸易存在逆差时，则 ΔY 要缩小。因此，一国贸易顺差越大，对本国经济发展作用越大。由此可见，凯恩斯及其追随者的对外贸易乘数理论为保护贸易政策提供了理论根据。

三、对超保护贸易理论的评价

（一）超保护贸易理论的意义

（1）从理论上看，凯恩斯主义的国际贸易理论在一定程度上揭示了对外贸易与国民经济发展之间的内在规律性，具有一定的科学性。不可否认，为了追求顺差而扩大出口，通过前后连锁的作用，能够促进有关部门经济收益的增加。在国际经济日益全球化的现代经济中，一国经济发展对世界其他国家经济的辐射作用也是客观存在的。乘数理论就是反映这种相互联系的内在规律之一。只要条件具备，成熟的经济机制作用就会直接或间接地影响到经济增长。

（2）从方法论上看，把经济学的分析从微观扩展到宏观是一种进步。传统的贸易理论侧重要素分析、价格分析和利益分析等，因此属于微观经济分析。凯恩斯及其后来者应用乘数理论，注意将贸易流量与国民收入流量结合起来，分析出口额的增加对国民收入的倍数起促进作用，从而将贸易问题纳入宏观分析的范围，这在贸易理论上是一种突破。

（3）对外贸易乘数理论表明，如果一国存在闲置的社会资源，那么通过出口净额的增加将使国民收入倍增。因此，一国应努力扩大出口，把扩大出口所增加的收入较多地利用于国内消费；同时，减少进口，扩大贸易顺差，确实有助于增加国内的就业机会，活跃市场和促进经济发展。

（4）从实践上看，出口贸易的增加对国民收入的提高是非常重要的。日本"贸易立国"政策的成功和亚洲"四小龙"以出口为主导带动经济起飞的实绩完全证实了这一点，因此重视对外贸易乘数论的研究是有现实意义的。

（二）对外贸易乘数理论的局限性

对外贸易乘数理论在实际运用中，也有其自身的局限性。

（1）贸易顺差与国内通货膨胀的矛盾。如果国内已处于充分就业状态，则出口的继续扩大意味着总需求的进一步增加，从而将出现过度需求，引发通货膨胀。出口增加所引起的总需求增加与投资所引起的总需求增加不同，投资增加虽然也会引发需求膨胀，甚至通货膨胀，但经过一段时间后，增加投资所形成的新生产能力会增加供给，可以在一定程度

上抵消过度需求。而出口增加所形成的过度需求本身并不能形成生产能力，可能会引起通货膨胀。出口增加引发的相关投资的增加，应按投资增加的逻辑展开分析。

（2）贸易顺差引起的国内价格上升与出口持续增加产生矛盾。如上所述，一国国内若已处于充分就业状态，则出口的继续扩大意味着总需求的进一步增加，从而造成过度需求，会推动生产资料价格上涨，削弱了本国商品的国际竞争力，除非采取抵消生产资料价格上涨的措施，否则出口的继续增加将难以为继。事实上，充分就业的前提在大多数国家都不存在。

（3）各个国家贸易顺差与世界总进口值增加的矛盾。对外贸易乘数作用的发挥还必须以世界进口值的增加为前提。假定世界总进口值不变，那么要扩大出口，就必须降低出口商品的价格，而降低商品价格会导致出口商品生产企业的利润率下降而不愿增加出口。所以，只有在世界总进口值不断增加的条件下，才能使一些国家继续扩大出口，并通过出口增加来提高本国的国民收入水平和扩大就业机会。

第五节　中心—外围理论

一、中心—外围理论产生的背景

20世纪50年代，拉美、非洲的殖民地、半殖民地国家纷纷取得了政治上的独立，同时致力于发展民族经济。然而，这些国家民族经济的发展受到了旧的国际经济秩序，尤其是旧的国际分工体系的严重阻碍。1950年，阿根廷经济学家劳尔·普雷维什（Raul Prebisch）根据他的工作实践和对发展中国家经济发展问题的深入研究，站在发展中国家的立场上，提出了中心—外围理论。

人物简介

劳尔·普雷维什（Raul Prebisch，1901—1986）为阿根廷经济学家，被誉为"发展经济学"的十大先驱之一。

普雷维什出生于阿根廷北部的萨尔塔。1923年在布宜诺斯艾利斯大学经济系毕业后，到阿根廷国民银行从事经济研究工作。1930年，普雷维什出任阿根廷政府副国务秘书，稍后被授权组建"阿根廷共和国中央银行"，并在1935—1943年间任这家银行的总经理。1943—1948年任布宜诺斯艾利斯大学经济学教授，还先后被聘为墨西哥、巴拉圭和委内瑞拉等国中央银行的顾问。1949年，普雷维什到总部设在智利首都圣地亚哥的联合国拉丁美洲经济委员会（现为联合国拉丁美洲和加勒比经济委员会）工作，并在1953—1963年间担任该机构的执行秘书。后受当时联合国秘书长吴丹的委托，负责筹组"联合国贸易和发展会议"，1964年出任联合国贸易和发展会议的第一任秘书长。1973—1976年，普雷维什任联合国特别顾问及经济和社会事务副秘书长，同时受秘书长委托于1976年起担任《拉美经济委员会评论》的主编。由于他在发展中国家经济发展理论上的卓越贡献，1980年被设在伦敦的第三世界社会和经济研究基金会授予"第三世界基金奖"，成为这一荣誉称号的第一个获得者。他的代表作是1950年出版的《拉丁美洲的经济发展及其主要问题》一书。

二、中心—外围理论的主要内容

（一）国际经济体系分为中心和外围两个部分

普雷维什则将世界经济体系分为中心和外围两个部分。普雷维什认为，国际经济体系在结构上分为两部分：一部分是由发达工业国构成的中心；另一部分是由广大发展中国家组成的外围。

中心国和外围国在经济交换和利益分配上是不平等的：中心国是技术的创新者和传播者，外围国则是技术的模仿者和接受者；中心国主要生产和向世界出口制成品，外围国则主要从事初级品生产和向中心国出口；中心国在整个国际经济体系中居于主导地位，外围国则处于依附地位并受中心国控制和剥削。在这种国际经济贸易关系下，中心国家享有大部分国际贸易的利益，而外围国家则很少甚至享受不到这种利益。

（二）外围国家贸易条件不断恶化

1950 年，普雷维什在联合国拉丁美洲经济委员会秘书处工作时，考察了 1876—1938 年英国进出口产品的平均价格指数。由于英国进口的多是初级产品，出口的多是制成品，所以它的进口和出口价格可以分别代表这一时期初级产品和工业制成品的世界价格。研究结果表明，如果 1876—1880 年世界原材料和制成品价格之比为 100，此后绝大部分时间里该比价一直呈递减趋势，1936—1938 年外围国家的贸易条件已降到 64.1，说明 20 世纪 30 年代与 19 世纪 70 年代相比，外围国家的贸易条件恶化了 35.9，即表明同量制成品可以交换到更多的初级产品，即贸易条件对初级产品出口国越来越不利。普雷维什由此得出结论：发展中国家初级产品的贸易条件出现长期恶化的趋势，这就是著名的普雷维什命题。后来，美国的汉斯·W. 辛格（Hans W. Singer）与瑞典的缪尔达尔（Myrdal）也发表了类似的观点，经济学界把他们三人的观点合称为"辛—普—缪命题"。

商品的价格取决于劳动生产率，劳动生产率高的商品价格低，反之则高；相应地，劳动生产率提高得快的商品价格应该下降得快，反之则慢。根据这一规律，劳动生产率提高得慢的初级产品与制成品的价格之比应该上升才对，为什么不升反降呢？普雷维什认为，发展中国家贸易条件长期恶化的原因有以下几个。

▶ 1. 技术进步的利益分配不均

科技发明往往发生于中心国家，而这些发明直接用于中心国家的工业发展，使得中心国家在高科技产品上具有绝对的优势。外围国家由于自身工业技术基础等条件的限制和中心国家的限制措施而几乎享受不到世界科技进步的利益。

由于技术进步对初级品、制成品的供求影响不同，中心国应用新技术使制成品原料消耗下降会导致外围国初级产品供给过剩，从而被迫降低产品价格。

此外，中心国家尽管由于科技进步导致劳动生产率提高，但企业家利润和工人工资也随之上升，工业品价格又具有垄断性，所以工业品价格不降反涨；而在外围国家，收入增长慢于劳动生产率增长，初级产品垄断性差，价格上涨缓慢，而在价格下降时又比工业品下降得更快。所以，外围国家的初级产品贸易条件必然恶化。

▶ 2. 初级产品需求收入弹性较低于工业制成品

一般地，工业制成品需求的收入弹性比初级产品需求的收入弹性大。随着人们收入的增加，对工业品的需求会有较大的增加，因此工业品的价格就会有较大程度的上涨。相反，随着人们收入的增加，对初级产品的需求增加较小，对初级产品价格不会有很大的刺激作用，使初级产品价格上涨很小，甚至下降。所以，以出口初级产品为主的外围国家的贸易条件存在长期恶化趋势。

▶ 3. 中心国家和外围国家工会的作用不同

中心国家的工人有强大的工会组织，在经济高速发展时，可以迫使雇主增加工资，经济萧条时，可以迫使雇主不降或少降工资，因此使工业品价格维持在较高水平上。而外围国家工会组织不健全，力量薄弱，没有能力控制或影响工资，经济繁荣时期工资上升不大，萧条时期工资大幅度下降，因此使外围国家初级产品价格较低，这是造成外围国家贸易条件恶化的又一原因。

（三）政策主张

▶ **1. 外围国家必须实行工业化，独立自主地发展民族经济**

基于上述对国际经济体系的中心与外围的划分和对旧的分工体系的贸易格局下外围国家贸易条件长期恶化的分析，提出了外围发展中国家必须实行工业化的主张。普雷维什认为，外围国家应该改变过去把全部资源用于初级产品的生产和出口的做法，充分利用本国资源，发展本国的工业部门，逐步实现工业化。

▶ **2. 为了实现工业化，外围国家应实行保护贸易政策**

普雷维什认为，在一个相当长的时期内，保护贸易政策是发展中国家发展工业所必需的。在工业化初期，应扩大初级产品出口，增加外汇收入，以及进口工业发展必需的资本产品。同时，建立、发展国内替代工业，扶持国内工业发展，并建立国内出口导向工业，大量出口国内工业产成品，改善贸易条件，以最大限度获得国际贸易利益。因此，外围国家工业化需利用贸易保护政策保护本国工业市场，使用关税、外汇管制、进口配额等手段，实现工业品进口替代、出口扩张的目标。

普雷维什指出，外围国家的保护政策与中心国家的保护政策性质不同。外围国家的保护是为了发展本国工业，有利于世界经济的全面发展；而中心国家的保护是对外围国家的歧视和遏制，不仅对外围国家不利，而且对于整个世界经济发展也是不利的。因此，他呼吁中心国对外围国放宽贸易限制，减少对外围国工业品的进口歧视，为外围国的工业品在世界市场上的竞争提供平等的机会。

普雷维什主张发展中外围国家建立区域性共同市场，开展区域性经济合作。20 世纪 60 年代后，鉴于世界工业品市场竞争激烈和中心国在世界市场上的垄断优势对外围国发展工业品出口极其不利的情况，普雷维什主张发展中国家建立区域性共同市场，开展区域性经济合作，以便相互提供市场，促进发展中国家的经济发展。

三、对中心—外围理论的评价

（一）中心—外围理论的积极意义

普雷维什作为发展中国家的代言人，从发展中国家的利益出发，对国际贸易问题进行了开拓性的探讨，为国际贸易理论宝库增添了新的内容，其中包含了科学的成分。

（1）普雷维什的中心—外围理论对发展中国家的国际贸易理论做了开拓性研究。他从发展中国家的利益出发，对当代国际分工体系和国际贸易体系中存在的发达国家控制与剥削发展中国家的实质进行了深刻的分析，从理论与实践上揭示了发达国家与发展中国家之间的不平等关系，丰富了国际贸易理论宝库。

（2）为发展中国家打破旧的经济秩序、争取建立新的经济秩序提供了思想武器。普雷维什的中心—外围体系对"二战"后世界经济格局的分析是正确的，它使发展经济学家对"二战"后国际经济关系的不平等的认识上升到一个新的高度，为发展中国家打破旧的经济秩序、争取建立新的经济秩序提供了思想武器。

（3）普雷维什关于发展中国家实施进口替代战略的观点，对"二战"后拉丁美洲和其他发展中国家的经济发展具有积极的指导意义。

（二）中心—外围理论的局限性

▶ 1. 对发展中国家初级产品贸易条件日趋恶化原因的解释有局限性

实际上，发达国家长期以来对本国初级产品实行贸易保护政策也是发展中国家初级产品贸易条件逐渐恶化的主要原因之一。中心—外围理论从发达国家工会组织对产品价格的影响、技术进步利益分配不均及需求收入弹性对收入转移的分析等方面出发来解释发展中国家贸易条件日趋恶化的原因，这就使它具有理论上的局限性。实际上，造成初级产品贸易条件恶化的原因，除了国际分工格局不合理、初级产品需求弹性外，还在于发达国家长期实行的保护本国初级产品生产的贸易政策，人为地压缩了对发展中国家初级产品的需求。此外，初级产品的技术含量低、加工程度低、附加价值低和替代品增加，以及发达国家对初级产品自给的重视和世界经济周期的影响等，都促进了发展中国家贸易条件的恶化。

拓展阅读 5-3
普雷维什的国际
贸易思想和主张

▶ 2. 未对传统自由贸易理论造成发达国家与发展中国家贸易利益分配不均的原因做出根本性的揭示

中心—外围理论不赞成传统的贸易利益分配观点，认为这是在为旧国际经济秩序下发达国家攫取发展中国家财富进行辩护，但是并未对以比较优势理论为核心的传统自由贸易理论造成的发达国家与发展中国家贸易利益分配不均的原因做出根本性的揭示，在理论分析上不够全面。

第六节　战略性贸易政策理论

一、战略性贸易政策理论产生的背景

传统的国际贸易理论是以完全竞争的市场和规模收益不变的假设为前提的，在这种条件下得出了自由贸易政策是一国最佳选择的结论，任何政府介入都会降低本国和世界的总福利水平。然而，现实情况绝非如此。在许多产业中，少数几家大的企业垄断着几乎整个国际市场上某些产品的生产，在这些产业中就存在垄断竞争的情形。由于市场的不完全竞争性导致了企业可以取得垄断利润，而垄断利润如何在这些企业之间进行分配，则是一个相当复杂的问题。

20 世纪 80 年代以后，一些发达国家面对居高不下的失业率和国内市场上国外竞争的加剧，它们加强了对本国战略性产业的支持和资助，以使其获得竞争优势。一些经济学家提出战略性贸易政策理论。

战略性贸易政策理论是 20 世纪 80 年代初期由加拿大不列颠哥伦比亚大学的詹姆斯·A. 布兰德（James A. Brander）和美国波士顿学院的巴巴拉·J. 斯本塞（Barbana J. Spencer）等人首次提出的，后来经过巴格瓦蒂（Bhagwaiti）和 P. 克鲁格曼（P. Krugman）等人的进一步研究，形成了比较完善的理论体系。战略性贸易政策理论是 20 世纪 80 年代开始出现一种新的贸易政策理论，该理论放弃了传统理论关于自由竞争和规模收益不变的假设，试图证明在不完全竞争市场结构和存在规模经济的条件下，政府通过对影响未来经济增长和具有显著外部经济效应的战略性行业实施贸易保护，可以协助本国企业获取竞争优势，从竞争者手中夺取垄断利润。

二、战略性贸易政策理论的概念及产业选择标准

(一)战略性贸易政策理论的概念

所谓战略性贸易政策理论,是指一国政府在不完全竞争和规模经济的条件下,利用生产补贴、出口补贴以及保护国内市场等贸易政策来扶植本国战略性产业的成长,增强其在国际市场上的竞争力,占领他国市场,获取规模报酬和垄断利润的贸易理论。

战略性贸易政策之所以称为"战略性",是因为政府在制定贸易政策时会把对手国的反应考虑在内。布兰德将战略性贸易政策解释为能够决定或改变企业间战略关系的贸易政策,而企业间的战略关系是说企业间相互依存,一方的决策效果受其他企业决策的影响。

实施战略性贸易政策,政府起着关键的作用,必须有一个尽可能信息完备、决策独立、干预有力的政府。理所当然,在战略性贸易政策理论中,政府的干预作用被提升到前所未有的地位。那么,政府的贸易战略是如何实现这种利润转移的呢?一个重要条件就是规模经济。由于不完全竞争和规模经济存在于相关产业中,政府可以运用贸易政策对这些产业进行扶植,扩大本国企业的生产规模,使本国企业在国际贸易中处于优势地位。

(二)战略或目标产业的确定

战略性产业的选择主要基于以下原则:①具有广泛外部经济效应的产业;②具有巨大内部规模经济的产业;③具有巨大外部规模经济的产业;④可能取得出口垄断地位的产业;⑤重要的尖端的研发性产业。

从以上战略性产业的选择标准来看,战略性贸易政策是保护那些影响深远的高新技术产业和重要的基础工业部门。战略性贸易政策对这些产业的扶植,不仅仅是单纯追求这些产业自身的发展,同时还要利用这些产业的外部效应。

战略性贸易政策要取得成功,仅靠选择的产业具有以上特征是不够的,还需要政府有完全的信息和准确的判断,对保护成本和收益有准确预期;受保护的企业能够长期保持垄断地位,该产业具有很高的进入壁垒,能够保持寡占的市场结构;其他国家不会采取报复式的保护等。

三、战略性贸易政策理论的理论基础

战略性贸易政策理论由两种理论构成:一是由詹姆斯·A.布兰德和巴巴拉·J.斯本塞提出的利润转移理论;二是由A.马歇尔(A. Marshall)提出的外部经济理论。这两种理论为政府干预贸易提供了依据。

(一)利润转移理论

▷ 1. 利润转移理论的主要内容

利润转移理论认为,在不完全竞争特别是寡头垄断市场上,寡头企业可以凭借其垄断力量获得超额利润,在与这类国际寡头垄断竞争中,一国政府可以通过出口补贴帮助本国企业夺取更大市场份额,或以关税迫使外国企业降低价格,或以进口保护来促进出口,从而实现由外国利润向本国的转移,增加本国的福利。由于该理论认为政府干预性的贸易政策可以将利润从他国转移到本国来,因此称为利润转移理论。

▷ 2. 利润转移的三种类型

传统贸易理论主张自由贸易政策,通过国际分工和专业化生产来进行国际贸易,使参

与国双方的福利水平都提高，实现双赢。但是，战略性贸易理论却提出了利润转移的论点，即把垄断利润从外国公司转移给国内，从而在牺牲外国福利的情况下增加本国福利。

（1）关税的利润转移。布兰德和斯本塞提出的"新幼稚产业保护"模型中，假设一家国外寡头垄断企业独家向国内市场提供某种商品，正在享受垄断利润，且存在潜在进入的情况，则征收关税便能抽取外国寡头企业的垄断利润。因为外国寡头企业会吸收部分关税来决定"目标价格"，以阻止潜在进入，否则国内企业的进入将不可避免。特殊情形下，外国寡头垄断企业甚至会将关税全部吸收，国内既不会发生扭曲，又可以获得全部租金。税收收入就是转移了该企业的垄断利润。该模型突破了传统最优关税理论关于只有大国才有可能通过关税来改善其贸易条件的限制，认为即使是贸易小国也同样可以通过征收关税来改善国民福利。

（2）"以进口保护促进出口"为手段的利润转移效应。"以进口保护促进出口"是克鲁格曼1984年提出来的重要理论。当本国企业处于追随者地位、生产规模远没有达到规模经济的要求、边际生产成本很高时，本国政府通过贸易保护，限制国外产品进入国内市场。随着国内市场需求的逐渐扩大，本国产业的规模经济收益便会出现，生产成本得以降低。同时，国外竞争对手由于市场份额的缩小而达不到规模经济，边际成本上升，从而使本国产业相对于外国企业具有规模竞争优势，使其能够增加在国内市场和没有保护的外国市场的份额，并且把利润从外国企业转移到本国企业，使本国福利增加。"二战"后，在日本、韩国、中国台湾地区的经济发展中，汽车、电器、计算机设备等的发展就经历了这样一个过程。

（3）出口补贴的利润转移效应。布兰德和斯本塞于1985年提出古诺双寡头国际竞争模型，认为应向在第三国市场上同外国企业竞争的国内企业提供补贴，可以帮助国内企业扩大国际市场份额，增加国内福利。通过补贴降低国内企业的边际成本，获得更大的国际市场份额。

以上观点尽管阐述的角度不同，但基本思想是一致的：在规模经济和不完全竞争的市场结构下，一国政府可以通过关税、配额等保护措施限制进口，同时利用出口补贴、研发补贴来促进出口，增强本国企业的国际竞争力，扩大其在国际市场上的市场份额，实现垄断利润从外国向本国的转移，从而提高本国福利。

（二）外部经济理论

▶ 1. 外部经济理论的主要内容

外部经济理论认为，某些企业或产业能够产生巨大的外部经济，促进相关产业发展。若某一产业发展的社会效益高于其个体效益，就具有外部经济效应。但由于这些外部经济不能被这些企业占有，这些企业或产业就不能发展到社会最佳状态，如果政府能对这些企业或产业提供适当的帮助与支持，使该产业不断获取动态递增的规模效益，并在国际竞争中获胜，结果企业所得的利润会大大超过政府所支付的补贴，而且该产业的发展还能通过技术创新的溢出推动其他产业的发展，以获得长远的战略利益。

▶ 2. 外部经济效应方面的战略性干预政策

外部经济效应方面的贸易政策往往要和产业政策相配合才能达到预期效果，具体包括信贷优惠、国内税收优惠或补贴、对国内企业进口中间品的关税优惠、对外国竞争产品进口征收关税等措施。

四、举例说明

经济学家常常用美国波音公司和欧洲空中客车公司的假想例子来说明战略性贸易政策

理论。假定在飞机制造业中有两家公司：美国波音公司和欧洲空中客车公司，两家公司都打算生产一种新型客机，但由于该行业规模特点要求，在作为一个整体的国际市场上只能容纳一个企业进入，否则，如果两个企业都进入，它们都会遭受5万美元损失，而不管哪一个企业，如果设法让自己在该行业中立足，就能获得100万美元的利润，如图5-1所示。

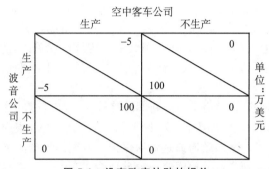

图5-1　没有政府补贴的损益

波音公司和空中客车公司只有两种选择：生产或不生产。假设波音公司由于历史原因抢先占领了这个市场，则波音公司获得100万美元的利润，空中客车公司不生产。如果空中客车公司硬要挤进这个市场，则两家者都亏损5万美元，所以空中客车公司不会进入竞争。

假设欧洲政府采取战略性贸易政策，补贴空中客车公司25万美元进行生产，则以上损益将发生根本性变化。如果两家公司都生产，空中客车获得政府补贴减去亏损后仍有20万美元的利润；如果只有空中客车公司生产，其总利润将达到125万美元，而波音公司没有补贴，其损益状况未发生变化，如图5-2所示。

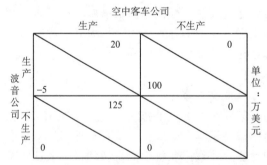

图5-2　政府给予补贴的损益

在这种情况下，不管波音公司是否生产，空中客车公司只要生产就有利润。因此，对空中客车公司来说，不生产的选择已被排除了，而波音公司则处在一种两难的境地：如果生产，将亏损5万美元；如果不生产，则市场将完全被空中客车公司夺走。所以，波音公司只能退出竞争，这样，空中客车公司就能独占整个市场，获得125万美元的利润。欧洲政府用25万美元的补贴，就从国际竞争中获得了100万美元的利润。

由这个例子可以看出，从理论上讲，在不完全竞争的市场结构中，战略性贸易政策可以改进市场运行的效果，帮助本国企业在国际竞争中取得战略性优势，增进整个国家的经济福利。

五、对战略性贸易政策理论的评价

（一）积极意义

（1）战略性贸易政策理论以 20 世纪 80 年代发展起来的不完全竞争和规模经济理论为基础，是国际贸易新理论在国际贸易政策领域的反映和体现。战略性贸易政策理论论证了一国可以在不完全竞争的条件下通过实行贸易干预政策，促进本国战略性工业的发展，增强其在国际市场的竞争力。该理论强调了政府干预的重要性，为一国政府发展本国经济与对外贸易提供了有益的指导，因而具有一定的积极意义。

（2）战略性贸易政策理论广泛借鉴和运用了博弈论的分析方法，是国际贸易理论研究方法的重要突破。

（二）局限性

（1）难以准确选择战略性产业，很可能因战略性产业选择错误而造成资源浪费。

（2）容易引发贸易战。战略性贸易政策是一种以邻为壑的贸易政策，以牺牲别国的利益来提高本国福利，这就令该政策很容易引发贸易战，世界贸易规模将因此而缩小，贸易利益下降。

（3）自由进入的市场结构可能导致垄断利润丧失。如果受保护产业的进入无壁垒，那么该产业的垄断利润会导致大量企业进入，垄断利润消失，战略性贸易政策将不能实现其预期的目标。因此，许多经济学家都指出，必须正确把握战略性贸易理论，不可片面夸大或曲解其功效。

拓展阅读 5-4
战略性贸易政策
在我国的适用性

（4）政府通过贸易政策支持国内企业，这可能引发国内企业的"道德风险"，导致企业对政府的依赖，不利于企业和所属产业的发展与成熟。

本章小结

本章是对保护贸易理论的一个概述，既介绍了几个经典的贸易保护理论，也介绍了贸易保护理论的一些最新发展。重商主义是 15—17 世纪代表商业资本利益的经济思想和政策体系。重商主义认为金银是财富的唯一代表，获得财富的途径则是对外贸易顺差，因此主张国家干预经济活动，"奖出限入"，追求顺差，使货币流入国内，以增加国家财富和增强国力。保护关税理论是指汉密尔顿提出的美国应在对外贸易上实行关税保护，并提出一系列政策主张，使美国工业得以受到有效保护而顺利发展的相关论点。汉密尔顿的保护关税理论提出采用关税措施对本国正处在成长过程中的产业特别是制造业予以保护，使之生存、发展和壮大。李斯特提出保护幼稚工业理论，主张在利用关税政策发展本国工业时，对不同的产品采取不同的关税税率，以保护本国将来有前途的幼稚工业，促进生产力的发展。李斯特对国际分工和自由贸易利益予以承认，并且主张保护贸易是过渡手段，自由贸易是最终目的。

凯恩斯的超保护贸易理论是发达国家在"二战"后为了保住自身原有优势制定保护贸易政策的依据，它建立在凯恩斯的有效需求理论和投资乘数理论的基础上，认为出口就如同国内投资一样对国民经济具有"注入"的效果，会增加有效需求，进而提高就业水平，并且还会对国民收入有倍增效应，即所谓的"对外贸易乘数理论"。

普雷维什把国际经济体系在结构上分为由发达工业国构成的中心和由广大发展中国家组成的外围两部分，指出中心和外围的不平等关系是造成中心国与外围国经济发展水平差距加大的根本原因。他认为，外围国家应该采取保护贸易政策，充分利用本国资源，努力发展本国的工业部门，逐步实现工业化。

战略性贸易政策理论是指一国政府在不完全竞争和规模经济的条件下，利用生产补贴、出口补贴以及保护国内市场等贸易政策来扶植本国战略性产业的成长，增强其在国际市场上的竞争力，占领他国市场，获取规模报酬和垄断利润。

案例分析

案例分析
警惕"新贸易保护主义"思潮泛起

案例分析
战略性贸易政策理论的应用

思考题

1. 重商主义的主要思想观点是什么？
2. 重商主义的贸易政策是什么？
3. 汉密尔顿的关税保护理论的主要内容是什么？
4. 试述保护幼稚工业理论的内容，该理论对发展中国家有何指导意义？
5. 对外贸易乘数理论主要内容是什么？
6. 如何正确评价超保护贸易理论？
7. 普雷维什中心—外围理论的主要内容。
8. 试述战略性贸易政策理论的理论基础和政策。
9. 试举例说明战略性贸易政策理论的主要思想。

线上课堂——训练与测试

扫描封底刮刮卡

在线自测

获取答题权限

第六章　当代国际贸易理论

学习目标

　　本章是对当代国际贸易理论的介绍，主要内容包括新要素理论、技术差距理论、产品生命周期理论、产业内贸易理论、规模经济理论、需求偏好相似理论和国家竞争优势理论。

　　1. 掌握国际贸易新要素理论；

　　2. 掌握技术差距理论和产品生命周期理论；

　　3. 理解和掌握产业内贸易理论的主要内容；

　　4. 理解规模经济理论和需求偏好相似理论；

　　5. 掌握国家竞争优势的含义、决定因素及其发展阶段。

第一节　新要素理论

　　传统国际贸易理论对生产要素的分析仅限于土地、劳动和资本三种。随着现代国际经济的发展，西方经济学家赋予了生产要素以新的内涵，并扩展了生产要素的外延。他们认为，生产要素不仅包括土地、资本、劳动，而且还包括技术、人力资本、研究与开发、信息等新型生产要素。新要素理论试图从新要素的角度说明国际贸易的基础和贸易格局的变化。

一、技术要素理论

　　传统经济学家通常把生产要素定义为生产过程的投入物，这样，作为规定如何使用这些投入物的工艺规程或方式方法的技术就被排除在生产要素之外。但是，作为生产过程中的知识、技巧和熟练程度的积累的技术，不仅能够提高土地、劳动和资本要素的生产率，而且可以提高三者作为一个整体的全部要素生产率，从而改变土地、劳动和资本在生产中的相对比例关系，从这个意义上说，技术也是一种独立的生产要素。

　　技术在现代经济活动中的地位越来越重要。技术能够提高要素生产率，节约要素的使用，降低商品成本和价格，优化产品质量效能，提高生产经营水平，增强国际市场竞争力。当今国际经济的竞争很大程度上是技术水平的竞争，技术进步会对各国生产要素禀赋的比率产生影响，从而影响各国的相对优势，进而影响贸易格局的变动。

二、人力资本理论

　　人力资本理论由美国经济学家 T. W. 舒尔茨（T. W. Schultz）和贝克（Becker）创立，随后基辛、鲍德温、凯南等人又对此做了进一步的分析。该理论主要是用人力资本的差异来解释国际贸易发生的原因和一国的对外贸易格局。

西方经济学家认为，各国劳动要素生产率的差异实质上就是人力技能的差异。因此，人力技能也是一种生产要素，而且是越来越重要的生产要素。由于人力技能是人力投资的结果，因此人力技能又称人力资本。人力资本丰富的国家，如美国、日本，在知识和技术密集型产品的生产和出口上具有比较优势，而大多数发展中国家则处于劣势地位。

人力资本理论把劳动分为两大类：一类是简单劳动，即无须经过专门培训就可以胜任的非技术的体力劳动；另一类是技能劳动，即必须经过专门培训形成一定的劳动技能才能胜任的技术性的劳动。要对劳动者进行专门培训，就必须进行投资。因此，体现在劳动者身上的、以劳动者的数量和质量表示的资本就是人力资本。由于人力资本投资持续时间不同、投资形式存在差别、投资领域不一致（教育培训的具体内容和项目不同）等原因，造成了劳动力的质的差别，从而使人力资本作为一种特殊资本在生产过程中发挥的效用不同。

人力资本是指所有能够提高劳动生产率的教育投资、工作培训、保健费用等开支。人力资本的投资形式通常包括正规的学校教育、在职的岗位培训、合理的人员配置、必备的卫生与营养条件、休养生息的外部环境，以及与上述各项投资形式相关的其他投资形式。人力资本的投资和其他投资一样既需要时间也需要资源。

人力资本论者如基辛、凯南等认为，技能禀赋或人力资本禀赋状况对国际贸易格局、流向、结构和利益等方面具有重要的影响作用。他们认为，资本充裕的国家往往同时也是人力资本充裕的国家，因此，这些国家的比较优势实际上在于人力资本的充裕，这是它们参与国际分工和国际贸易的基础。在贸易结构和流向上，这些国家往往是出口人力资本或人力技能要素密集的产品。他们在分析美国的情况时指出，美国最充裕的要素不是物质资本，而是人力资本，相对稀缺的是非熟练劳动，这就决定了美国贸易结构必然是出口劳动密集型产品占主体，如最先进的通信设备、电子计算机等都属于技能密集型产品，而不再是传统的资本密集型产品。

三、研究与开发要素理论

W. H. 格鲁勃（W. H. Gruber）、D. 梅达（D. Mehta）、R. 弗农（R. Vernon）及基辛等西方经济学家在注重技术要素作用的同时，进一步研究了推动技术进步的形式和途径及其与贸易的关系，提出了研究与开发要素理论。

所谓研究与开发要素，是指研制和开发某项产品所投入的费用。研究是指与新产品、新技术、新工艺紧密相关的基础与应用研究；开发是指新产品的设计开发与试制。该学说认为研究与开发也是一种生产要素，它不同于生产过程的其他形式的要素投入。研究与开发要素是以投入新产品中的与研究和开发活动有关的一系列指标来衡量的。在进行国别比较时，可以通过计算研究与开发费用占销售额的比重、从事研究与开发工作的各类科学家和工程技术人员占整个就业人员的比例、研究开发费用占一国国民生产总值或出口总值的比重等方法，来判断各国研究与开发要素在经济贸易活动中的重要性及其差别。

研究与开发要素理论认为：一国越重视研究与开发要素的作用，这个国家投入研究与开发活动中的资金就越多，其产品的知识与技术密集度就越高，在世界市场竞争中的地位就越有利。

基辛曾以美国在10个主要工业发达国家不同部门的出口总额中的比重代表竞争能力，分析研究与开发要素与出口竞争力的关系。结果表明，从事研究开发活动的高质量劳动力比重大的部门，国际市场竞争能力就越强，出口比率就越高。这就证明了一个国家出口产品的国际竞争能力和该种产品的研究与开发要素密集度之间存在很高的正相关关系。格鲁勃和弗农也进行了类似的研究工作。他们根据 1962 年美国 19 个产业的有关资料进行了分类比较，并按照研究和开发费用占整个销售额的百分比以及科学家、工程师占整个产业全部雇用人员的比重进行排列，结果发现，运输、电器、仪器、化学和非电器机械这五大产业名列前茅。五大产业中，研究与开发费用占 19 个产业的 78.2%，科学家和工程师占 85.3%，销售量占 39.1%，而出口量占 72%。可见，具有较强研究实力的工业部门在生产的产品上占有明显的优势，因此更有能力获得比较利益。

四、信息要素理论

信息要素是指来源于生产过程之外的并作用于生产过程的能带来利益的一切信息的总称。信息要素是无形的、非物质的，它区别于传统生产要素，是生产要素观念上的大变革。随着现代社会的发展，市场在世界范围内的拓宽以及各种经济贸易活动的日益频繁，社会每时每刻都在产生着巨量的信息。这些信息都在不同的方面、不同的程度上影响着社会经济活动，影响着企业生产经营的决策和行为方式，甚至有时还决定着企业的命运。

信息是一种能够创造价值并能进行交换的无形资源。但是由于信息创造价值的能力难以用通常的方法衡量，一方面，其交换价值只能取决于信息市场的自然力量；另一方面，由于信息具有强烈的时效性，信息交换也常常带有神秘的性质。由于信息是一种能够创造价值的生产要素，因此，信息利用的状况能够影响一个国家的比较优势，从而改变一国在国际分工和国际贸易中的地位。

拓展阅读 6-1
技术创新创造日本
"二战"后经济奇迹

国际贸易新要素理论突破了生产要素的限制，赋予了生产要素以更丰富的新含义，并扩展了生产要素的范围，使对国际贸易的分析更接近现实。

第二节　技术差距理论和产品生命周期理论

从李嘉图的比较优势理论到要素禀赋理论，都从不同角度阐述了贸易的基础和原因。但这些理论多是静态地分析贸易，无法解释一些贸易现象。例如，有许多产品先是由发达国家生产并出口，其他国家进口。过了一段时间以后，原来的进口国开始生产并出口这些产品，而最初出口的发达国家反而成为进口国。以汽车为例，美国最早是主要的生产和出口国，现在则大量从日本进口汽车。后来，韩国和马来西亚又成为重要的汽车出口国了。如何解释这种进口主体随着时间的变化而变动的现象呢？

20 世纪 60 年代，美国经济学家 M. U. 波斯纳（M. U. Posner）和弗农通过对产品技术变化及其对贸易格局的影响分析，提出了技术差距理论和产品生命周期理论，从动态的角度分析了贸易格局的变化。

一、技术差距理论

技术差距理论是波斯纳 1961 年在《国际贸易和技术变化》一文中首先提出的，格鲁勃和弗农等人进行了进一步论证。该理论用不同国家的技术差距解释贸易发生的原因。

在要素禀赋理论等传统国际贸易理论中，通常是假定各国的技术水平相同，但在实际中，不同国家之间的技术水平存在很大的差异，而且技术是可变的，技术变迁也会对国际贸易产生很大的影响。

国际贸易与技术差距是相联系的，技术领先的国家具有较强的开发新产品和新工艺的能力，在技术上处于领先优势，于是出口某类高技术领先产品，导致了该技术产品的国际贸易。随着贸易的扩大，技术可能通过专利权转让、技术合作、对外投资等多种途径和方式传播，被其他国家引进和模仿，于是与其他国家技术差距缩小，贸易量下降。当技术引进国能生产出满足国内需求数量的产品时，两国间的国际贸易就会终止，技术差距最终消失。

波斯纳在分析这一过程时，提出了需求滞后、反应滞后、掌握滞后和模仿滞后的概念，如图 6-1 所示。

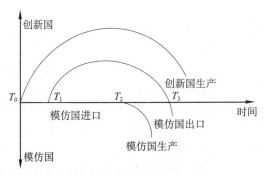

图 6-1　技术差距理论

在图 6-1 中，横轴表示时间，纵轴上方表示创新国生产和出口数量，下方表示模仿国生产和出口数量。T_0 为创新国开始生产的时间；T_1 为模仿国开始进口的时间；T_2 为模仿国开始生产的时间；T_3 为模仿国开始出口的时间；$T_0 \sim T_1$ 为需求滞后；$T_0 \sim T_2$ 为反应滞后；$T_2 \sim T_3$ 为掌握滞后；$T_0 \sim T_3$ 为模仿滞后。

(1) 需求滞后是指创新国出现新产品后，其他国家消费者从没有产生需求到逐步认识到新产品的价值而开始进口的时间间隔（图 6-1 中 $T_0 \sim T_1$），它的长短取决于其他国消费者对新产品的认识与了解。

(2) 反应滞后是指创新国生产到模仿国决定自行生产的时间间隔（图 6-1 中 $T_0 \sim T_2$）。反应滞后的长短取决于模仿国的规模经济、产品价格、收入水平、需求弹性、关税、运输成本等多种因素。

(3) 掌握滞后是指模仿从开始生产到达到创新国的同一技术水平并停止进口的时间间隔（图 6-1 中 $T_2 \sim T_3$）。其长短取决于创新国技术转移的程度、时间，模仿国的需求强度以及对新技术的消化吸收能力等因素。

(4) 模仿滞后是指创新国制造出新产品到模仿国能完全仿制这种产品的时间间隔（图 6-1 中 $T_0 \sim T_3$）。模仿滞后由反应滞后和掌握滞后所构成。

从图 6-1 可以看出，需求滞后差距越短、反应滞后差距越长，技术差距维持时间就越长，对创新国就越有利。

技术差距理论证明，即使在要素禀赋和需求偏好相似的国家间，技术领先也会形成比较优势，从而产生国际贸易。这也较好地解释了实践中常见的技术先进国与落后国之间技术密集型产品的贸易周期，它没有说明技术差距的大小，也没有探明技术差距形成的原因，从而也就没有解释技术差距怎样随着时间的推移而得到消除。弗农的产品生命周期理论则有助于理解这些现象，它是技术差距理论的延伸。

二、产品生命周期理论

（一）产品生命周期理论及模型

产品生命周期理论是由美国经济学家弗农 1966 年在《生命周期中的国际投资与国际贸易》一文中首先提出的，随后威尔斯（Wells）和赫希哲（Hirsch）又对其进行了发展和完善。该理论是将周期理论与国际贸易理论相结合，从动态的角度分析国际贸易的产生和国际贸易的利益。

弗农假设参与贸易的国家可分三类：第一类是技术创新国家或地区，如美国等，它们是技术、知识与资本充裕型国家或地区；第二类是工业发达国家或地区，如西欧、日本等，它们是资本充裕型国家或地区；第三类是发展中国家或地区，它们是劳动充裕型国家或地区。

产品生命周期理论认为，产品也和有机物一样，存在产生、发展、成熟、衰退和消亡的过程，随着技术的扩散，产品一般也要经过新生期、成长期、成熟期和衰退期。在产品的整个生命周期中，生产产品所需要的要素是会发生变化的，因此在新产品的生产中就可以观察到一个周期。根据产品生命周期各阶段的不同特点，新产品的产品生命周期可以分为5 个阶段：新产品阶段、产品成长阶段、成熟阶段、标准化阶段和创新国退出阶段。按照这一理论，从创新国和模仿国的角度分析，产品生命周期可以分为 5 个阶段，如图 6-2 所示。

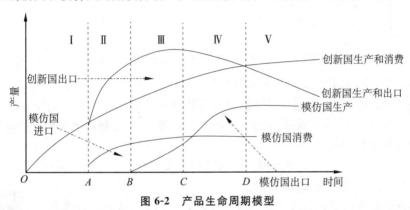

图 6-2　产品生命周期模型

第一阶段（OA）是新产品阶段。由于新产品刚刚出现，还未完全定型，仅仅在创新国（如美国）生产和消费。

第二阶段（AB）是产品成长阶段。创新国对新产品进行了改进，为满足国内外市场不断增长的需求，产量迅速提高。在这一阶段，国外还不能生产这种产品，故创新国在国内和国际市场拥有完全垄断地位。而这一阶段的出口，主要是面向与创新国经济发展水平相似的国家或地区（如日本等发达国家）。

第三阶段（BC）是产品成熟阶段。新产品在创新国产品技术基本定型，开始标准化生产，模仿国开始自行生产但不足以满足国内需求，还需进口。在这一阶段，其他发达国家的企业的新产品在本国市场上能与美国的产品相抗衡，故进口规模减小。

第四阶段（CD）是其他发达国家参与新产品的出口市场竞争阶段。其他发达国家生产新产品以后，销路逐渐打开，市场不断扩大，取得了大规模生产的经济效益，成本进一步下降。由于模仿国的劳动力成本和其他成本同创新国相比要低，其产品在第三国（如一些发展中国家）市场能够同创新国产品相竞争，而创新国的出口全面下降。

第五阶段（D 点以后）是创新国退出阶段。创新国成为该产品的进口国。模仿国生产规模持续扩大,开始向创新国出口,创新国国内生产规模急剧缩小,并最后退出产品生产,创新国又会致力于新的技术革新以引入新产品。

(二)国际贸易中产品生命周期的动态变化

虽然新产品的生命周期在创新国结束,但其他生产这一产品的发达国家可能处于周期的第三或第四阶段。同时,发展中国家很可能在国内开始生产这种产品,并逐渐向发达国家增加出口。这种新产品的生命周期,在生产国之间呈波浪式推进。当创新国发明新产品并大量向其他发达国家出口时,正是其他发达国家大量进口之际;当创新国出口下降时,正是其他发达国家开始生产以替代进口时期;当创新国出口由高峰急剧下跌时,正是其他发达国家出口迅速增长时期;而其他发达国家出口明显下降时,则是发展中国家扩大出口时期,如图 6-3 所示。

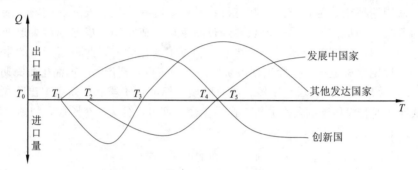

图 6-3　国际贸易中产品生命周期的动态变化

在图 6-3 中,纵轴正方向表示出口量,负方向表示进口量;横轴 T 表示时间。T_0 为创新国开始生产时间,T_1 为创新国开始出口和其他发达国家开始进口时间,T_2 为发展中国家开始进口时间,T_3 为其他发达国家开始出口时间,T_4 为创新国开始进口时间,T_5 为发展中国家开始出口时间。

产品生命周期理论是一个动态理论,其动态含义表现在以下两个方面。

▶ 1. 生产要素的动态变化

工业制成品的生产要素随其生命周期不断变化。在新产品的生命周期的不同阶段,制造新产品所投入的要素比例是变动的。在新产品阶段,产品的设计尚需改进,工艺流程尚未定型,需要大量的科技人员和熟练工人,产品属于技术密集型。到了成熟阶段,产品已经定型,只需要投入资本购买机器设备,产品由技术密集型转向资本密集型。进入标准化阶段,产品和工艺流程已经标准化,劳动熟练程度不再重要,价格竞争成为能否占领市场的关键。

拓展阅读 6-2
百年柯达
破产启示录

▶ 2. 贸易国比较利益的动态转移

根据产品生命周期各阶段的要素密集型的特点,比较优势将发生国与国之间的转移。就不同类型的国家而言,在产品生命周期的不同阶段的比较优势是不同的。美国工业先进,科技力量雄厚,国内市场广阔,在开发新产品方面具有比较优势。其他发达国家拥有较为丰富的科研力量和较强的科技实力,生产某些产品具有比较优势,这些国家一方面可以把处于生命周期早期阶段的产品出口到欠发达国家,另一方面又可以把处于后期阶段的产品出口到比它们发达的国家。发展中国家半熟练劳动资源丰富,在生产标准化产品上具有比较优势。因此,一种产品在它的生命周期的运动过程中,比较优势是从一种类型的国家转向另一种类型的国家的。

产品生命周期理论结合了市场营销理论和传统的国际贸易理论等,运用了动态分析方法,从技术创新和技术传播等角度分析了国际分工的基础和国际贸易格局的演变,对"二战"后的制成品贸易模式和国际直接投资做出了令人信服的解释。它考虑了生产要素密集度的动态变化、贸易国比较利益的动态转移和进口需求的动态变化,对落后国家利用直接投资和劳动力成本优势发展本国的制造业生产,具有积极的指导意义。

第三节 产业内贸易理论

一、产业内贸易理论的产生和发展

20 世纪 60 年代以来,国际贸易的发展产生了新的特点,绝大多数国际贸易在要素禀赋相似的发达国家之间进行,而且发达国家之间的贸易更多地发生在同一产业内部,即一国同时出口并进口同一产业的产品,也就是产业内贸易。例如,美国、日本和一些西欧国家既是汽车出口国,同时又是进口国,这些都是传统贸易理论如比较优势理论、要素禀赋理论等无法解释的。经济学家们围绕上述现象和问题做了深入的研究,提出了种种解释,从而形成了产业内贸易理论。

产业内贸易理论的发展经历了 20 世纪 70 年代中期以前的经验性研究和 20 世纪 70 年代中期以后的理论性研究两个阶段。

对产业内贸易的研究始于 20 世纪 60 年代初对欧共体建立后区域内部贸易的研究。在 20 世纪 70 年代中期以前,西方学者的研究主要集中在实证研究上,沃顿(Verdoorn)、密切里(Michaely)、巴拉萨(Balassa)、小岛清(K. Kojima)等对产业内贸易理论做了大量的实证研究。1960 年佛得恩(Verdoom)在对"荷-比-卢经济同盟"集团内贸易格局变化的统计分析表明:集团内贸易相关的生产专业化形成于同种贸易类型之内,而不是在异种贸易类型之间,而且交易的产品具有较大的异质性。1962 年,密切里在计算了 36 个国家五大类商品的进出口差异指数后进一步指出,高收入国家的进出口商品结构呈现明显的相似性。此后,巴拉萨在对欧共体制成品贸易情况进行分析后认为,制成品贸易的增长大部分发生在以国际贸易商品标准分类体系划分的商品组内。小岛清在研究发达国家间贸易格局时也注意到高度发达的、相似的工业化国家之间横向制成品贸易的迅速增长,并认为产业内贸易现象背后必然包含着一种新的原理,对这种原理的揭示可能会在传统比较利益理论的基础上形成一种理论创新。

20 世纪 70 年代中期,西方学者格鲁贝尔(Grubel)和劳埃德(Lloyd)、格雷(Gray)、戴维斯(Devtes)、P. 克鲁格曼(P. Krugman)、K. 兰卡斯特(K. Lancaster)等许多经济学家对产业内贸易进行了大量的理论性研究,使产业内贸易理论日趋丰富、成熟。格鲁贝尔和劳埃德合著了《产业内贸易》一书,认为技术差距、研究与开发、产品的差异性可能导致产业内贸易。格雷和兰卡斯特主要从产品差异性的角度分析产业内贸易的形成,强调产品的差异性是产业内贸易的基础。戴维斯以进入市场的障碍解释产业内贸易,并从规模经济的角度揭示产业内贸易的成因。克鲁格曼也强调规模经济是产业内贸易的基本原因。

二、产业内贸易的概念和特点

产业内贸易理论认为,当代国际贸易可以分为两大类,即产业间贸易和产业内贸易。

所谓产业间贸易，是指不同产业间产品的贸易，如计算机与纺织品之间的贸易。产业内贸易是指产业内部同类产品之间的贸易，即一个国家同时出口和进口同类产品，或者说，贸易双方交换的是同一产业所生产的产品，例如，日本出口丰田汽车到德国，同时又进口德国的奔驰汽车。因此这种贸易被称为产业内贸易，通常也被称为双向贸易或重叠贸易。联合国国际贸易标准分类（SITC）中，将产品分为类、章、组、分组和基本项目五个层次，每个层次中用数字编码来表示。本书在研究中涉及的相同产品，指的是至少前三个层次分类编码相同的产品。

传统的国际贸易理论认为，各个国家都有自己的相对优势和相对劣势。有些国家的优势表现在技术密集型产业或资本密集型产业上，有些国家的优势则表现在土地密集型产业或劳动密集型产业上。各国在对外贸易中必然是出口其生产中拥有相对优势的产品而进口其生产中处于相对劣势的产品，也就是说，贸易国进口和出口的必然是国内不同生产部门所生产的产品，即各国从事的是一种产业间的国际贸易。

人们在对现代国际贸易状况进行调查和统计中发现，发达国家之间的工业制成品贸易在整个国际贸易中所占比重越来越大，已占到世界贸易总额的一半以上。在这类贸易中，一个国家出口和进口同一产业部门产品的情况比比皆是。例如，各发达国家普遍存在既出口汽车又进口汽车的情况，对这种产业内贸易产生的原因应做何解释呢？传统的国际贸易理论难以对此做出合理的解答，于是便出现了产业内贸易理论。

一般来说，产业内贸易具有以下几个特点。

（1）产业内贸易是同类产品的贸易，而产业间贸易是不同产品的贸易。

（2）产业内贸易的产品是双向流动，而产业间贸易基本上是单向流动的。

（3）产业内贸易的产品具有多样化特点。这些产品中既有资本密集型产品，也有劳动密集型产品；既有高技术产品，也有标准技术产品。

（4）产业内贸易的商品必须具备两个条件：一是在消费品能够相互替代；二是在生产中需要相近或相似的生产要素投入。

三、产业内贸易指数

一般用产业内贸易指数来测量某个产业或某一国家的产业内贸易程度。产业内贸易指数是用来测度一个产业的产业内贸易程度的指数，即一国某产业内贸易额占该产业进出口总额的比例。目前最广泛使用的产业内贸易的测算方法是由格鲁贝尔和劳埃德于 1975 年提出的格鲁贝尔—劳埃德指数（G-L 指数）。用公式可以表示为

$$A_j = (X_j + M_j) - |X_j - M_j| / (X_j + M_j) = 1 - |X_j - M_j| / (X_j + M_j)$$

式中：X_j——一国 j 产业的出口额；M_j——一国 j 产业的进口额；A_j——一国 j 产业的产业内贸易指数，其取值范围在 $0 \sim 1$，并且对 $X_j - M_j$ 取绝对值。$A_j = 0$ 时，表示没有发生产业内贸易；$A_j = 1$ 时，表明产业内进口额与出口额相等；A_j 值越大说明产业内贸易程度越高。

将一个国家不同产业的产业内贸易指数进行加权平均，可以求得该国的产业内贸易指数。它表示一国产业内贸易额在对外贸易总额中所占的比例。其计算公式为

$$B = 1 - \frac{\sum |X_j - M_j|}{\sum |X_j + M_j|}$$

式中：B——一国的产业内贸易指数；$\sum$——该国的不同产业的产业内贸易指数之和。

中国对外贸易中，产业内贸易与产业间贸易几乎平分秋色，2007 年中国对外贸易产业内贸易修正指数又升至 0.57。但总体上讲，当前中国产业内贸易水平还比较低。

四、产业内贸易理论的主要内容

国家间要素禀赋的差异，从而引起的比较成本的差异是产业间贸易发生的基础和原因；国家间的要素禀赋差异越大，产业间贸易量就越大。这是传统的贸易理论对产业间贸易的解释。国际贸易中的产业内贸易现象显然不能用传统的贸易理论来解释，综观西方经济学界对产业内贸易的种种理论说明可知，产品差异论、规模经济和偏好相似论可以解释产业内贸易现象，认为规模经济、产品差别化和偏好相似是产业内贸易的根本原因。

（一）产品的差异性是产业内贸易的基础

产品的差异性是指从实物形态上看，产品的品质、性能、造型、设计、规格、商标及包装等方面的差异。即使实物形态相同，也可以由于信贷条件、交货时间、售后服务和广告宣传等方面的差异而被视为差异产品。这种差异性产品可以满足不同消费心理、消费欲望和消费层次的消费需要，从而导致不同国家之间产业内部的分工和产业内部贸易的发生与发展。因此，产品的差异性是产业内国际分工和产业内贸易的基础。

差异产品可以分成三种：水平差异产品、技术差异产品和垂直差异产品。不同类型的差异产品引起产业内贸易的动因也不相同，分别为水平差异、技术差异和垂直差异。

（1）水平差异是指由同类产品的相同属性进行不同组合而产生的差异。烟草、服装、化妆品等行业普遍存在着这类差异。两个原因导致了水平差异产品进入产业内贸易：一个原因是，由于消费者的需求是多种多样的，这要求同类产品具有多个品种，当不同国家的消费者对彼此不同品种的产品产生相互需求时，就出现了产业内贸易；另一个原因是产业内专业化的出现。所谓产业内专业化，是指发生在同一产业内部十分细致的专业化分工。由于水平差异产品主要通过各种广告促销手段来吸引消费者，因此往往需要扩大生产规模。生产规模的扩大使产业内专业化出现，随之产生了产业内贸易。

（2）技术差异是指由于技术水平提高所带来的差异，也就是新产品的出现带来的差异。从技术的角度来看，是产品的生命周期导致了产业内贸易的产生。技术先进的国家不断地开发新产品，技术后进的国家则主要生产那些技术已经成熟的产品，因此在处于不同生命周期阶段的同类产品间产生了产业内贸易。

（3）垂直差异就是产品在质量上的差异。由于国家间经济水平不同或是国家内部个人收入存在差异，所以不同的消费者需要不同档次的产品，这种对产品档次的需求差异导致了产业内贸易的产生。为了满足不同层次的消费需求，高收入水平的国家就有可能进口中低档产品来满足国内低收入阶层的需求；同样，中低收入水平的国家也可能进口高档产品满足国内高收入阶层的需求。

（二）需求偏好的相似性

瑞典经济学家 S. B. 林德(S. B. Linder)在 1961 年出版的《论贸易和转变》一书中提出了需求偏好相似理论，也称为重叠需求理论。现用林德的需求偏好相似理论来解释产业内贸易发生的原因。产品的差别性为产业内贸易的产生提供了可能性条件，而产业内贸易的内在动力来自不同国家的需求偏好的相似性。人均收入水平是决定购买力水平和购买商品结构的重要因素。国家之间人均收入水平越相近，从而使其需求由于收入水平相近，导致偏好越相似，同种类型的产品在 A 国需求量很大，在 B 国也有众多的消费者。不同国家需求偏好的相似性以及由此形成的消费结构的相似性，引起了产业内贸易的大量发生。

林德的需求偏好相似理论从需求角度分析了国际贸易产生的原因，认为产业内贸易是由需求偏好相似导致的。林德的基本观点包括以下三个方面。

▶ 1. 国内需求是出口贸易的基础

林德指出，一国潜在的出口产品是由国内需求决定的，也就是在国内市场上必须存在对这些产品的需求。企业进行生产首先是为了满足国内需求，随着生产的扩张，企业的发展受到国内市场规模的限制，企业便开始寻求国外市场。林德认为国际贸易只不过是一国自身经济活动跨过国家边界的延伸。因此，一种产品要想成为出口产品，首先必须是在本国消费或投资生产的产品，只有国内需求的产品才会是该国具有最大相对优势的产品。另外，潜在的进口产品也是由国内需求决定的，所有能够从国际市场上获得并且按照国际价格国内有需求的产品都是潜在进口品。

▶ 2. 两国的需求偏好越相似，两国间贸易规模就越大

两个国家的需求偏好越相似，相互之间开展贸易的机会便越大，因为任何一国生产的商品都可能在另一国找到市场。需求偏好相似的两国的贸易量要大于需求偏好有较大差别的两国的贸易量。如果两国需求结构完全一致，则一个国家所有可能进出口的商品同时也是另一个国家可能进出口的商品。因此，两个国家需求相似的程度决定了相互之间开展贸易的可能性和规模大小。

▶ 3. 一国的人均收入水平决定需求结构

林德尔认为人均收入水平是决定不同国家间需求结构的主要因素，两个国家的收入水平越接近，其需求结构也越相似，进行制成品贸易的可能性也就越高。收入水平较低的国家主要侧重于对生活必需品或低档次消费品的消费，收入水平较高的国家不仅需要消费生活必需品，也更侧重于高质量、高档次产品的需要。收入增加以后，低收入水平国家主要将增加基本生活必需品的需要量，收入水平较高的国家将更多地增加对高档产品的需求，而基本生活品的增加相对会有限。收入分配不平均的情况下，低收入阶层在收入增长后主要还将增加必需品的需求；而高收入阶层主要增加高质量、高档次的新产品的需求。两个国家间，高收入国低收入阶层的需求与低收入国高收入阶层的需求很大程度上存在重合。

综上所述，由于出口范围由需求决定，需求结构又由人均收入水平决定，所以，两国的人均收入水平越接近，两国的偏好和需求结构就越类似，两国的产品构成就越类似，两国相互满足对方需求的能力就越强，两国间的贸易就越密集。

（三）规模经济是获取产业内贸易利益的来源

规模经济，也称规模效益，是指企业进行大规模的生产使产品成本降低而产生的经济效益。该理论认为，规模经济是获取产业内贸易利益的来源。因为企业将销售市场从国内扩大到国外，可以大大提高同类产品的生产总量；随着生产规模的扩大，研制新产品所投入的资金以及购置生产设施所用的固定资本会分摊到更多的产品中去，使单位产品的成本下降；大规模的生产还可以更充分地发挥各种生产要素的效能，使与生产有关的人、财、物都得到更好的利用。这些都可以降低产品成本，提高产品的市场竞争力。

20 世纪 70 年代，格雷和戴维斯等人对发达国家之间的产业内贸易进行了实证研究，从中发现：产业内贸易主要发生在要素禀赋相似的国家，产生的原因是产品的差异性和规模经济的相互作用。产业内贸易过程中，对差异性产品的需求增加不仅没有提高商品价格，反而有价格普遍下降的趋势。这一结果的产生便是规模经济的作用。规模经济理论认为，规模经济也可成为国际贸易的原因，在规模经济作用下，不完全竞争的市场结构普遍存在。

▶ **1. 规模经济的含义**

规模经济是指随着规模的扩大，产出的增加超过投入的增加，单位产品成本下降，收益递增。在规模经济条件下，随着生产规模的扩大，总产量增加的速度超过了要素投入的增加速度，这意味着平均成本下降，生产效率提高。

根据企业平均成本下降的原因，规模经济可以分为外部规模经济和内部规模经济两种情况。其中，外部规模经济是指当整个行业规模扩大、产量增加时，该行业的各个企业平均生产成本下降，主要原因有：产业规模的扩大能更好地利用交通运输、通信设施、金融机构、资源条件等良好的企业环境，获得外部规模经济。内部规模经济是指由于企业自身产出量的增加而导致的平均成本的下降，主要原因有：能够充分发挥各种生产要素的效能，更好地组织企业内部的劳动分工和生产专业化，提高固定资产的利用率，取得内部规模经济效应。

外部规模经济依赖于行业中企业数量的增加，而不是单个企业规模的扩大。存在外部规模经济的行业通常倾向于在地理位置上更集中，这样，该行业的所有企业因为地理位置上的接近，可以在资源、信息等方面实现共享，进而降低平均生产成本。美国硅谷集中了众多的高科技企业、好莱坞集中了众多的电影公司、华尔街集中了无数的金融公司和银行、瑞士汇集了大量的钟表厂、北京中关村云集了大量的计算机公司，这些都具有外部规模经济的特征。

▶ **2. 规模经济与国际贸易**

(1)规模经济是国际贸易的基础。当某个产品的生产出现规模报酬递增时，随着生产规模的扩大，单位产品的成本会发生递减从而形成成本优势，这会导致该产品的专业化生产和出口，这样，产业内部的分工和贸易也就形成了。

(2)规模经济对贸易的双方均有利。在存在规模经济的条件下，以此为基础的分工和贸易会通过提高劳动生产率、降低成本，从而使产业达到更大的国际规模而从中获利，参与分工和贸易的双方均能享受到规模经济的好处。

▶ **3. 内部规模经济与国际贸易**

在一个行业内，企业数量越少，专业化程度就越高，规模收益也就越高。在具有内部规模经济的产业中，随着生产规模的扩大，总产量增加的速度超过要素投入的增加速度，这意味着平均成本下降、生产效率提高。因此大企业比小企业更有成本优势，随着小企业被挤出市场，少数大企业逐渐垄断了整个市场，不完全竞争取代完全竞争成为市场的基本特征。在封闭经济的情况下，这会导致一系列负面现象的发生，如经济中的竞争性下降，消费者支付的成本上升，享受的产品多样性减少等，与封闭的国内市场相比，世界市场可以容纳更多的企业，同时单个企业的规模也会扩大，从而解决了规模经济与竞争性之间的矛盾。在规模经济较为重要的产业，国际贸易还可以使消费者享受到比封闭条件下更加多样化的产品。

拓展阅读6-3
广东与东盟贸易
由"产业间"走向
"产业内"

具有内部规模经济的一般是资本密集型或知识密集型行业。内部规模经济之所以会出现，是由于企业所需特种生产要素的不可分割性和企业内部进行专业化生产造成的。采用大规模生产技术的制造业可以使用特种的巨型机器设备和流水生产线，进行高度的劳动分工和管理部门的分工，有条件进行大批量的生产和销售，而且有可能进行大量的研究和开发工作，从而可以大幅度降低成本，获取利润。对于研究和开发费用较大的产业来说，规模经济的实现更是至关重要。如果没有国际贸易，这类产业可能就无法生存。只有在进行国际贸易的情况下，产品销售到世界市场上去，产量得以增加，企业才能最终实现规模经济下的生产。

▶ 4. 外部规模经济与国际贸易

外部规模经济出现的主要原因是整个产业集中在一个地理区域内，有利于形成专业化的供应商，培育共同的劳动力市场，并有利于知识外溢，使整个产业的生产效率得以提高，所有企业的平均生产成本下降。

外部规模经济同样会影响国际贸易。当存在外部规模经济时，由外部规模经济所带来的成本优势能使该国成为商品出口国。

第四节　国家竞争优势理论

一、国家竞争优势理论产生的背景

竞争优势理论的产生是以美国国际经济地位的变化为背景的。在"二战"后的 20 年里，美国经济实力强盛，遥遥领先于世界其他国家。但此后，由于其他西方国家经济的快速增长，美国各项经济指标在世界经济中的比重不断下降。20 世纪 70 年代以来，欧洲共同市场的形成和势力壮大，以及日本的崛起，都对美国在国际经贸中的地位构成严峻挑战。美国在国际市场上的竞争优势严重削弱，就连新兴工业化国家（如亚洲"四小龙"）都在夺取美国在世界市场上的份额。到了 20 世纪 80 年代，世界经济贸易领域的竞争进一步加剧，美国对外贸易逆差和国际收支赤字不断增大。在这种情况下，怎样才能保持美国昔日的竞争优势，必然成为美国朝野都关注的问题，波特的国家竞争优势理论正是适应这一客观要求应运而生的。

20 世纪八九十年代，美国哈佛大学商学院教授迈克尔·波特（Michael E. Porter）相继出版了《竞争战略》（1980 年版）、《竞争优势》（1985 年版）、《国家竞争优势》（1990 年版）三部著作，分别从微观、中观和宏观三个层面较为系统地论述了"竞争"（企业竞争、产业竞争、国家竞争）问题，系统地提出了竞争优势理论。该理论试图归纳国际贸易新理论中各派提出的观点，被认为是对国际贸易理论一个重要的综合和发展，它较为全面和综合地阐述了国际竞争力的主要来源，从而对国际贸易的解释更具统一性和说服力，并形成了一个新的理论框架雏形。

人物简介

迈克尔·波特（1947—），32 岁即获哈佛商学院终身教授之职，是当今世界上竞争战略和竞争力方面公认的第一权威。他毕业于普林斯顿大学，后获哈佛大学商学院企业经济学博士学位。目前，他拥有瑞典、荷兰、法国等国大学的八个名誉博士学位。到现在为止，他最有影响的著作有《品牌间选择、战略及双边市场力量》（1976 年版）《竞争战略》《竞争优势》《国家竞争优势》（1990 年版）等。

波特获得的崇高地位缘于他所提出的"五种竞争力量"和"三种竞争战略"；实际上，作为国际商学领域最受推崇的大师之一，波特至今已出版了 17 部著作及 70 多篇文章。其中，《竞争战略》一书已经再版了 53 次，并被译为 17 种文字；另一部著作《竞争优势》至今也已再版 32 次。

二、竞争机制

波特所说的国家竞争优势是指一国产业和企业持续地以较低价格向国际市场提供高质量产品、占有较高市场份额并获取利润的能力。

波特认为，一国兴衰的根本在于赢得国家竞争优势，而国家竞争优势的形成有赖于提高劳动生产效率，提高劳动生产效率的源泉在于国家是否具有适宜的创新机制和充分的创新能力。他从微观、中观和宏观三个层面阐述了竞争机制。

（一）微观竞争机制

微观竞争机制是指企业内部的活力，企业内部的活力是国家竞争优势的基础。企业不创新就无法提高生产效率，生产效率低下就无法建立优势产业，从而国家就难以树立整体竞争优势。

企业活动的目标是使其最终产品增值，而增值要通过研究、开发、生产、销售、服务等诸多环节才能逐步实现。这种产品价值在各环节首尾相贯的联系，就构成了产品的价值增值链。所以，能使企业获得长期盈利能力的创新应当是整个价值链的创新，而非单一环节的改善。这就要求企业重视各个环节的改进和协调，在强化管理、加强研究开发、提高质量、降低成本等方面实行全面改革。

（二）中观竞争机制

中观层次的分析由企业转向产业、区域等范畴。从产业看，个别企业价值链的顺利增值，不仅取决于企业内部要素，而且有赖于企业的前向、后向和旁侧关联产业的辅助与支持(如与服装业关联的拉链、布匹、机床)；从空间上看，各企业为寻求满意的利润和长期发展，往往在制定空间战略时，把企业的研究与开发部门、生产部门和服务销售部门按一定的方式进行组合与分割，如将企业总部和研究与开发部门放在交通方便、信息灵通的大都市，将生产部门放在劳动力廉价的地区，以降低生产成本，提高灵活反应的能力。

（三）宏观竞争机制

宏观竞争机制主要是指四个基本因素和两个辅助因素的竞争状况，包括生产要素，需求条件，相关与支持产业，企业战略、结构与竞争，机遇，政府作用。

波特认为，个别企业、产业的竞争优势并不必然导致国家竞争优势，因此，一国的宏观竞争机制对该国是否能取得国家竞争优势有重要的决定性作用。国家整体竞争优势的获得取决于4个基本因素和两个辅助因素的整合作用。国家被放在这一由4个基本因素构成的框架下面进行评估，以决定它们形成和维持具有国际竞争优势产业的可能性，如图6-4所示。

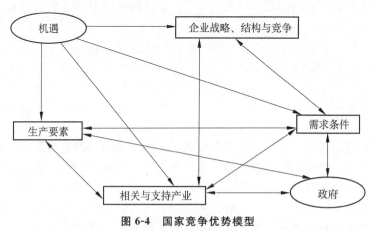

图 6-4　国家竞争优势模型

三、国家竞争优势和决定因素

国家竞争优势模型的基本观点是，一国的国内经济环境对企业开发其竞争优势有很大影响,其中影响最大、最直接的因素有四项:生产要素、需求条件、相关与支持产业以及企业战略、结构与竞争。除了上述四种主要影响因素外,还有两个重要变量可能对国家竞争优势产生重要影响,即机遇和政府。波特认为,政府行为和偶然事件在国家竞争优势的创造中也是重要的,但只是辅助性的、次要的,该模型又可称为"波特机制"或"钻石体系""钻石模型"。这些因素的每一个都可单独发生作用,但又同时对其他因素产生影响,各个因素结合成一个有机体系,共同作用决定着国家的竞争优势。

(一) 生产要素

▶ 1. 初级要素与高级要素

波特把生产要素划分为初级生产要素和高级生产要素。初级生产要素是指天然资源、气候、地理位置、非技术工人、资金等。高级生产要素则是指现代通信、信息、交通等基础设施,受过高等教育的人力和研究机构等。波特认为,初级生产要素的重要性越来越低,因为对它们的需求在不断地减少,而跨国公司可以通过全球市场网络获取其所需的生产要素,高级生产要素对竞争优势具有不容置疑的重要性。高级生产要素需要在人力资本和物质资本上进行大量和持续的投资。而作为培养高级生产要素的研究所和教育计划,本身就需要高级人才。高级生产要素很难从外部获得,需要自己来投资创造。

▶ 2. 一般要素与专门要素

生产要素根据其作用和专门性又可分为一般要素和专门要素。一般要素是指适用范围广泛的要素,可能被利用于广泛的产业种类中(如公路系统、资本市场)。专门要素则是指专门领域的专业人才、特殊的基础设施、特定领域的专门知识等专业性很强的要素,如专门供集装箱装卸的港口、研究所毕业的专业人才等。专门要素更有可能为持续的竞争优势提供基础,因为它们更显得稀缺,更难培养,更不易得到。

▶ 3. 高级要素与专门要素的数量与质量决定了一个国家的竞争力

(1) 初级要素对企业的竞争优势具有决定性的影响,但重要性正在日渐下降。初级要素在许多行业对企业的竞争优势具有决定性的影响,如中东的石油业、智利的铜矿业、新加坡的修船业等。但随着世界贸易结构越来越转向以制成品为主,以及初级要素的普遍可供性,一个国家初级要素的重要性正在日渐下降,国内自然资源等初级要素的先天不足对企业国际竞争力的影响日趋微弱。日本国内先天缺乏铁矿,但这并不妨碍日本在"二战"后成为世界主要的钢铁大国。

(2) 高级要素的重要性与日俱增。高级要素的优势是企业国际竞争力在未来持续而可靠发展的源泉。高级要素的创造需要长期的、大量的人力资本投资,而且要有适宜其生长的社会经济、政治、法律环境,其供给是相对稀缺的。因此,高级要素的获得和培育对于企业的国际竞争来说具有极为重要的意义,高级要素的优势是企业国际竞争力的一个持续而可靠的来源。

当然,在特定条件下,一国某些基本要素上的劣势反而可以刺激创新,使企业在威胁面前为提高自己的竞争地位而发奋努力,最终使国家更具竞争力,从而创造出动态的竞争优势,而这需要国家创造一个使劣势转化为优势的有利环境,如日本和以色列因其自然资源的劣势反而刺激了其高级要素的发展。但基础要素的劣势转化为高级要素的优势需要一定的条件,如企业从环境中接收到正确的信息,从而知道挑战的严重性;企业所面对的市场需求、国家政策及相关产业的条件要相对有利。就高级要素本身而言,通过努力创造而不是继承或购买所得到的高级要素更有价值,而创造新要素的速度与效率也比一定时点上既有要素的存量来得重要。

▶ **4. 一国的产业要在国际竞争中保持优势地位，就必须进行要素创造**

一个国家如果想通过生产要素建立起强大的产业竞争优势，就必须培育高级生产要素和专业生产要素。这两类生产要素的可获得性和精致程度也决定了竞争优势的质量。如果一个国家把竞争优势建立在初级和一般生产要素基础上，它通常是不稳定的。

（二）需求条件

需求条件是指本国市场对某产业提供的产品或服务的需求情况。国内需求市场是产业发展的动力，国内需求市场与国际市场的不同之处在于企业可以及时发现国内市场的客户需求，这是国外的竞争对手所不及的。因此波特认为，全球性的竞争并没有降低国内市场的重要性。

国内需求对竞争优势最重要的影响是通过国内买主的结构和买主的性质体现的。在促进企业持续竞争力方面，最重要的是市场的特征而不是市场的大小。不同的国内需求使企业对买方需求产生不同的看法和理解，并做出不同的反应。某国的国内需求给当地企业及早地提供需求信号或给当地企业施加压力，要求它们比国外竞争者更快创新，提供更先进的产品，因此该国最有可能在该产业获得竞争优势。

波特认为，国内需求直接影响一国公司和产品的竞争优势，其作用表现如下。

（1）本国市场的需求量大，将有利于本国企业迅速达到规模经济。国内需求增长迅速可以鼓励企业尽快采用新技术，扩大生产规模，实现规模效益；相反，若国内需求增长缓慢，国内市场较快达到饱和，从积极的角度看，则会迫使企业提前向海外扩张，占领国际市场，而众多独立的买主可以为企业提供更多、更全面的需求信息，促进企业实行多元化生产，减少经营风险。另外，产品研发人员基本在国内，企业对国内需求的敏感比对国外需求更强烈；企业国内经营业绩的比较常常影响甚至左右经营者的自尊心和荣誉感，迫使其重视满足国内需求。

（2）老练、挑剔的国内买主有助于产品高标准的建立。买方的高质量要求会使国内企业在买方压力下努力改进产品的质量、性能和服务，通过不断的技术创新来生产出适应消费者需求的产品。

（3）领先于世界的国内买方需求有助于国内企业在国际竞争中获得领先地位，因为在一国的买方需求领先于其他国家的情况下，国内企业将率先意识到新的国际需求的来临，并积极从事新产品的研究与开发，使企业的产品不断升级换代。此外，领先的国内需求还会使企业的新产品更容易在国内找到市场，使企业的新产品和企业得到发展的机会。

（4）有攀比心的国内消费者迫使企业不断跟踪国际水平。对于国内并非处于世界领先水平的产业来说，如果本国消费者有强烈的攀比心理，则会迫使本国企业不断跟踪国际水平，否则就会被淘汰出局。

基于以上原因，波特认为，国内需求的重要性是国外需求所取代不了的。来自国内需求的信息常常在企业决策中占支配地位，一件产品的设计几乎总是首先反映国内需求的。

例如，荷兰人对鲜花特别喜爱，并由此而产生了庞大的花卉产业。阿姆斯特丹西南郊拥有世界上最大的花卉市场阿尔斯梅尔；海牙以北有一座世界上最大的鳞茎花公园，以盛产郁金香而闻名于世。显然，正是由于国内对鲜花的强烈需求，才使得荷兰成为世界上最大的鲜花出口国，贸易额占世界花卉贸易总额的 60% 以上。

可以举一个非常典型的例子。众所周知，芬兰、瑞典的科学技术水平在国际上处于中游水平，但其属于高科技产品的移动通信产品的生产能力曾位居世界前列，诺基亚、爱立信在全球移动通信产品生产企业中名列三甲，其中两国领先的国内需求功不可没。这是因为两国均地处高纬度地带，冬季天气寒冷，积雪覆盖，加之森林密布，使得人们在傍晚和晚上需要随时和家人保持通信联系。但因为气候的原因，两国铺设固定通信设施的费用非常昂贵，因此两国对移动通信产品的需求便领先于其他国家。20世纪80年代中期，美国消费者对移动通信产品的需求率是6％，而这两国则达到14％。领先的需求帮助诺基亚和爱立信在移动通信产品领域迅速发展，并确立了国际竞争优势。

（三）相关产业与支持产业

所谓相关产业，是指共用某些技术、共享同样的营销渠道和服务而联系在一起的产业或具有互补性的产业，如计算机设备和计算机软件、汽车和轮胎等；所谓支持产业，是指某一产业的上游产业，它主要向其下游产业提供原材料、中间产品。相关产业和支持产业的表现是指相关产业和支持产业是否具有国际竞争力。一个国家的产业要想获得持久的竞争优势，就必须具有在国际上有竞争力的相关产业和支持产业，其重要性不仅在于它们以最有效的方式及早、迅速地为国内企业提供最低成本的投入品，而且，它们与主导产业在空间分布上的邻近，将有利于它们之间的信息传递和技术交流，从而有利于促进企业的科技创新，形成良性互动的"产业集群"。

对形成国家竞争优势而言，相关产业和支持产业与优势产业是一种休戚与共的关系。波特的研究提醒人们注意"产业集群"这种现象。一个优势产业不是单独存在的，它一定是同国内相关强势产业一同崛起的。以德国印刷机行业为例，德国印刷机雄霸全球，离不开德国造纸业、油墨业、制版业、机械制造业的强势。美国、德国、日本汽车工业的竞争优势也离不开钢铁、机械、化工、零部件等行业的支持。有的经济学家指出，发展中国家往往采用集中资源配置，优先发展某一产业的政策，孤军深入的结果就是牺牲了其他行业，钟爱的产业也无法一枝独秀。

（四）企业战略、组织结构与竞争

企业战略、组织结构和竞争是指企业在一个国家里的基础、组织和管理形态以及国内市场竞争的表现，包括企业建立、组织和管理的环境以及国内竞争的环境。企业战略、组织结构合理和国内竞争激烈有利于提升一个国家的国际竞争力。不同国家的公司在目标、战略和组织方式上都大不相同。国家优势来自对它们的选择和搭配。现实经济生活中，企业都有自己的规模、组织形式、产权结构和竞争目标，它们构成企业的管理机制。企业要在竞争中赢得优势，必须根据内部条件和外部环境做出合适的选择。

波特强调，强大的本国竞争对手是企业竞争优势产生，并得以长久保持的最强有力的刺激。在激烈的国内竞争下，国内企业间产品、市场的细分可以阻碍外国竞争者的渗透；正常竞争状态下的模仿效应和人员交流效应可提高整个产业的创新速度，促进产业升级；国内的激烈竞争还迫使企业尽早向外扩张，力求达到国际水准，占领国际市场。鉴于此，波特反对"国内竞争是一种浪费"的传统观念，认为国内企业之间的竞争在短期内可能会损失一些资源，但从长远看则利大于弊。国内竞争对手的存在，会直接削弱国内企业可能享有的一些优势，从而迫使它们苦练内功，不断创新，努力提高竞争力。这方面在中国有很多实例，如我国的冰箱、洗衣机、彩电等行业。相反，国内竞争不激烈的产业往往不具有国际竞争力，如我国的供电业。

（五）机遇

机遇是可遇而不可求的，机遇可以导致四大要素发生变化。波特指出，对企业发展而言，形成机会的可能情况大致有几种：基础科技的发明创造、传统技术出现断层、外因导致生产成本突然提高（如石油危机）、金融市场或汇率的重大变化、市场需求的剧增、政府的重大决策，以及战争。

机遇对于竞争优势的重要性在于它可能打断事物的发展进程，改变一个国家在一个产业中的国际竞争地位，使原来处于领先地位的企业的竞争优势无效，使落后国家的企业能顺应局势的变化，抓住新机会获得竞争优势。机会其实是双向的，它往往在新的竞争者获得优势的同时，使原有的竞争者优势丧失，只有能满足新需求的厂商才能有发展"机遇"。但机遇对竞争优势的影响不是决定性的，同样的机遇对不同的企业可能造成不同的影响，能否利用以及如何利用机遇还是取决于四种基本因素。

（六）政府

政府对国家竞争优势的作用主要体现在对四种决定因素的引导和促进上。政府行为可以促进企业竞争力的提高，增加企业获得竞争优势的机会，政府行为只是创造国家竞争优势的一个辅助因素，其作用是为企业提供一个有利的竞争环境。

政府可以通过补贴、对资本市场加以干预、制定教育方针等影响要素条件，通过确定地方产品质量标准、制定规则（如消费者保护法）等影响买方需求。政府也能够以各种方式决定相关产业和支持产业的环境，并影响企业的竞争战略、组织和竞争状况等。因此，政府的作用十分重要，但由于政府代表的影响主要是通过对四种基本决定因素来实现的，所以并未将政府列入基本决定因素之列。

波特又通过研究德国、美国、意大利和日本等国经济发展状况，从实证角度对其理论予以说明。他认为，日本经济在20世纪七八十年代正处于创新阶段，经济发展后劲较强；而美国经济20世纪80年代则处于财富推动的阶段，许多工业正在衰退，竞争处于垄断状况，经济缺乏推动力。根据这一理论，一国要提高经济实力和竞争力，必须创造公平竞争的环境，重视国内市场的需求，重视企业的创新机制和创新能力。

四、国家竞争优势的发展阶段

任何国家在其发展过程中，产业的国际竞争都会表现出不同的形式和特点，因此，产业国际竞争的过程会经历具有不同特征的发展阶段。波特将一国优势产业参与国际竞争的过程分为以下四个依次递进的阶段。

（一）要素驱动阶段

在要素驱动阶段，基本要素的优势是竞争优势的主要源泉。产业竞争主要依赖于国内自然资源和劳动力资源的拥有状况，具有竞争优势的产业一般是那些资源密集型产业。

在这一阶段，产业技术水平层次较低。一国在生产要素上拥有的优势，如廉价的劳动力和丰富的资源，相似于比较优势理论。

（二）投资驱动阶段

在投资驱动阶段，竞争优势的获得主要来源于资本要素。产业竞争依赖于国家和企业的技术创新愿望和技术创新能力，具有竞争优势的产业一般是资本密集型产业。在这一阶段，相关产业和支持产业还不够发达，产品的生产主要依赖于国外的技术和设备。一些产业的技术水平虽然有可能较高，但产业整体技术水平仍然落后于世界先进水平。

（三）创新驱动阶段

在创新驱动阶段，竞争优势主要来源于企业的创新。产业竞争依赖于国家和企业的技术创新愿望和技术创新能力，具有竞争优势的产业一般是技术密集型产业，如高新技术产业或被高新技术产业改造过的传统产业。在这一阶段，企业能够在广泛的领域成功地进行市场竞争，并实现不断的技术升级；一些率先进入创新驱动阶段的产业，不断实现新的升级，并向其他产业扩散，进而形成一系列产业以及产业群的横向扩展能力，即通过建立企业或拓展业务形成新的产业发展领域；越来越多的企业进入高水平的服务业，高水平的服务业占据越来越高的国际地位。

（四）财富驱动阶段

在这一阶段，产业竞争依赖于已获得的财富，产业竞争力逐渐衰弱。这一阶段产业的创新、竞争意识和竞争能力都会出现明显下降的现象，经济缺乏强有力的推动，企业更注重保持地位而不是进一步增强竞争力。

在这个阶段，一方面国家是富裕的，拥有过去投资积累的成果；另一方面是落后的，许多企业受到各种困扰，失业与潜在失业严重，平均生活水平下降。这时要通过促进产业结构进一步升级来提高价值链的增值水平，防止被淘汰的命运。

五、产业集聚论

1998 年，波特发表了《集群与新竞争经济学》一文，系统地提出了新竞争经济学的产业集群理论，并解释了产业集群的含义。产业集群是特定产业中互有联系的公司或机构聚集在特定地理位置的一种现象。集群包括一连串上、中、下游产业以及其他企业或机构，这些产业、企业或是机构对于竞争都很重要，它们包括零件、设备、服务等特殊原料的供应商以及特殊基础建设的提供者。集群通常会向下延伸到下游的通路和顾客上，也会延伸到互补性产品的制造商以及和本产业有关的技能、科技或共同原料等方面的企业。最后，产业集群还包括了政府和其他机构，如大学、制定标准的机构、职业训练中心以及贸易组织等，以提供专业的训练、教育、资讯、研究以及技术支援。波特认为，集群通常发生在特定的地理区域，产业地理集中的原因是地理因素，集群由于地理接近，可以使生产率和创新利益提高，交易费用降低。一个国家在国际上具有竞争优势的产业，其企业在地理上通常呈现集中的趋势，聚集在某些城市或某些地区。

波特认为，形成产业集群的区域往往从三个方面影响竞争：①提高该区域企业的生产率；②指明创新方向和提高创新速率；③促进新企业的建立，从而扩大和加强集群本身。他认为，产业集群与竞争的关系表现在三个方面：①产业集群内的企业通过在群内的生产力对群外企业施加影响；②集群内的企业通过低成本进行技术创新，为将来的发展奠定了基础；③集群的环境有利于新企业的产生和集群规模及影响的扩大。因此，产业集群能够提高企业的竞争力。

根据这一理论，形成产业集群需要有相应的条件，这些条件主要包括生产要素、市场需求、相关及支持性产业、企业的战略等四个基本因素和机遇、政府两个辅助因素。同时，一个地方好的制度、"习俗"和地方化规则等社会环境的"非经济因素"，必然会对企业的生存、发展产生重要影响，并进而对企业的地域选择趋向产生影响，而这种企业的地域选择趋向又是产业的地理集群的重要诱因。产业群聚是工业化进行到一定阶段的必然产物，也是区域经济竞争力的重要来源和集中体现，能够有效地促进产业集群地区的经济发展。

六、对国家竞争优势理论的评价

波特的国家竞争优势理论是当代国际经济学理论的重大发展，对国际贸易理论的发展做出了重要的贡献。

（1）该理论弥补了其他国际贸易理论的不足。波特认为，一国在生产要素方面的比较优势有利于它建立国家竞争优势，而一国国家竞争优势的建立才能获得持久的比较利益。

这种国家竞争优势才应该是国际贸易理论的核心。

（2）该理论发展了传统贸易理论对于在要素基础上形成优势的静态观点，该理论深化了对要素竞争优势的认识。如在要素基础上形成的竞争优势是动态变化的，要素上的劣势也能够产生国家竞争优势，要素创造比要素禀赋对于一国的竞争优势来说重要得多。

（3）该理论充分反映了竞争的丰富内涵。波特的竞争优势由两大因素决定：成本优势和差异性优势，其分析包括细分市场、差异化产品、技术差异和规模经济、质量、特色、新产品创新，以及成本优势等，而大多数贸易只注意到成本，对质量和差异化产品等方面未引起足够重视。

（4）该理论强调国内因素对于竞争优势的重要性，并在此基础上强调国家在决定国际竞争力方面的重要作用。传统的贸易理论对于国内需求状况、相关产业与支持产业，以及国内竞争等因素对于企业竞争优势影响的认识，要么被认为是很小，要么是被忽视。而波特非常肯定地认为，国内因素与竞争优势之间存在因果关系。国内需求的增长、国内需求的结构、相关产业与支持产业的发展情况和国内竞争强度等都对一国竞争优势有着决定性影响。国内因素对于竞争优势的作用往往是国外的同类因素取代不了的。波特的理论观点弥补了传统理论的不足，也为实践所证实。

（5）国家竞争优势理论在当代国际贸易分工中也具有重要的现实意义。伴随着当今经济的一体化到全球化，国际分工日益深入，国际竞争日益激烈，在这种竞争中，任何一个国家不再可能依靠基于禀赋条件的比较优势赢得有利的国际分工地位，而只有通过竞争优势的创造，才能提高自己的竞争力，增进本国人民的福利。波特强调加强国家竞争优势的扶持和培育，这对于发展中国家竞争优势的发展无疑具有积极的指导意义。

总之，国际竞争优势理论不仅对当今世界经济和贸易格局进行了理论上的归纳总结，而且对国家未来贸易地位的变化提供了具有一定前瞻性的预测。

本章小结

本章主要介绍"二战"后出现的一些有代表性的新贸易理论。新贸易理论改变了传统贸易理论基于完全竞争的假设前提，建立在不完全竞争与规模经济的基础上。新要素理论试图从新要素的角度说明国际贸易的基础和贸易格局的变化，认为生产要素不仅包括土地、资本、劳动，而且还包括技术、人力资本、研究与开发、信息等新型生产要素。技术差距论和产品生命周期理论从技术在不同国家的传递角度来说明国际贸易产生的原因，很好地解释了随着技术差距的变化和贸易国在贸易模式方面的改变。技术差距论证明了即使两国在要素禀赋和需求偏好上都相似，技术领先的国家就拥有比较优势，从而产生国际贸易。产品生命周期理论说明了比较利益是一个动态的发展过程，它会随着产品生命周期的变化从一种类型国家转移到另一种类型国家，因此不存在一国能永远具有比较优势的产品。

产业内贸易理论则解释了"二战"后大量存在的产业内贸易情况。产业内贸易理论从产品差异、规模经济及需求偏好相似三个方面说明了产业内贸易发生的原因。产业内贸易理论既是对传统贸易理论的批判（尤其是假定更符合实际），又是对传统贸易理论的补充。

规模经济理论认为，规模经济也可成为国际贸易的原因，规模经济对贸易的双方均有利。林德的需求偏好相似理论从需求方面研究国际贸易的起因，认为两国之间贸易关系的密切程度是由两国需求偏好相似与收入水平决定的。

波特试图超越传统的比较利益观点，提出国家竞争优势理论。他在针对产业如何在竞争中获得优势进行深入研究后，提出一国兴衰的根本在于该国在国际竞争中是否能赢得优势，而国家竞争优势取得的关键又在于国家是否具有合宜的创新机制和充分的创新能力。

案例分析

案例分析
历史上的"世界工厂"

案例分析
新新贸易理论之"新"

思考题

1. 国际贸易新要素理论包括哪些内容？

2. 为什么人力资本、研究与开发、技术和信息能够成为生产要素？

3. 试述技术差距理论的主要内容。

4. 试述产品生命周期各阶段特点及其与国际贸易的关系。

5. 论述产业内贸易理论的内容。

6. 假设某国服装进口额是 30 单位，出口额是 40 单位，请计算产业内贸易指数。

7. 简述需求偏好相似理论。

8. 简述规模经济理论。

9. 请用相关理论解释下列情况：中国是电视机出口大国；美国与日本相互出口汽车；微软公司的产业地位；高科技产品总是首先在发达国家出现；世界上半数的大型喷气式客机在西雅图生产。

10. 按照波特的国家竞争优势理论，一国的竞争优势是由哪些因素决定的？

线上课堂——训练与测试

扫描封底刮刮卡

测试

获取答题权限

在线自测

第七章 国际贸易政策

学习目标

本章介绍国际贸易政策的含义、内容、类型，以及制定对外贸易政策的主要依据和历史演变过程，并分析发达国家对外贸易政策的新趋势。

1. 掌握国际贸易政策的含义、内容、类型以及制定政策的主要依据；
2. 了解国际贸易政策的历史演变过程；
3. 掌握发达国家对外贸易政策的新趋势。

第一节 国际贸易政策概述

在当今世界经济中，一国对外贸易政策在各国对外贸易和经济发展中起着重要作用，对国际贸易的结构以及贸易流向产生着极为重要的影响。世界各国政府从本国的国情出发制定其对外贸易政策，最大限度地维护本国的利益。各国的对外贸易政策因各自的经济体制、经济发展水平及其产品在国际市场上的竞争能力而有所不同，并且随其经济实力的变化而不断变化。

一、国际贸易政策的含义和内容

（一）国际贸易政策的含义

对外贸易政策是各国在一定时期对进出口贸易进行管理的原则、方针和措施手段的总称。对外贸易政策从世界范围内考察，即国际贸易政策。

▶ 1. 国际贸易政策的基本因素

国际贸易政策包含以下几个方面的基本因素。

（1）政策主体。政策主体指政策行为者，即政策的制定者和实施者，一般来说是指各国政府部门。

（2）政策客体或政策对象。政策客体或政策对象就是贸易政策规范、指导、调整的贸易活动和从事贸易活动的企业、机构和个人。

（3）政策目标。贸易政策行为是有目的的行动，贸易政策的内容首先是在一定政策目标的指导下确定的，政策目标是政策内容制定的依据。

（4）政策内容。政策内容即贸易政策所涵盖的方面和内容，它可以反映贸易政策的倾向、性质、种类、结构等。

（5）政策工具或手段。贸易政策工具或手段则是指实现贸易政策目标所采取的对外贸易管理措施和制度，如关税、非关税等。

▶ 2. 国际贸易政策相关概念之间的关系及区别

理解贸易政策需要把握以下几个概念相互间的关系及区别点。

（1）贸易政策与贸易措施的关系。贸易政策需要通过各种措施来得到贯彻和体现，因此，贸易政策与贸易措施两者密不可分，但它们又有根本的区别：贸易措施不直接等于贸易政策本身，它是政策的载体和工具；贸易政策在外贸管理中处于决定的、主导的地位，贸易措施是根据贸易政策的目标和内容确定的，处于从属地位；作为政策工具和手段的贸易措施本身是中性的，可以对贸易活动进行不同方向的调节，而贸易政策却是政府的主观选择，有明显的方向性和相对稳定性；贸易政策的形成过程中渗透着许多非经济因素，而大部分贸易措施是按照经济规律、市场经济法则发挥作用的。

（2）贸易政策与国内经济政策的关系。一个开放经济体的经济活动包括对内经济贸易活动和对外经济贸易活动，且内、外经济活动随着开放程度的不断增加变得越来越紧密。总供给与总需求平衡模型表明，一国的国内经济运行状况与对外贸易运行状况是相互依存的。政府调节经济活动的国内经济政策和对外经济政策也具有相互关联性，不仅具有统一的政策目标，而且在某些政策手段方面具有共同性；同时，两者还相互影响和制约。但是，贸易政策与国内经济政策在调节对象、手段和政策地位（服从国内经济政策）等方面都具有许多差异性和特殊性，不可混谈。

（二）国际贸易政策的构成

国际贸易政策的内容一般包括对外贸易总政策、进出口商品政策和国别或地区政策等。

对外贸易总政策是一国根据本国经济发展战略而制定的、在较长时期内实行的对外贸易政策。各国根据本国国民经济发展的需要，结合本国在世界经济贸易中所处的地位、本国经济发展战略和本国产品在世界上的竞争能力以及本国的资源、市场和产业结构等情况所制定的在一个较长的时期内发展对外贸易的基本方针和原则，如实施保护贸易政策或自由贸易政策。它是各国发展对外经济关系的基本政策，是整个对外贸易政策的立足点。

进出口商品政策是各国在本国对外贸易总政策的基础上，根据国内经济结构和国内外市场的供求状况等分别对进出口商品的生产、销售、采购等制定的政策。其基本原则是对不同的进出口商品实行不同的待遇。主要体现在关税的税率、计税价格和征税手续等方面的差异。例如，为了保护本民族工业的发展，对某些外国同类商品实行进口限制，有时采用较高税率和数量限制手段来阻挡其进口，有时则对其实施较宽松的做法，允许较多的进口。

国别或地区政策是各国或地区根据对外贸易总政策，依据对外政治经济关系的需要而制定的国别或地区政策。它在不违反国际规则的前提下，对不同国家采取不同的外贸政策和措施。对不同国家规定差别关税率和差别优惠待遇是各国或地区国别政策的基本做法。

当然，在现实生活中，上述三个方面是相互交织在一起的，例如，商品的进出口政策总是离不开对外贸易总政策的指导，而外贸总政策又不是纯粹抽象的东西，应通过具体的商品进出口政策来体现。

从一国对外贸易政策的具体内容来看，一般而言，它主要包括一国的关税制度和政策、非关税壁垒的种类和做法、鼓励出口的体制和手段、管制出口的政策和手段，以及一国参与国际经济一体化的战略和政策等。这些范围内的有关体制、政策和基本做法都反映着上述三个方面的含义，构成了国际贸易政策的基本内容。对此，以下各章将分别予以详述。

（三）制定国际贸易政策的目的

各国制定国际贸易政策的目的在于维护国家经济安全，促进经济发展，具体表现在以下几点。

（1）保护本国的市场。

（2）扩大本国产品和服务的出口市场。优化本国出口商品结构，提高出口产品质量及其在国际市场上的竞争能力，扩大本国产品的出口市场。

（3）促进本国产业结构的改善。

（4）积累资本或资金。

（5）维护良好的国际经济与政治环境。国际贸易政策在调整、改善、巩固国与国之间经济和政治关系方面起着重要作用。

二、国际贸易政策的类型

国际贸易自产生以来，对应着两种基本贸易理论流派，大致存在两种类型的国际贸易政策：自由贸易政策和保护贸易政策。

自由贸易政策是指国家对贸易行为不加任何干预，即既不鼓励出口，也不限制进口，使商品自由进出口，在国际市场上自由竞争。

保护贸易政策是指政府广泛利用各种限制进口的措施保护本国市场免受外国商品的竞争，并对本国出口商品给予优待和补贴以鼓励商品出口。

当然，一国实行自由贸易政策，并不意味着完全的自由。从实践上看，西方发达国家在标榜自由贸易的同时，往往或明或暗地对某些产业提供保护。同样，实行保护贸易政策也并不是完全闭关自守，不发展对外贸易，彻底排除国外的竞争，而是对某些领域的保护程度高一些，即将外部的竞争限制在本国经济实力能够承受的范围之内。即使采取保护贸易政策，也要在保护国内生产者的同时，维护同世界市场的联系。

三、制定国际贸易政策的主要依据

（一）经济发展水平和经济结构

通常，一国的经济发展水平高，技术先进，资金充裕，经济结构高度现代化，产品竞争力强，该国政府就会推行自由贸易政策，以期在国际市场上获取更大的经济利益；相反，一国的经济发展水平低，资金和技术要素处于劣势，现代化工业尚未真正建立，其产品在国际市场上缺乏竞争力，该国政府就会倾向于采取保护贸易政策，以保护国内产业免受外国产品的竞争。

（二）经济发展战略

一般而言，采取外向型经济发展战略的国家，往往制定较为开放和自由的外贸政策。因为对外贸易在该国经济发展中的作用越重要，该国越需要在世界范围内扩大产品出口，加强与世界各国和地区的经济合作；而采取内向型经济发展战略的国家则缺乏同各国发展对外经济贸易关系的紧迫感，为了保护本国产业的成长，还会采取较为强硬的保护贸易政策。

（三）国际分工中的地位

通常，一国在国际分工中处于主导地位，国际市场扩张能力强，往往倾向采取自由贸易政策；而在国际分工中处于附属地位的国家，国际市场的开拓能力有限，面对国外产品、服务的大举进入，则倾向采取保护贸易政策。

（四）各种利益集团力量的对比

通常，在资本主义国家中，一国不同的贸易政策对本国不同利益集团产生不同的影响。自由贸易政策有利于出口企业，但不利于进口竞争集团，而保护贸易政策使国内竞争性企业得到保护，但消费者利益受到损害。通常，直接参与对外贸易的企业集团推崇自由贸易，而那些同进口发生竞争关系的行业及其相关组织则是推行贸易保护主义的主要支持者。不同利益集团的力量对比会影响各国对外贸易政策的取向。最高机构在制定和修改国际贸易政策及有关规章制度前，要征询各个经济利益集团的意见，如发达资本主义国家一般要征询大垄断集团的意见。各垄断集团通过各种机构，如企业主联合会、商会的领导人经常协调、确定共同立场，向政府提出各种建议，甚至派人参与制定或修改有关国际贸易政策的法律草案。

（五）政策决策者的经济思想与贸易理论

通常，一个国家的对外贸易政策往往通过法律的形式表现出来，而法律的制定、修改要通过立法机构进行。政府决策者倡导的经济理论与贸易思想往往转变为政府的政策，并通过立法机关将政策转变为法律。

（六）本国在世界经济、贸易制度中享有的权利与应尽的义务

作为世界贸易组织成员，对外贸易政策不能违背世界贸易组织原则和承担的义务。

（七）本国与别国的政治经济关系

一国愿意同政治、外交关系友好的国家积极发展经济贸易关系，扩大货物与服务的出口，而对政治上、经济上敌对的国家往往采取保护贸易政策。

（八）国内的政治和社会因素

贸易政策的制定往往受到执政党支持者的影响。例如，在美国的两大政党中，工会尤其是劳联和产联一般支持民主党，大财团和企业主一般支持共和党。这些利益集团在国会和总统的竞选中鼎力支持各自党派当选。而这些党派的候选人一旦当选，就会在自己的职权范围内采取有利于这些利益集团的贸易政策。

总之，一国采取哪种对外贸易政策是由其经济发展水平、在国际分工中所处的地位以及其经济实力等决定的。一国在经济发展的初期，一般采取保护贸易政策，随着本国产业竞争实力的增强，保护贸易政策让位于自由贸易政策，而当其竞争地位受到威胁时，贸易保护主义又会抬头。一国实行哪种对外贸易政策也要考虑所处的国际环境。在经济全球化的背景下，各国在制定对外贸易政策时，既要考虑积极参与国际分工，又要确保在分工中的利益最大化。

四、国际贸易政策的历史演变

国际贸易政策随着各个时代不同的经济政治情况而不断变化。在同一时代中，各个国家或地区又因为发展的差异，亦会采取不同的外贸政策。虽然自亚当·斯密时代至今，国际贸易理论大多主张自由贸易政策，但从近 200 年来的国际贸易历史来看，既有自由贸易政策，也有保护贸易政策。在国际贸易的长期发展历程中，国际贸易政策大致经历了几个阶段的发展变化。

（一）资本主义生产方式准备时期：主要实行贸易保护政策

资本主义生产方式准备时期，为促进资本的原始积累，西欧各国广泛推崇重商主义，在贸易政策上实施强制性的贸易保护主义，通过限制货币（贵重金属）出口和扩大贸易顺差的办法扩大货币的积累，其中，英国实行得最为彻底。

（二）资本主义自由竞争时期：主要实行自由贸易政策

资本主义自由竞争时期，资本主义生产方式占据统治地位。但由于欧美各国经济发展水平不同，出现两种类型的贸易政策。在资本主义较发达的国家，如英国推行自由贸易政策；在资本主义比较落后的国家如美国、德国则执行以保护幼稚工业为目标的保护贸易政策。

（三）19世纪末至"二战"前：主要实行超保护贸易政策

19世纪末至"二战"前，由于垄断的出现与加强，资本输出占据统治地位。1929—1933年的大危机使市场矛盾日益激化，主要资本主义国家开始推行带有垄断性质的超保护贸易政策。

（四）"二战"后至20世纪70年代中期：世界范围内的贸易自由化

"二战"后，先是由于美国对外扩张的需要，继而因为生产国际化和资本国际化，资本主义世界出现了贸易自由化。广大发展中国家在走上政治独立后，为了发展民族经济，大部分国家实行贸易保护主义，小部分国家推行自由贸易政策。社会主义国家为了发展本国经济，实行了国家统一管制下的贸易保护主义。但随着经济的发展，这些国家也逐步转向实行自由贸易政策。

（五）20世纪70年代中期以后：新贸易保护主义

20世纪70年代中期后，由于两次经济危机的爆发，经济发展减缓，出现结构性失业，使市场问题趋于尖锐，以美国为首的发达国家转向采取新的贸易保护主义。

（六）20世纪80年代中后期以来：对贸易协调管理

20世纪80年代中后期以来，由于世界经济政治关系的深刻变化，各国经济相互依靠的加强，在世界范围内，特别是发达国家开始推行协调管理贸易的做法。它们对内制定各种对外贸易法规和条例，加强对本国进出口有秩序地发展实施管理，对外通过协商、签订各种对外经济贸易协定，以协调和发展与他国之间的经济贸易关系。

"二战"后，发展中国家根据各国经济发展的需要，大多数国家执行贸易保护政策。但随着经济的发展和需要，其贸易政策逐步开放，贸易自由度逐步加大。

第二节　自由贸易政策的演变

一、自由竞争时期的自由贸易政策

（一）英国为代表的自由贸易政策

18世纪中叶—19世纪末是资本自由竞争时期。在这一时期，产业资本逐渐战胜了商业资本并开始居于统治地位，于是在资本主义的经济基础上建立了适应工业资产阶级利益的国际贸易政策。19世纪20年代，英国完成了手工业向机器大工业的过渡，工业生产迅速发展，成为世界的工业制造中心和商品贸易中心，确立了"世界工厂"的地位。在这种情况下，重商主义强制性的保护贸易政策成为英国经济发展和英国工业资产阶级对外扩张的障碍。这时英国新兴的工业资产阶级便强烈要求废除重商主义时期的保护贸易措施，推行自由竞争和自由贸易的政策。在英国的推动下，受产业革命波及的法国、荷兰等国也开始执行自由贸易政策，各国纷纷降低关税。

自由贸易政策在历史上多为经济强盛的国家所采用，因此又被称为"强者政策"。最典型的是英国，英国是世界上最早进入产业革命的国家，也是最早实行自由贸易政策的国家。当时英国自由贸易政策主要体现在以下几个方面。

（1）废除《谷物法》。《谷物法》是英国推行重商主义的最重要立法，内容为使用关税政策限制或禁止谷物进口，以维持国内高价，保护贵族地主阶级的利益，于是导致其他粮食出口国对英国工业制成品提高关税施加报复，损害了英国工业资产阶级的利益。工业资产阶级在自由贸易的口号下与贵族阶层展开了反对《谷物法》的斗争。1846年，英国政府被迫宣布废除《谷物法》。

拓展阅读 7-1
英国的《谷物法》
及其废除

（2）降低关税率和减少税目。英国于1825年开始建立新税率体制。从1841年的1 000多种纳税商品项目减少到1882年时的10余种，并且税率大幅降低。

（3）废除原《航海法》。1824年—19世纪50年代，将原先垄断英国沿海贸易和对殖民地贸易的航运业全部开放给其他国家。

（4）取消特权公司。1813年与1834年，东印度公司对印度与中国贸易的垄断权分别被废止，转为将对这两国的贸易权开放给所有英国人。

（5）改变对殖民地的贸易政策。1849年《航海法》废止后，又通过《关税法》改革，废止了原先对于殖民地商品的特惠税率，殖民地可以同任何国家进行进出口贸易。

（6）同外国签订自由贸易条约。1860年，在自由贸易精神下签订了英法条约，规定了相互提供最惠国待遇。19世纪60年代，英国又同意大利、荷兰等国缔结了八项此类条约。在此政策的影响下，欧洲各国分别签订了类似的贸易条约，放弃贸易歧视，相互提供最惠国待遇。

（二）自由贸易政策的理论依据

自由贸易政策是指国家取消对进出口贸易的限制和障碍，取消对本国进出口商品的各种特权和优待，使商品自由进出口，在国际上自由竞争，即国家对贸易行为既不鼓励出口，也不限制进口，对进出口贸易采取放任自由、不加干预或减少干预的一种政策。自由贸易理论是在批判重商主义理论的过程中建立起来的。18世纪后半叶—20世纪30年代以前，国际分工迅速发展并最终形成国际分工体系，统一的世界市场和世界经济最终形成。重商主义者已成为新兴工业资产阶级扩张其利益的障碍，他们极力要求在世界市场上推行无限制的自由竞争和自由贸易政策。在此背景下，亚当·斯密首先在其1776年的代表作《国民财富的性质和原因的研究》（又名《国富论》）中提出了绝对成本理论，表达了自由贸易的理论主张，成为自由贸易理论的创立者。大卫·李嘉图批判继承了绝对成本理论提出比较成本理论，后来一些经济学家如约翰·穆勒和阿弗里德·马歇尔等人提出相互需求理论等，对比较成本理论做了补充和完善。

这些自由贸易理论的主要观点如下。

▶ 1. 自由贸易政策有利于形成相互有利的国际分工

在自由贸易条件下，各国可以按照自然条件、比较利益等状况，专门生产其最有利或相对有利的产品，这种国际分工有利于增强各国产业的生产技能，使生产要素得到最优的结合，节约社会劳动时间，促进发明创造。

▶ 2. 自由贸易有利于增加国民财富

由于各国都根据自己最有利的条件发展最擅长生产的部门，就会大大提高劳动生产率，降低生产成本，再通过贸易以生产耗费较少劳动的优势产品换回本国生产需耗费较多劳动的产品，节约劳动消耗，从而增加国民财富。在自由贸易条件下，可进口廉价商品，减少国民消费开支。

▶ 3. 自由贸易有利于提高利润率，促进资本积累

李嘉图认为，随着社会的发展，工人的名义工资会不断提高，从而引起利润率的下降，要避免这种情况，并维持资本积累和工业扩张的办法就是自由贸易。

▶ 4. 自由贸易可以阻止垄断，加强竞争，提高经济效益

独占或垄断对国民经济发展不利，因为独占或垄断可以抬高物价，使被保护的企业不求改进，生产效率低下，长期独占或垄断会造成落后，削弱竞争能力。

这些自由贸易理论为西方国家制定自由贸易政策提供了广泛而有力的理论依据。

（三）自由竞争时期自由贸易理论与政策评价

（1）自由贸易政策促进了英国及其他西欧国家经济和对外贸易的发展。英国推行自由贸易政策长达 60 年之久，自由贸易政策的推行对英国经济和贸易的发展起到了巨大的促进作用，使当时英国的经济总量跃居世界首位。例如，截至 1870 年，英国的工业总产值占世界工业总产值的 32%，对外贸易额占世界贸易总额的 25%，拥有商船吨位世界第一，伦敦成为当时的国际金融和保险中心。在英国的带动下，自 19 世纪中叶开始，欧美一些主要资本主义国家逐渐降低了本国的关税税率，实行了自由贸易政策。

（2）自由贸易理论为自由贸易政策制造了舆论，成为自由贸易政策论证的有力武器。

二、"二战"后至 20 世纪 70 年代的贸易自由化

（一）贸易自由化的表现

"二战"后，随着各国经济的复苏，20 世纪 50 年代—70 年代初，主要国家都不同程度地放宽了进口限制，在它们的贸易政策中出现了贸易自由化倾向。贸易自由化是指世界各国通过多边或双边的贸易条约和协定，削减关税，减少或撤销非关税壁垒，使世界贸易较为自由地进行。

这一时期的自由化主要表现为：①在 GATT 缔约方范围内大幅降低了关税；②区域性贸易集团内部取消了关税；③通过普惠制的实施，发达国家对来自发展中国家的产品普遍给予减免关税待遇；④经济贸易集团给予发展中国家或其他有关国家优惠关税待遇；⑤发达国家不同程度地放宽了进口限制，放宽或取消外汇管制，促进贸易自由化发展。

（二）贸易自由化的原因

贸易自由化的原因是多方面的：20 世纪 50 年代开始的第三次科技革命，大大促进了国际分工向更深、更广层次发展；跨国公司的迅速发展促进生产和资本的国际化；"二战"后美国对外经济扩张极力倡导推行贸易自由化，迫使西欧、日本等拆除壁垒，而随着西欧、日本等国和地区经济的恢复，也愿意彼此减税，逐步实现贸易自由化；发展中国家为了发展民族经济，增加外汇积累资金或偿还外债，也迫切要求发达国家减免关税和取消进口限制。但是，"二战"后的贸易自由化倾向与自由竞争时期的贸易自由主义有所不同，并不强调全面的贸易自由，而是一种有保留的自由贸易，并不完全排斥贸易保护政策。

（三）贸易自由化的特点

"二战"后至 20 世纪 70 年代的贸易自由化特点是：①是在"二战"后资本主义经济迅速增长的基础上发展起来的；②是一场范围更广的贸易自由化运动，而不像以往的局限于欧洲；③美国成为"二战"后贸易自由化积极的倡导者与推动者；④主要是通过各种国际性经贸组织在世界范围内进行的；⑤它存在于新的历史条件下，并且是有选择性的，具体表现为：发达国家间的贸易自由化超过它们对发展中国家和社会主义国家的自由化，区域性经

贸集团内部的自由化超过集团对外的自由化等。

"二战"后的贸易自由化与资本主义自由竞争时期的自由贸易政策的性质不同，表现在以下两个方面。

▶ 1. 两种自由贸易政策的经济基础不同

"二战"后的自由贸易政策反映了世界经济和生产力发展的内在要求，是生产国际化、资本国际化、国际分工纵横发展及跨国公司迅猛发展的产物。而早期的自由贸易政策建立在资本主义自由发展的基础之上，反映了工业资产阶级的要求。

▶ 2. "二战"后自由贸易政策往往与保护贸易政策相结合

例如，区域经济集团内部贸易自由化超过对集团以外国家的贸易自由化，而早期的自由贸易政策则不具有这种综合性和区域性。

(四)"二战"后贸易自由化作用评价

(1)"二战"后贸易自由化推进了世界经济和贸易的高速发展。

(2)"二战"后贸易自由化确立了各国贸易政策发展的总趋向。

(3)"二战"后贸易自由化为国家贸易、经济可通过协商、协调获得发展提供了先例。

第三节　保护贸易政策的演变

一、资本主义准备时期的贸易保护政策

16—18世纪是资本主义生产方式准备时期，也是西欧各国开始开辟世界市场的时期。在这一时期内，为了促进资本原始积累，西欧各国在重商主义的影响下，纷纷推行强制性的贸易保护政策。重商主义的政策主张主要包括：①主张实行由国家管制的对外贸易政策，比如对金银货币实行管制、国家实行对外贸易的垄断；②实行"奖出限入"的政策，鼓励出口、限制进口，最大限度地实现贸易顺差，以积累财富；③管制本国工业，实行鼓励和扶持幼稚工业的政策，如大力发展制造业和加工业、禁止熟练技工和机器设备输出、鼓励增加人口等；④实行保护关税政策，对进口商品课以重税，如1667年法国把从英国和荷兰进口的呢绒税率提高了一倍，以阻止这些产品的进口。

二、资本主义自由竞争时期的保护贸易政策

在资本主义自由竞争时期，国际贸易政策的基调是自由贸易。但由于各国工业发展水平不同，一些经济发展起步较晚的国家，如美国与德国等，先后实行了贸易保护主义政策。

美国是后起的资本主义国家，产业革命进行比较晚，工业基础薄弱，其工业品无法与英、法等国竞争，因此新兴的北方工业资产阶级要求实行贸易保护。当时，美国的第一任财政部长汉密尔顿代表工业资产阶级利益，提出了与自由贸易学说相对立的保护贸易学说，主张实行保护关税制度。汉密尔顿的保护贸易措施主要包括：向私营工业发放政府信用贷款，为其提供发展资金；提高进出口商品关税，避免外国工业品的竞争；限制重要原料出口，免税进口国内急需的原材料；限制机器设备出口，建立联邦检查制度，保证和提高制造品质量等。美国实行该政策后于1890年工业产值超过农业产值，并超过英国，跃居世界首位。

19世纪初，德国工业发展水平远比英法落后，德国受到英法两国自由贸易政策的冲击，大量廉价商品涌入德国市场。此时，摆脱外国自由竞争的威胁，保护和促进德国工业的发展，成为德国工业资产阶级的迫切要求。1870年，德国取得普法战争胜利后，不断

加强对原有工业和新建工业的保护。19世纪末，德国成为实行高度保护贸易的国家之一。

三、两次世界大战之间的超保护贸易政策

19世纪末20世纪初，资本主义发展进入了垄断阶段。这一时期，很多国家都完成了产业革命，经济实力迅速增强，世界市场竞争激烈；两次严重的世界经济危机又使资本主义国家的商品销售发生严重困难。此时，各国为了垄断国内市场并争夺国外市场，先后走上了贸易保护主义的道路。这一时期的贸易保护政策与以往有明显的不同，带有显著的侵略性与扩张性，即通常所说的超保护贸易政策。

与第一次世界大战前贸易保护主义相比，超保护贸易政策有以下特点：①保护对象扩大了，超保护贸易政策不但保护幼稚工业，而且更多地保护国内高速发展或出现衰落的垄断工业；②保护目的变了，超保护贸易不再是培养自由竞争能力，而是巩固和加强对国内外市场的垄断；③保护转入进攻性，以前贸易保护主义是防御性地限制进口，超保护贸易主义是要在垄断国内市场的基础上对国内外市场进行进攻性的扩张；④保护的阶级利益从一般性的工业资产阶级利益转向保护大垄断资产阶级的利益；⑤保护措施多样化，不仅有关税，还有其他各种各样的奖出限入措施。

四、20世纪70年代中期—80年代的新贸易保护主义

20世纪70年代中后期以后，在贸易自由化的总趋势下，贸易保护主义重新抬头，出现了新贸易保护主义。新贸易保护主义是指20世纪70年代以后国际贸易领域中形成的以非关税壁垒为主的贸易保护主义。新贸易保护主义没有一个统一、完整的理论体系，较多的是实用主义色彩。支持新贸易保护主义的主要理论观点有：新贸易保护主义可以改善国内市场扭曲、改善贸易条件、维护高水平工资、增加国内生产和就业、反倾销、改善贸易收支或国际收支、维护知识产权、作为报复手段与谈判手段、保护国家安全和生态环境、支持战略产业的发展等。

（一）新贸易保护主义的特点

新贸易保护主义不同于20世纪30年代的旧贸易保护主义，其特点如下。

▶ 1. 新贸易保护主义的主导国家是以美国、日本为主的发达国家

与传统贸易保护主义下经济欠发达国家保护幼稚产业不同，新贸易保护主义是在国际市场竞争加剧的情况下，经济发达国家为保住经济优势地位，通过广泛地实行保护措施来维持其政治与经济利益的理论体系，保护的主要是陷入结构性危机的产业部门，尤其是当发达国家的经济不景气时，它们更是加剧了对本国市场的保护。

▶ 2. 非关税壁垒取代关税壁垒成为限制进口的主要手段

经过"二战"后关贸总协定的多轮谈判，发达国家的关税总体水平已降至较低水平，正常关税已起不到保护的作用。因此，发达国家更多地采取非关税措施限制商品进口，非关税壁垒在西方各国贸易政策中的作用日益明显。非关税壁垒不断增高，其措施已从20世纪70年代末的800多种增加到80年代中期的1 000多种。西方国家为抵制发展中国家劳动密集型产品的进口，主要采取数量限制和"反倾销"等措施，并且越来越倾于滥用技术性贸易壁垒和绿色壁垒。不容置疑，在西方发达国家未来的外贸政策中，单纯的关税措施和非关税措施都会相应减少，但各种新型的更灵活和更隐蔽的非关税壁垒会不断出现，并成为贸易政策的主体。

▶ 3. 贸易政策措施向制度化、系统化和综合化的方向发展

通过加强贸易法规的制定，把贸易保护法律化。20世纪70年代后，美国的经济地位受到德国和日本的挑战，《1974年贸易法》的出台显示了这一时期美国的贸易保护主义开始复苏。该贸易法案中的301条款授权美国总统对给予美国出口实施不公平待遇的国家进行报复。《1988年综合贸易与竞争法》授权美国政府对贸易对手不合理或不公正的贸易可采取必要的行动，以减少国内产业的压力，从而加强了美国政府对外贸易调控的合法性。该法案包括了所谓"超级301条款"和"特别301条款"，前者授权美国贸易代表办事处对世界上美国认为"自由贸易"方面做得不够的国家和地区提出名单与报告，并在规定的时间内通过"谈判"迫使其采取符合美国要求的开放措施，否则将对其进行报复；后者授权美国贸易代表办事处，对未适当有效保护其知识产权的国家以及未给依赖知识产权的美国企业公平进入市场机会的国家进行调查和考虑实施报复。美国根据其"301条款"，对来自国外的"不公平"贸易活动采取单边贸易制裁，事实上形成了对世界贸易规则的挑战，严重损害了世界贸易组织的权威性，也因此增加了世界贸易组织争端解决相关案例的数量和争端解决的复杂性。美国的保护贸易措施反过来遭到其他国家的报复，使贸易保护主义更加蔓延与扩张。例如，1995年，美国依据《1974年贸易法》中的"301条款"，对来自日本的豪华轿车征收100%的进口关税，原因在于日本向美国同类轿车市场开放不够，使得美国相应轿车在日本市场的占有率远远低于日本在美国的市场占有率，前者为1.5%，后者达到25%。

不少发达国家越来越把贸易领域的问题与其他经济领域的问题甚至包括某些非经济领域的问题联系起来，进而推动许多国家的贸易政策明显向综合性方向发展。

▶ 4. 新贸易保护主义的保护范围不断扩大

新贸易保护主义的保护范围不仅从传统产品、农产品转向高级工业品，还逐步延伸到服务贸易、投资、竞争、知识产权、汇率政策等领域。目前，受保护的产品除以往的纺织品、鞋类、钢铁、汽车、化工产品、食品、家用电器以外，还涵盖了计算机、数控机床、民用飞机、卫星等新兴行业。在服务贸易领域，很多国家在签证申请、投资条例、收入汇回等方面也做出了保护性限制措施的规定。

▶ 5. 贸易保护的重点从限制进口转向鼓励出口，双边和多边谈判与协调成为扩展贸易的重要手段

各国政府在加强非关税措施限制进口以保护国内市场的同时，还设法从经济上和组织上鼓励本国产品的出口。在经济方面，通过采取出口信贷、出口信贷担保、出口补贴、外汇倾销等措施，促进本国商品的出口。在组织方面，发达国家广泛设立各种出口促进机构和组建中介组织，以协助本国厂商扩大出口。此外，双边和多边贸易谈判与协调成为扩展贸易的重要手段。

▶ 6. 新贸易保护主义带有明显的歧视性

这种歧视包括国别歧视和区域歧视两方面。就国别歧视而言，非关税措施都是针对特定国家的，如发达国家相对发展中国家具有技术优势，因此它们大量运用严苛的技术标准限制发展中国家的产品对其出口；就区域歧视而言，传统贸易保护主义以国家贸易壁垒为基础，而新贸易保护主义趋向区域性贸易壁垒，即由一国贸易保护演变为区域性贸易保护，利用区域贸易组织保护成员国利益，通过歧视性的政策和集体谈判的方式，将非成员国的贸易排除在区域之外。作为欧盟前身的欧洲经济共同体的贸易政策就是一个典型。欧共体通过关税同盟与共同的农业政策对外筑起贸易壁垒，使西欧工业品和农产品市场逐渐对外封闭。北美自由贸易区的建立则标志着美国由片面的全球自由贸易退到强调"互惠"的

区域自由贸易的市场上。

（二）新贸易保护主义产生的原因

▶ 1. 发达国家经济发展缓慢，失业率居高不下

"二战"后资本主义国家经历了 1973 年和 1979 年两次世界石油危机，石油价格大幅上升，引发了资本主义世界"二战"后最严重的经济危机，危机结束以后，经济出现严重衰退，陷入高通货膨胀、高失业率、低就业率"两高一低"的滞胀困境。就业压力增大，市场问题日趋严重。因此，以国内市场为主的产业垄断资产阶级和劳工团体纷纷要求政府采取保护贸易措施，致使贸易保护在世界自由贸易进程中再度兴起。

▶ 2. 发展中国家在制成品出口中与发达国家竞争加剧

面对来自发展中国家廉价劳动密集型产品的竞争，发达国家针对来自发展中国家的劳动密集型产品开始实行严格的保护。为了削弱发展中国家的竞争实力，一方面利用发达国家在技术方面的优势，通过设立严格的技术标准限制发展中国家出口；另一方面利用发展中国家在环境保护和劳动条件方面的弱势，通过多边贸易谈判极力将劳工标准纳入 WTO框架下，限制发展中国家劳动密集型产品的出口。例如，在乌拉圭回合谈判中，美国和法国首次将劳工标准引入贸易中。

▶ 3. 各工业国外贸发展不平衡

最为典型的是美国，随着其他发达国家经济的恢复和发展，美国的经济地位在相对下降，在世界工业生产、贸易、外汇储备中的比重不断降低，特别是美国的贸易逆差迅速上升，其主要工业产品如钢铁、汽车、电器等不仅与日本、西欧等国家和地区开展激烈的竞争，甚至面临一些新兴工业化国家以及其他出口国的竞争威胁。在这种情况下，美国一方面迫使拥有巨额贸易顺差的国家开放市场；另一方面则加强对进口的限制。因此，美国成为新贸易保护主义的重要策源地。

▶ 4. 发达国家内部传统产业和现代产业发展不平衡

在科技革命的影响下，发达国家的劳动密集型产业及能源密集型产业逐渐被技术密集型产业所取代。工业结构、贸易结构的调整及贸易比较优势的转移打破了之前的均衡结构，这些结构的调整带来了严重的结构性失业，促使发达国家采取新贸易主义的政策。由此导致发达国家极力主张对本国优势产业实行自由贸易，并将其纳入 WTO 统一框架中，而对本国劣势产业实行贸易保护。例如，美国在乌拉圭回合谈判中将本国优势产业服务业纳入 WTO 框架中，确立了《服务贸易总协定》，而对于本国劣势产业（如纺织品等领域）则通过配额和保障措施等实行保护。

▶ 5. 贸易政策的相互影响

美国率先采取贸易保护主义措施，引起了各国贸易政策的连锁反应，各国纷纷效仿，致使新贸易保护主义政策得以蔓延和扩张。

（三）新贸易保护主义的影响

在传统的贸易保护中，贸易保护的对象或者是国内幼稚产业、衰退产业，或者是国内战略性产业，采取的手段主要是关税措施。新贸易保护主义与此不同，新贸易保护的手段主要是通过劳工标准、环境标准、技术标准等实施贸易限制，不符合标准的产品一律不能进口，而要使产品符合上述标准出口，必须改变现有的经济发展模式和发展战略，调整社会经济政策，建立健全相关的法律制度等，导致新贸易保护不仅影响到经济领域，而且会渗透到国内社会经济制度。大量的事实表明，贸易保护的结果

不仅没有达到保护的目的、获得经济利益，相反却付出了沉痛代价。贸易保护的结果不仅使消费者受到损失，使生产者付出了巨大的代价，而且政府在限制别国进口的同时也抑制了本国出口，使本国的出口贸易受到了影响。2005 年，英国财政部和贸工部发表的研究报告《贸易与全球经济：国际贸易在生产力、经济改革和增长中的作用》显示，贸易保护主义使全球经济遭到了巨大损失，发达国家持续的贸易壁垒使世界经济每年损失 5 000 亿美元。

五、保护贸易政策的理论依据

（一）重商主义

保护贸易理论的渊源首先可以追溯到重商主义。重商主义认为金银是财富的唯一代表，获得财富的途径则是对外贸易顺差，因而主张国家干预经济活动，"奖出限入"，追求顺差，使货币流入国内，以增加国家财富和增强国力。

（二）保护幼稚工业理论

落后国家必须保护国内工业的最有力依据是汉密尔顿的保护关税理论和李斯特的保护幼稚工业理论，是近代保护贸易政策系统性理论的代表。汉密尔顿的保护关税理论，主张实行贸易保护关税制度，扶持本国工业特别是制造业的发展。李斯特早年在德国提倡自由贸易，自 1825 年出使美国以后，受汉密尔顿保护贸易思想的影响，于 1841 年出版的《政治经济学的国民体系》一书中提出了保护幼稚工业理论。

（三）超保护贸易理论

1936 年，凯恩斯出版了他的主要代表作《就业、利息和货币通论》，书中提出了对外贸易乘数理论，认为出口增加所引起国民收入的增加是出口的倍数。因此，凯恩斯积极主张国家对经济生活进行全面干预，实行贸易保护政策，改变国际收支状况，提高一国国民收入。

（四）中心—外围理论

1950 年，劳尔·普雷维什出版了《拉丁美洲的经济发展及其主要问题》一书，书中提出了中心国和外围国在经济交换和利益分配上是不平等的，发展中国家初级产品的贸易条件出现长期恶化的趋势。外围国家应实行保护贸易政策，实行工业化，独立自主地发展民族经济。

（五）战略性贸易政策理论

战略性贸易政策理论认为一国政府在不完全竞争和规模经济的条件下，利用生产补贴、出口补贴以及保护国内市场等贸易政策来扶植本国战略性产业的成长，增强其在国际市场上的竞争力，占领他国市场，获取规模报酬和垄断利润。

第四节　发展中国家的对外贸易政策

"二战"后，广大的发展中国家获得了政治独立，纷纷走上了发展民族经济的道路。从历史的经验来看，一国发展经济的途径是国民经济的工业化。国际贸易是一国经济发展的重要推动力，世界银行在其 1987 年发展报告中特别指出了对外贸易对发展中国家的重要性。但是发展中国家发展本民族经济却受到了旧的国际分工和贸易体系的严重阻碍，广大的发展中国家仍然处在国际市场的劣势地位。为了改变这种局面，一些国家开始实施贸易保护政策。因此，选择适当的贸易政策是发展中国家制定经济发展战略的主要议题之一。

一、进口替代战略

（一）进口替代战略的含义

进口替代战略（import substitution）就是一国采取关税、进口数量限制和外汇管制等严格限制进口的措施，限制某些重要工业品进口，扶植和保护本国有关工业部门发展的政策。实施这项政策的目的是用国内生产的工业品替代进口产品，以减少本国对国外市场的依赖，促进民族工业的发展。

实行进口替代战略大致要经历以下两个阶段：第一阶段，消费品的进口替代，一般先是日用消费品的进口替代，后是耐用消费品的进口替代；第二阶段，中间产品、资本品的进口替代。进口替代战略的理论依据主要有保护幼稚工业论、中心—外围理论等。

进口替代战略就是从经济上独立自主的目的出发，减少或完全消除该种商品的进口，国内市场完全由本国生产者供应的政策。狭义的进口替代局限于以本国生产的产品替代一种特定产品的进口。但从广义上看，一个领域的进口替代，其目的是通过减少或禁止某些产品的进口，引起所希望的国内经济结构的变化，或者创造向国内非传统领域进行投资的推动力，使资源有机会进入这个新的工业部门，导致生产活动的产生和扩大，从而使总体经济结构得到改善。第二次世界大战后，进口替代被认为是低收入的发展中国家实现工业化不可避免的发展阶段，因此在实践中，大多数发展中国家在 20 世纪五六十年代先后实行了进口替代的战略和政策。

（二）实施进口替代战略的主要措施

尽管实行进口替代战略并没有固定的模式和要求，但是从各国的实践来看，在实行进口替代战略时，各国在对外贸易政策方面都采取了一些比较相似的政策。

▶ 1. 贸易保护政策

实施贸易保护政策是进口替代战略的基本政策，主要内容是通过关税和非关税壁垒限制甚至完全禁止外国制成品特别是消费品的进口，以维持本国新建产业的发展空间。但针对不同的商品实行有差别的保护：对本国进口替代工业产品的贸易保护程度较高，而对其他部门产品的贸易保护程度较低。就关税而言，消费品的关税最高，中间产品较高，机器设备等最低，有时甚至对经济发展必需的机器设备、中间产品等的进口减免关税。这种政策带有明显的歧视进口、拒绝参与国际分工的特点。

▶ 2. 本国货币汇率高估和严格的外汇管制政策

在汇率方面，采取进口替代战略的国家一般实行对本国货币汇率高估的汇率制度，以降低进口商品的成本，减轻外汇不足的压力，减轻进口所带来的外汇压力。为了保证进口替代工业的发展用汇，对外汇实行国家管制。

▶ 3. 对本国的进口替代工业实行优惠政策

实施进口替代战略的国家通常在财政税收、价格和信用等方面给予进口替代工业优惠，以促进其发展。

（三）对进口替代贸易战略的评析

▶ 1. 进口替代战略的优点

（1）进口替代战略采用贸易保护政策，为本国工业提供了一个有保护的、有利可图的国内市场，有助于民族工业的建立，并推动了工业化的发展。

（2）国内生产来替代进口，可减少外汇开支，减轻国际收支压力。

（3）促进了经济结构的调整。进口替代战略的实施促进了这些国家经济结构的改造，单一的、畸形的经济结构状况得到了很大的改善。在国内生产总值中，工业特别是制造业的比重上升很快，而农业比重相对下降。

（4）缓和世界经济波动对本国经济的影响。进口替代战略是一种内向型经济，强调自力更生，总体上与国际市场割裂，对外依赖小，从而能够缓和经济危机与世界市场价格波动对本国经济的影响。

▶ **2. 进口替代战略的局限性**

进口替代战略在实施中也遇到了许多困难，反映出这一贸易发展战略的内在缺陷，主要有以下几点。

（1）妨碍出口。进口替代的一些保护措施是不利于出口的，如外汇升值，虽有利于进口替代产业投入品的进口，却降低了本国产品在国外市场上的竞争力，以至于阻碍了某些传统的初级产品的出口。

（2）造成外汇短缺、国际收支不断恶化。进口替代工业发展需要大量资本品、中间产品和原材料进口，需要大量的外汇。本国货币汇率高估，使出口产品竞争力下降、国际收入不断恶化，于是进口替代工业越发展，外汇短缺问题越严重，国际收支状况越恶化。

（3）高度保护使国内企业缺少外来竞争压力，缺乏提高效率的动力。

（4）受国内市场制约难以形成规模经济。进口替代工业主要是面向国内市场，如果替代产业无法达到一定规模，就会造成产品成本、价格偏高。

（5）产业结构急剧地向劳动节约、资本集中型过渡，不能创造更多的就业机会，从而面临着巨大的就业压力。进口替代对工业保护实际上是在鼓励使用资本，从而产生资本对劳动的替代，出现就业严重不足的问题。

（6）在简单的制成品被国内生产代替后，必须生产资本更密集、工艺更先进的进口替代品，资本与技术含量越来越高，保护和扶植这些产业越来越困难，代价越来越高，最终使这些国家经济难以承受。可见，进口替代战略在工业化的起步阶段会起到很好的效果，当工业发展到一定水平后，继续推行这种战略就变得越来越困难。

许多国家都曾实行过进口替代对外贸易发展战略，如19世纪初的德国、19世纪中的日本、19世纪末的加拿大。20世纪30年代，拉美的巴西、墨西哥、阿根廷实行了进口替代对外贸易发展战略，这是拉美新兴工业化国家经济发展中最为重要的阶段。

进口替代战略的实施，对发展中国家的经济发展起到了一定的积极作用。但是，这种对外贸易发展战略是建立在政府控制和贸易保护基础上的，进口替代战略在发挥其优势的同时，在实践中也遇到了许多困难，反映出进口替代对外贸易发展战略的内在缺陷。世界银行和国际货币基金组织曾经对"二战"后发展中国家流行的出口导向对外贸易发展战略（也称为外向型贸易战略）和进口替代对外贸易发展战略（也称为内向型贸易战略）进行了长期考察，得出的结论是：出口导向对外贸易发展战略的绩效明显好于进口替代对外贸易发展战略。

二、出口导向战略

（一）出口导向战略的含义

出口导向战略（export orientation strategy）也称出口替代战略，是指一国采取各种措施扩大出口，逐步用轻工业产品出口替代初级产品出口，用重化工业产品出口替代轻工业产品出口，促进出口产品的多样性，以增加外汇收入、带动经济发展，实现工业化的政策。

出口导向战略一般可以分为以出口农产品和原料为主的初级产品出口和制成品出口替代两个发展阶段。

初级品出口战略即出口食物和农矿原料，进口发达国家的工业制成品。在一国工业化发展初期，通过发展初级产品出口来积累工业化资金，在此基础上发展农矿产品出口加工工业，促进国民经济的发展。出口替代战略主要分为三个阶段。

（1）第一阶段，劳动密集型的出口制成品取代农副矿产品等初级产品出口，通过扩大劳动密集型产品的出口来引进先进的技术、设备和中间产品，而这些产品的进口又可以与密集的劳动资源相结合而进一步扩大出口。这一阶段的出口替代产品多是轻工产品。

（2）第二阶段，资本密集型产品替代劳动密集型产品，主要发展传统的重工业，如汽车、钢材、化工等产品。

（3）第三阶段，高新技术产品替代资本密集型产品的出口，主要有飞机、电子、计算机等新产品。

（二）出口导向战略的主要措施

实施出口导向对外贸易发展战略，关键是要提高出口商品的国际竞争力，不断开拓和扩大国际市场。因此，实施出口导向战略的国家也必须相应地采取一系列不同于进口替代时期的政策和措施。

▶ **1. 推行贸易自由化政策，在放松进口管制的基础上大力鼓励出口**

主要措施包括：①对出口制成品减免关税，出口退税，出口补贴；②对产品出口提供信贷和保险；③对出口部门所需要的原材料、零配件和机器设备等的进口减免关税或减少进口限制等；④积极参与国际合作，努力拓展国际市场。

▶ **2. 实行本币贬值政策**

在实行出口导向战略的初期，汇率一般偏高，为提高本国出口商品在国际市场上的竞争力，扩大出口，政府实行本币对外贬值的办法。本币贬值导致本国商品用外币表示的成本和价格逐渐降低，增强了在国际市场上的竞争能力，本币贬值还有利于减少进口。

▶ **3. 对出口企业实行优惠政策**

给出口企业提供减免出口关税、出口退税、出口补贴、出口信贷和出口保险等，目的是降低出口成本、开拓国外市场、增强出口竞争能力。给出口生产企业提供低利生产贷款，优先供给进口设备、原材料所需外汇，大力引进资本、技术、经营管理知识，建立出口加工区等，目的是降低生产成本、提高产品质量、增加创汇能力。

▶ **4. 优惠的吸引外资政策**

为解决出口导向对外贸易发展战略实施过程中的资金和技术缺乏，吸收外国先进的管理经验，打开国际市场销售渠道，一些国家和地区先后实施了非常具有吸引力的鼓励外国投资的政策，给外国投资者提供各种优惠和方便，如享受国民待遇、放宽利润和信贷方面的政策、优先提供基础设施和公用事业服务、简化投资审批手续、给外国投资者及其家属提供居住方便等。一些国家还与西方发达国家签订了投资保护协定和避免双重征税协定。

（三）对出口导向战略的评价

出口导向贸易战略根据比较优势的原则，通过扩大一个国家或地区有比较优势产品的出口，以改善本国或地区资源的配置，从中获得贸易利益和推动本国或地区的经济发展。

▶ **1. 出口导向战略的优点**

（1）优化资源配置。出口导向战略可以充分利用国外的资源，并与本国具有绝对优势的劳动力资源相结合，生产并出口本国具有比较优势的产品。利用国际市场带动国内相关产业和部门的发展，不仅为国内的剩余产品或闲置生产资源找到了出路，而且把国内经济发展资源集中配置于效率较高的、有利可图的产业部门。

（2）可以通过对外贸易，互通有无，使本国居民享受到更多的经济福利，提高其生活水平。

（3）赚取更多的外汇，缓解外汇和资本短缺的压力。通过利用发展中国家丰富、廉价的劳动力和其他资源，可以生产出成本较低、竞争力强的出口产品，从而开拓国际市场，赚取外汇，积累经济发展所必须的资本和外汇，改善国际收支状况。

（4）出口导向战略有利于增加就业，缓解发展中国家的就业压力。一般来说，实施出口导向战略国家的比较优势在劳动密集型产业，通过出口使劳动密集型产业发展起来，能够带来比进口替代高得多的就业机会，而且有助于就业结构的改善和劳动力素质的提高。

（5）市场扩大，获取因分工而产生的规模经济效益。

（6）促进本国产业结构升级。由于出口导向战略强调出口商品结构的优化，重视高技术含量和高附加值工业制成品出口对传统初级产品出口的替代，因此，出口导向战略不仅优化出口商品结构，而且通过外贸结构与产业结构联动效应，使本国产业结构也逐渐向高级化发展。

（7）可提高效率。出口导向工业面向国际市场，给企业带来竞争压力和提高效率的刺激。同时，国内企业也面临进口商品的激烈竞争，促使企业重视新技术应用和新产品开发，提高产品质量和管理水平，从而促进生产效率的提高。竞争压力也迫使政府采取一系列鼓励出口产业发展的政策、措施，并相应地进行政治、行政等改革，提高政府服务效率。

▶ 2. 出口导向战略的局限性

出口导向型贸易战略也有其局限性，在实践中可能会出现以下问题。

（1）出口受到国际市场制约。国际市场对本国出口产品的需求有限，长期维持出口扩张，将导致贸易条件下降。

（2）长期外贸顺差，使国内物价上涨、出口国际竞争力下降。长期扩大出口，导致外贸顺差加大，会因为长期贸易顺差而使国内货币供应量增加，而国内资源供应逐渐缺乏，最终必然是国内物价上涨、出口产品的国际竞争力下降。

（3）实现产业结构升级困难。发达国家已经建立了极具效率的工业，发展中国家建立自己的工业与其竞争比较困难。发展中国家主要是通过分享国际贸易利益来实现本国的产业结构升级，但是实施出口导向战略的国家在要求别国开放市场的同时，也必然要开放自己的市场，在发达国家实力雄厚的大公司的竞争下，建立本国工业基础，实现产业结构升级是发展中国家面临的难题。

（4）贸易保护使长期扩大出口出口困难。发达国家常常对发展中国家的劳动密集型的出口产品实施各种贸易限制。与此同时，发达国家极力开拓发展中国家的市场，利用各种机会占领发展中国家的市场。

（5）依赖国际市场，容易受世界经济波动冲击。在出口导向战略的影响下，本国的经济增长对国际市场的依赖性必将增强。一旦外部需求因某种原因突然萎缩，建立在出口导向战略基础上的经济增长的稳定性必将遭到破坏。

20世纪60年代中期前后，东亚和东南亚一些国家或地区最先转向出口导向战略。东亚及东南亚国家和地区早期的贸易政策以进口替代战略为主，自20世纪60年代起，东亚及东南亚国家和地区陆续开始贸易政策改革，由进口替代战略向出口导向战略转型，韩国和新加坡在60年代中期开始改革，马来西亚、泰国、菲律宾、印度尼西亚的改革是从60

年代末—70 年代中期开始的。在 20 世纪 70 年代，印度尼西亚、马来西亚和泰国的制造业产值年平均增长率分别为 12.8%、11.8%、10.6%，大大超过了国内生产总值的平均增长率，也远远超过了低收入国家 3.7%、中等收入国家 6.4% 和工业发达国家 3.2% 的发展速度，成为世界上制造业发展速度最快的地区。高速增长的结果，促使上述国家和地区工业化率也迅速提高。20 世纪 80 年代初期，亚洲"四小龙"的工业化率为 28%～38%，高于同期发达国家平均水平的 24%。除印度尼西亚以外，东盟国家的工业化率也达到了 18%～24%，接近发达国家工业化的水平。东亚、东南亚国家和地区主要通过大力实施出口导向战略，在较短时期内实现了经济腾飞，给予了这一战略极大的实践支持。出口导向贸易战略的成功极大地促进了以亚洲"四小龙"为中心的东南亚诸国或地区的经济发展。

拓展阅读 7-2
韩国的出口导向
战略（1961—
1979 年）

　　鉴于此，国际经济学界对出口导向贸易战略给予了高度的评价，并以此作为发展中国家和地区首选的对外贸易战略。世界银行 1985 年年度报告在广泛考察了发展中国家的对外贸易战略之后，得出了出口导向贸易战略优于进口替代贸易战略的结论。而世界银行《1987 年世界发展报告》在考察了 41 个发展中国家的经济发展实绩之后，通过对其制造业、农业年均增长率、工业增加值在 GDP 中比重、工业劳动力比重、制造业部门就业人数增长等指标的比较分析，结论认定选择外向型对外贸易发展战略的国家各方面数据均优于实施内向型对外贸易发展战略的国家。1993 年，世界银行将日本、亚洲"四小龙"以及东南亚的 3 个新兴工业化国家即泰国、印度尼西亚、马来西亚等国家和地区实施出口导向贸易战略而取得的发展称为"东亚的奇迹"[①]，并指出出口导向贸易发展战略为比其低一层次的发展中经济体树立了出口导向贸易发展战略的样板，对其他发展中国家和地区具有重要的借鉴意义[②]。

第五节　发达国家的对外贸易政策新趋势

　　20 世纪 90 年代以来，西方发达国家经济逐渐走出低谷，其对外贸易政策呈现出一些新的特点与趋势。

一、管理贸易政策日益成为发达国家的主要贸易政策

　　管理贸易政策（managed trade）又称协调贸易，是指一国对内通过制定一系列的贸易政策与法规，加强对外贸易秩序的管理，对外通过签订双边、区域及多边贸易条约或协定，从而协调与其他贸易伙伴的经济贸易关系。管理贸易是自由贸易和保护贸易的折中，它介于自由贸易与贸易保护之间，属于有组织的自由贸易，是以协调国家经济利益为中心，以政府干预贸易环境为主导，以磋商谈判为轴心，对本国贸易和全球贸易关系进行全面干预、协调和管理的一种贸易制度。

　　管理贸易政策的特点是：

　　（1）加强贸易立法，使贸易保护主义向合法化和制度化发展；

---

　　①　世界银行的报告中所称的"东亚的奇迹"，不但包括日本、亚洲"四小龙"这些东亚国家和地区，也包括东南亚的 3 个新兴工业化国家（泰国、印度尼西亚、马来西亚）。

　　②　世界银行. 东亚奇迹：经济增长与公共政策[M]. 北京：中国财政经济出版社，1995.

（2）力求确保本国国际收支的平衡，降低失业率，保护适度的经济增长速度；

（3）注重主动出击，积极开拓国际市场，发挥新兴产业的竞争优势，挖掘其潜在的规模经济效益；

（4）双边、区域多边贸易协调日益加强，并与国际多边贸易协调体制相交织；

（5）管理措施以非关税措施、协商和立法为主；

（6）跨国公司逐渐成为管理贸易的主体；

（7）服务贸易、知识产权贸易和农产品贸易是管理贸易的重要对象。

20世纪90年代以来，随着国际生产专业化和各部门生产的国际化、各国经济结构的重新调整、跨国公司的发展以及国际资本流动的相互交叉投资，在贸易自由化和新贸易保护主义的基础上出现了从自由贸易政策转向国际贸易的管理贸易政策的趋势，以此来取代"贸易自由化"和保护贸易。美国先后于1974年、1978年和1988年制定了综合贸易法案，开始了其从自由贸易政策向管理贸易政策的转变。克林顿上台后，随着其经济振兴计划的提出，对外贸易政策成为美国新经济政策的主要组成部分，美国进入了一个政府全面干预外贸活动的新时期。

在美国的示范和推动下，"管理贸易"已逐渐成为西方发达国家基本的对外贸易制度，各国政府更加强调政府积极介入外贸的作用。由于贸易结构的不断升级，管理贸易所包括的商品种类逐渐增多。20世纪90年代以后，管理的商品不仅包括劳动密集型产品和农产品，而且包括劳务、高科技产品和知识产品等。

二、"公平贸易""互惠贸易"代替"自由贸易""多边主义"，成为发达国家对外贸易政策的主旨和原则

"二战"后，以自由贸易为主旨的关贸总协定一直主宰着世界贸易体制。尽管其间各国贸易摩擦不断，但还是以自由贸易为主要原则。近几年来，西方发达国家一方面反对贸易保护主义；另一方面又强调贸易的公平性。与高筑壁垒抑制外国竞争的保护主义或放任自流的自由主义政策都有所不同，这种公平贸易是指在支持开放性的同时，以寻求"公平"的贸易机会为主旨，主张贸易互惠的"对等"与"公平"原则。具体表现为：①进入市场机会均等，判定的标准为双边贸易平衡，而不仅仅以是否满足双方进入要求为标准；②贸易限制对等，即以优惠对优惠，以限制对限制；③竞赛规则公平，可以预计，西方发达国家在未来的贸易政策中将继续沿着"公平贸易"的道路走下去。

20世纪90年代中后期以来，随着"冷战"结束，发达国家以维护公平贸易为借口，越来越多地采用反倾销、反补贴、技术标准、环保标准等新兴的非关税壁垒，对本国的产业进行保护。以美国为首的发达国家在国际贸易中推行一系列以本国利益至上为特点的单边主义的"公平贸易"政策，使"公平贸易"政策演变为贸易保护主义的"挡箭牌"。

三、对外贸易政策与对外政策、其他经济政策进一步融合

对外贸易在各国处理国家与国家之间关系中的作用越来越重要。西方发达国家，如美国前总统克林顿执政后曾把对外贸易提到"美国安全的首要因素"的高度，通过调整贸易政策的方式来调节对外关系，把对外贸易政策作为调节对外关系、实现政治与经济目标的主要手段之一。各国还注重对外贸易政策与其他经济政策的协调，最大限度地维护本国的公共利益。

四、政府推动高科技产业发展和鼓励出口成为推动外贸活动的主导措施

随着经济全球化的发展，国际市场的竞争日益激烈。各国竞争实力的强弱最终是由科技水平决定的。因此，出于经济利益的驱使，西方发达国家纷纷制定了促进高科技产业发展的政策，竞相资助研发活动，大力鼓励发展高技术部门，积极促进高科技产业的发展，确保在高科技领域处于领先地位。

五、非关税壁垒成为对外贸易的主要保护手段

在经济全球化和贸易自由化的大背景下，经过关贸总协定和世贸组织的多轮多边贸易谈判，发达国家的总体关税已降至较低水平，正常关税已起不到保护的作用，非关税贸易壁垒日益成为西方各国贸易政策工具的主体。例如，西方发达国家不断地采用技术性贸易壁垒和环境壁垒来抵制发展中国家劳动密集型产品的进口。

六、建立区域经济一体化组织，实行共同的对外贸易政策

20 世纪 90 年代以来，区域经济贸易集团化发展迅速，发达国家通过建立各种一体化组织加强与成员国之间的贸易自由化，并以联合的经济实力和共同的对外贸易政策来对付外界的贸易攻势。随着区域经济集团化的发展，区域内采取更加统一的对外贸易政策的趋势将进一步加强。

本章小结

在当今世界经济中，国际贸易政策在各国经济增长和经济发展中起着重要的作用，它已成为国际贸易的重要组成部分。国际贸易政策是指一国政府在一定时期内对商品进出口贸易和服务贸易所实行的各种政策的总称，它从总体上规定了该国对外贸易活动的指导方针和原则，内容包括对外贸易总政策、进出口商品政策和服务贸易政策、国别地区政策。

国际贸易自产生以来，基本上有两种类型的国际贸易政策：自由贸易政策和保护贸易政策。保护贸易政策经历了重商主义政策、保护贸易政策和超保护贸易政策等。

在不同的历史时期，各个国家根据其自身经济发展水平和产品、服务在国内外市场上的竞争能力，采取不同的贸易政策。在资本主义自由竞争时期，英国最早完成了产业革命，主张实行自由贸易政策；一些经济发展起步较晚的国家如美国和德国，则采取贸易保护主义政策。从资本主义垄断时期开始到"二战"前，垄断加强，资本输出占据统治地位，特别是 1929—1933 年资本主义经济大危机期间，市场问题急剧恶化，出现了超贸易保护主义。"二战"之后，随着生产国际化和资本国际化，出现了世界范围的贸易自由化。20 世纪 70 年代后随着资本主义经济危机的再次爆发，又兴起了新贸易保护主义。

拓展阅读 7-3
多边战略应对
拜登政府对华
经贸政策

"二战"后，一些国家开始实施贸易保护政策，选择适当的贸易政策是发展中国家制定经济发展战略的主要议题之一，主要有进口替代战略和出口导向战略。

20 世纪 90 年代以后，发达国家对外贸易政策又呈现出管理贸易日益成为贸易政策的主导内容、对外贸易政策与对外关系相结合、以非关税壁垒为主要手段等新特点。

案例分析

案例分析
美国重新调整对华贸易政策

案例分析
特朗普政府的贸易保护主义

思考题

1. 国际贸易政策制定的目的是什么？
2. 国际贸易政策的主要内容有哪些？
3. 一国制定对外贸易政策的主要依据有哪些？
4. 简述国际贸易政策的历史演变。
5. 试述发达国家外贸政策的新趋势。
6. 什么是出口替代政策？出口替代政策有哪些不足？
7. 什么是进口替代政策？进口替代政策有哪些不足？

线上课堂——训练与测试

扫描封底刮刮卡

获取答题权限

在线自测

第八章 关税措施

学习目标

本章详细阐述关税政策的基本内容，介绍了关税的含义、特点、作用和分类以及关税的征收方法、依据和程序，分析了关税的经济效应，并详细介绍了关税水平、名义保护率和有效保护率、关税结构。

1. 掌握关税的含义、特点、作用和分类；
2. 掌握关税的征收方法、依据和程序；
3. 通过图形分析关税的经济效应；
4. 掌握关税水平，掌握名义保护率、有效保护率和关税结构。

第一节 关税概述

一、关税的含义

关税（customs duties tariff）是进出口商品经过一国关境时，由政府设置的海关向进出口商所征收的税收。

关税的征收是通过海关来执行的。海关是设立在关境上的国家行政管理机构，是贯彻执行本国有关进出口政策、法令和规章的重要部门，其职责是依照国家法令，对进出口货物、货币、金银、行李、邮件、运输工具等进行监督管理、征收关税、查禁走私货物、临时保管通关货物和统计进出口商品等。征收关税是海关的重要任务之一。

拓展阅读 8-1
关税的起源

关境是指海关所管辖和执行有关海关各项法令和规章制度以及海关征收关税的领域，又称关税领域。货物只有在进出关境时才被视为进出口货物而征收关税。一般情况下，一国的海关在其本国国境内实施统一的贸易法令与关税法令，此时，一国关境与国境是一致的。但在下面两种情况下关境与国境不一致：①当一个国家在本国境内设立了自由港、自由贸易区、出口加工区等经济特区，虽在国境之内，从征收关税的角度看，却在关境以外，这时关境小于国境；②如果几个国家缔结成关税同盟，对内取消一切贸易限制，对外建立统一的关税制度，成员国只对来自和运往非成员国的货物进出共同关境时征收关税，参加关税同盟的国家的领土即成为统一的关境，这时关境大于国境。

二、关税的性质和特点

（一）关税具有强制性、无偿性和固定性

关税与其他国内税一样，具有强制性、无偿性和固定性。强制性是指关税是由海关凭借国家权力依法征收，纳税人必须无条件缴纳；无偿性是指海关代表国家单方面从纳税人

方面征收，而国家无须给予任何补偿；固定性是指关税是由海关根据预先制定的法律与规章加以征收，海关与纳税人双方都不得随意变动。

（二）关税是一种间接税

税收可以分为直接税和间接税两类。直接税以纳税人的收入和财产作为征税对象，由纳税人依法缴纳并直接承担，税赋不能转嫁他人。关税属于间接税，关税的主要征收对象是进出口商品，其税负是由进出口商先行垫付，而后把它作为成本的一部分计入进口商品的价格，最终可以将关税负担全部或部分转嫁给消费者。

（三）关税的税收主体是进出口商，客体是进出口货物

在税法中，征税涉及税收主体与客体。税收主体是指在法律上承担纳税的自然人和法人，也称纳税人。当商品进出国境或关境时，进出口商根据海关规定向当地海关交纳关税，他们是纳税人，是税收主体；税收客体（即课税对象）是进出口商品。

三、关税的作用

随着国际贸易的发展，不同种类的关税对于不同的国家或地区和不同的商品分别具有不同的作用。总体来说，关税的作用大致可概括为以下几个方面。

（一）增加国家财政收入

海关征收关税后即上缴国库，成为国家财政收入。但是，随着社会经济的发展及贸易自由化的推进，关税在财政收入中的比重和作用逐渐降低。这种以增加财政收入为目的而征收的关税称为财政关税。

（二）保护本国产业和国内市场

通过征收进口关税，增加进口商品的成本，提高其在本国市场的销售价格，削弱其在本国市场的竞争力，以保护本国同类产业或相关产业，保护本国企业的竞争力和市场占有率。通过低税、免税和退税来鼓励商品出口，并通过征收较高关税防止自然资源的大量外流，保证本国国内市场的供应。这种以保护本国的产业和国内市场为目的而征收的关税称为保护关税。

（三）关税是执行对外贸易政策的重要手段之一，它能够起到调节进出口贸易的作用

在出口方面，可以通过低税、免税来鼓励商品出口。在进口方面，可以针对不同的商品制定不同的关税税率，以便对不同商品的国内市场实施不同程度的保护或鼓励不同商品的进口以满足国内的需求，以及针对不同的国家或地区实施不同的关税税率，以实施国别地区贸易政策。

（四）通过关税调节贸易差额

当贸易逆差过大时，提高关税以限制商品进口，达到缩小贸易逆差的目的；当贸易顺差过大时，可通过减免关税来扩大进口，缩小贸易差额，并缓和同有关国家的贸易摩擦与矛盾。

（五）关税成为对外关系的重要手段

关税既是争取对外友好贸易往来的手段，也是对外进行经济斗争、反对贸易歧视、争取在平等互利基础上进行贸易合作的武器。实施关税优惠政策，可以改善国际关系，实行关税壁垒和差别歧视待遇可以限制从对方国家进口，并在对外谈判中施加压力，迫使对方让步。

第二节　关税的主要种类

一、按照征收的对象或商品的流向分类

按照征收的对象和商品流向分类，关税可以分为进口税、出口税和过境税。

（一）进口税

进口税（import duty）是指外国商品进入一国关境时或者从自由港、出口加工区、保税仓库进入国内市场时，由海关根据海关税则对本国进口商所征收的一种关税。

拓展阅读 8-2
我国调整部分商品
进出口关税

各国进口税税率的制定是基于多方面因素考虑的，从有效保护和经济发展出发，对不同商品制定不同的税率。一般来说，大多数国家的关税结构是：进口商品加工程度越高，进口税税率就越高，即工业制成品税率最高，半制成品次之，原料等初级产品税率最低甚至免税。对于进口国国内紧缺而又急需的商品予以低关税甚至免税，而对国内能够大量生产的商品或奢侈品征收高关税。

进口税是关税中最重要的税种，也是保护关税的主要手段。通常所说的关税壁垒，主要是指征收进口税。一国对进口商品征收高额关税，可以提高其成本，削弱其竞争力，起到保护国内市场和生产的作用。关税壁垒是一国推行保护贸易政策所实施的一项重要措施。进口税还是一国进行贸易谈判时迫使对方做出让步和妥协的重要手段。

（二）出口税

出口税（export duty）是出口国家的海关在本国产品输出本国关境时，对本国出口商所征收的关税。从征收出口税来看，其会使出口商品成本增加，这样势必提高出口商品的销售价格，削弱出口商品在国外的竞争能力，不利于扩大出口，所以，目前很少有国家征收。少数国家对在世界市场上已具有垄断地位的商品和国内供不应求的原料品，酌量征收。目前，出口税仍然是各国执行外贸政策的重要手段。

征收出口税的目的主要有以下几个。

（1）对本国资源丰富、出口量大的商品征收出口税，以增加财政收入。一般来说，以财政收入为目的的出口税税率都比较低，例如，拉丁美洲一些国家的出口税税率一般为5%～10%。

（2）为了保证本国的生产，对出口的原料征税，以保障国内生产的需要和增加国外商品的生产成本，从而加强本国产品的竞争能力。为了保证本国生产和消费而对出口的原料征收出口税的税率都比较高，在极端的情况下，甚至可以征收禁止性关税。例如，瑞典、挪威对于木材出口征收较高的关税，以保护国内纸浆及造纸工业。

（3）控制和调节某些商品的出口流量，以保持在国外市场上的有利价格，防止"贫困的增长"。如果国内生产要素增长过快使得出口产品迅速增加，就有可能产生贫困化增长。这种增长不但会恶化贸易条件，甚至会使一个国家的经济状况恶化。在这种情况下，通过出口税控制出口，有助于防止出口增加导致效益下降的情况发生。如果是一个大国，那么征收出口税以控制出口数量，就会迫使国际市场价格上涨，从而改善该国的贸易条件。

（4）为了防止跨国公司利用"转移定价"逃避或减少在所在国的纳税，向跨国公司出口产品征收高额出口税，可以维护本国的经济利益。

我国历来采用鼓励出口的政策，但为了控制一些商品的出口流量，采用了对极少数商品征收出口税的办法。被征收出口税的商品主要有生丝、有色金属、铁合金、绸缎等。

（三）过境税

过境税(transit duty)亦称通过税或转口税，是指一国海关对通过其关境再转运第三国的外国货物所征收的关税，其目的主要是增加国家财政收入。过境税产生于资本主义生产方式准备时期，当时重商主义时期盛行于欧洲各国。19世纪中叶以后，由于世界交通运输业的发展和各国在货运方面的激烈竞争，征收这种关税会直接影响本国货运业的发展，加上过境税对本国生产和市场没有影响，这种税的财政意义也不大，许多国家先后废除了过境税。1947年缔结的《关税与贸易总协定》第五条的过境自由，对过境、过境运输、过境税、过境费用及管理手续等方面做了规定，规定缔约方对通过其领土的过境运输，应免征关税、过境税和有关过境的其他费用，只收取运输费用以及因办理过境手续的手续费和行政服务费用。

二、按照征收关税的目的分类

征收关税的主要目的有两个：一是增加国家的财政收入；二是保护国内经济的发展。因此，按照征收关税的目的分类，关税可以分为财政关税和保护关税。

▶ **1. 财政关税**

财政关税(revenue tariff)又称收入关税，是指以增加国家的财政收入为主要目的而征收的关税。为了达到增加财政收入的目的，在对进口商品征收关税时，必须具备三个条件：①进口货物必须是国内不能生产的或者没有代用品而必须从国外进口的；②进口的货物在国内必须有大量消费；③税率比较低或适中。

从征收财政关税方面来讲，财政关税税率的制定要考虑三个因素：国家财政收入的需要、本国消费者的负担能力和税率对对外贸易额产生的影响。这三个因素应当综合起来考虑，因为财政关税虽然是为了增加国家财政收入而征收的，但是税率不能过高，因为税率过高势必会导致商品价格的提高，从而加重消费者的负担，这样会引起对国内进口商品的需求量减少，从而引起进口量减少，反而达不到增加财政收入的目的。比较典型的财政关税是对进口烟草、酒、茶叶等所征收的关税。

▶ **2. 保护关税**

保护关税(protective tariff)是指以保护国内生产和市场为主要目的而征收的关税，其主要特征是税率高。保护关税一般将进口商品关税税率定得较高，以致在征收关税后，进口商品的成本高于进口国国内同类商品的成本，这样才能达到有效保护国内生产和市场的目的。

各国一般都重视对保护关税政策的使用，对本国能生产并且能满足需要的产品，进口关税税率定得比较高；对国内有生产，但还满足不了需求，要进口一部分加以补充的商品，税率略高一些；而国内不能生产，又很需要的产品，关税税率就比较低，甚至会免税进口。保护关税是实行贸易保护主义政策的国家所采取的重要措施。一些发达国家将原材料及半制成品税率定得比较低，而工业制成品的税率相对较高，对农业一般是采用保护关税。

在使关税发挥增加财政收入和保护国内生产与市场的作用的同时，如果制定很高水平的关税税率，在实际的海关管理中，还会出现走私问题。

三、按照差别待遇和特定的实施情况分类

按照差别待遇和特定的实施情况分类，关税可分为普通税、最惠国关税、特惠税、普遍优惠制、差价税和进口附加税。

（一）普通税

普通税（general tariff）又称一般关税，是指对与本国未签订任何关税互惠贸易条约的国家的原产货物征收的非优惠性关税。普通税率是最高税率，一般比优惠税率高 1～5 倍，少数商品甚至更高。目前仅有个别国家对极少数（一般是非建交）国家的出口商品实行这种税率，大多数只是将其作为其他优惠税率减税的基础。因此，普通税率并不是被普遍实施的税率。

与普通税不同的是优惠关税。优惠关税是指对来自特定国家的进口货物在关税方面给予优惠待遇，其税率低于普通税税率或最惠国税率。它一般是在签订有友好协定、贸易协定等国际协定或条约国家之间实施的，目的是增加签约国之间的友好贸易往来，加强经济合作。优惠关税主要包括最惠国关税、特惠税和普惠制。

（二）最惠国关税

最惠国关税适用于那些彼此签订有双边或多边最惠国待遇协定国家（地区）之间的进出口商品的税率。如果甲国与乙国签订了最惠国待遇协定，则甲国从乙国进口的产品适用最惠国关税，若无此协定，则适用普通税。乙国也是如此。最惠国关税比普通税税率低，两者税率差幅往往很大。例如，美国对玩具的进口征收最惠国税率为 6.8％，普通关税税率为 70％。"二战"后，大多数国家或地区都加入了 GATT 即现在的 WTO 或签订了双边贸易条约或协定，相互提供最惠国待遇，享受最惠国待遇下的关税，因此这种关税又被称为正常关税。

（三）特惠税

特惠税（preferential duty）是指对来自特定国家或地区的进口商品给予特别优惠的低关税或免税待遇，其他国家不得引用最惠国原则要求享受优惠待遇。但它不适用于从非优惠国家或地区进口的商品，特惠税有的是互惠，有的是非互惠的。

特惠税最早开始于宗主国与其殖民地及附属国之间的贸易，其目的在于保护宗主国在其殖民地及附属国市场上的优势。最有影响的是《洛美协定》国家之间的特惠税，它是欧盟向参加协定的非洲、加勒比海和太平洋地区的发展中国家单方面提供的特惠关税。1975年，欧共体与非洲、加勒比地区和太平洋地区的 46 个发展中国家在西非国家多哥的首都洛美签订了为期五年的贸易和经济协定，被称为《洛美协定》。协定中在关税方面的优惠主要表现为：欧共体对于来自非、加、太地区的发展中国家的全部工业品和 96％的农产品给予免税待遇。欧共体国家对这些发展中国家不做对等要求，即不要求给予反向优惠，所以这是一种非互惠的特惠税。《洛美协定》到期后一再延长，目前优惠提供国已发展为欧盟各国，享受优惠的非、加、太国家也增加到 70 多个。《洛美协定》执行的特惠税是目前世界上涉及商品范围最广、免税程度最大的特别优惠关税。

目前，中国对来自于世界最不发达国家和地区的一些商品实行特别优惠关税。

（四）普遍优惠制

普遍优惠制（generalized system of preferences，GSP）简称普惠制，是发达国家对从发展中国家和地区进口的某些商品，特别是制成品和半制成品（包括某些初级产品）给予普遍的、非歧视的、非互惠的关税优惠待遇。

根据普惠制的决议，普惠制具有三项基本原则：一是"普遍的"，即发达工业国应当对发展中国家出口的制成品和半制成品给予普遍的优惠关税待遇；二是"非歧视的"，即应使所有的发展中国家都无歧视、无例外地享受普惠制的优惠待遇；三是"非互惠的"，即工业发达国家应当单方面给予发展中国家以关税优惠待遇，而不要求发展中国家提供反向优惠。

普惠制实施的目标或宗旨是：扩大发展中国家对于发达国家的工业制成品、半制成品的出口，增加发展中国家的外汇收入，促进发展中国家的工业化进展，加速发展中国家的经济增长率。

实行普惠制的国家在提供普惠制待遇时，都做了种种规定，在已有的 16 个普惠制方案中，主要的规定有以下几个。

▶ 1. 对受惠国家和地区的规定

按照普惠制的原则，给惠国应该对所有发展中国家或地区都无条件、无例外地提供优惠待遇。但是实际上，发展中国家能否成为普惠制方案的受惠国是由给惠国单方面确定的。因此，各普惠制方案大都有违普惠制的三项基本原则。各给惠国从各自的政治、经济利益出发，制定了不同的标准，限制受惠国家和地区的范围。例如，美国公布的受惠国名单中就不包括某些社会主义发展中国家、石油输出国成员、与美国的贸易中有歧视或敌对的国家等。

▶ 2. 对受惠商品范围的规定

一般农产品的受惠商品较少，工业制成品或半制成品只有列入普惠制方案的受惠商品清单，才能享受普惠制待遇。一些敏感性商品，如纺织品、服装、鞋类以及某些皮制品、石油制品等常被排除在受惠商品之外或受到一定限额的限制。

▶ 3. 对受惠商品减税幅度的规定

这里的关税削减幅度是指最惠国税率和普惠制税率之间的差额，即在最惠国税率基础上减免关税的幅度。由于多数普惠制方案对农产品实行减税，对工业品实行免税，所以一般工业品差幅较大，农产品差幅较小。

▶ 4. 对给惠国保护措施的规定

这是优惠提供国在实施普惠制方案时，为保护本国工业和制造商的利益而规定的措施，从各国的实践方面来看，主要有以下几个。

（1）免责条款。这是指给惠国认为从发展中国家进口的受惠商品进口量增加到对本国同类商品或者有竞争关系的商品造成了严重损害，或者已经形成严重威胁时，保留对这种商品取消或者部分取消关税优惠的权利。欧盟出口的这些产品不再享受普惠制关税优惠待遇。

（2）预定限额。给惠国对享受普惠制的工业产品数量事先规定一个限额，其形式有关税配额、最高限额、国家最高限额等。在受惠国的受惠商品进口量达到限额后，就不再给予普惠制优惠关税待遇。对于超过限额的进口商品，有的规定征收正常的进口税，有的加征高额关税或罚款。

（3）竞争需要标准。当给惠国从特定受惠国进口的特定产品超过规定的限额时，就认为这种产品在该国市场上具有竞争能力，从而取消这种产品的普惠制优惠待遇。

▶ 5. 对原产地的规定

为了确保普惠制待遇只给予发展中国家和地区生产和制造的产品，各给惠国制定了详细和严格的原产地规则。原产地规则是衡量受惠国出口产品能否享受给惠国给予减免关税待遇的标准。原产地规则一般包括三个部分：原产地标准、直接运输规则和书面证明书。所谓原产地标准，是指只有完全由受惠国生产或制造的产品，或者进口原料或部件在受惠国经过实质性改变而成为另一种不同性质的商品，才能作为受惠国的原产品享受普惠制待遇。所谓直接运输规则，是指受惠产品必须由受惠国直接运到给惠国。由于地理上的原因或运输上的需要，受惠产品可以经过他国领土转运，但必须置于过境国海关的监管下，未投入当地市场销售或再加工。所谓书面证明书，是指受惠国必须向给惠国提供由受惠国政府授权的签证机构签发的普惠制原产地证书表格，作为享受普惠制减免关税优惠待遇的有效凭证。

▶ 6. 毕业条款

一些给惠国按照自己的定义和标准，取消一些已经获得较强出口竞争力的发展中国家的普惠制待遇。毕业标准可分为产品毕业和国家毕业两种。当从受惠国进口某项产品的数量增加到对给惠国相同产品或直接竞争性产品的生产、制造商造成或可能造成威胁或损害时，给惠国则对该受惠国的该项产品完全或部分取消普惠制优惠关税待遇的资格，称之为产品毕业。一旦某发展中国家（地区）工业化程度和经济发展水平有了较大的提高，并且在国际贸易中显示出较强的出口竞争能力，在国际市场上占有较大份额时，给惠国则对该发展中国家（地区）完全取消受惠国资格，称之为国家毕业。

▶ 7. 普惠制的有效期

普惠制的实施期限为 10 年，经联合国贸易与发展会议全面审议后可延长。

普惠制的实施对于发展中国家和地区的出口扩大、工业化的进展和经济增长的确起到了促进作用，如亚洲"四小龙"在经济上所取得的成就在很大程度上得益于普惠制。

（五）差价税

差价税（variable levy）又称差额税，是当本国生产的某种产品的国内价格高于同类进口商品的价格时，为削弱进口商品的竞争力，保护本国生产和国内市场，对进口商品按照国内价格与进口价格之间的差额征收的关税。

差价税没有固定的税率，其税额随着国内外市场价格的变动而变动，差额是多少就征多少。也就是因为这一特点，差价税是一种滑动关税。征收差价税的目的是要把进口商品的价格随时抬高到国内同类商品的价格水平之上，使进口商品失去价格竞争优势，以保护国内的生产与市场。

差价税的典型表现是欧盟对进口农畜产品的做法。欧盟为了保护其农畜产品免受非成员国低价农产品竞争，而对进口的农产品征收差价税。欧盟在征收差价税时，按照下列步骤进行：首先，在共同市场内部按生产效率最低而价格最高的内地中心市场的价格为准，制定统一的目标价格（target price）；其次，从目标价格中扣除从进境地运到内地中心市场的运费、保险费、杂费和销售费用后，得到门槛价格（threshold price）或称闸门价格；最后，若外国农产品抵达欧盟进境地的到岸价格 CIF 低于门槛价格，则按其间差额确定差价税率。

实行差价税后，进口农产品的价格被抬至欧盟内部的最高价格，从而丧失了价格竞争优势。欧盟则借此有力地保护了其内部的农业生产。此外，对使用了部分农产品加工成的进口制成品，欧盟除征收工业品的进口税外，还对其所含农产品部分另征部分差价税，并把所征税款用作农业发展资金，资助和扶持内部农业的发展。因此，欧盟使用差价税实际上是其实现共同农业政策的一项重要措施，保护和促进了欧盟内部的农业生产。

（六）进口附加税

进口附加税（import surtax）又称特别关税，是指进口国海关对进口的外国商品在征收进口关税的同时，出于某种特定的目的而额外加征的关税。也就是说，把征收的正常进口税称为正税，额外加征的称为附加税。征收进口附加税是一种临时性的限制进口措施，又称为特别关税。进口附加税不同于进口税，在一国《海关税则》中并不能找到，也不像进口税那样受到世界贸易组织的严格约束而只能降不能升，其税率的高低往往视征收的具体目的而定。

实施这种措施的目的主要有：

（1）应付国际收支危机，解决国际收支逆差，即当国际收支出现问题时，以这项措施促进进出口贸易平衡，从而解决国际收支逆差；

（2）抵制外国商品的低价倾销，即以此措施抵消外国商品的压价竞争的效果，防止对本国有关产业的冲击；

（3）对某个贸易伙伴国实行贸易歧视或者报复政策。

进口附加税是限制商品进口的重要手段。对所有的或全部的进口商品加征进口附加税，在特定时期有较大的作用。例如，美国在1971年出现80多年以来的第一次贸易逆差时，国际收支恶化。为了应付这种情况，1971年8月15日，当时的美国总统尼克松宣布实施"新经济政策"，除了停止用美元兑换黄金以外，另外的重要措施之一就是对所有进口商品一律加征10％的进口附加税，以限制商品进口，改善国际收支。

一般来说，对所有进口商品征收进口附加税的情况较少，大多数情况是针对个别国家和个别商品征收进口附加税，这类进口附加税主要有反倾销税、反补贴税、紧急关税、惩罚关税和报复关税五种。

▶ 1. 反倾销税

反倾销税（anti-dumping duty）是对实行倾销的进口货物所征收的一种临时性进口附加税，其目的在于抵制商品倾销，保护本国产品的国内市场。因此，反倾销税税额一般按倾销幅度征收，由此抵消低价倾销商品价格与该商品正常价格之间的差额。通常由受损害产业提出请求或本国调查机构自主发起调查，本国政府调查机构对该项产品价格状况及产业受损害的事实与程度进行调查，确认是倾销时，即征收反倾销税。政府调查机构认为必要时，在调查期间，还可先对该项商品进口暂时收取相当于税额的保证金。如果调查结果倾销属实，即作为反倾销税予以征收；倾销不成立时，即予以退还。

▶ 2. 反补贴税

反补贴税（countervailing duty）是对直接或间接接受任何奖金或补贴的外国商品的进口所征收的一种进口附加税。凡进口商品在生产、制造、加工、买卖、输出过程中所接受的直接或间接的奖金或补贴均构成征收反补贴税的条件，不管这种奖金补贴是来自政府还是同业公会。反补贴税的税额一般按奖金或补贴数额来征收。反补贴税的目的在于增加进口商品价格，抵消国外竞争者得到奖励和补助产生的影响，削弱其竞争能力，使其在本国国内市场上不能进行低价竞争或倾销，从而保护本国的制造商。

为了有效地约束和规范补贴的使用，防止补贴对国际贸易带来的扭曲作用，世界贸易组织《补贴与反补贴措施协议》对反补贴税做了规定。根据《补贴与反补贴措施协议》，征收反补贴税必须证明补贴的存在及这种补贴与损害之间的因果关系。如果出口国对某种出口产品实施补贴的行为对进口国国内现有的工业造成重大损害或产生重大威胁，或严重阻碍进口国国内某一工业的新建时，进口国可以对该种产品征收反补贴税。反补贴税税额一般按奖金或补贴的数额征收，不得超过该产品接受补贴的净额，且征税期限不得超过五年。另外，对于接受补贴的倾销商品，不能既征收反倾销税，同时又征收反补贴税。

▶ 3. 紧急关税

紧急关税（emergency tariff）是为消除外国商品在短时间内大量进口对国内同类产品生产造成重大损害和重大威胁而征收的一种进口附加税。当短期内外国商品大量涌入时，一般正常关税已难以起到有效的保护作用，因此需要借助税率较高的特别关税来限制进口，保护国内生产。例如，2003年8月1日—2004年3月31日，日本对牛肉和猪肉进口开征为期8个月的紧急关税，把冷藏牛肉的关税税率由38.5％提高到50％，同时对生猪屠宰后畜体进口的政府管理"门槛价"从每千克409.9日元提高到510.03日元，切割肉块进口从每公斤546.53日元提高到681.08日元。由于紧急关税是在紧急情况下征收的，是一种临时性关税，因此，当紧急情况缓解后，紧急关税必须撤除，否则会受到别国的关税报复。

▶ 4. 惩罚关税

惩罚关税（penalty tariff）是指出口国某商品违反了与进口国之间的协议，或者未按照进口国海关规定办理进口手续时，由进口国海关向该进口商征收的一种临时性的进口附加税。这种特别关税具有惩罚和罚款性质。例如，某进口商以低价假报进口价格，一经发现，进口国海关将对该进口商征收特别关税作为惩罚。同时，惩罚关税有时还被作为贸易谈判的手段。例如，美国在与别国进行贸易谈判时，就经常扬言若谈判破裂就要向对方征收高额惩罚关税，以此逼迫对方让步。这一手段在美国经济政治实力鼎盛时期是非常有效的，然而，随着世界经济多极化、国际化等趋势的加强，这一手段日渐乏力，且越来越容易招致别国的报复。

▶ 5. 报复关税

报复关税（retaliatory tariff）是指一国为报复他国对本国商品、船舶、企业、投资或知识产权等方面的不公正待遇，对从该国进口的商品所征收的进口附加税。通常在对方取消不公正待遇时，报复关税也会相应取消。然而，报复关税也像惩罚关税一样，易引起他国的反报复，最终导致关税战。

第三节 关税的征收

一、关税的征收方法

关税的征收方法又称关税的征收标准，是各国海关计征进出口商品关税的标准和计算的方法。按照征税的标准划分，可以分为从量税、从价税、混合税、选择税、滑准税 5 种。从量税和从价税是关税征收的两种基本方法，在此基础上，又使用混合税、选择税和滑准税。征收关税的方法或者标准不同，计算税款的方法就不一样，征收关税的税额也就不同，所以在进出口时都要注意征收关税的方法或标准。

（一）从量税

从量税（specific duties）是以商品的重量、数量、长度、面积、体积和容积等计量单位为标准计征的关税。它的计算公式为

$$从量税额＝商品计量单位数×每单位从量税$$

征收从量税的计量单位有数量、重量、容量、长度、面积、体积等。大部分国家是以商品的重量为单位征收从量税的。重量单位又分为毛重、净重和法定重量：毛重是指商品本身加内外包装的总重量；净重指商品本身的重量，不包括内外包装的重量；法定重量是指商品总重量扣除外包装后的重量。如果使用毛重计量关税，对于进出口商来说为了减轻税收负担，就必须注意商品包装的轻重，要求降低包装重量，从而降低毛重。

从量税的优点在于征税标准固定，而且征收手续比较简便；缺点在于税负不合理，同种类的货物不论等级高低，均征以同税率的关税，使得征税有失公平，而且其税额也不能随物价的变动而调整。征收对象一般是谷物、棉花等大宗产品和标准产品。对某些商品如艺术品及贵重物品（古玩、字画、雕刻、宝石等）则无法使用。

从使用从量税的方法计征关税的税负与关税的保护作用看，有一个值得注意的问题就是税负与价格变化的关系。税负与商品价格成反比例变动：如果进口商品的价格上涨，使用从量税的税负就相对减轻，价格下跌，税负加重。这就是说，如果进口商品价格上涨，

关税的保护作用就会减弱。所以，当有通货膨胀、物价上涨的情况发生时，从量税就不能很好地发挥应有的保护作用。在工业生产还不十分发达、商品品种规格简单、税则分类也不太细的一个相当长时期内，西方国家普遍采用从量税的方法计征关税。第二次世界大战后，随着通货膨胀的出现，商品种类、规格日益繁杂，工业制成品贸易比重加大，征收从量税起不到关税保护作用，各国纷纷放弃了完全按从量税计征关税的做法，开始采用从价税计征关税。

（二）从价税

从价税（ad valorem duties）是以进口商品的价格为标准计征的关税，其税率表现为货物价格的一定百分比。从价税是目前世界各国最常采用的征税方法，其计算公式为

$$从价税额＝商品价格总额×从价税率$$

使用从价税征收关税的关键问题是：如何确定进出口商品的"完税价格"，完税价格是指由海关审定的作为计征关税的货物价格，它是决定税额多少的重要因素之一。目前世界各国所采用的完税价格标准很不一致，大体上可概括为以下三种：①到岸价格（CIF），即以成本加运费、保险费价格作为征税标准；②离岸价格（FOB），即以装运港船上交货价格作为征税标准；③进口国官方价格作为征税标准。美国、加拿大等国采用离岸价格来估价，而西欧等国采用到岸价格作为完税价格。也有不少国家故意抬高进口商品完税价格，以此增加进口商品成本，把海关估价变成一种阻碍进口的非关税壁垒措施。

为了弥补各国确定完税价格的差异且减少其作为非关税壁垒的消极作用，世贸组织《海关估价协议》规定了六种海关估价的方法。估价优先采用的方法是以实际"成交价格"作为估价的主要依据。当实际成交价格不能确定时，其他估价方法依次为相同商品的成交价格、类似商品的成交价格、倒扣价格、计算价格和其他合理的方法。只有在第一种方法不能确定完税价格时，才能使用第二种方法，依此类推。

从价税的特点有以下几个。

（1）税负合理。同类商品质高价高，税额也高；质次价低，税额也低。加工程度高的商品和奢侈品价高，税额较高，相应的保护作用较大。

（2）由于从价税随着商品价格的升降而变化，所以在价格上升时，税额增加，保护作用大，价格下降时，税额减少，保护作用小。

（3）各种商品均可适用。

（4）从价税率按百分数表示，便于与各国之间进行比较。

（5）完税价格不易掌握，征税手续复杂，大大增加了海关的工作负荷。

采用从价税制时，完税价格不易掌握，征税手续复杂，大大增加了海关的工作负荷。由于从量税和从价税存在一定的缺点，因此，在从量税和从价税的基础上，又产生了混合税和选择税。

（三）混合税

混合税（mixed duties）又称复合税（compound duties），是在税则的同一税目中定有从量税和从价税两种税率，对某种进口商品采用从量税和从价税同时征收的一种方法。例如，对酒征收 5% 的从价税，另外每公升加征 1 美元的从量税。混合税计算公式为

$$混合税额＝从量税额＋从价税额$$

混合税具体运用时可分为两种情况：①以从量税为主加征从价税，即在对每单位进口商品征税的基础上，再按其价格加征一定比例的从价税；②以从价税为主加征从量税，即在按进口商品的价格征税的基础上，再按其数量单位加征一定数额的从量税。

混合税常用于本身较重的原材料或耗用原材料较多的工业制成品的进口计税。混合税的优点是，当物价上涨时，所征税额比单一从量税为多；物价下跌时，所征税额比单一从价税为高，从而增加了关税的保护程度。其缺点是手续繁杂，征收成本高，从量税与从价税的比例难以确定。

（四）选择税

选择税（alternative duties）是对同一种进口商品在税则中同时定有从价税和从量税两种税率，征税时由海关选择较高的一种计征的征收方法。

选择税有很大的灵活性，一般情况下选择税额较高的方法征收，在物价上涨时使用从价税，在物价下跌时，使用从量税，这样可以有效地提高进口货物的税收负担，削弱其竞争能力。但是如果属于国家鼓励进口的货物，就可以选择税额低的方法征收。

（五）滑准税

滑准税是根据货物的不同价格适用不同税率的一种特殊的从价关税。它是一种关税税率随进口货物价格由高至低而由低至高设置计征关税的方法。一般来说，价格较高时税率较低，价格较低时税率较高，主要目的是稳定进口商品的国内价格。滑准税的特点是可保持实行滑准税商品的国内市场价格的相对稳定，使其不受国际市场价格波动的影响。

二、关税的征收依据

各国征收关税的依据是海关税则。

（一）海关税则的概念

海关税则（customs tariff）又称关税税则，是一国对进出口商品计征关税的规章和对进出口应税与免税商品加以系统分类的一览表。

从内容上来看，海关税则一般包括两部分：一部分为海关征收关税的规章、条例和说明；另一部分为关税税率表。关税税率表的内容主要包括税号、商品分类目录及税率三部分。海关税则是关税制度的重要内容，是一个国家对外贸易政策和关税政策的具体体现，利用海关税则可以达到保护本国经济和实行差别待遇的目的。

税则中的商品分类，有的按商品加工程度划分，有的按商品性质划分，也有的把两者结合起来划分，按商品性质分成大类，再按加工程度分成小类。随着经济的发展，各国海关税则的商品分类越来越细，这不仅仅是由于商品日益增多而产生技术上的需要，更主要的是各国开始利用海关税则更有针对性地限制有关商品的进口和更有效地进行贸易谈判，将其作为实行贸易歧视政策的手段。

（二）海关税则的分类

海关税则中的同一商品，可以用一种税率征税，也可以用两种或两种以上税率征税。

▶ 1. 根据关税税率栏目的多少分类

根据关税税率栏目的多少，海关税则可分为单式税则和复式税则两种。

（1）单式税则（single tariff）又称一栏税则，是指一个税目只有一个税率，即对来自任何国家的商品均以同一税率征税，没有差别待遇。目前只有少数发展中国家如委内瑞拉、巴拿马、冈比亚等仍实行单式税则。

（2）复式税则（complex tariff）又称多栏税则，是指同一税目下设有两栏或两栏以上的税率，对来自不同国家的同种商品按不同的税率征税，实行差别待遇。其中，普通税率是最高税率，特惠税率是最低税率，在两者之间，还有最惠国税率、协定税率、普惠制税率等。这种税则有两栏、三栏、四栏不等。我国目前采用两栏税则，美国、加拿大等国实行三栏税则，而欧盟等国和地区实行四栏税则。目前，世界上绝大多数国家实行的是复式税则。

▶ 2. 根据海关税则中税率制定的不同分类

根据海关税则中税率制定的不同，海关税则可分为自主税则和协定税则两种。

(1) 自主税则(autonomous tariff)又称国定税则，是指一国立法机构根据关税自主原则单独制定而不受对外签订的贸易条约或协定约束的一种税率。

(2) 协定税则(conventional tariff)是指一国与其他国家或地区通过贸易与关税谈判，以贸易条约或协定的方式确定的关税税则，一般适用于有协定的商品。协定税则是在本国原有的固定税则以外，通过与他国进行关税减让谈判而另行规定的一种税率，因此要比固定税率低。

根据现行的《中华人民共和国进出口关税条例》的规定，我国目前实施复式税则，对进口关税设置最惠国税率、协定税率、特惠税率、普通税率、关税配额税率等税率。此外，依据进出口商品流向的不同，还可分为进口货物税则和出口货物税则。

(三) 海关税则的商品分类

由于各国海关在商品名称、定义、分类标准及税号的编排方法上存在差异，使得同一商品在不同国家的税则上所属的类别和号列互不相同，因此给国际贸易活动和经济分析带来很多困难。为了减少各国海关在商品分类上的矛盾，统一税则目录开始出现并不断完善，相继有联合国《国际贸易标准分类》《海关合作理事会税则商品分类目录》和《商品名称及编码协调制度》等。

▶ 1.《国际贸易标准分类》

为了减少各国海关在商品分类上的矛盾，1950年，由联合国统计局主持制定、联合国统计委员会审议通过、联合国秘书处颁布了《国际贸易标准分类》(Standard International Trade Classification，SITC)，旨在统一各国对外贸易商品的分类统计和分析对比。SITC采用经济分类标准，按照原料、半制成品、制成品顺序分类，并反映商品的产业来源部门和加工阶段。截至2006年，该标准分类经历了四次修改，最近的一次修改为SITC"修订4版"(SITC Revision 4)，于2006年3月联合国统计署第三十七届会议通过。该分类法将商品分为10大类、67章、262组、1 023个分组和2 970个项目。该标准第1位数表示商品的大类(0~9)，第2位数字表示对产品的进一步分类，最详细的产品分类用5位数字表示。通常将0~4类初级产品归为资源密集型产品；第6类、第8类工业制成品归为劳动密集型产品；第5类、第7类工业制成品归为资本和技术密集型产品。

▶ 2.《海关合作理事会税则商品分类目录》

为了减少贸易各国在海关税则商品分类上的矛盾，欧洲关税同盟研究小组于1952年12月拟定了《关税税则商品分类公约》，并设立了海关合作理事会，制定了《海关合作理事会税则商品分类目录》(Customs Cooperation Council Nomenclature，CCCN)。因该税则目录是在布鲁塞尔制定的，故又称《布鲁塞尔税则目录》(Brussels Tariff Nomenclature，BTN)。该目录的分类原则是以商品的原料组成为主，结合商品的加工程度、制造阶段和商品的最终用途来划分，把全部商品分为21类(section)、99章(chapter)、1 015项税目号(heading No.)。前四类(1~24章)为农畜产品，其余17类(25~99章)为工业制成品。

税目号用四位数表示，中间用圆点隔开，前两位数表示商品所属章次，后两位数表示该章项下的某种商品的税目号。例如，男用外衣属于第61章第1项，其税目号为61·01。按分类目录解释规则的规定，税则目录中的类、章、项这三级的税目号排列及编制，各会员国不得随意变动；各国可在税目下加列子目，税则中商品分类之所以如此繁细，反映了商品种类增多，同时也是为了便于实行关税差别和贸易歧视政策，它是一国关税政策的具体体现。《海关合作理事会税则商品分类目录》在世界各国海关税则中得到了普遍使用。

CCCN 与 SITC 两种商品分类目录在国际上同时并存，由于对商品分类有所不同，虽然制定了相互对照表，但仍给很多工作带来了不便。

▶ 3.《商品名称及编码协调制度》

为了使这两种国际贸易商品分类体系进一步协调和统一，以兼顾海关税则、贸易统计与运输等方面的共同需要，20 世纪 70 年代初，海关合作理事会设立了一个协调制度委员会，研究并制定了《协调商品名称及编码制度》(The Harmonized Commodity Description and Coding System，H. S. 编码制度)，又称《协调制度》(Harmonized System，HS)。该制度于 1988 年 1 月 1 日起正式实施。大约每 4 年修订 1 次，《商品名称及编码协调制度》(简称《协调制度》)按货物的加工程度，依原材料、未加工产品、半成品和成品的顺序排列。例如，活动物在第 1 章，动物生皮和皮革在第 41 章，而皮鞋在第 64 章。章内和品目内也同样按此排序。根据 2012 年版的《协调制度》将商品分为 21 类、97 章，第 97 章留空备用，章以下设有 1 241 个四位数的税目，5 216 个六位数的子目。其中第 1～24 章为农副产品，第 25～97 章为加工制成品。

拓展阅读 8-3
2022 版海关
《商品名称及
编码协调制度》

《协调制度》的基础项目用六位数字编码。六位数中的前四位数是协调制度的项目号(税目号)，其中，前两位数表示商品所在的章，后两位表示该商品在章中所处的位置。项目以下，第五位数字为一级子目，表示该商品在项目中的位置，第六位数为二级子目，是一级子目的进一步细分。前四位与后两位之间用实点隔开。各国可以在子目之下增设分目。例如，税目为 01·04 是绵羊、山羊，前两位数表示该项目在第 1 章，后两位表示该商品为第 1 章的第四项。六位数的子目，即表示包括税目下的子目，例如 5202 为废棉；5202·10 为废棉纱线。此外，为了使《协调制度》执行起来清楚、明确，《协调制度》有类、章的注释及项目和子目的注释，并在目录之首列有六条归类总规则，作为商品归类的指导。四位数字级的税目编号主要用于计税，五位数字及六位数字级的子目号主要用于海关统计。

关贸总协定(世贸组织)也以《协调制度》目录统计的数据作为关税减让谈判的基础。中国自 1992 年 1 月 1 日起也正式实施了以《协调制度》为基础编制的新的《海关进出口税则》和《海关统计商品目录》，并根据中国对外贸易商品结构的实际情况，在《协调制度》原六位编码的基础上增加了第七位和第八位编码，加列了 1 832 个七位数子目和 282 个八位数子目，共有 6 250 个税目。目前，世界上已有 200 多个国家使用《协调制度》，各国的海关统计、普惠制待遇等都依据《协调制度》。

三、关税的征收程序

关税的征收程序即通关手续，又称报关手续，是指出口商或进口商向海关申报出口或进口，提交报关单和有关证明，接受海关的监督与检查，履行海关规定的手续。办完通关手续，结清应付的税款和其他费用，经海关同意，货物即可通关放行。

关税的征收程序通常包括货物的申报、查验、征税和放行 4 个基本环节。现以一般贸易货物的报关手续为例加以说明。

（一）货物的申报

申报是指进出口货物的收发货人、受委托的报关企业，依照《海关法》以及有关法律、行政法规和规章的要求，在规定的期限、地点，采用电子数据报关单或纸质报关单形式，向海关报告实际进出口货物的情况，并接受海关审核的行为。进出口货物的申报应由经海关注册登记的报关员代表报关单位向海关办理。申报是办理进出口货物进出境通关手续的第一个环节，申报是整个进出境通关环节的基础，海关将根据进出口货物收发货人的申报，依据国家有关法律法规的规定，对申报的进出口货物进行审核、查验、征税、统计、放行，并对其中的申报不实等走私违规行为进行处罚。对进出口货物的报关单位而言，如实申报是申报环节的基本要求，如实申报是指报关单位应当保证申报内容的真实性、准确性、完整性和规范性，并承担相应的法律责任。具体包括 3 个方面的要求，即在海关规定的时间、地点进行申报，按照海关规定的形式进行申报，按照实际进出口货物的情况向海关申报。进出口货物的收发货人只有履行如实申报的义务，才能够完成相应的通关义务，获取进出口货物的放行。

报关时应向海关递交下列单证。

（1）进（出）口货物报关单一式四份（减免税进口货物一式三份）；出口退税货物增值税发票；一份退税专用报关单。

（2）对外贸易管理部门签发的进出口货物许可证和国家规定的其他批准文件。

（3）提货单、装货单和运单。

（4）外贸、工贸公司对外签订的外贸合同。

（5）发票。发票是海关确定征税价格的重要依据，要求真实，并注明货物价格运保费等。

（6）装箱单。单一品种、包装一致的件装或散装货物可免交。

（7）征免税证明文件、缓税证明书、免验证明文件等，这一项文件要求事先申请并在报关时交验，否则造成征税或误验，责任在申报人。

（8）其他检验、检疫证明文件，原产地证，如商检、卫检、动植检等证明（在报关单上加盖检验、检疫印章亦可）。

（9）委托报关证明书等其他单据、文件。

（二）货物的查验

对进出口货物进行查验是《海关法》赋予海关的一项权力，也是为了保证海关对进出口货物实施监管必不可少的一项条件。海关查验是海关依据报关人提交的进出口货物报关单和相应申报单证，查实货物的基本情况，以确认实际进出口货物和所申报进出口货物相符，保证进出口活动的真实性、合法性的行为。海关查验的主要内容是为了确认进出境货物的物理或化学性质、货物状况、规格、数量、价格、原产地、存放场所、包装等是否与报关单证上所列一致。查验一方面是为了给有关海关管理工作提供依据，如为海关审价、征税工作提供具体资料；另一方面也可以预防和制止伪报、瞒报或申报不实等违法、违规行为。

（三）货物的征税

海关在审核单证和查验货物以后，根据《中华人民共和国关税条例》规定和《中华人民共和国海关进出口税则》规定的税率，对实际货物征收进口或出口关税。

进口税款用本国货币缴纳，如使用外币，则应按本国当时汇率折算缴纳。货物到达时，如发现货物缺失一部分，可扣除缺失部分的进口税。一般贸易货物的纳税义务人应自海关填发税款缴纳证的次日起七天内缴纳税款，逾期缴纳的，由海关征收滞纳金。一般贸易货物放行后，海关发现少征或漏征税款可在两年内追补，发现多征的，纳税人可在一年内要求海关退还。

(四) 货物的放行

当一切海关手续办妥以后，海关即在提单上盖上海关放行章以示放行，进口货物即可通关。货物到达后，通常进口商应在货物到达后所规定的工作日内办理通关手续。如果进口商想延期提货，则可在办理存栈报关手续后将货物存入保税仓库，暂时不缴纳进口税。在存放仓库期间，货物可再行出口仍不必缴纳进口税。如果运往该国内市场销售，则应在提货前办妥通关手续。货物到达后，进口商如果在规定的日期内未办理通关手续，海关有权将货物存入候领货物仓库，一切责任和费用均由进口商负责。如果存仓货物在规定期间内仍未办理通关手续，海关有权处理该批货物。

第四节 关税的经济效应

关税对进出口国的经济产生多方面的影响，这些影响都是关税的经济效应，如引起出口商品国际价格和国内价格的变动，引起进出口国在生产、分配、交换、消费等方面的调整。本节主要讨论小国及大国征收关税产生的经济效应。

一、关税对小国的经济效应

首先假定进口国为小国的情况下，运用局部均衡分析方法来分析征收关税对于该国的经济效应。

国际经济学中所定义的"小国"不同于地理意义上的小国概念，它是指该国对外贸易在国际贸易中所占的比重非常之小，以至于其进出口数量的任何变化都不足以影响国际贸易价格条件，因此只能是国际市场上价格的接受者。它所面对的外国出口供给曲线是一条完全弹性的曲线，如图 8-1 所示。

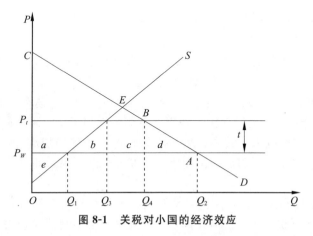

图 8-1 关税对小国的经济效应

在图 8-1 中，曲线 S 和 D 分别表示小国国内进口竞争商品的供给和需求曲线，两者的交点 E 为封闭经济的均衡点。P_w 为国际市场价格，国内需求量为 OQ_2，但国内供给量只有 OQ_1，存在着需求缺口，因此应进口 Q_1Q_2 数量的商品来满足这一超额需求。现在，假定小国政府对单位进口商品征收的关税为 t，这一关税会导致以下经济效应。

(一) 关税的价格效应

征税导致进口商品的价格提高到 $P_t = (P_w + t)$，图 8-1 中水平线 P_t 代表征收关税后的国内价格，进口需求相应减少，这就是关税的价格效应。由于小国是国际市场价格的被动接受者，所以 P_w 不会因小国进口需求的下降而发生变动。这样，征税导致的进口商品价格提高就全部表现为小国国内价格的上升，关税全部由该国消费者负担。

（二）关税的消费效应

征税使进口商品的国内市场价格提高，价格提高导致了需求量的减少（这里假定国内进口商品的需求价格弹性大于零），这就是关税的消费效应。在图 8-1 中，征税后，国内需求量从征税前的 OQ_2 减少到 OQ_4，需求量减少对消费者产生不利的影响。征税前的消费者剩余为三角形 ACP_w 的面积，征税后，消费者剩余减少到三角形 BCP_t 的面积，所以消费者福利的损失为梯形 ABP_tP_w 的面积，即 $a+b+c+d$。

（三）关税的贸易效应

征税前，小国面对 P_w 的国际市场价格，国内的需求量为 OQ_2，而国内的供给量仅为 OQ_1，故需进口 Q_1Q_2 数量的进口商品来满足国内的超额需求。征税后，由于国内市场价格提高，国内的需求量缩减为 OQ_4，而国内的供给量增加为 OQ_3。相应地，进口数量减少到 Q_3Q_4，减少了 $Q_1Q_3+Q_4Q_2$ 的数量，这就是关税的贸易效应（trade effect of the tariff）。

（四）关税的生产效应

征税前，对应于国际市场价格 P_w，国内生产为 OQ_1；征税后，国内价格由原来的 P_w 上升至 P_t。由于价格提高，国内生产增加为 OQ_3，这就是关税带来的生产效应。国内生产者因征税而获得的利益可以用生产者剩余的变动来衡量。在图 8-1 中，征税前，生产者剩余为 e 的面积；征税后，生产者剩余增加为 $a+e$ 的面积，梯形 a 的面积即为征税后生产者福利的增加。

（五）关税的财政收入效应

关税的财政收入效应是指政府由于征收关税而增加的财政收入，它等于单位商品税额 t 与进口量 Q_3Q_4 的乘积，即图 8-1 中以长方形 c 表示的面积。

（六）小国整体福利效应

以上分别说明了关税的各种经济效应，现在综合上述分析，考察关税对小国整体福利的影响。

（1）国内收入重新分配的结果。征税引起国内价格上涨，使消费者剩余减少了 $a+b+c+d$ 的面积；国内产业由于受到保护，使生产者剩余增加了 a 的面积；同时政府也从征税中获得了面积为 c 的财政收入。其中，生产者和政府收入的增加部分（a 和 c）正是消费者剩余损失的一部分，这是关税引起的国内收入重新分配的结果，而并非是社会福利真正的损失或增加。

（2）社会福利的净损失。但是，消费者剩余减少的另外两个部分 b 和 d 则不同，它们没有被任何社会成员所获得而白白损失掉了，因此是社会福利的净损失，或者可以说是关税带来的保护成本。其中，b 部分称为生产扭曲，它是由于 Q_1Q_3 数量的商品在征税前由国外高效率的生产者生产，而征税后转由低效率的国内生产者提供所导致的资源配置上的效率损失；d 部分称为消费扭曲（consumption distortion），它是由于关税提高了国内市场价格，使需求量减少了 Q_4Q_2 所导致的资源闲置的消费损失。

（3）关税的净福利效应＝生产者福利增加－消费者福利损失＋政府财政收入＝$a-(a+b+c+d)+c=-(b+d)$。

二、关税对大国的经济效应

国际经济学中的"大国"是与"小国"相对的概念，是指该国对外贸易在国际贸易中占有很大的比重，其进出口数量的变化能够影响国际市场价格。大国对进口商品征收关税，也会产生小国情况下的各种经济效应，与小国情况不同的是其关税所产生的价格效应和贸易条件效应。

（一）关税的价格效应

如果关税征收国是一个大国，其国内需求的变化足以影响国际市场价格。征税后，由于价格上涨，该国对进口商品的需求减少，从而引起国际市场价格下降。因此，征税后，国内市场价格等于征税后的国际市场价格 P'_w（低于征税前的国际市场价格 P_w）再加上关税 t。在这种情况下，征收的关税实际上由国内消费者和出口国共同负担：其中一部分通过提高国内市场价格由消费者负担；另一部分通过降低国际市场价格转嫁给出口国负担。

（二）关税的贸易条件效应

如果关税征税国是一个大国，那么除了上述各种影响外，关税还会产生贸易条件效应，因为在大国情况下，征收关税会降低国际市场价格，即征税国在国际市场上购买进口商品的价格要低于征税前的价格。如果出口商品价格不变，进口商品价格的下降便意味着其贸易条件的改善，即征税国在世界市场上用一单位的本国商品可以换取更多的进口商品。关税对大国的经济效应如图 8-2 所示。

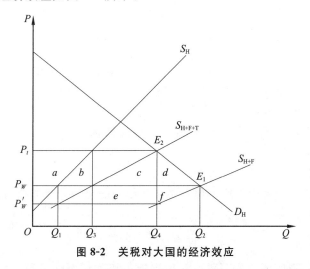

图 8-2 关税对大国的经济效应

在图 8-2 中，S_H 为大国的国内供给曲线，S_{H+F} 为国内供给曲线与外国出口供给曲线加总得出的总供给曲线。D_H 为大国的国内需求曲线。D_H 与 S_{H+F} 的交点 E_1 决定了征税前的国际市场价格为 P_w，此时国内生产者提供 OQ_1 单位的商品，再从国外进口 Q_1Q_2 单位的商品以满足国内 OQ_2 单位的需求。

征税后，总供给曲线从原来的 S_{H+F} 上移为 S_{H+F+T}。S_{H+F+T} 与 D_H 相交于 E_2 点，决定了国内价格从原来的 P_w 上升到 P_t，现在国内生产由 OQ_1 增加到 OQ_3（关税的生产效应）；国内需求相应减少，需求量从 OQ_2 降为 OQ_4（关税的消费效应）；进而导致进口量从征税前的 Q_1Q_2 减少到征税后的 Q_3Q_4（关税的贸易效应）。由于大国需求量的变动会影响国际市场价格，使 P_w 降至 P'_w，这样外国只能以 P'_w 的价格向大国出口商品（关税的价格效应）；征税后国际市场价格的下降对外国来说意味着其贸易条件的恶化，对征税国来说则意味着其贸易条件的改善，用一单位的本国商品可以换取更多的进口商品（关税的贸易条件效应）；政府征收关税的收入则为单位商品税额×进口量 Q_3Q_4，即图 8-2 中 $c+e$ 的面积（关税的财政收入效应）。

在大国情况下，对应于相同的关税，征税后国内价格的上升幅度要小于小国国内价格的上升幅度。国际市场价格的下降部分地抵消了关税所引起的国内价格上升，减弱了关税对国内生产和消费的影响。在图 8-2 中，征税后的国际市场价格从 P_w 下降为 P'_w，政府财政收入中面积为 e 的部分表示征税国因贸易条件改善、向出口国转嫁了一部分税收负担而获得的额外收益。

拓展阅读 8-4
美国与欧盟关于
维生素类药品
的关税纠纷

综合以上分析，考查关税对大国整体的净福利影响。

关税的净福利效应＝生产者福利增加－消费者福利损失＋政府财政收入

$$=a-(a+b+c+d)+(c+e)=e-(b+d)$$

当 $e>(b+d)$ 时，进口国社会福利增加；$e<(b+d)$ 时，进口国社会福利减少。

第五节 关税水平与保护程度

世界各国出于保护国内生产和市场的目的，对不同的商品规定了不同的关税税率。因此，关税水平与保护程度的高低成了世界各国缔结贸易条约或协定谈判的主要内容。

一、关税水平

关税水平（tariff level）是指一个国家的平均进口税率，用以衡量或比较一个国家进口关税的保护程度。用关税水平可以大体衡量或比较一个国家进口税的保护程度，也是一国参加国际贸易协定进行关税谈判时必须解决的问题。在关税与贸易总协定以及世界贸易组织的关税减让谈判中，关税水平被作为削减关税的指标。关税水平的计算方法主要有两种：算术平均法和加权平均法。

（一）算术平均法

算术平均法是以一国税则中所有税目中税率相加的总和，除以所有税目的总数，求出其税率的平均值，其计算公式为

$$平均关税率＝\frac{所有税率之和}{所有税目之和}$$

算术平均法是一国税则中各个税目的税率简单相加后再除以税目数，在这种方法中，不考虑每个税目实际的进口数量。由于税则中很多高税率的税目是禁止性关税，有关商品很少或根本没有进口，而有些大量进口的商品是零关税或免税的。进口数量不同的高税率、零关税税率共同参与简单的算术平均，显然不能如实反映一国的真实关税水平，因此在实践中很少使用。

（二）加权平均法

加权平均法是用进口商品的数量或价格作为权数进行平均。按照统计口径或比较范围的不同，又可分为全额商品加权平均法、有税商品加权平均法和商品取样加权平均法三种。

▶ 1. 全额商品加权平均法

全额商品加权平均法用一个时期内所征收的进口关税总金额占所有进口商品价值总额的百分比计算，其计算公式为

$$关税水平 = \frac{进口税款总额}{进口总值} \times 100\%$$

在这种计算方法中，如果一国税则中免税的项目较多，计算出来的数值就偏低，不易看出有税商品税率的高低。

▶ 2. 有税商品加权平均法

有税商品加权平均法按进口税额占有税商品进口总值的百分比计算，这种计算方法比前一种方法相对合理一些，算出的数值比前一方法高一些，其计算公式为

$$关税水平 = \frac{进口税款总额}{有税商品进口总值} \times 100\%$$

这种计算方法能纠正上一种方法中免税项的干扰，但各国的税则并不相同，税则下的商品数目众多，且不尽相同，因此这种方法使各国关税水平的可比性相对减少。

▶ 3. 商品取样加权平均法

商品取样加权平均法即选取若干种有代表性的商品，按一定时期内这些商品的进口税总额占这些代表性商品进口总值的百分比计算，其计算公式为

$$关税水平 = \frac{若干种有代表性商品进口税款总额}{若干种有代表性商品进口总值} \times 100\%$$

这种计算方法可以在各国选取同样的代表性商品进行比较，能够比较客观地反映出各国的关税水平。

若各国选取同样的代表性商品进行加权平均，就可以对各国的关税水平进行比较。这种方法比全额加权平均法更为简单和实用。一般来说，上述方法计算出的百分比越大，说明该国的关税水平越高。关税水平越高，说明关税的保护程度就越强。

以上方法虽从不同的方面反映了关税的平均水平，但还不能完全表示关税保护的程度。对此，还必须了解关税保护率。

二、名义保护率和有效保护率

一般说来，关税水平的高低大体上可以反映一国的保护程度，但两者并不能完全画等号，因为保护程度还与关税结构等其他因素有关。对本国同类产业的保护程度通常用关税保护率来反映。关税保护率有名义保护率和有效保护率两种。

（一）名义保护率

关税的名义保护率（nominal rate of protection，NRP）是指在某种进口商品进入关境时，海关根据海关税则所征收的关税税率。根据世界银行的定义，某一商品的名义保护率是指由于实行保护而引起的国内市场价格高于国际市场价格的部分占国际市场价格的百分比，其计算公式为

$$名义保护率 = \frac{国内市场价值 - 国际市场价格}{国际市场价格} \times 100\%$$

由于在理论上，国内外差价与国外价格之比等于关税税率，因此在不考虑汇率的情况下，名义保护率在数值上与关税税率相等。名义保护率的计算一般是把国外价格折合成本国价格进行比较，因此受外汇汇率的影响较大。在其他条件相同的情况下，名义保护率越

高，对本国同类商品的保护程度就越强。名义保护率对保护完全由本国原材料生产的产品是适用的，但对用进口原料和中间产品生产的制成产品则不适用，因此要引入关税有效保护率的概念。

（二）有效保护率

名义保护率只考虑对最终产品征收关税所产生的效果，如果对最终产品和原料、零配件和组装件等中间产品都征收关税，关税的实际保护效果同名义保护效果是不同的。有效保护率则是将用于最终产品生产的原料和中间投入品的关税因素考虑在内，分析关税对某类产品在生产过程中的净增值所产生的影响，使其成为比名义保护率更为准确的测定保护程度的方法。

在有效保护税率的研究方面，加拿大人巴伯（Barber）于1955年在其《加拿大关税政策》一书中首次提出了"有效保护"的概念。随后，巴拉萨、柯登（Corden）、约翰逊（Johnson）等一批从事国际经济研究的著名学者在这一领域进行了富有开拓性的研究。

▶ 1. 关税的有效保护率

关税的有效保护率（effective rate of protection，ERP）又称实际保护率，是指各种保护措施对某类商品在生产过程中的净增值所产生的影响。它是征收关税所引起的一种商品国内加工增加值同国外加工增加值的差额占国外加工增加值的百分比。有效保护率的计算公式为

$$有效保护率 = \frac{国内加工增值 - 国外加工增值}{国外加工增值} \times 100\%$$

或

$$ERP = \frac{V' - V}{V} \times 100\%$$

式中：ERP为关税的有效保护率；V'为征收关税条件下国内加工的增值量；V为自由贸易条件下国外加工的增值量。

试以汽车工业为例。假定在自由贸易条件下，一辆汽车进口价格为20万元，生产一辆汽车的原料和中间产品（橡胶、引擎、变速箱、仪表等）的国际市场价格为10万元，因此，生产一辆汽车的国外加工增值量为10万元。如果对进口汽车征收40%的名义关税，则进口国市场价格提高到28万元，生产一辆汽车国内加工增值为18万元。因此，一辆汽车有效关税税率为(18－10)/10×100%＝80%。

▶ 2. 在原材料和中间产品进口的情况下，关税有效保护率的计算

在原材料和中间产品进口的情况下，我们用T表示进口最终产品的名义关税税率，用t表示进口原材料和中间产品的名义关税税率，有效保护率会出现以下几种情况：

（1）当$T > t$时，$ERP > T$。即进口最终产品的名义关税率高于进口原材料和中间产品（橡胶、引擎、变速箱、仪表等）的名义关税税率时，有效保护率大于最终产品的名义关税率。

假定一个国家一辆汽车的进口价格为20万元，生产一辆汽车进口的原料和中间产品的价格为10万元。如果对汽车进口征收40%的名义关税，对进口原料和中间产品征收10%的名义关税，国内汽车价格上升到28(20＋20×40%)万元，进口原料和中间产品价格上升到11(10＋10×10%)万元，国内加工增加值为，$V' = 17(28-11)$万元。则该国汽车工业的有效保护率为：

$$ERP = \frac{V' - V}{V} \times 100\% = \frac{17 - 10}{10} \times 100\% = 70\%$$

(2)当 $T=t$ 时，ERP $=T$。即进口最终产品的名义关税税率等于进口原材料和中间产品的名义关税税率时，则有效保护率等于最终产品的名义关税税率。例如，对汽车的原料和中间产品征收与进口汽车相等的 40% 的名义关税税率时，国内汽车价格上升到 28(20+20×40%)万元，进口原料和中间产品价格上升到 14(10+10×40%)万元，国内增加值为 $V'=14$(28-14)万元，则该国汽车工业的有效保护率为：

$$ERP = \frac{V'-V}{V} \times 100\% = \frac{14-10}{10} \times 100\% = 40\%$$

(3)当 $T<t$ 时，ERP $<T$，即进口最终产品的名义关税税率小于所用进口原材料和中间产品的名义关税税率时，则有效保护率小于最终产品的名义关税税率，甚至会出现负有效保护率。

例如，对进口汽车征收 40% 的名义关税，对进口的原料和中间产品征收 50% 名义关税，国内汽车价格上升到 28(20+20×40%)万元，进口原料和中间产品价格上升到 15(10+10×50%)万元，国内增加值为 $V'=13$(28-15)万元，国内汽车工业的有效保护率为：

$$ERP = \frac{V'-V}{V} \times 100\% = \frac{13-10}{10} \times 100\% = 30\%$$

如果对汽车进口征收 20% 的名义关税，对汽车的原料和中间产品征收 60% 的名义关税，国内汽车价格上升到 24(20+20×20%)万元，进口原料和中间产品价格上升到 16(10+10×60%)万元，国内增加值为 $V'=8$(24-16)万元，则该国汽车工业的有效保护率为：

$$ERP = \frac{V'-V}{V} \times 100\% = \frac{8-10}{10} \times 100\% = -20\%$$

由有效保护率的计算公式可以看出：当最终产品的名义税率高于原材料和中间产品的名义税率时，最终产品的有效保护率大于名义税率；当最终产品和中间产品的名义税率相同时，最终产品的有效保护率等于名义税率；当最终产品的名义关税税率低于原材料和中间产品的名义关税税率时，有效保护率小于名义保护率，甚至会出现负有效保护率。有效保护理论认为，对生产被保护产品所消耗的原材料和中间产品征收关税，会提高最终产品的成本，减少最终产品的增值，从而降低对最终产品的保护。因此，要使本国的产业得到更好的保护，需要制定一个合理的关税结构制度。

名义保护率与有效保护率的区别在于：名义保护率只考虑关税对某种产品国内市场价格的影响，它表明了关税导致的最终商品价格的增加量，因此名义关税率对消费者很重要；有效保护率则着眼于生产过程的增值，考察了整个关税制度对被保护商品在生产过程中的增加值所产生的影响，它不但注意了关税对产成品的价格影响，也注意了投入品（原材料或中间产品）由于征收关税而增加的价格，它表明了关税对进口竞争品生产者的保护程度，因此有效保护率对生产者很重要。总体来说，一个与进口商品相竞争产业中的企业，不仅要受到对进口商品征收关税的影响，而且要受到对所使用原材料和中间产品征税的影响。如果要对某种产业实行保护，不仅要考虑对该产业最终产品的关税率，而且要把整个关税结构与该产业的生产结构结合起来考虑，才能制定出相应的合理政策措施。

三、关税结构

关税对一国产品的保护程度不仅取决于关税税率，还与关税结构有关。关税结构又称关税税率结构，是指一国关税税则中各类商品关税税率之间的相互关系。

关税结构的特征是关税税率随产品加工程度的加深而不断提高，这种关税结构现象称为升级或阶梯关税结构，或瀑布式关税结构。世界各国因其国内经济和进出口商品的差异，关税结构也各不相同，但一般都表现为关税税率随产品加工程度的加深而不断提高：制成品的关税税率高于中间产品的关税税率，中间产品的关税税率高于初级产品的关税税率，这种随着国内加工程度加深关税税率不断上升的现象称为关税升级或瀑布式关税结构。

用有效保护理论可以很好地解释关税结构中的关税升级现象。有效保护理论说明，原料和中间产品的进口税率与其制成品的进口税率相比越低，对有关的加工制造业最终产品的有效保护率则越高。通过关税升级，一国可对制成品征收比其所用的中间投入品更高的关税，这样，对该制成品的有效保护关税率将大于该国税则中所列该制成品的名义保护率。

关税税率结构的调整是为了加强关税的调节机能，并使之更趋合理。调整应遵循以下原则：①对初级产品和原材料实行低关税，且随加工程度的提高而提高税率；②对制成品实行较高关税；③对国内不能生产或生产不足，将来也不可能扩大生产的商品实行低关税；④对国内有能力发展，但尚处于发展阶段的产品则征收高关税。

考察一国对某商品的保护程度，不仅要考察该商品的关税税率，还要考察对其各种投入品的关税税率，即要考察整个关税结构。了解这一点，对于一国制定进口税率或进行关税谈判具有重要意义。

本章小结

关税是进出口商品经过一国关境时，由政府设置的海关向进出口商所征收的税收。关税的税收主体是进出口商人，客体是进出口货物。关税的作用为增加政府收入、保护本国产业和国内市场；关税是执行对外贸易政策的重要手段之一，它能够起到调节进出口贸易的作用，通过关税可调节贸易差额；关税是对外关系的重要手段。关税的种类按照征收的对象和商品流向分为进口税、出口税和过境税；按照征税的目的分为财政关税和保护关税；按照差别待遇和特定的实施情况分为进口附加税、差价税、特惠税和普遍优惠税等。

关税的征收方法又称征收标准，是各国海关计征进出口商品关税的标准和计算的方法，按照征税的标准划分，可以分为从量税、从价税、混合税、选择税和滑准税5种。从量税和从价税是关税征收的两种基本方法，在此基础上，又使用混合税和选择税。

各国征收关税的依据是海关税则，海关税则又称关税税则，是一国对进出口商品计征关税的规章和对进出口应税与免税商品加以系统分类的一览表。关税征收的程序即通关手续，又称报关手续，是指出口商或进口商向海关申报出口或进口，提交报关单和有关证明，接受海关的监督与检查，履行海关规定的手续。办完通关手续，结清应付的税款和其他费用，经海关同意，货物即可通关放行。

征收关税将对进出口国的经济产生多方面的影响，如引起出口商品国际价格和国内价格的变动，引起进出口国在生产、分配、交换、消费等方面的调整。所有这些影响都是关税的经济效应，主要包括价格效应、贸易效应等几个方面。

关税会保护国内特定的行业，并会对一个国家的整体经济产生深远影响。但是必须强调，在考察关税对某行业的保护程度时，不仅要看名义保护率，还要看有效保护率。

世界各国因其国内经济和进出口商品的差异，关税结构各不相同，但一般表现为对原材料制定非常低或零名义税率，税率随产品加工程度的逐渐深化而不断提高，这就使得使用进口原材料生产的最终产品的有效保护率比名义保护率要大得多，这种关税结构现象称为关税升级或阶梯式关税结构。

案例分析

案例分析

聚焦欧盟普惠制的"毕业"

案例分析

对我国关税减免中关税保护作用的思考

思考题

1. 简述关税的主要特点和作用？
2. 关税分为哪些类型？
3. 试比较从价税和从量税的不同特点和作用。
4. 什么是海关税则？它可以分为哪几类？
5. 关税的实际保护率是如何计算的？有何决策意义？
6. 简要说明征收关税的方法。
7. 简要说明关税对小国的经济效应。
8. 简要说明关税对大国的经济效应。

线上课堂——训练与测试

扫描封底刮刮卡　　获取答题权限

在线自测

第九章　非关税措施

　　学习目标

　　本章介绍了非关税壁垒的含义、特点、作用及分类；分析了进口配额制、自愿出口限制、进口许可证制、外汇管制和不合理的汇率、进口押金制、进口最低限价制、国内税、进出口的国家垄断、歧视性政府采购政策、海关程序、社会责任壁垒、技术性贸易壁垒、绿色壁垒等非关税壁垒；分析了非关税壁垒对国际贸易的影响。

　　1. 掌握非关税壁垒的含义、特点、作用，了解非关税壁垒的分类；

　　2. 掌握非关税壁垒主要种类的含义、特点、作用；

　　3. 掌握技术性贸易壁垒的含义和影响；

　　4. 掌握绿色贸易壁垒的含义、特征、表现形式和影响；

　　5. 掌握非关税壁垒对国际贸易的影响。

第一节　非关税壁垒概述

一、非关税壁垒的含义

　　在国际贸易中，关税并不是唯一的贸易保护手段，除关税外，非关税措施同样可以起到限制进口、保护国内产业或市场的目的，有时其作用甚至更强。非关税壁垒（non-tariff barriers，NTBs）又称非关税措施，是指除关税以外的一切限制商品进口的措施。由于一些国家往往将非关税措施用于限制他国商品进口，所以也称为"非关税壁垒"。由于世界范围内关税壁垒作用的不断降低，非关税措施逐渐成为各国限制进口，保护国内市场的重要手段，也是当今多边贸易体制关注的焦点之一。

　　从历史上看，早在重商主义时期，限制和禁止进口的非关税措施就开始盛行。1929—1933 年经济大危机时期，西方发达国家曾一度高筑非关税壁垒，推行贸易保护主义。尽管如此，"非关税壁垒"这一术语是在关贸总协定建立以后才逐渐产生的。

　　自 20 世纪 70 年代以来，由于西方世界出现经济衰退，同时关税手段受到关贸总协定历届协议的制约，因此，贸易保护主义者开始大量使用各种非关税措施来达到鼓励出口、限制进口的目的。20 世纪 80 年代，非关税措施在大范围内被空前广泛地采用，其种类繁多、花样翻新，达到令人眼花缭乱的程度。据统计，目前非关税措施有 2 500 多种，其中对进口加以限制的主要手段有进口配额、进口许可证制度、进口押金制度、进口最低限价、进出口国家垄断、外汇管制、海关估价、复杂烦琐的海关手续、安全和质量的检疫标准、严格的包装要求等。

二、非关税壁垒的特点

在限制进口、保护国内市场方面，非关税壁垒虽然与关税的作用一致，但非关税措施却有很多关税措施所无法比拟的特性，这也是非关税措施得以大行其道的主要原因。非关税壁垒的主要特点如下。

（一）灵活性和针对性

一般来说，各国关税税率的制定必须通过立法程序，并要求具有一定的连续性，所以调整或更改税率的随意性有限。同时，关税税率的调整直接受到世界贸易组织的约束（非成员方也会受到最惠国待遇条款约束），各国海关不能随意提高关税以应付紧急限制进口的需要，因此关税壁垒的灵活性很弱。而制定和实施非关税壁垒措施通常采用行政手段，制定、改变或调整都来得迅速、简单，伸缩性大，在限制进口方面表现出更大的灵活性和时效性。

（二）有效性

关税壁垒的实施旨在通过征收高额关税提高进口商品的成本，它对商品进口的限制是相对的。当面对国际贸易中越来越普遍出现的商品倾销和出口补贴等鼓励出口措施，关税壁垒就会显得作用乏力。同时，外国商品凭借生产成本的降低（如节省原材料、提高生产效率甚至降低利润率等），也能冲破高关税的障碍而进入对方国家。而有些非关税壁垒对进口的限制是绝对的，例如，用进口配额等预先规定进口的数量和金额，超过限额就禁止进口。这种方法在限制进口方面更直接、更严厉，因此也更有效。

（三）隐蔽性

要通过关税壁垒限制进口，唯一的途径就是提高关税税率，而关税税率必须在《海关税则》中公布，毫无隐蔽性可言。非关税壁垒则完全不同，其措施往往不公开，或者规定极为烦琐复杂的标准和手续，使出口商难以对付和适应。它既能以正常的海关检验要求的名义出现，也可借用进口国的有关行政规定和法令条例，使之巧妙地隐藏在具体执行过程中而无须做公开的规定。

（四）歧视性

因为一国只有一部关税税则，因此，关税壁垒像堤坝一样同等程度地限制了所有国家的进出口。而非关税壁垒可以针对某个国家或某种商品相应制定，更具歧视性。例如，1989年欧共体宣布禁止进口含有荷尔蒙的牛肉这一做法，就是针对美国做出的，美国为此采取了相应的报复措施。又如，英国生产的糖果在法国市场上曾经长期有很好的销路，后来法国在食品卫生法中规定禁止进口含有红霉素的糖果，而英国糖果正是普遍使用红霉素染色的，显然禁令实施的结果导致英国糖果大大失去了其在法国的市场。

（五）双重性

世贸组织协议以不妨碍正常国际贸易或对其他成员方不造成歧视为准，承认各成员方采取技术性措施的必要性和合理性。技术性贸易壁垒往往以保护人类生命、健康和生态环境为理由，这是非关税壁垒合法和合理的一面。然而，非关税壁垒又往往以保护消费者、劳工和环境为名，行贸易保护之实，从而对某些国家的产品进行有意刁难或歧视，这是它不合法和不合理的一面。有时甚至混淆是非，给国际贸易带来不必要的障碍。

（六）争议性

非关税壁垒介于合理和不合理之间，不同国家和地区间难以达成统一标准，容易引起争议，并且不易进行协调，以致成为国际贸易争端的主要内容，于是传统商品贸易大战将被非关税壁垒大战所取代。

综上所述，非关税壁垒在限制进口方面比关税壁垒更有效，更隐蔽，更灵活，更有歧视性、双重性和争议性。正由于这些特点，非关税壁垒取代关税壁垒成为贸易保护主义的主要手段，有其客观必然性。

三、非关税壁垒的主要措施

非关税壁垒名目、种类繁多，可从不同角度，按不同标准进行分类。从对进口限制的作用上分类，这些非关税壁垒可以分为直接的非关税壁垒措施和间接的非关税壁垒措施两大类。

直接非关税壁垒是指一国政府直接对进口商品的数量和金额加以限制，或迫使出口国自己限制自己商品的出口数量和金额。例如，进口配额制、进口许可证制、"自动"出口配额制等。

间接非关税壁垒是指一国政府不直接限定进口商品的数量和金额，而是通过对进口商品制定各种严格的条件来间接地限制商品的进口。例如，苛刻的技术和检疫标准、烦琐的通关手续、严格的绿色壁垒，以及进口押金制、海关估价制等。

四、非关税壁垒的作用

（一）发达国家设置关税壁垒的作用

西方发达国家的贸易政策越来越把非关税壁垒作为实现其政策目标的主要工具。对它们来说，非关税壁垒的作用主要表现在以下几个方面。

（1）限制外国商品进口，保护国内市场。作为防御性武器，限制外国商品进口，用以保护国内陷入结构性危机的生产部门及农业部门，或者保障国内垄断资产阶级能获得高额利润。

（2）竞争的需要，作为国际贸易谈判砝码，增强贸易谈判力量。对其他国家实行贸易歧视的手段，甚至作为实现政治利益的手段，在国际贸易谈判中用作砝码，逼迫对方妥协让步，以争夺国际市场。

（3）多边贸易体制允许采用正当的非关税壁垒。世贸组织对正当的"绿色贸易壁垒"持肯定态度，如世贸组织负责实施的《实施卫生与植物卫生措施协议》规定，成员方政府有权采取措施，以国际标准为基础，如无国际标准或认为不合适时，可自行设立标准以保护人类与动植物的健康。但要非歧视地实施，保持透明度。

（4）作为贸易歧视和实现政治利益的手段。

总之，发达国家设置非关税壁垒是为了保持其经济优势地位，继续维护不平等交换的国际格局，具有明显的剥削性。

（二）发展中国家设置关税壁垒的作用

必须承认，发展中国家同样也越来越广泛地使用非关税壁垒措施。但与发达国家不同的是，发展中国家设置非关税壁垒的作用主要是以下几个。

（1）限制非必需品进口，节省外汇。

（2）限制外国进口品的强大竞争力，以保护民族工业和幼稚工业。

（3）发展民族经济，以摆脱发达国家的控制和剥削。发展中国家的经济发展水平与发达国家相距甚远，因此设置非关税壁垒有其合理性和正当性。为此，关贸总协定在"肯尼迪回合"中新增了"贸易和发展"部分，并陆续给予发展中国家以更大的灵活性，允许其为维持基本需求和谋求优先发展而采取贸易措施。但总体说来，从关贸总协定到今天的世界贸易组织，对发展中国家的要求关注得还不够，广大发展中国家有必要为此而继续努力。

"二战"以后，通过关贸总协定的多边贸易谈判，各国关税水平逐步下调，但非关税壁垒增多，形式多样，隐蔽性很强，日益成为国际贸易发展的主要障碍。关贸总协定"乌拉圭回合"就非关税壁垒达成多个协议，由1995年成立的世贸组织负责实施和管理，依据非关税壁垒产生和影响的不同，对已有的非关税壁垒采取了如下措施。

（1）对控制数量的非关税壁垒要逐步取消，除去例外，不能再重新设置。

（2）对其他形式的非关税壁垒予以规范，以不影响国际贸易的正常发展为准。由于谈判者的利益和关注点不同，这些规范常带有折中色彩。

第二节 非关税壁垒的主要种类

一、直接非关税壁垒

（一）进口配额制

▶ 1. 进口配额制的含义

进口配额制（import quotas system）又称进口限额制，是指一国政府为保护本国工业而在一定时期内对某些商品的进口数量或金额加以直接地限制。在此期限内，超过配额的货物不准进口，或者在对其征收高额关税或罚款后才准进口。配额是一种数量性的保护措施，进口配额实施的特点是：①与关税相比，配额的实施由于其是限制商品的进口量或进口金额，因此在实施上和对进口限制的程度方面更直接、更易于控制；②配额比关税更严厉，只要进口的数量是确定的，贸易就被限制在固定的范围内。进口配额主要有绝对配额和关税配额两种形式。

▶ 2. 绝对配额

绝对配额（absolute quotas）是指在一定时期内，对某些商品的进口数量或金额规定一个最高限制进口额数，达到这个数额后，便不准进口。绝对配额分为全球配额和国别配额两种方式。

全球配额（global quotas）规定该国对某种商品在一定时间内的进口数量或金额。它适用于来自任何一个国家的商品进口。此种配额不限定进口国别或地区，对所有国家与地区的商品一律适用。主管当局通常根据进口商申请的先后顺序或过去某时期的进口额批给一定的额度，直到总配额发放完为止，超过总配额就不准进口。配额公布后，进口商可对配额进行竞标。

国别配额（country quotas）是进口国对来自不同国家的进口商品规定不同的进口限额。此种配额是在总配额内按国别或地区分配给固定的额度，进口商必须提交商品的原产地证明书以区分不同国家与地区的商品。实行此种制度可以使进口国依据它与有关国家或地区的政治和经济关系分配给不同的额度。

国别配额又可分为自主配额和协议配额。自主配额（autonomous quotas）又称单方面配额，是由进口国完全自主地、单方面强制规定在一定时期内从某国家或地区进口某种商品的额度。此种配额不需征求商品输出国的同意。自主配额的制定方式一般是参照某国过去某年的输入实绩，按一定比例确定新的进口数量或金额。这种措施往往由于分配额度差异引起出口国或地区的不满或报复。因此，为了缓和彼此矛盾，有些国家便采用协议配额。协议配额（agreement quotas）又称双边配额，是由进口国与出口国政府或民间团体之间协商确定的配额。协议配额如果是通过双方政府订立的，则一般在进出口商间分配；如果配额是双边民间团体达成的，则执行前应获得政府许可方可执行。协议配额是由双方协调确定的，通常不会引起出口方的反感与报复，较易执行。

▶ 3. 关税配额

关税配额（tariff quotas）是将关税和进口配额结合使用的一种进口限制措施，它不绝对限制商品的进口总量，而是在一定时期对预先规定的配额内的进口商品征收较低关税或者减免关税，对超过配额部分则要征收较高关税。

关税配额按商品进口的来源，可分为全球性关税配额和国别关税配额；按征收关税的优惠性质，可分为优惠性关税配额和非优惠性关税配额。优惠性关税配额是对关税配额内进口的商品给予较大幅度的关税减让甚至免税，超过配额的进口商品则征收原来的最惠国税率，欧共体在普惠制实施中所采取的关税配额就属此类。而非优惠性关税配额是对关税配额内进口的商品征收原来正常的进口税，一般按最惠国税率征收，对超过关税配额的部分征收较高的进口附加税或罚款。

关税配额与绝对配额的主要区别在于：绝对配额规定一个最高进口额度，超过就不准进口，而关税配额在商品进口超过规定的最高额度后，仍允许进口，只是超过部分被课以较高关税。可见，关税配额是一种将征收关税同进口配额结合在一起的限制进口的措施。两者的共同点是都以配额的形式出现，可以通过提供、扩大或缩小配额向贸易对方施加压力，使之成为贸易歧视的一种手段。最后，应该看到，进口配额制作为数量限制的一种运用形式，受到了关贸总协定及世界贸易组织的反对。关贸总协定曾规定禁止数量限制条款，且几乎把它放到与关税减让同等重要的地位。

▶ 4. 进口配额的经济效应

无论哪种进口配额，都是对进口商品数量的限制，都会对本国商品的价格、消费、生产及整个社会的经济利益带来一定的影响。

对于进口的小国来说，进口量在国际市场上微不足道，那么配额的执行不会对国际市场价格有任何影响。唯一有影响的是进口国的国内市场，因为进口商品的供不应求导致了价格的上涨。因此，对于进口的小国来说，配额的采取会给消费者直接带来损失，而给掌握配额的厂商或其他人带来额外的收益，因此极易带来某些经济上的腐败问题。

对于一个进口大国来说，也就是当进口国对于某商品的需求在国际市场上占据举足轻重的地位时，由于进口配额的实施，进口量减少，短期内国际市场上出现了供过于求的局面，导致商品价格下降，达到新的均衡价格。由此可知，进口大国通过进口配额可以改善它的贸易条件，即相同数量单位的出口商品可以换得更多单位的进口商品。国际市场的价格下降幅度，取决于进口国的需求在国际市场需求中所占的比重。对于掌握配额的进口商或其他机构而言，它们的超额利润就是由国内消费者的高价和国外出口商的低价带来的，即配额的负担由国内消费者和国外出口商共同承担。

（二）自愿出口限制

▶ 1. 自愿出口限制的含义

自愿出口限制（voluntary export restraints，VERs）又称自动出口限制、自动出口配额制，是指商品出口国在进口国的要求或压力之下，自愿地限制某种商品在一定时期内的出口数量或出口金额。事实上，自愿出口限制并非出自"自愿"，它是在进口国的压力下实施的限量出口的措施，因此它与配额制有相似之处。不过，前者是一种主动配额。

自愿出口限制带有明显的强制性，其目的在于避免因某些商品出口过多而严重损害进口国生产者的利益，招致进口国采取严厉措施限制进口。因此，这种出口限制是出口国家被迫实行的"自动"出口限制，是一种由出口国家为保护进口国生产者而设计的贸易政策措施。

自愿出口限制作为限制进口的手段最早出现于 20 世纪 30 年代的美日纺织品贸易中。1935 年应美国政府的要求，日本纺织业同意对美国纺织品输出采用"自动限制"。以后日本对美出口的棒球手套、金属西式餐具、小汽车、钢铁等曾先后实行"自动限制"。到了 20 世纪六七十年代，自愿出口限制被广泛采用，范围也有所扩大。发达国家的自愿出口限制已从纺织、钢铁、小汽车扩大到彩电、电子元件和船舶等，甚至涉及奶酪、苹果、肉类等农产品；发展中国家的自动限制则主要是针对向发达国家出口的纺织、钢铁、鞋类等。

▶ 2. 自愿出口限制的形式

自愿出口限制主要有两种形式，一种是协定的自愿出口限制，另一种是非协定的自愿出口限制。

(1) 协定的自愿出口限制，即出口国与进口国通过谈判来规定出口限额，也有通过国际协定达成的。

(2) 非协定的自愿出口限制，是由出口国单方面限制出口，即在进口国的压力下，出口国在一定时期内"自动限制"某些商品出口的金额或数量，它没有国际协定的约束。

▶ 3. 自愿出口限制的特点

与关税和进口配额等其他进口限制措施相比，自愿出口限制有以下几个特点。

(1) 它是由出口国实施的为保护进口国的国内生产而实施的政策，表面上看，自愿出口限制是一种比较温和的非关税壁垒措施，实际上它与配额一样严厉，同样使出口商难以渗入进口国的市场。

(2) 它仅仅应用于几个特定的出口者(可能只有一个)，而不像关税和进口配额那样通常适用于大多数进口供给者。当出口国实施自愿出口限制的时候，没有受到自愿出口协定限制的国家仍可以继续向那个进口国增加出口。

(3) 自愿出口限制一般只在一定时期内实施。

自愿出口限制是进口国比较隐蔽易行的保护措施。一般情况下，一国要调整关税水平必须得到议会或相关部门的同意，因此难以保证保护政策的迅速贯彻和执行，有时可能因为无休无止的辩论而错过采取保护措施的时机。自愿出口限制则可以通过政府要求出口国对其出口量加以限制，从而不必得到议会或相关部门的认可就能达到保护本国有关产业的目标。

根据世贸组织的有关规则，自愿出口限制应逐步取消，不能再重新设置。

(三) 进口许可证制

各国为有效实施和加强对进口配额制的监管，采用发放许可证的方式，对进口配额实施有效控制，以达到保护国内市场和产业的目的。

▶ 1. 进口许可证制的含义

进口许可证制(import license system)是指一国政府规定某些商品的进口必须申领许可证，否则一律不准进口的制度。它实际上是进口国管理进口贸易和控制进口的一种重要措施。

当前，进口许可证制是世界各国进口贸易行政管理的一种重要手段，也是国际贸易中一项应用较为广泛的非关税措施。发展中国家为保护本国工业、贸易发展和财政需要，比较多地采用此制度；发达国家在农产品和纺织品等处于国际竞争劣势的产业也经常求助于进口许可证制。但须注意，进口许可证制与关贸总协定（世贸组织）基本原则相违背，如运用不当，不仅会妨碍国际贸易的公平竞争和国际贸易的发展，还容易导致对出口国的歧视性待遇。

关贸总协定为了简化缔约国施行进口许可证的手续，在"东京回合"多边贸易谈判中制定了《进口许可证手续协议》，旨在简化国际贸易中所运用的管理手续和做法，使之具有透明性，并确保公平合理地应用和施行这些手续和做法。在此协议基础上，"乌拉圭回合"谈判又达成了《进口许可证程序协议》，规定签字国必须承担简化许可证程序的义务，确保进口许可证本身不会构成对进口的限制，并保证进口许可证的实施具有透明性、公正性和平等性。

▶ 2. 进口许可证的种类

（1）从进口许可证与进口配额的关系上看，进口许可证可以分为有定额的进口许可证和无定额的进口许可证。

有定额的进口许可证，即进口国预先规定有关商品的进口配额，然后在配额的限度内，根据进口商的申请对每笔进口货物发给一定数量或金额的进口许可证，配额用完即停止发放。可见，这是一种将进口配额与进口许可证相结合的管理进口的方法，通过进口许可证分配进口配额。若为"自动"出口限制，则由出口国颁发出口许可证来实施。

无定额的进口许可证，是指预先不公布进口配额，只是在个别考虑的基础上颁发有关商品的进口许可证。这种许可证不与进口配额相结合，许可证的发放权完全由进口国主管部门掌握，没有公开的标准，因此更具隐蔽性，给正常的贸易带来困难，在限制进口方面起到很大的作用。

（2）从进口商品的许可程度上看，进口许可证可分为公开一般许可证和特种进口许可证。

公开一般许可证，又称公开进口许可证、一般许可证或自动进口许可证，是指对进口国别和地区没有限制的许可证。这种许可证对进口的管制最松，凡属公开一般进口许可证项下所列商品，进口商只要填写此类许可证就可获准进口。此类商品实际上是"自由进口"的商品，填写许可证只是履行报关手续，供海关统计和监督。

特种进口许可证，又称非自动进口许可证，即进口商必须向有关当局提出申请，获准后才能进口。这种许可证对进口的管制最严，适用于特殊商品以及特定目的的申请，而且多数都指定进口国别或地区，如烟、酒、武器等。

二、间接非关税壁垒

（一）外汇管制

一国的外汇管理与对外贸易密切相关，如果国家通过外汇管制措施对外汇有目的地进行干预，就可对进出口产生影响。因此，外汇管制是对外贸易领域中限制进口的一项重要措施。

▶ 1. 外汇管制的概念

外汇管制（foreign exchange control）也称外汇管理，是指一国政府通过法令对国际结算和外汇买卖加以限制，以平衡国际收支和维持本国货币汇价的一种制度。

一般来说，实行外汇管制的国家，大都规定出口商必须把出口所得外汇收入按官定汇率卖给外汇管理机构；进口商也必须向外汇管理机构按官定汇价申请进口用汇。另外，外汇在该国禁止自由买卖，本国货币以其他方式出入国境也要受到严格的限制。这样，政府就可以通过确定官方汇率、集中外汇收入、控制外汇支出、实行外汇分配等办法来控制进口商品的数量、品种和国别。例如，日本在分配外汇时趋向于鼓励进口高精尖产品和发明技术，而不是鼓励进口消费品。

▶ 2. 外汇管制的主要方式

外汇管理和对外贸易密切相关，因为出口必然要收汇，进口必然要付汇。因此，如果对外汇有目的地进行干预，就可直接或间接地影响进出口。利用外汇管制来限制进口的方式有以下四种。

(1) 数量性外汇管制，即国家外汇管理机构对外汇买卖的数量直接进行限制和分配，其目的在于集中外汇收入，控制外汇支出，实行外汇分配，以达到限制进口商品品种、数量和国别的目的。一些国家实行数量性外汇管制时，往往规定进口商必须在获得进口许可证后方可得到所需的外汇。

(2) 成本性外汇管制，即国家外汇管理机构对外汇买卖实行复汇率制(system of multiple exchange rates)，利用外汇买卖成本的差异来间接影响不同商品的进出口，达到限制或鼓励某些商品进出口的目的。所谓复汇率，也称多重汇率，是指一国货币对外汇率有两个或两个以上，分别适用于不同的进出口商品，其作用是根据出口商品在国际市场上的竞争力，为不同商品规定不同的汇率以加强出口；根据保护本国市场的需要为进口商品规定不同的汇率以限制进口等。

(3) 混合性外汇管制，即同时采用数量性外汇管制和成本性外汇管制，对外汇实行更为严格的控制，以影响商品的进出口。

(4) 利润汇出限制，即国家对外国公司在本国经营获得的利润汇出加以管制。例如，德国对美国石油公司在德国赚钱后汇给其母公司的利润按累进税制征税，高达60%；又如，有的国家通过拖延批准利润汇出时间表来限制利润汇出。

一国外汇管制的松紧，主要取决于该国的经济、贸易、金融及国际收支状况。一般情况下，发达国家外汇管制较松，发展中国家的外汇管制则松紧不一，从紧者居多。近几年，国际金融形势动荡不安，如墨西哥金融危机、亚洲金融危机等，都对各国经济产生了或重或轻的影响，外汇管制遂呈加强之势。

关贸总协定(世贸组织)也涉及外汇管制问题。它规定，一国实施外汇管制应遵循适度、透明和公正的原则。缔约国实行外汇管制，不得通过控制外汇使用来限制商品的进口数量、种类和国别，从而妨碍自由贸易。另外，各缔约国应加强同国际货币基金组织的合作，协调处理有关国际收支、货币储备及外汇安排等问题。

(二) 进口押金制

进口押金制(advanced deposit)又称进口存款制或进口担保金制，是指进口商在进口商品时，必须预先按进口金额的一定比率，将一笔现金无息存在指定的银行，方能获准进口。存款须经一定时期后发还给进口商，这种制度无疑加重了进口商的资金负担，起到了限制进口的作用。它同外汇管制操作所遵循的理论如出一辙，即设法控制或减少进口者手中的可用外汇，来达到限制进口的目的。例如，意大利政府1974年5月—1975年3月曾对400多种进口商品实行进口押金制度，规定凡项下商品进口，进口商都必须预先向中央银行交纳相当于货值一半的现款押金，无息冻结半年。据估计，这项措施相当于征收 5％以上的进口附加税，从而使进口商增加了进口成本，不得不提高进口商品的销售价格；又如，巴西政府规定，进口商必须预先交纳与合同金额相等的为期 360 天的存款才能进口。

进口押金制对进口的限制有很大的局限性。如果进口商以押款收据作担保，在货币市场上获得优惠利率贷款，或者国外出口商为了保证销路而愿意为进口商分担押金金额时，这种制度对进口的限制作用就微乎其微了。

（三）进口最低限价制和禁止进口

▶ 1. 进口最低限价制

进口最低限价制（minimum price）由一国政府规定某种商品的最低进口价格，凡进口商品的价格低于最低限价时，就征收进口附加税或禁止进口，以达到限制低价商品进口的目的。例如，1985 年智利对绸坯布进口规定了每千克 52 美元的最低限价，低于这个限价，将征收进口附加税。这样，一国便可有效地抵制低价商品进口或以此削弱进口商品的竞争力，保护本国市场。

美国为抵制欧洲、日本等国的低价钢材和钢制品的进口，在 1977 年制定实施了启动价格制（trigger price mechanism，TPM）。其实这也是一种最低限价制，它规定了进口到美国的所有钢材及部分钢制品的最低限价，即启动价格。当商品进口价低于启动价格时必须加以调整，否则就要接受调查，并有可能被征收反倾销税。以后，欧共体步美国后尘，也对钢材及钢制品实行进口最低限价制。

欧盟为保护其农产品而制定的"闸门价"（sluice gate price）就是又一种形式的最低限价，它规定了外国农产品进入欧盟的最低限价，即"闸门价"。如果外国产品的进口价低于闸门价，就要征收附加税，使之不低于闸门价，然后在此基础上再征收调节税。

▶ 2. 禁止进口

禁止进口（prohibitive import）是进口限制的极端措施。当一国政府认为一般的限制已不足以解救国内市场受冲击的困境时，便直接颁布法令，公开禁止某些商品进口。仍以欧盟为例，1975 年 3 月，欧盟决定自 1975 年 3 月 15 日起，禁止 3 千克以上的牛肉罐头及牛肉下水罐头从欧盟以外市场进口。

一般而言，在正常的经贸活动中，禁止进口的极端措施不宜贸然采用，因为这极可能引发对方国家的相应报复，从而酿成愈演愈烈的贸易战，这对双方的贸易发展都无好处。一个国家也可能因政治原因而实施贸易禁运，这在今天屡见不鲜，则又另当别论。

（四）国内税

国内税（internal taxes）是指一国政府对本国境内生产、销售、使用或消费的商品所征收的各种捐税，如周转税、零售税、消费税、销售税、营业税等。任何国家对进口商品不仅要征收关税，还要征收各种国内税。歧视性的国内税是指用对外国商品征收较高国内税的办法来限制外国商品的进口。一些国家往往采取国内税制度直接或间接地限制某些商品进口。

在征收国内税时，对国内外产品实行不同的征税方法和税率，以增加进口商品的纳税负担，削弱其与国内产品竞争的能力，从而达到限制进口的目的。办法之一是对国内产品和进口产品征收差距很大的消费税。有些国家利用征收国内税的办法来抵制国外商品。例如，法国曾对引擎为五匹马力的汽车每年征收养路税 12.15 美元，对于引擎为 16 匹马力的汽车每年征收养路税高达 30 美元，当时法国生产的最大型汽车为 12 匹马力。因此，实行这种税率的目的在于抵制汽车进口。

国内税的制定和执行完全属于一国政府，有时甚至是地方政府的权限，通常不受贸易条约与协定的约束，因此，把国内税用作贸易限制的壁垒，会比关税更灵活和更隐蔽。

（五）进出口的国家垄断

进出口的国家垄断（state monopoly）也称国营贸易（state trade），是指在对外贸易中，某些商品的进出口由国家直接经营，或者把这些商品的经营权给予某些垄断组织。经营这些受国家专控或垄断的商品的企业，称为国营贸易企业。国营贸易企业一般为政府所有，但也有政府委托私人企业代办的。

各国国家垄断的进出口商品主要有四大类。

（1）第一类是烟酒。由于可以从烟酒进出口垄断中取得巨额财政收入，各国一般都实行烟酒专卖。

（2）第二类是农产品。对农产品实行垄断经营，往往是一国农业政策的一部分，这在欧美国家最为突出。如美国农产品信贷公司是世界上最大的农产品贸易垄断企业，对美国农产品国内市场价格能保持较高水平起到了重要作用。当农产品价格低于支持价格时，该公司就按支持价格大量收购农产品，以维持价格水平，然后，以低价向国外市场大量倾销，或者"援助"缺粮国家。

（3）第三类是武器。它关系到国家安全与世界和平，自然要受到国家专控。

（4）第四类是石油。它是一国的经济命脉，因此，不仅出口国，而且主要的石油进口国都设立了国营石油公司，对石油贸易进行垄断经营。

（六）歧视性政府采购政策

歧视性政府采购政策（discriminatory government procurement policy，DGPP）是指国家通过法令和政策明文规定政府机构在采购商品时必须优先购买本国商品或服务，从而导致对外国产品的歧视和限制。有的国家虽未明文规定，但优先采购本国产品已成惯例。这种政策实际上是歧视外国产品，起到了限制进口的作用。具体的做法包括以下内容。

▶ 1. 优先购买本国货物与服务

例如，美国 1933 年《购买美国货法案》（Buy American Act）中规定，联邦政府必须购买美国产品，除非该商品的价格超过国际市场同类商品的 6％以上；对于国防部的采购，这一标准达到 12％，甚至一度达到 50％。英国政府规定其机构使用的通信设备和电子计算机必须是英国产品。

▶ 2. 强调货物与服务中的国产化程度

在政府不得不使用外国货物和服务时，强调国产化程度，如零部件国产化程度、当地产品含量或本国提供服务的比例等。

▶ 3. 偏向国内企业的招标

在政府出资的工程招标中也经常存在歧视性做法，采用的标准或程序偏向国内企业。尽管不明文规定外国企业不能投标，但政府制定一些苛刻的歧视性标准和不透明的程序，使外国企业实际上不可能中标。

▶ 4. 直接授标

有的政府工程不通过招标而直接将工程授予一家特定企业（一般都是本国企业）。

在某些情况下，政府采购会直接将需求从进口商品转移到本国商品，对国际贸易形成了不必要的歧视，不符合世贸组织的无歧视待遇原则。因此，政府的歧视性采购也是世界贸易组织所反对的，属于世界贸易组织规则中的减让对象，相关的协议有《政府采购协议》（属于诸边协议）。《政府采购协议》于 1996 年 1 月 1 日生效，它加强了保证国际竞争的公平和非歧视条件的规则。该协议较之于"东京回合"达成并于 1981 年生效的《政府采购协议》，范围扩大到了服务贸易、地方政府的采购及公用事业单位的采购。

（七）海关程序

海关程序（customs procedures）是指进口货物通过海关的程序，一般包括申报、征税、查验及放行四个环节。对于各国来说，虽然名义上没有什么进口限制，但需要实行烦琐的进口海关程序，即使不用审批，也要层层填表、盖章或故意拖延时间，降低过关效率，这也能够很有效地达到限制甚至禁止进口的目的。能够对国际贸易形成壁垒作用的海关程序体现在以下几个方面。

▶ **1. 海关对申报表格和单证做出严格要求**

例如，要求进口商出示商业发票、原产地证书、货运提单、保险单、进出口许可证、托运人报关清单等，缺少任何一种单证或者任何一种单证不规范，都会使进口货物不能顺利通关。更有甚者，有些国家故意在表格、单证上做文章，如法国强行规定所提交的单据必须是法文，有意给进口商制造麻烦，以此限制进口。

▶ **2. 通过商品归类提高税率**

海关武断地把进口商品分类在税率高的税则项下，以增加进口商品关税负担，从而限制进口。例如，美国海关在对日本产卡车的驾驶室和底盘进行分类时，把它从"部件"类归到"装配车辆"类，其进口税率就相应地从 4% 提高到 25%。又如，美国对一般的打字机进口不征关税，但将它归类为玩具打字机，则要开征 35% 的进口关税。不过，大多数国家采用的《布鲁塞尔税则目录》比较完善，一般产品该在哪个税则下都比较清楚，因此，利用产品分类来限制进口的作用毕竟有限。

▶ **3. 通过海关估价制度限制进口**

海关估价制度（customs valuation system）原本是海关为了征收关税而确定进口商品价格的制度，但在实践中它经常被用作一种限制进口的非关税壁垒措施。进口商品的价格可以有许多种确定办法：

（1）成交价，即货物出售给进口国后经调整的实付或应付价格；

（2）外国价，即进口商品在其出口国国内销售时的批发价；

（3）估算价，即由成本加利润推算出的价格等。

不同计价方法得出的进口商品价格高低不同，有的还相距甚远。海关可以采用高估的方法进行估价，然后用征从价税的办法征收关税。这样一来，就可提高进口商品的应税税额，增加其关税负担，达到限制进口的目的。

我国的海关估价制度可以说相当完善，与《海关估价协议》基本一致，只是在执行过程中有偏差。不同口岸在估价标准上采取灵活的态度，以致同一产品从不同口岸进口时，需缴纳的关税相距甚远，如汽车、空调从南方口岸进口就比从北方口岸进口来得便宜。这一点应引起注意。

▶ **4. 从进口商品查验上限制进口**

海关查验货物主要有两个目的：①看单据是否相符，即报关单是否与合同批文、进口许可证、发票、装箱单等单证相符；②看单货是否相符，即报关所报内容是否与实际进口货物相符。为了限制进口，查验的过程可以变得十分复杂。一些进口国甚至改变进口关道，即让进口商品在海关人员少、仓库狭小、商品检验能力差的海关进口，拖长商品过关时间。例如，1982年10月，为了限制日本等主要出口国向法国出口录像机，法国政府规定所有录像机进口必须到普瓦蒂埃海关接受检查，同时还规定了特别繁杂的海关手续，对所有伴随文件都要彻底检查，每个包装箱都要打开，认真校对录像机序号，查看使用说明书是否法文，检查是否为所报原产地生产等。普瓦蒂埃是一个距法国北部港口几百英里的内地小镇，海关人员很少，仓库狭小，难以对付大量堆积如山的待进口的录像机。原先一卡车录像机一个上午就可以检查完，而在普瓦蒂埃却要用2～3个月，结果严重地限制了录像机进入法国市场，进口量从原来的每月6.4万多台下降至每月不足1万台。也有的海关，对有淡旺季的进口商品进行旷日持久的检查，故意拖过销售季节，从而限制了进口。

拓展阅读9-1
世界贸易组织
非关税措施协定

第三节　新型非关税壁垒

所谓新型贸易壁垒，是相对于传统贸易壁垒而言的，主要是指以技术性贸易壁垒为核心的包括绿色壁垒和社会壁垒在内的所有阻碍国际商品自由流动的新型间接非关税壁垒。

传统贸易壁垒与新型贸易壁垒的根本区别是：前者主要是从商品数量和价格上实行限制，更多地体现在商品和商业利益上，所采取的措施也大多是边境措施；后者则往往着眼于商品数量和价格等商业利益以外，更多地考虑商品对于人类健康、安全以及环境的影响，体现的是社会利益和环境利益，采取的措施不仅是边境措施，还涉及国内政策和法规。新型贸易壁垒主要有技术性贸易壁垒、绿色壁垒、社会壁垒等。

一、技术性贸易壁垒

（一）技术性贸易壁垒的含义

技术性贸易壁垒（technical barriers to trade，TBT）是一国（地区）或区域组织为维护国家或区域安全、保障人类健康和安全、保护动植物健康和安全、保护环境、防止欺诈行为、保证产品质量等而采取的一些强制性的或自愿性的技术性措施。这些措施规定十分复杂，而且经常变化，使外国商品难以适应，从而起到限制外国商品进口的作用。这些规定在一定条件下成为进口国家限制进口的技术性贸易壁垒。

技术性贸易壁垒有狭义与广义之分，狭义的技术性贸易壁垒主要是指世贸组织《技术性贸易壁垒协议》规定的技术法规、标准和合格评定程序；广义的技术性贸易壁垒还包括动植物及其产品的检验和检疫措施、包装和标签及标志要求、绿色壁垒、信息技术壁垒等。

（二）技术性贸易壁垒的主要形式

▶ 1. 技术法规、技术标准、合格评定程序

技术法规、技术标准和合格评定程序是《技术性贸易壁垒协议》的核心内容，也是国际贸易技术壁垒的三要素。

（1）技术法规（technical act）是指强制性执行的有关产品特性或与产品特性有关的生产工艺和生产方法的规定。技术法规包括国家制定的有关法律和法规，政府部门颁布的有关

命令、决定、条例，以及有关技术规范、指南、准则、专门术语、符号、包装、标志或标签要求。技术法规具有强制性特征，即只有满足技术法规要求的产品方能销售或进出口，凡不符合这一标准的产品，不予进口。

拓展阅读 9-2
ISO 9000 认证和
ISO 14000 认证

（2）技术标准（technical standard）是指经公认机构批准的、非强制执行的、供通用或重复使用的产品或相关工艺和生产方法的规则、指南或特性的文件，可包括有关专门术语、符号、包装、标志或标签要求。由此可见，技术法规与技术标准的重要区别就是，技术法规具有法律的强制执行效力，而技术标准则是由生产厂商或贸易商自愿采纳，不具有强制执行效力。许多发达国家对制成品都规定了十分复杂严格的技术标准，不符合其标准的不准进口。

（3）合格评定程序是指任何直接或间接用以确定产品是否满足技术法规或技术标准要求的程序，主要包括抽样、检验和检查，评估、验证和合格保证，注册、认可和批准，以及上述各项程序的组合。

由于世界各国工业化程度、科技发展水平的不同，导致各国技术法规和技术标准的差异，有些国家有意识、有针对性地制定某些技术标准并通过法律的形式确定下来形成技术法规，把这些标准作为进口的通行证，成为贸易保护的工具，使出口国特别是发展中国家难以适应而形成技术法规和技术标准壁垒。

▶ 2. 卫生检疫规定

卫生检疫规定（health and sanitary regulation）是指在成员国境内为保护人类、动植物的生命或健康而采取的技术性措施。卫生检疫规定主要适用于农副产品及其制品。对进口商品制定严格的卫生和安全标准，使进口商品与有关要求不相符合，从而被拒绝进口。

拓展阅读 9-3
美国的《食品安全
现代化法》

卫生检疫规定是为了保护人类和动物的生命免受食品和饮料的添加剂、污染物、毒素及外来病虫害传入的危害，保护植物的生命免受外来病虫传入的危害。但由于各国的文化背景、生活习惯、安全及生活环境，特别是收入水平的差异，发展中国家的产品往往难以达到发达国家的近乎苛刻的要求。当前，各国通过制定苛刻的安全与卫生检疫标准来限制外国商品进口已越来越普遍，主要表现为接受卫生检疫商品的范围不断扩大，其检验标准也越来越苛刻。

▶ 3. 商品包装及标签规定

商品包装和标签要求壁垒是指各国在商品的包装及包装标志等方面也有种种严格的规定，不符合规定者不准进口。

许多国家对商标的标签要求包括产品的名称、净重或数量、商品的结构、成分说明、有效日期、用法、用量、用途、价值、特性、缺陷、原产地标志等，非常烦琐。此外，还要求商标或标签要牢固地置于商品的显著位置等。由于这些规定国际上尚未统一，各国间规定的细微差别就可能被利用作为限制进口的障碍。此外，通过对进口商品包装材料、包装形式、包装规格和标签规定的不断变更，也可以起到限制进口的作用。

（三）技术性贸易壁垒盛行的原因

▶ 1. 科技水平的差异导致技术性贸易壁垒的强化

技术密集型产品占世界贸易额的比重上升，国际贸易中所涉及的各种技术问题变得更加复杂。毋庸置疑，科学技术的发展导致工业发达国家技术法规、标准、认证制度及检验制度等的制定水平和内容居于领先地位。高灵敏度检测技术的发展，给发达国家限制商品提供了快速、准确的数据，它们在激烈的国际市场竞争中，凭借其先进的技术法规、产品标准等，不断地生产和出口具备先进性、科学性、经济性、适用性、可靠性、竞争性的商品，因此在国际贸易中始终占据主导地位。由于发展中国家科技发展水平远落后于发达国家，技术法规、标准等的制定水平和内容与发达国家相比存在很大的差距，出口商品往往达不到发达国家的规定，从而易受技术壁垒的影响。

▶ **2. 关税的大幅度削减促使技术壁垒成为贸易保护主义的新式武器**

"乌拉圭回合"谈判成功地签署了"一揽子"协议，进一步强化和完善了非关税壁垒的约束机制，尤其是传统的限制类措施被规定了削减或取消时间表，在这种情况下，进口国如再设置高关税、数量限制等障碍以达到保护本国市场、限制商品进口的目的，必将招致有关国家的谴责和反对，甚至贸易报复。所以，世界各国特别是发达国家纷纷高筑贸易技术壁垒这道无形的非关税壁垒。

▶ **3. 消费观念和保护意识的增强亦促使技术壁垒"合法"存在**

产品的品质直接影响消费者的利益，随着消费者自我保护意识的增强，要求制定相应技术标准的呼声越来越强烈。消费者对商品的选择性强，对质量要求高，对款式变化敏感，对卫生、安全指标的要求严格，相应地促使贸易中的技术壁垒成为合理合法的存在。目前，世界上许多国家对外国产品进入本国市场都有严格的质量把关。

▶ **4. 世贸组织某些协议中的例外规定给技术壁垒的设置大开方便之门**

《贸易技术壁垒协议》中虽然规定，要保证技术法规及标准，包括包装、标志和标签要求，以及按技术法规、标准评定的程序都不致给国际贸易造成不必要的障碍，但也允许各参加方为提高产品质量、保护人类健康和安全、保护动植物生命和安全、保护环境或防止欺骗行为等，可以提出一些例外规定。在服务贸易协定、农产品协定和贸易有关的知识产权协定等中都有类似的例外规定。诸种弹性规定，实际上给技术壁垒的设置提供了法律借口，也使发达国家往往打着维护人类健康和安全、维护动植物生命和安全，以及环境保护等旗号，制定出严格、繁多、苛刻的技术法规和标准等，名正言顺地达到既有利于扩大本国商品出口，又有利于限制别国商品进口的双重目的。

（四）技术性贸易壁垒的影响

▶ **1. 容易引起贸易纠纷**

名目繁多的技术壁垒措施往往是以维护生产、消费者安全和人民健康为由而制定的，但其扭曲了技术规则的本来面目，使原来有利于国际贸易发展的技术标准变成了阻碍国际贸易正常进行的手段，成为引发现代国际贸易纠纷的重要根源。

▶ **2. 损害了发展中国家的利益**

由于发展中国家的科学技术水平落后。发达国家的技术标准繁多，技术要求也普遍高于发展中国家，而且它们就是针对发展中国家的出口商品制定了名目繁多的技术标准和技术法规，从而限制发展中国家的商品进入本国市场。

▶ **3. 影响发达国家的经济增长**

实行技术壁垒并不能使发达国家达到保护本国衰落产业和促进经济增长的目标，同时，由于实行技术壁垒导致发展中国家对外贸易条件的不断恶化，又反过来影响了发达国家对这些发展中国家出口的增长，也不利于发达国家对这些发展中国家进行资本输出和技术转让，而且也会导致本国被保护商品的市场价格上涨，从而影响了国内消费者的利益。

▶ 4. 影响国际贸易增长

技术壁垒影响着各国经济政策的制定，因而也就直接或间接地制约着国际贸易的发展速度，并在一定程度上影响着贸易的商品结构、地理方向。尤其是当采取复杂的、旷日持久的技术检验、调查、取证、辩护、裁定等程序时，将会使商品的销售成本大大增加，往往会延误交货期或错过季节，从而使商品失去市场，进而影响国际贸易的增长。

总之，技术性贸易壁垒在国际贸易中正在扮演着越来越重要的角色，其影响和作用已经远远超出一般贸易措施。在国际贸易中，进口方构筑技术性贸易措施的动机既可能是出于狭隘的贸易保护的目的，又可能是为了反映本国（地区）相关消费需求的升级，即以消费者健康、提升生活质量等为目的，且这两类动机常常交织在一起，体现了技术性贸易壁垒形成原因的复杂性，因此对出口方的影响也具有双重性。技术性贸易壁垒可能妨碍货物自由流通，扭曲贸易流向，使潜在的比较利益无法获得。这种政策在短期内会对出口贸易形成冲击，但在中长期内却可能由于技术性贸易壁垒的实施促使出口方奋起应对，提高出口产品的质量，从而促进出口贸易的发展，获取更多的比较利益。因此，技术性贸易壁垒是一把"双刃剑"，更好地发挥其正面影响，抑制其负面影响，是十分重要的。

二、绿色壁垒

（一）绿色壁垒的含义及成因

▶ 1. 绿色壁垒的含义

绿色壁垒（green barrier to trade）又称环境壁垒，是指一国以保护自然资源、生态环境和人类健康为名，通过制定复杂苛刻的环保制度和标准，对来自其他国家和地区的产品及服务设置障碍、限制进口，以保护本国市场为目的的非关税壁垒。其主要包括国际和区域性的环保公约、国别环保法规和标准、环境技术标准、绿色包装、绿色环境标志、绿色补贴、绿色卫生检疫等措施等。绿色壁垒以其外表的合理性及内在的隐蔽性成为继关税之后，国际上广泛采用的一种国际贸易壁垒。

▶ 2. 绿色壁垒形成的原因

绿色贸易壁垒是新贸易保护主义与环境保护运动相结合的产物，它的运用和泛滥有其深刻的历史背景和复杂的原因。

（1）全球自然资源匮乏，生态环境恶化，为"绿色壁垒"的出现提供了契机。工业技术的迅猛发展，促进了经济的增长、社会的进步和人类生活的改善，但同时也对人类赖以生存的环境造成了一定的破坏，而且，这种破坏有进一步恶化的趋势，使经济和人类社会的持续发展受到严重影响。环境问题目前引起全球的关注，"加强环境管理"已经成为当今世界各国经济干预的潮流之一。

（2）可持续发展观念及环保意识的增强，内在地推动了"绿色壁垒"的形成。可持续发展的概念反映在消费行为上，就是绿色消费浪潮的兴起和绿色商品的风靡全球。国际贸易的商品结构和市场结构也随之发生了变化，从绿色食品、绿色用品到生态文具、生态玩具；从生态时装、生态住宅到绿色汽车、绿色飞机；从绿色能源到绿色材料；从绿色生产到绿色旅游；从绿色产业到绿色市场。发达国家利用这个消费心理转变浪潮，纷纷出台了贸易中的环境保护措施，达到了限制进口和扩大出口的目的，使"绿色壁垒"成为新的贸易壁垒。

（3）各国技术水平、环保标准和相关资金投入等方面的差异是"绿色壁垒"存在的直接原因。由于各国生产水平、经济实力存在差异，各国对环保的资金投入和技术要求必然存在差异。要制定统一的环境标准难度非常大。在这种情况下，各国从本国情况出发，制定出有利于本国企业和出口商，而不利于外国企业和出口商的环境保护标准，直接构成绿色壁垒。有些发达国家制定的进口产品的环保指标，只有本国的企业能做到，这样就起到保护本国企业、打击外国企业的目的。

（4）市场矛盾的尖锐、发达国家谋取经济利益的目的是绿色壁垒产生的根本原因。20世纪70年代中期以来，多数西方发达国家因相继受到经济危机的影响而陷入经济发展的滞胀困境，贸易保护主义作为一种短视的救济开始泛滥起来。20世纪90年代以来，在"泡沫经济"的催生下，全球生产过剩，市场矛盾日益尖锐，发达国家在彼此谴责对方推行贸易保护主义政策的同时，自己又竭力加紧寻找和运用更为灵活、隐蔽的非关税壁垒措施。

（5）现行国际贸易规则和协定不完善、缺乏约束力。贸易和环境问题是一个极为复杂且十分敏感的问题，长期以来各国从各自的经济利益出发，以求在与贸易有关的环境标准方面取得有利的地位。因此，虽经过许多探讨和谈判，但难以达成一致意见，由此产生的有关贸易规则含义宽泛、含糊，甚至处于两可之间。并且这些规定的弹性较大，其中一些重要的术语的含义非常不明确，这就为各缔约方以环境保护为名，实施绿色贸易壁垒提供了合法的借口。

（二）绿色壁垒的特征

绿色壁垒较之其他非关税壁垒具有以下特征。

▶ **1. 名义上的合理性**

任何绿色壁垒都标榜保护世界资源、生态环境和人类健康，因而极易蛊惑大众心理。随着"可持续发展"观念不断深入人心，现代人类对环保的要求越来越高，污染使人们对环境问题越来越敏感。关注生态环境，人们的环保消费心理逐步增强，越来越认同绿色保护措施。"绿色消费"浪潮的兴起，使传统的消费模式正在发生历史变革。绿色壁垒就是抓住大家都关心生态问题的心理，使自己披上了合法外衣。

▶ **2. 形式上的合法性**

与其他非关税壁垒相比，实施绿色壁垒的国家往往用其公开的立法加以规定，一些绿色保护措施都是以国际、国内公开立法作为依据。多数国家在制定、实行这类措施时都倾向于援引关贸总协定的"一般例外条款"作为其法律依据。该条款允许缔约方采用"为保护人民、动物、植物的生命或健康的措施"或"与国内限制生产与消费的措施相结合，为有效保护可能用竭的自然资源的有关措施"，虽然世贸组织以及相关贸易协议中的环境条款本身并非绿色贸易壁垒，但其中一些条款相对模糊的界定的确使某些发达国家为树立绿色贸易壁垒找到法律上的借口。

▶ **3. 保护内容的广泛性**

20世纪70年代以来，为保护生态环境和人类的健康，国际社会组织颁布了很多保护公约，保护的内容涉及从天上到地下，从陆地到海洋，从人类到动物，从动物到植物，从固体到液体，从液体到大气。这些不仅涉及资源环境和人类健康有关商品的生产、销售方面的规定和限制，而且对工业制成品的安全、卫生、防污等标准做出了要求。

▶ **4. 保护方式的巧妙性和隐蔽性**

种种绿色壁垒借助环境保护之名，隐蔽于具体的贸易法规、国际公约的执行过程之中，同进口配额、许可证制度相比，它不仅隐蔽地回避了分配不合理、歧视性等分歧，不易产生摩擦，而且各种检验标准极为复杂，往往使出口国难以应付和适应。第一，绿色壁垒表面上看一视同仁，一般不存在配额问题，也没有具体到哪个国家，这是第一个巧妙性和隐蔽性；第二，它们都是高科技基础上的检验标准，发展中国家难以做出判断，其标准具有易变性，标准是对是错，无从谈起，是否科学也不得而知；第三，把贸易保护的视线转移到人类健康保护和环境保护上，有更大的隐蔽性和欺骗性。

▶ 5. 保护技术上的歧视性

许多由绿色壁垒而引起的贸易争端，都是因为设置这类壁垒的进口国实行歧视性贸易政策而引起的。而更为重要的是，人们往往忽视了问题的另一面，即通常认为，尽管绿色壁垒属于贸易保护措施，但由于是以环境保护为目的，因此，只要在国内外同种产品都实施同一环保标准的限制时，就视为做到了贸易政策的"公平、公正"。然而，在现阶段以发达国家的环保标准去要求发展中国家，显然是极其不合理的，从某种意义上讲，是对落后国家的技术歧视。

（三）绿色壁垒的表现形式

一些国家特别是发达国家将环境与贸易问题挂钩以后，制定并实施了大量的绿色贸易壁垒措施，其表现形式是多种多样的，大致可归纳为以下几种类型。

▶ 1. 绿色关税制度

绿色关税也称环境附加税，是进口国以保护环境为理由，对影响生态的进口产品除征收一般正常关税外，再征收进口附加税，或者限制、禁止进口，甚至实行贸易制裁。其直接结果就是造成了进口价格的提高，降低了进口商品的市场竞争力，从而达到限制进口的目的。

▶ 2. 环境配额制度

配额是非关税壁垒常用的数量限制措施，现已延及环境贸易领域。国际上有些环保主义者主张，根据某一出口国某种产品环保实绩来确定其在本国市场的销售配额，即按时期（如年、季度、月）分配给相关出口国输入本国该产品的最高数量。这种做法对发展中国家和各国小企业具有很大的歧视性。因为发展中国家受自身经济实力和技术实力的限制，很难在短期内提高其环境技术标准和质量。

▶ 3. 环境许可证制度

环境许可证制度要求在取得许可证的基础上才允许进口或出口，也就是在出口前要获得进口国的"预先通知同意"，这种做法源于《濒危野生动植物物种国际公约》等国际绿色规范。例如，该公约规定，对于不加保护有灭绝危险的野生动植物的贸易应受到严格的限制，在管理当局批准承认的出口许可证的基础上才允许出口，进口国只能在出口国颁发出口许可证的前提下才进口，一些国家据此实施绿色准入制度。

▶ 4. 绿色补贴制度

绿色补贴制度指政府采用环境补贴来帮助企业筹资控制污染，这些方式包括专项补贴、使用环境保护基金、低息优惠贷款等。由于污染治理费用通常十分高昂，导致一些企业难以承受此类开支。一些国家政府在企业无力投资新环保技术、环保设备和开发清洁技术产品时可能会提供补贴。按 WTO 修改后的《补贴与反补贴措施协定》的规定，这类补贴是"为促进现有设施适应法律和规章所规定的新的环境需求而给予的有关企业的资助"，它属于不可申诉补贴范围，因此为越来越多的国家和地区所采用。经济合作与发展组织（OECD）允许其成员政府可根据"污染者付费原则"提供环境补贴。但这类补贴行为也引起一些进口国以其造成价格扭曲而违反 WTO 自由贸易原则为由，征收相应的反补贴税，从而导致因围绕环保补贴问题而引起的贸易纠纷。

▶ 5. 环境成本内在化制度

环境成本内在化制度是指为了保护环境和资源，将资源和环境费用计算在成本内，使资源环境成本内在化。"环境成本内在化"是绿色壁垒的重要理论基础，环境成本内在化以后，国际贸易中某些产品（如资源型、绿色消费品）的比较优势就会发生变化。一些国家的产品因此失去价格竞争力而退出国际市场。另外，还将改变资本流动的地理方向和行业流向。资本将从高环境成本的行业、地区抽出，转而投向低环境成本或无环境成本的行业、地区，以获取源于环境成本差异的"租金"。

发达国家的一些企业认为，由于环境不同造成的"成本投入差异"使外来产品取得了不公正的成本优势和市场竞争优势，而自己则处于不利的竞争地位，它们和一些环保组织联合起来攻击别国（特别是发展中国家）低成本的环境标准构成了所谓的"生态倾销"，认为是不公正贸易。要求本国政府征收"生态倾销税"，以抵消国外低成本产品的竞争优势，或者对国内工业进行补贴，使其在国内市场和国际市场可以低价竞争。

▶ 6. 绿色技术标准

绿色技术标准是进口国制定的严格的强制性环保技术标准，限制国外不符合标准的产品进口。各种环保标准一般产生于国际协议、法规、技术、公约和制度之中，这些标准本质上不是绿色贸易壁垒，但它们的主要制定者主要是发达国家，其条款规定是基于发达国家先进的技术水平，反映的是发达国家的环境利益，因此必然限制发展中国家的产品出口，因此可能成为一种变相的贸易壁垒。不仅如此，许多发达国家在国际贸易中还制定超出国际公认标准的环保标准，实行内外有别的双重环保标准，或专门针对出口国家或商品制定环境条例，这些派生出来的标准成为真正的绿色壁垒。

▶ 7. 绿色卫生检疫措施

绿色卫生检疫制度是指各国海关、商检机构都制定了不同的卫生检疫制度，对进口商品的品质进行检测和鉴定。发达国家往往把海关的卫生检疫制度作为控制从发展中国家进口的重要工具。它们对食品、药品的卫生指标十分敏感，如食品的安全卫生指标、农药残留、放射性残留、重金属含量、细菌含量等指标的要求极为苛刻。绿色卫生检疫制度影响最大的产品是药品和食品，为保障食品安全，许多国家采取了严格的检疫制度，有些国家通过立法建立了近乎苛刻的检疫标准和措施，形成了实质上的贸易保护。例如，日本、欧盟、美国等发达国家对食品中

拓展阅读 9-4
欧盟"绿色壁垒"
拦路，中国花茶
外销遇难题

的某些有毒物质含量标准的规定到了近乎苛求的地步，阻止了越来越多的进口商品。

▶ 8. 绿色包装和标签制度

一些国家往往从包装材料对环境所造成的负面影响和标签给社会带来的危害方面考虑，对两者做出严格规定。这是一种常见的绿色技术壁垒，设置的国家利用这种壁垒能够有效地防止出口国的病虫传入，保证货物和使用者的安全和便利。但过分苛刻的要求就会大大增加出口商品成本，成为贸易障碍。

绿色包装制度是指包装必须节约能源，减少废弃物，使用后利于回收再利用或易于自然分解，不污染环境。许多发达国家都有相关的法律要求。例如，美国《食品标签法》规定，美国所有包装食品，包括全部的进口食品都必须强制性使用新标签，食品中的添加剂，如防腐剂、合成色素等必须在配料标示中依照标准的专用名称如实标注。

▶ 9. 绿色环境标志和认证制度

绿色环境标志也称绿色标志、生态标志，是指在产品或包装上用图形表明该产品从研

制、生产、使用、消费和处理过程符合环保要求，对生态环境和人类健康均无损害。但由于环境标志制度所建立的标准相当高，厂商要达到环境标志的要求，其产品的生产必须改变原材料及生产工艺才能达到。因此，环境标准制度在一定程度上就成为一种变相的贸易壁垒。取得了环境标志意味着取得了进入实施环境标志制度国家市场的"通行证"，但由于环境标志制度所建立的标准高，认证程序复杂、手续烦琐，增加了外国厂商的生产成本和交易成本，因此，环境标准制度在一定程度上就成为一种变相的贸易壁垒。

（四）绿色壁垒的影响

▶ 1. 绿色壁垒将增加出口企业的成本，从而影响企业的国际竞争优势

绿色环保措施的实施必然会涉及产品从生产到销售乃至报废处理的各个环节。制造商为了达到进口国的环境标准，不得不增加有关环境保护的检测、认证和签证等手续并产生相关费用，随之而来的是产品的外观装潢、出口标签和产品广告也将做大幅度的调整，从而导致出口产品各种中间费用及附加费用的增多，最终推动企业的营销成本总体上涨。单从价格角度来看，企业将失去原有的价格竞争优势，即使企业接受了政府给予的环保补贴，也会因政府补贴能力和程度的影响，引起同类企业生产的相同产品的比较优势发生变化，从而影响企业在国际市场上的竞争能力。

▶ 2. 绿色壁垒将影响国际贸易商品结构和商品流向格局

绿色保护措施的实质，特别是环境成本内在化以后，将会引起国际贸易商品结构的变化。这将突出地表现在以下几个方面。

（1）不利于人类健康的产品会逐渐停止生产，贸易量将会逐步萎缩。

（2）初级产品在国际贸易中的比重将会下降。新技术、新工艺的使用，将使许多初级产品如木材和矿产品等的市场进一步萎缩。

（3）劳动密集型、资源密集型产品在国际贸易中的比重将会进一步降低，技术密集型、知识密集型产品的比重将进一步提高，绿色产品的需求将会进一步增加。

（4）有形商品贸易受阻，将直接影响运输业、金融服务业的发展。一般来说，保护主义盛行之时，就是运输服务业的低迷时期。

国际贸易商品结构的改变，将引起国际贸易的市场地理方面发生变化。环境成本内在化的实施改变了跨国公司等直接投资者的投资领域，资本将从高环境成本的行业抽出，转而投向低环境成本或无环境成本的行业和地区，从而引发跨国公司以获取源于环境成本差的"寻租"活动。从全球范围来看，发展中国家的环境标准和环境成本内在化程度明显低于发达国家，环境成本的外部性较强，使得国外投资者得以入境兴办大量污染项目，成为"污染避难所"。种种迹象表明，污染密集型产业已逐渐从发达国家转移到发展中国家，发展中国家污染密集型产品在世界生产和销售的比重有所增长。另外，发达国家严格限制消费污染严重的产品，并可能成为生产过程污染严重产品的净进口国（输出污染型投资使然）和消费过程污染严重产品的净出口国（执行内外有别的标准）。

▶ 3. 绿色壁垒将会不断引发贸易摩擦

（1）由于各国经济与技术水平的差异，以及生产方式与消费结构的不同等因素的存在，使各国对环境标准的高低、环境成本内在化及其程度与方式都有着不一致的认识和处置方式。发达国家的环保主义者认为，数十年之久的市场失败和政府决策失误是环境恶化的主要原因。由于自由贸易的发展和政府、国际组织的重视不够，才使环境问题日趋严重。他们主张采取严格的贸易制裁措施，抵制破坏环境的产品生产和进出口。

（2）发展中国家特别是工业化水平较低的国家对发达国家的贸易环境观十分不满，它

们的观点包括：①发达国家以环境为借口向发展中国家不断施压，忽视了发展中国家贫困落后、无力支付巨额环保费用的现实；②国际组织并未处理好贸易、环境与发展的关系，即使世界贸易组织制定的让发展中国家从贸易中获益的有关环境措施以及为环保设立的贸易保护措施，也是很难获得相关利益的；③发达国家采取与环境有关的贸易限制性措施，即绿色壁垒，它降低了发展中国家的收益，一定程度上阻碍了发展中国家的发展之路；④发达国家设立的高环境标准，实际上是它们利用生产和销售绿色产品，发展绿色科技和相关服务产品，从而控制未来的世界市场。

总之，发展中国家要求重估对贸易有巨大影响的环境措施，要求发达国家在实施与贸易有关的环境措施如环境标志、标签、产品再循环处理等方面的政策时具有透明度和公开性。发展中国家反对为达到环境标准而采取超国界的贸易措施，反对用歧视的、统一的贸易措施规范其行为。它们主张环境措施必须建立在客观、公正和最低贸易限制的基础上。一些发展中国家从实际出发，向发达国家和国际组织提出了一系列的质疑：①由于各国环境标准存在差异，按不同工艺和方法生产的同类产品能否享受同等待遇；②能否允许有害的生产和生活垃圾输出到其他国家；③能否将污染密集型产业通过投资方式转移到别国；④跨国公司采用东道国的环境标准是否就是符合国民待遇原则；⑤如果要求其采用母国的标准是否违背了国民待遇原则；⑥不同类型的国家究竟应按哪种环境标准使环保成本内在化，其环境成本内在化的程度是否应一致；⑦对绿色产品进行环境补贴是否违背公平贸易原则；⑧在环境成本内在化实践过程中，发展中国家是否也应享受特殊待遇。

当因环保而增加营销成本进而影响到产品的市场竞争力时，必将造成双边甚至多边国际经贸关系的摩擦与冲突。不过，可以肯定地说，在发达国家占绝对优势的国际市场上，在绿色浪潮和环保运动的推动下，包括我国在内的广大发展中国家将在各类绿色贸易摩擦中处于被动地位。这就意味着，企业参与国际竞争，不仅要面对高不可攀的技术标准，并为此做出不懈努力，付出巨大的代价，而且还要面对因环境壁垒所引起的各种复杂贸易摩擦。如何解决这种新型贸易纠纷，将对企业的综合素质提出新的挑战。

三、社会责任壁垒

(一) 社会责任壁垒的含义

社会责任壁垒是指以劳动者劳动环境和生存权利为借口采取的贸易保护措施。社会责任壁垒由社会条款而来，社会条款并不是一个单独的法律文件，而是对国际公约中有关社会保障、劳动者待遇、劳工权利、劳动标准等方面规定的总称，它与公民权利和政治权利相辅相成。社会壁垒名义上打着保护劳动者的幌子，实际上已经成为发达国家削弱发展中国家企业因低廉劳动报酬、简陋工作条件所带来的产品低成本竞争优势的一种手段。

(二) SA 8000 的主要内容及特点

SA 8000(Social Accountability 8000 International Standard)即社会责任标准，是根据《国际劳工组织公约》《世界人权宣言》和联合国《儿童权利公约》制定的全球首个道德规范国际标准，于 1997 年 10 月公布。SA 8000 与 ISO 9000 质量管理体系及 ISO 14000 环境管理体系一样，皆为一套可被第三方认证机构审核的国际标准。SA 8000 主要关注的是人，而不是产品和环境，其主要内容有以下几个方面。

(1) 童工。不得使用或者支持使用童工。

(2) 强迫性劳动。不得使用或支持使用强迫性劳动，也不得要求员工在受雇起始时交纳押金或寄存身份证件。

（3）歧视。不得因种族、社会阶层、国籍、宗教、残疾、性别等而对员工在聘用、报酬、培训、升职、退休等方面有歧视行为；公司不能允许强迫性、虐待性或剥削性的性侵扰行为，包括姿势、语言和身体的接触。

（4）惩戒性措施。不得从事或支持体罚、精神或肉体胁迫以及言语侮辱。

（5）工作时间。在任何情况下都不能经常要求员工一周工作超过 48 小时，并且每 7 天至少应有 1 天休假；每周加班时间不超过 12 小时，除非在特殊情况下及短期业务需要时，不得要求加班，且应保持加班能获得额外津贴。

（6）工资。企业支付给员工的工资不应低于法律或行业的最低标准，并且必须足以满足员工的基本需求，并以员工方便的形式如现金或支票支付；对工资的扣除不能是惩罚性的；应保证不采取纯劳务性质的合约安排或虚假的学徒工制度以规避有关法律所规定的对员工应尽的义务。

（7）健康与安全。应具备避免各种工业与特定危害的知识，为员工提供安全健康的工作环境，采取足够的措施降低工作中的危险因素，尽量防止意外或健康伤害的发生；为所有员工提供安全、卫生的生活环境，包括干净的浴室、洁净安全的宿舍、卫生的食品存储设备等。

（8）管理系统。公司高级管理层应根据本标准制定符合社会责任与劳工条件的公司政策，并对此定期审核；委派专职的资深管理代表具体负责，同时让非管理阶层自选一名代表与其沟通；建立适当的程序，证明所选择的供应商与分包商符合本标准的规定。

（9）组织工会的自由与集体谈判的权利。

在社会壁垒方面，SA 8000 颇为引人注目，该标准是从 ISO 9000 系统演绎而来，用以规范企业员工的职业健康管理。通过认证的公司会获得证书，并有权在公司介绍手册和公司信笺抬头处印上 SGS-ICS 认证标志和 CEPAA 标志。此外，它们还可得到 SA 8000 证书的副本用于促销。欧洲在推行 SA 8000 上走在前列，美国紧随其后。欧美地区的采购商对该标准已相当熟悉，目前全球大的采购集团非常青睐有 SA 8000 认证企业的产品，这迫使很多企业投入巨大的人力、物力和财力去申请与维护这一认证体系，无疑会大大增加成本。特别是发展中国家，劳工成本是其最大的比较优势，社会壁垒将大大削弱发展中国家在劳动力成本方面的比较优势。

（三）社会责任壁垒产生的原因

社会责任壁垒产生的原因主要有以下 4 个方面。

▶ 1. 发展中国家过度利用劳动力成本优势

由于发展中国家技术比较落后，而且生产条件差，在国际市场竞争中整体处于劣势。为了降低产品的成本，提高产品在国际市场上的竞争力，它们必须在劳动力成本上创造一些优势。由于各国劳工工资水平、工作时间、劳动环境和安全卫生状况等条件存在差异，使劳工标准低的国家生产成本较低，在国际贸易中有相对比较优势。发达国家认为，发展中国家劳工标准低的成本优势必定造成向劳工标准高国家的"社会倾销"。因此，发达国家提出在国际贸易自由化的同时，应在贸易协议中制定出统一的国际劳工标准，并对达不到国际标准国家的产品进行限制。

▶ 2. 发达国家跨国公司追求高额利润

一些发达国家的公司看中发展中国家劳动力成本低，而且生产条件差的巨大优势，到发展中国家开办企业，让当地劳工在低工资水平和恶劣的生产环境下长时间工作。当这些情况被曝光，加上劳工组织抗议后，跨国公司不得不制定各自的社会责任守则。由于跨国公司间的社会责任守则存在差异，为了平衡和统一这些差异，由社会责任国际(SAD)制定了社会责任标准 SA 8000，而社会责任标准 SA 8000 有可能成为社会贸易壁垒的最主要措施。

▶ 3. 各种国际公约和国际法律文件

国际上对劳工的权益问题的关注由来已久，相关的国际公约有 100 多个，国际劳工组织也详尽地规定劳动者权利和劳动标准问题。1993 年，在新德里召开的第十三届世界职工安全大会上，欧盟国家代表提出把人权、环境保护和劳动条件纳入国际贸易范畴，对违反者予以贸易制裁，促使其改善工人的经济和社会权利。此后，在北美和欧洲自由贸促会区协议中也规定了只有采用同一劳动安全卫生标准的国家与地区才能参与贸易区的国际贸易活动。

▶ 4. 新贸易保护主义的抬头

近几年，主要发达国家经济增长乏力，国际市场上竞争关系发生变化，发达国家千方百计采取措施限制发展中国家产品，降低发展中国家产品在国际市场上的竞争力，非关税壁垒是他们常用的手段。随着传统贸易壁垒作用的减弱，新贸易保护主义者急于寻求新的手段以保护其国内产业，他们一方面修筑更高的非关税贸易壁垒；另一方面掩饰其贸易保护主义的行为，使其贸易保护措施更"名正言顺"，硬是把劳工权益与经济问题挂钩起来作为"社会条款"，从而逐渐成为社会贸易壁垒。

（四）世界贸易组织与社会壁垒

社会壁垒的核心是劳工标准问题。世贸组织中有关劳工标准与国际贸易关系的争论由来已久，早在"乌拉圭回合"谈判中，欧美一些国家代表就提出过劳工标准问题。有代表性的观点是：各国工人工资水平、工作时间、劳动环境和安全卫生状况等条件上的差异，使劳工标准低的国家生产成本低廉，在国际贸易中有相对的价格优势，这势必造成由发展中国家向劳工标准高的国家的"社会倾销"。因此，提出在国际贸易自由化的同时，应在贸易协议中制定出统一的国际劳工标准，并对达不到国际标准的国家的贸易进行限制。发达国家试图将人道和社会问题与国际贸易联系在一起，并列入 WTO 的共同准则中，当时就因遭到广大发展中成员国的强烈反对而失败。

1996 年 12 月，在新加坡的 WTO 首届部长级会议上，经过激烈辩论和讨价还价，通过了《新加坡部长宣言》，"核心劳工标准"作为新议题被明确列入该宣言的 23 个内容之中。该宣言指出："我们再次承诺，遵守国际承认的核心劳工标准，国际劳工组织是建立和处理这些标准的机构，我们确认我们支持其促进这些标准的工作。我们相信，通过增长和进一步的贸易自由化而促进的经济增长和发展有助于这些标准的改善。我们拒绝劳工标准作为保护主义目的的作用，有比较优势的国家，尤其是低工资的发展中国家，绝不会成为这方面的问题。"该宣言实际上意味着发展中成员承认劳工标准是一个问题，并承诺应予解决。在这次会议上，发展中成员国做出很大让步，也付出了很高代价。1999 年 12 月，在美国西雅图召开的 WTO 部长级会议上，劳工标准问题再次引起激烈争论，由于发展中成员国与发达成员国的尖锐对立和在自由贸易等一些重大问题上无法达成妥协，谈判破裂，结果西雅图会议没有取得任何实质性成果。这次会议后，各成员国都认识到了在国际贸易关系中劳工标准问题的严重性。在 2000 年 2 月 19 日闭幕的联合国贸易与发展会议第 10 届大会上，发展中国家对劳工标准达成了重要共识，拒绝把劳工标准纳入国际贸易制度中，强调发展中国家必须团结协作，共同努力建立"公平、公正、安全"和非歧视的多边贸易体制。而发达国家也进行紧密磋商，力求协调立场统一行动，向发展中国家进一步施加压力。在世界贸易组织新一轮多边贸易谈判中，不可避免地要涉及劳工标准等社会条款问题，劳工标准也必然对未来的多边或双边关系产生巨大影响。

四、知识产权贸易壁垒

（一）知识产权贸易壁垒的含义

知识产权贸易壁垒又称为知识产权保护壁垒。它是在保护知识产权的名义下，对含有知识产权的商品，如专利产品、贴有合法商标的商品，以及享有著作权的书籍、唱片、计算机软件等实行进口限制；或者凭借拥有知识产权优势，超出知识产权法所授予的独占权或有限垄断权的范围，不公平或不合理地行使知识产权，实行"不公平贸易"，从而阻碍了正常的国际贸易与国际投资。

当知识产权的排他性应用到跨国生产经营当中时，一国的知识产权保护政策就与进出口贸易联系起来了，于是成为各国重要的贸易政策之一。当知识产权固有的垄断性超出了合理的范畴，扭曲了正常的国际贸易时，就成为知识产权贸易壁垒。

《与贸易有关的知识产权协议》特别关注在与贸易有关的知识产权措施方面构成贸易壁垒的做法，并加以约束。它所规范的知识产权壁垒有：①立法不完善，对《与贸易有关的知识产权协议》要求保护的某些知识产权缺乏法律规定，或其规定违反《与贸易有关的知识产权协议》的基本原则；②行政执法程序烦琐、拖沓或费用高昂；③司法救济措施不力，或剥夺当事方司法复审的请求权，未能给知识产权提供充分的保护。但以上条款主要是对没有给予知识产权足够保护的"壁垒"措施。

（二）知识产权贸易壁垒的特点

▶ 1. 主体的多样性

知识产权壁垒的构筑，除官方因素外，还有大量的是由市场主体或者非政府组织（non-government organization）自主完成。这样的知识产权壁垒有很多种，比较典型的有：①占据行业龙头地位的企业制定或者几家龙头企业联合制定产品标准，并在标准内容中捆绑专利、商标等知识产权内容的行为；②拥有大量知识产权的国际企业在发展中国家进行"知识产权圈地"和"专利休眠"行为；③数个国际企业之间为打压行业内新兴企业，采取专利交叉许可行为等。

▶ 2. 涉法性

知识产权壁垒与《与贸易有关的知识产权协议》及国内知识产权法律制度密切联系。知识产权壁垒没有传统贸易壁垒所具有的那种明显违背国际条约协定的特征，其构筑必须以国内、国际知识产权制度的存在为前提。换言之，知识产权壁垒是一种形式上"合法"的贸易壁垒。从法理的角度上讲，知识产权与一般商品不同，其客体不是实物而是权利，而权利之所以能够存在是因为有法律进行规制。《与贸易有关的知识产权协议》是为了促进国际贸易特别是知识产权贸易的发展而确立的一个基本统一的世界知识产权保护标准，但是，对于发展中国家来说，此标准又超出了它们的能力范围。

▶ 3. 主动性

在很多情况下，知识产权壁垒是由知识产权或者包含知识产权的商品的输出方主动采取的，这不但与传统贸易壁垒不同，也与其他技术性壁垒有所区别。知识产权壁垒除了具有阻止进口的功能外，更重要的一点是能够主动出击，成为维护输出方出口的有力武器。

（三）知识产权贸易壁垒的表现形式

▶ **1. 由专利权和标识性权利构成的技术性贸易壁垒**

由于各国经济及技术发展水平的差距，发达国家利用强大的技术优势制定了一系列技术标准，筑起了一道道技术壁垒。发展中国家为发展高新技术产业，往往要不可避免地向权利人支付高额的使用费，这极大地限制了高技术产品的自由流通。

▶ **2. 知识产权保护的滥用**

知识产权保护的滥用包括：

（1）知识产权保护边境措施及临时措施的滥用；

（2）技术贸易中的"不公平"做法，包括技术贸易合同中的不公平条款和歧视性价格；

（3）网络著作权的滥用。

▶ **3. 贸易的"内部化"和选择性投资**

所谓贸易的"内部化"，是指一些发达国家的跨国公司为保持其在高技术领域的垄断优势，其知识产权或含有知识产权的商品贸易具有强烈的内部化倾向。这种倾向具体表现为跨国公司的高技术或含有技术专利的商品、专有技术的商品且主要流向其拥有多数或全部股权的国外子公司。所谓选择性投资，是指跨国公司在可能的情况下，不将具有战略意义的专利与专有技术列入技术许可证贸易的范围，而是尽可能地利用这些技术，结成更高层次的战略联盟和合资合作关系或自己进行跨国投资以保持其在技术和产品上的领先地位。

▶ **4. 对平行进口的严格限制**

国际化的自由贸易衍生出的平行进口行为必然要与地域性独立管理的知识产权产生矛盾。所以，许多国家的法律条文在规定平行进口时，无论认为侵权还是合法，多附有灵活条件。因此，平行进口很容易为发达国家的利益、个人的意志所左右，不可避免地产生滥用知识产权的问题。

（四）知识产权贸易壁垒的发展趋势

▶ **1. 知识产权保护将高度集成**

发达国家一方面设立技术壁垒，要求进口国企业的产品要达到其设定的技术水平或技术标准；另一方面却把该标准水平下的技术申请了专利。技术壁垒越来越多地以知识产权为支撑，或直接以知识产权构筑技术壁垒，特别是在高新技术领域。

▶ **2. 知识产权保护将越来越隐蔽**

由于科技进步，检测设备、手段和方法更加先进，各国所采用技术壁垒的技术含量不断升级，对进口产品的要求越来越苛刻，已从个别限量指标发展成为名目繁多的限制或禁止指标体系。

▶ **3. 影响及扩散效应越来越明显**

知识产权壁垒的影响较之于一般壁垒更为广泛和深远。它具有明显的扩散性，往往产生连锁反应，由一个产品涉及相关的所有产品，从一国扩展到多国甚至全球。

第四节　非关税壁垒对国际贸易的影响

非关税壁垒措施的种类繁多，涉及面较广，常常涉及各国国内经济政策和对外政策。关贸总协定自"东京回合"以来，在继续致力降低关税的同时，已逐渐将谈判重点转向非关税壁垒问题。各种非关税壁垒措施的影响有所不同，当某些情况发生变化时，非关税壁垒措施的影响也将发生变化。因此，非关税壁垒措施对国际贸易和有关的进出口国家的影响程度较难估计，现从如下几方面简述。

一、非关税壁垒对国际贸易的影响

（一）影响了国际贸易的发展速度

非关税壁垒的日益盛行减缓了国际贸易的增长速度。在其他条件不变的情况下，世界性非关税壁垒的加强程度与国际贸易的发展速度呈反比关系。当世界上主要国家普遍提高关税和加强非关税壁垒时，不仅这些国家的进出口商品的数量要减少，还会进一步影响到整个世界范围内国际贸易的发展。纵观国际贸易和非关税壁垒的发展史我们就会发现，世界性的非关税壁垒加强的程度与国际贸易增长的速度成反比关系。当非关税壁垒趋向加强时，国际贸易的增长将趋向下降；反之，当非关税壁垒趋向缓和或逐渐被拆除时，国际贸易的增长速度将趋于加快。

（二）扭曲了国际贸易地理方向，改变了国际贸易商品结构

非关税壁垒在一定程度上影响国际贸易商品结构和地理方向的变化。"二战"后，特别是 20 世纪 70 年代中期以来，非关税壁垒对农产品贸易的影响程度超过工业制成品贸易；对劳动密集型产品贸易的影响程度超过技术密集型产品贸易；发展中国家对外贸易受到发达国家的影响程度超过发达国家之间的贸易。这种差异决定了国际商品的结构和地理方向的变化，并阻碍和损害了发展中国家对外贸易的发展。

（三）引起国际贸易摩擦和冲突

非关税壁垒限制商品的进口，加剧了国际贸易摩擦和冲突。非关税壁垒是一国政府出于各种政策目的而采取的对外贸易干预措施，不可避免地会对主要贸易伙伴国的经济产生影响。当涉及商品数额巨大、对出口国经济产生重要影响时，"贸易战"就会产生。

虽然非关税壁垒对国际贸易的发展起到了十分不利的影响，但我们同时也应该看到诸如技术贸易壁垒、绿色贸易壁垒等非关税措施，在一定程度上引起了世界各国尤其是发展中国家对环境、社会可持续发展等问题的重视。

二、非关税壁垒对进口国的影响

非关税壁垒像关税壁垒一样，起到了限制进口、引起进口国国内市场价格上涨和保护本国的市场和生产的作用。一国采取非关税壁垒措施限制进口，将使进口商品的供应量减少，在其他条件不变的情况下，也将引起进口商品价格的上涨，国内相同产品的价格也随之提高。

在保护关税的情况下，国内外价格仍维持着较为密切的关系，进口数量将随着国内外价格的涨落而有所不同。但是如果进口国采取直接的进口数量限制措施，情况就不同了。如实行进口数量限制，固定了进口数量，超过绝对进口配额的该种商品不准进口，当国外该种商品价格下降时，对进口国这种商品的进口数量的增长无影响。在限制进口引起进口国国内价格上涨时，也不增加进口，以减缓价格的上涨，因此两国之间的价格差距将会扩大。

进口数量限制等措施导致价格上涨，成为进口国同类产品生产的"价格保护伞"，在一定条件下起到保护和促进本国有关产品生产和市场的作用。但是，由于国内价格上涨，使得进口国消费者的支出增加，蒙受损失，而有关厂商，特别是资本主义的垄断组织从中获得高额利润。同时，随着国内市场价格上涨，其出口商品的成本与价格也将相应提高，削

弱出口商品竞争能力。

三、非关税壁垒对出口国的影响

进口国的非关税壁垒，特别是实行直接的进口数量限制，规定了进口数量，将使出口国的商品出口数量减少，出口价格下跌，出口增长率下降。

由于各出口国的经济结构和出口商品结构不同，各种出口商品的供给弹性不同，其出口商品受到非关税壁垒措施的影响也不同。通常，发展中国家或地区出口商品的供给弹性较小，发达国家出口商品的供给弹性较大，因此发展中国家或地区蒙受的非关税壁垒限制的损失超过发达国家。

在非关税壁垒日趋加强的情况下，发达国家一方面采取报复性和歧视性的措施限制商品的进口；另一方面采取各种措施鼓励商品的出口，从而进一步加剧了它们之间的贸易摩擦和矛盾。

本章小结

国际贸易中存在着各种各样的非关税措施，自由贸易论者称为非关税壁垒。非关税壁垒是指除关税措施以外的其他一切直接或间接限制外国商品进口的法律和行政措施。非关税壁垒有灵活性、针对性、有效性、隐蔽性、歧视性、双重性、争议性等特点。

非关税壁垒名目、种类繁多，常见的有进口配额制、自愿出口限制、进口许可证制、外汇管制和不合理的汇率、进口押金制、进口最低限价制、国内税、进出口的国家垄断、歧视性政府采购政策、海关程序、劳工标准、技术性贸易壁垒、绿色壁垒等。

非关税壁垒涉及面较广，常常涉及各国国内经济政策和对外政策。非关税壁垒对国际贸易和有关的进出口国家都会产生影响。非关税壁垒对国际贸易的发展起着重大的阻碍作用；非关税壁垒在一定程度上影响国际贸易商品结构和地理方向的变化；非关税壁垒起到了限制进口、引起进口国国内市场价格上涨和保护本国的市场和生产的作用；非关税壁垒使出口国的商品出口数量和价格受到严重的影响，造成出口数量减少，出口价格下跌，出口增长率下降。

案例分析

案例分析
新国际贸易标准 SA 8000
可能成为出口新壁垒

案例分析
《京都议定书》的争议与妥协

思考题

1. 非关税壁垒具有哪些特点？
2. 非关税壁垒如何分类？
3. 进口许可证可以分为哪几种？
4. 技术性贸易壁垒主要有哪几种？
5. 分析技术性贸易壁垒的影响。
6. 绿色壁垒的表现形式有哪些？
7. 简述绿色壁垒盛行的原因。
8. 什么是社会责任壁垒？产生的原因有哪些？
9. 非关税壁垒对国际贸易的影响。

线上课堂——训练与测试

扫描封底刮刮卡　获取答题权限

在线自测

第十章　出口鼓励和出口管制措施

学习目标

　　本章介绍出口信贷和出口信贷国家担保制、商品倾销、外汇倾销、出口补贴、价格支持、出口退税、组织和服务措施、经济特区措施等出口鼓励措施；介绍和分析出口管制的含义、种类和形式。

　　1. 掌握出口鼓励措施和出口管制措施的种类；

　　2. 掌握出口信贷和出口信贷国家担保制、商品倾销、外汇倾销、出口补贴、价格支持、出口退税、组织和服务措施、经济特区等措施的含义、分类。

　　各国除了利用关税和非关税措施限制进口外，还采取各种促进出口的措施来扩大商品的出口。限制进口和促进出口是国际贸易政策相辅相成的两个方面。目前，大多数国家都积极采取各种措施促进本国商品出口。此外，出于政治、经济或军事方面的原因，一些国家对某些主要资源和战略物资实行出口管制，限制或禁止出口。

第一节　鼓励出口措施

　　鼓励出口措施是指出口国政府通过经济、行政和组织等方面的措施，促进本国商品的出口，以开拓和扩大国外市场。在当今国际贸易中，各国鼓励出口的措施很多，涉及经济、政治、法律等许多方面，运用了财政、金融、汇率等经济手段和政策工具。

　　鼓励出口的措施主要有出口信贷和出口信贷国家担保制、倾销措施（商品倾销和外汇倾销）、出口补贴、价格支持、出口退税、组织和服务措施、经济特区措施等。但是，不管鼓励出口政策的内容怎样不同，它们的出发点只有一个，即支持本国出口部门特别是工业部门的发展，增强出口商品的国际竞争力，并以此带动国内经济的增长。

一、出口信贷和出口信贷国家担保制

（一）出口信贷的含义和特点

▶ 1. 出口信贷的含义

　　出口信贷（export credit）是一个国家为了鼓励商品出口，加强商品的国际竞争力，通过银行对本国出口商或进口商（或进口方银行）提供的贷款。它是一国出口商利用本国银行的贷款扩大商品出口，特别是金额较大、期限较长的商品，如成套设备、船舶等大型设备出口的一种重要手段。

　　出口信贷主要用于出口成套设备、船舶、飞机等交易金额大、从生产到交货需要较长

时间的产品。对进口商来说，一时难以支付如此巨额的货款；而对出口商来说，要垫支如此大数额的款项，也不利于资金周转。这样由出口国提供出口信贷，如贷给进口商，使进口商能用这笔贷款购买出口国的商品；如贷给本国出口商，使出口商能以这笔资金用于出口。

▶ 2. 出口信贷的特点

出口信贷具有以下几个特点。

（1）出口信贷以出口项目为前提，以促进本国商品出口为目的。所以，贷款的全部或大部分必须用于购买提供贷款国家的出口商品。

（2）出口信贷以1年以上的中长期贷款为主，为配合周转期长、成交金额大的出口项目的实施，出口国常常提供期限在3～5年或5年以上的对外贸易中长期贷款。

（3）贷款利率较低。出口信贷的利率一般低于相同条件资金贷放的市场利率，利差由出口国国家补贴。

（4）出口信贷的贷款金额通常只占买卖合同的80%左右，其余由进口商支付现金。

（5）出口信贷的发放与信贷保险相结合。由于出口信贷偿还期长、金额大，发放贷款的银行存在较大的风险，为了减少风险、保证贷款的安全，发达国家一般设有国家信贷保险机构对贷款予以担保。风险本身由国家负担，利润由企业获得，从而加强了本国出口商的竞争能力。

（6）出口信贷是政府促进出口的手段。一般而言，获取出口信贷支持的出口商品都是资本品，其所在产业对国内经济增长、就业都有着较大的影响力，对其他产业也具有较强的连锁效应。因此各国都设立专门的机构，办理出口信贷和出口保险业务，并对商业金融机构发放出口信贷实施鼓励政策。

（二）出口信贷的种类

出口信贷按照贷款对象不同，可分为卖方信贷和买方信贷。

▶ 1. 卖方信贷

卖方信贷是指出口方银行向本国出口商（卖方）提供的贷款，其贷款合同由出口商与出口方银行之间签订。实际上，卖方信贷是出口厂商通过将其货物买卖合同中远期收汇的权益抵押给贷款银行，从银行获取资金融通的过程。这种信贷主要用于那些金额大、期限长的交易项目。因为这类商品的购进需用很多资金，进口商往往要求延期付款，而出口商又不可能长期采用延期付款的方式出口，否则将会面临资金周转的困难，甚至影响其继续经营。此时，出口商需要取得银行贷款。而卖方信贷可以直接资助出口商向外国进口商提供延期付款，以促进商品出口。因此，卖方信贷是银行直接资助本国出口厂商向外国进口厂商提供延期付款，以促进商品出口的一种方式。

卖方信贷的具体程序与做法如下。

（1）在正式签署货物买卖合同前，出口厂商必须与贷款银行取得联系，获得银行发放出口信贷的认可。一般情况下，银行在受理和审核项目后，对出口厂商下达具体要求，包括：①买卖合同必须规定，进口厂商现金支付比例达到合同金额的10%～20%；②分期付款是每半年等额贷款本金和利息偿还一次，以与贷款偿还一致；③出口厂商向保险机构投保出口收汇险，将保险费打入货价，并将保险单收益权转让给出口方银行；④进口厂商延期付款担保机构的资格由贷款银行确认。

（2）出口商与进口商签署货物买卖合同，同意以延期付款的方式向进口商出售商品。双方签订合同后，进口商先支付10%～15%的定金；在分批交货验收和保证期满，再分期付给 10%～20%的货款；其余 70%～80%的货款在全部交货后若干年内分期偿还，并支付延期付款期间的利息。

（3）出口商在与进口商签署货物买卖合同的同时，向保险公司投保出口收汇险，并将保险项下的权益转让给贷款银行，出口商与贷款银行正式签署贷款协议，在协议中，出口商同意将货物买卖合同下的远期收汇权益抵押给贷款银行，并向所在地的银行商借贷款，签订贷款协议，以融通资金。

（4）进口商随同利息分期偿还出口商货款后，根据贷款协议，出口商再以此偿还其从银行取得的贷款。

（5）在出口商按期收到进口方银行开具的信用证与保函，并收到定金后，出口商开始组织生产，并向贷款银行提款。

（6）进口商在规定的期限内分期偿还剩余货款，并支付延期付款的利息。出口商将收到的货款依照贷款协议偿还银行。

出口商向银行借取的卖方信贷，除按出口信贷利率支付利息外，并须支付信贷保险费、承担费、管理费等，这些费用均附加于商品的货价之中。所以，延期付款的货价一般高于以现汇支付的货价，有时高出 3%～4%，有时甚至达到 8%～10%。

▶ **2. 买方信贷**

买方信贷是指出口方银行直接向外国进口商（买方）或进口方银行提供的贷款。这种贷款的前提就是必须用于购买债权国的商品，因此起到促进商品出口的作用，这就是所谓的约束性贷款。

买方信贷有以下两种形式。

一是出口方贷款给进口厂商的买方信贷。在这种信贷方式中，进口商除自筹资金交纳 15%左右的定金外，其余货款由银行将提供的贷款以即期付款方式一次性地支付给出口商，然后按贷款协议所规定的条件向银行还本付息。

二是出口商贷款给进口方银行的买方信贷。具体业务中，进口商首先支付 15%左右的定金，再由出口方银行贷款给进口方银行，然后由进口方银行以即期付款方式代进口商支付其余货款，并按贷款协议规定的条件向出口商供款银行还贷付息。进口商则与该银行在国内按商定方式结算清偿。

上述两种形式的买方信贷协议中，均分别规定进口商或进口方银行需要支付的信贷保险费、承担费、管理费等具体金额，这就比卖方信贷更有利于进口商了解真实货价，核算进口设备成本。

出口信贷的买方信贷基本流程如下。

（1）出口商提出买方信贷意向申请，在银行审核项目材料，出具贷款意向书，并对商务合同具体付款条件提出要求后，进出口方才进入货物合同签署阶段。

（2）进出口商签署现汇货物买卖合同，并明确进口商将使用出口方银行提供的买方信贷支付货款。合同签署后，进口商先支付货款 15%～20%的定金。

（3）由进口商或进口方银行与出口方银行签署贷款协议。进口商根据出口商交货情况分批利用出口方银行贷款或进口方银行转贷的资金支付 80%～85%的货款。

（4）进口商根据与进口方银行、出口方银行的贷款协议支付本金和利息。

（5）在买方信贷，贷款对象为进口方银行的情形下，进口方银行根据贷款协议向出口方银行支付本金和利息。进口方银行与进口商之间的债权债务关系根据协议在国内进行结算。

买方信贷不仅使出口厂商能够较快地得到货款和减少风险，而且使进口商对货价以外的费用比较清楚，便于进行讨价还价，一次性付款使货价相对于延期付款的货价低廉。此外，对于出口方银行来说，贷款给国外的买方银行，还款风险大大降低，故这种方式较为流行。

(三) 出口信贷国家担保制

▶ 1. 出口信贷国家担保制的含义

出口信贷国家担保制(export credit guarantee system)是指对于本国出口商或商业银行向外国进口商或银行提供的信贷，由国家设立的专门机构出面担保，当外国债务人不能付款时，由该机构按照承保的金额给予赔偿。出口信贷国家担保制是国家替代出口商承担商业保险公司所不承担的出口风险，支持出口商争夺国外市场，扩大出口的措施之一。

▶ 2. 担保的项目与金额

出口信贷国家担保的业务项目，一般都是商业保险公司所不承担的出口风险，主要有政治风险、经济风险两类。

(1) 政治风险。对由于进口国发生政变、战争以及因特殊原因，进口国政府采取禁运、冻结资金、限制对外支付等政治原因造成的损失，可以给予补偿。这种风险的承保金额一般为合同金额的85%～95%。

(2) 经济风险。对进口商或借款银行破产无力偿还、货币贬值或通货膨胀等原因所造成的损失，可以给予补偿，担保金额一般为合同金额的70%～80%。为了扩大出口，有时对于某些出口项目的承保金额达到100%。

▶ 3. 担保对象

出口信贷国家担保制的担保对象主要分为以下两种。

(1) 对出口厂商的担保。出口厂商出口商品时所提供的短期或中长期信贷均可向国家担保机构申请担保。有些国家的担保机构本身不向出口厂商提供出口信贷，但它可以为出口厂商从其他商业金融机构取得出口信贷提供有利条件。例如，有的国家采用保险金额抵押的方式，允许出口厂商将所获得的承保权利，以"授权书"的方式转移给贷款银行而取得出口信贷。这种方式使银行提供的贷款得到安全保障，一旦债务人不能按期还本付息，银行即可从担保机构得到补偿。

(2) 对银行的直接担保。通常银行所提供的出口信贷均可申请担保，这种担保是担保机构直接对提供贷款银行承担的一种责任。有些国家为了鼓励出口信贷业务的开展和提供贷款安全保障，往往给银行更为优厚的待遇。例如，英国出口信贷担保署对商业银行向出口厂商提供的某些信贷，一旦出现过期未能清偿付款时可给予100%偿付，而不管未清偿的原因，但保留对出口厂商要求偿付的追索权。如果出口厂商不付款的原因超出了它所承保的风险范围，该署可要求出口厂商偿还。这种办法有利于银行扩大出口信贷业务，从而进一步促进了商品出口。

▶ 4. 担保的期限和费用

出口信贷国家担保的期限通常依贷款期限的不同分为短期和中长期两种。短期信贷担保为半年左右，承保出口厂商所有海外短期信贷交易，其手续简便。有些国家为简化手续则采取综合担保的方式，出口商只要一年办理一次投保，便可承保这期间对海外的一切短期信贷交易，一旦外国债务人拒付，即可得到补偿。中、长期信贷担保期通常为2～10年，最长的可达20年。承保时间可从出口合同成立或货物装运出口时起直到最后一笔款项付清为止。由于时间长、金额大，因此采用逐笔审批的特殊担保方式。

出口信贷国家担保是各国鼓励出口的措施之一，所以收费低廉，保险费率依出口担保的项目、金额、期限长短和输出国别或地区而有所不同。此外，各国保险费率不一样，如英国为 $0.25\%\sim0.75\%$，德国为 $1\%\sim1.5\%$。

二、倾销措施

根据实施途径和方式的不同，倾销可分为商品倾销与外汇倾销。虽然两者都表现为出口商品的价格竞争，前者表现为厂商的微观行为；后者表现为国家的宏观措施。

（一）商品倾销

商品倾销（dumping）是指以低于本国国内市场的价格甚至成本价格的方式，向国外市场销售商品的行为。商品倾销造成国际市场价格的不平等，从而产生不公平竞争。商品倾销的目的各有不同，有的是为了维护原有市场的竞争地位；有的是为了开辟新的销售市场；有的是为了转嫁国内的"过剩"危机；有的是为了控制民族国家的政治经济。但从根本上说，都是为了打击竞争对手，占领国外市场。

商品倾销按照倾销的具体目的和时间长短的不同，可分为以下几种形式。

（1）偶然性倾销（sporadic dumping）。这种倾销通常是因为销售旺季已过，或因公司改营其他业务，将国内市场上不能售出的剩余货物，以倾销方式在国外市场抛售。这种倾销会对进口国的同类生产造成不利影响，但由于时间短暂，进口国家通常较少采用反倾销措施。

（2）间歇性或掠夺性倾销（intermittent or predatory dumping）。这种倾销以低于国内价格甚至低于成本的价格在国外市场销售商品，在打垮或摧毁了大部分或所有竞争对手，取得垄断地位之后再提高价格，其目的是占领、垄断和掠夺国外市场，获取高额利润。具体来说，有的是为了打垮竞争对手，以扩大甚至垄断其产品的销路；有的是为阻碍当地同类产品或类似产品的生产和发展，以继续在当地市场维持其垄断地位；有的是为了在国外建立和垄断新产品的销售市场等。这种倾销严重地损害了进口国家的利益，违背公平竞争原则，因此许多国家都采取反倾销措施予以制裁。

（3）长期性倾销（long-run dumping）。这种倾销的做法是长期以低于国内的价格，在国外市场出售商品。由于这种倾销具有长期性，其出口价格至少应高于边际成本，否则货物出口将长期亏损。因此，倾销者往往采用"规模经济"，扩大生产以降低成本。有的出口商还可通过获取本国政府的出口补贴来进行这种倾销。

倾销商品可能会使企业利润暂时减少甚至亏本，此时一般采用以下办法取得补偿：①在贸易壁垒的保护下，用维护国内市场上的垄断高价或压低工人工资等办法，获取高额利润，以补偿出口亏损；②国家提供出口补贴以补偿出口企业倾销时的亏损；③出口企业在国外市场进行倾销，打垮国外竞争者、占领国外市场后，再抬高价格，攫取高额利润，弥补已发生的损失。

长期以来，发达国家的大企业利用商品倾销，以争夺国外市场，这就加剧了它们之间在世界市场上的矛盾。

（二）外汇倾销

▶ **1. 外汇倾销的含义**

外汇倾销（exchange dumping）是指出口国政府通过本国货币对外贬值来提高本国出口商品价格竞争力，以扩大商品出口的一种方法。当一国货币对外贬值后，用外币表示的本国出口商品的价格会降低，该商品的竞争能力则相应地提高，从而有利于扩大出口。实行外汇倾销会同时起到扩大出口和限制进口的双重作用。现在外汇倾销已经成为许多国家对外贸易政策的一个重要组成部分。

▶ 2. 外汇倾销的种类

通过本国货币的对外贬值而实行外汇倾销主要包括两种情况：一是一国政府对外实行本币低估；二是因外汇市场上供求关系波动而引起币值跌落的贬值。

▶ 3. 外汇倾销对国际贸易的影响

外汇倾销会产生两种有利于本国对外贸易发展的效果：一是外汇倾销导致的本国货币的贬值会降低本国出口产品的价格水平，从而提高了出口产品的国际市场竞争力，有利于出口规模的扩大；二是外汇倾销导致的外国货币的升值会提高外国进口产品的价格水平，从而降低了进口产品的国内市场竞争力，有利于控制进口规模。这两种效果的根本点就是通过鼓励出口、限制进口来改善本国国际收支状况，减轻对外贸易逆差的压力，增加外汇储备。

▶ 4. 外汇倾销有效实施的条件

外汇倾销的上述效应具有滞后性、暂时性、有限性等缺点，要想行之有效必须满足下列条件。

(1) 货币贬值的程度大于国内物价上涨的程度。货币贬值必然引起一国国内物价上涨。当国内物价上涨程度赶上或超过货币贬值的程度，对外贬值与对内贬值差距也随之消失，外汇倾销的条件也不存在了。外汇倾销的出口促进作用消失，甚至产生阻碍出口的消极作用。但是，国内价格与出口价格的上涨总要有一个过程，并不是本国货币一贬值，国内物价立即相应上涨。在一定时期内，物价的上涨总是落后于货币对外贬值的程度，因此出口企业就可以获得外汇倾销的利益。

(2) 其他国家不实行同等程度的货币贬值和采取其他报复性措施。如果其他国家也实行同幅度的贬值，那么两国货币贬值幅度就相互抵消，汇价仍处于贬值前的水平，而得不到货币对外贬值的利益。如果外国采取提高关税等其他限制进口的报复性措施，也会起到抵消出口国货币贬值的作用。

事实上，国内通货膨胀和国际社会的报复很可能会同时存在。因此，外汇倾销政策的使用应该谨慎和适度。当然，外汇倾销在促进出口、改善国际收支方面的作用还是应该充分肯定的。例如，1973年，美国政府宣布美元对外贬值10%，1974年，美国还存在53.4亿美元的贸易逆差，到1975年，顺差达90.5亿美元。1978年的美元汇率降低使美国出口增长率从1977年的5.1%提高到1979年的26.6%。近年来，美国通过同样手段先后迫使日元、马克及台币大幅度升值，以缓解巨额的贸易逆差给美国经济带来的压力。

三、出口补贴

出口补贴(export subsidies)是一国政府为了降低出口商品的价格，增强其在国外市场的竞争能力，在出口某种商品时给予出口商的现金补贴或财政上的优惠。出口补贴的主要目的在于降低本国出口商品成本和价格，提高其国际市场竞争力。由于出口商因此得到更多盈利或亏损补偿，其出口积极性增强。出口补贴包括直接补贴和间接补贴。

(1) 直接补贴是指政府对出口商给予直接的现金补贴，主要来自财政拨款，其目的是弥补出口商品国内价格高于国际市场价格所带来的亏损，或者补偿出口商所获利润低于国内利润率所造成的损失。政府补贴的金额大小视出口商的实际成本与出口收入的差额而定，通常都要包括出口商一定的盈利率。有时候，补贴金额还可能大大超过实际的差价或利差，这已包含出口奖励。

（2）间接补贴是指政府对某些出口商品给予政策上的各种优惠，以帮助出口商人为地降低生产成本。因此，其目的仍然在于降低商品价格，以便更有效地打进国际市场。间接补贴在实施时主要包括政府对出口商品的国内运输费用减免收取或提供低价运输工具；提供出口商优惠保险；对出口商进口的机器、设备、修理工具等资本品减免关税；缓交出口商品应付税款或减税、免税等。由于关贸总协定禁止对工业品出口进行直接补贴，因此，通过变相的方式对出口工业品进行间接补贴已成为各国普遍采用的出口补贴方法。

由于对出口产品给予补贴，可能对其他的进口国或出口缔约国造成有害的影响，对它们的正常贸易造成不适当的干扰，因此，世贸组织禁止对初级产品以外的任何产品给予或维持任何补贴，并着手取消部分农产品的出口补贴。

四、价格支持

价格支持（price support）是政府通过稳定价格来支持生产者的一种手段。国际市场的不可控因素使某些产品的国际价格波动较大，造成国内生产者收入不稳定，不利于保持和扩大出口。为了稳定生产和保证国内生产者的收入，政府会制定一个"支持价格"或"保证价格"，它取决于政府的支持力度而非市场供求关系。如果市场价格高于保证价格，生产者可以根据市场需求卖出高价，自然不用政府操心。如果市场均衡价格下跌到低于这一保证价格时，生产者则从政府手中得到两种价格的差额，产品产量和生产者的收入都不会因价格的下跌而受到多大影响。

价格支持本身并不是一种贸易政策，但如果政府将此政策用于出口行业或进口竞争行业，即对出口产业的价格支持、对进口竞争产业的价格支持就起到了保护贸易的作用。

五、出口退税

出口退税（export rebate）是指国家为了增强出口商品竞争力，由该国税务等行政机构将商品中所含的间接税退还给出口商，使出口商品以不含税的价格进入国际市场参与国际市场竞争的一种措施。出口退税即退还出口商在国内生产和流通环节实际缴纳的产品税、增值税和特别消费税。出口产品退税制度是一个国家税收的重要组成部分。

对出口产品实行退税是增强一个国家和地区出口产品国际竞争力的重要手段，也是世贸组织成员所广泛采用的做法，主要是避免对本国出口商品实行双重征税，可以使出口产品以不含税价格进入国际市场，在同等税收条件下进行竞争，从而创造公平的国际贸易环境。同时，退税款可直接冲减出口换汇成本，增加企业盈利和减少出口亏损，以调动企业出口积极性，增加出口。

间接税虽然是在生产流通中对企业征收的，但实际上它是在出售商品时加在商品价格上转嫁给消费者的负担。就出口商品而言，由于它是在国外销售的，所以出口商品价格中所含的间接税最终由外国消费者负担。因此，如果不把出口商品在生产流通环节缴纳的间接税退还，就相当于本国政府向外国消费者征得税收，这是违背税收的国家间公平原则的。一般来说，一国只能在本国关境内对本国消费的商品和劳务征税，而不应对在外国或地区消费的商品和劳务征税，因此出口退税是与税收的国家间公平原则相一致的。同时，如果一国对其出口商品没有退税，

拓展阅读 10-1
完善出口退税政策
提升我国外贸
企业竞争力

那么该商品在进入进口国时，还会被征一次间接税，从而形成了重复课税的问题，进而削弱本国商品在进口国市场上的竞争能力，实际上是对出口商品的一种税收歧视，出口退税通常坚持"征多少退多少"和"不征不退"的原则，从而避免"多征少退"造成含税出口或"少征多退"导致的补贴出口问题，最终使出口退税成为一种真正的中性税收。

出口退税已成为国际贸易中的通行惯例和各国实践的习惯做法，世界贸易组织为规范各国的出口退税制度，推动国际贸易的公平竞争和自由化，亦做出相关规定：各成员国可对本国出口产品实行退税，但退税最大限度不能超过出口产品在国内已征的税款。在此范围内，各成员国可根据自身经济发展需要和国家财政承受能力，确定恰当的出口退税水平。

六、鼓励出口的组织和服务措施

为了促进出口，各国政府在制定一系列的出口鼓励政策的同时，还逐渐强化各种组织及服务措施。这些鼓励出口的主要组织和服务措施如下。

(一) 设立专门组织，研究并制定扩大出口的发展战略

许多国家设立专门组织，制定和实施对外贸易政策措施，促进对外贸易发展。例如，美国国会设立专门机构负责制定重要对外贸易法律和政策；美国商务部下设国际贸易管理局，负责实施对外贸易政策和管理；美国还专门设立了特别贸易代表，作为美国总统的主要贸易顾问和对外贸易谈判代表，负责对外贸易谈判，协调和促进对外贸易发展，欧盟和日本等国家也都设有类似的组织或机构。

为了有效地促进出口，一些国家和地区很重视设立权威性的综合协调机构。美国于1960年成立"扩大出口全国委员会"，1978年成立"出口委员会"和"跨部门的出口扩张委员会"，1979年成立"总统贸易委员会"，1992年成立"贸易促进协调委员会"，1994年成立第一批"美国出口援助中心"；日本政府于1954年专门设立了由内阁总理担任委员长的"最高出口会议"，负责制定出口政策，为实现出口目标而在各省厅之间进行综合协调；韩国从1965年起建立了每月召开一次且由总统亲自主持的"出口扩大振兴会议"制度，专门研究扩大出口的问题。

(二) 建立商业情报网

国家建立商业情报网，加强商业情报的服务工作。许多国家都设立了官方的商业情报机构，在海外设立商情网，负责向出口厂商提供所需的情报。例如，英国设立出口情报服务处，装备有计算机情报收集与传递系统。情报由英国220个驻外商务机构提供，由计算机进行分析，分成近5 000种商品和200个地区或国别市场的情况资料，供有关出口厂商使用，以促进商品出口。

(三) 组织贸易中心和贸易展览会

设立贸易中心，组织贸易博览会，使外国进口商更好地了解本国商品，对其出口起到了宣传、促进作用。贸易中心是永久性的设施，在贸易中心内提供陈列展览场所、办公地点和咨询服务等。贸易展览会是流动性的展出，许多国家都十分重视这项工作，有些国家一年组织15～20次国外展出，费用由政府补贴。例如，意大利对外贸易协会对其发起的展出支付80%的费用，对参加其他国际贸易展览会的公司也给予其费用30%～35%的补贴。

(四) 组织贸易代表团出访和接待来访

许多国家为了发展出口贸易，经常组织贸易代表团出国访问和接待来访，加强国家间

的经贸合作，费用大部分由政府补贴。例如，加拿大政府组织的经贸代表团出访，政府支付大部分费用。还有许多国家设立专门机构接待来访团体。例如，英国海外贸易委员会设有接待处，专门接待官方代表团、社会团体、工商界协会等，以密切贸易活动。

（五）组织出口商的评奖活动

"二战"后，许多国家对出口商给予精神奖励的做法日益盛行。对企业出口绩效进行评定，给予出口成绩优秀的企业以精神奖励，如颁发"优秀"勋章，以促进对外贸易的发展。对扩大出口成绩卓著的厂商，国家授予奖章、奖状，并通过授奖活动推广它们扩大出口的经验。例如，美国设立了总统"优良"勋章和"优良"星字勋章，得奖厂商可以把奖章样式印在其公司的文件、包装和广告上。日本政府把每年的 6 月 28 日定为贸易纪念日，在贸易纪念日由通商产业大臣向出口贸易成绩卓著的厂商和出口商社颁发奖状。

（六）重视本国驻外经济商务代表的工作

驻外经济商务代表的主要目标是尽最大努力在最广泛的意义上增加国家的出口净收入。他们要寻找贸易机会，识别并评估所在国影响本国出口的各种贸易壁垒，组织贸易宣传活动，为本国出口商参加所在国的促销活动提供建议和支持，鼓励所在国的投资者到本国投资，搜集所在国的经济贸易信息等。

（七）发挥商会的作用

商会是企业之间自愿的、长期的、可以不断调整的合作关系，可以促进信息的交流，加大对涉及影响声誉事件的处理，降低解决贸易争端的成本等。无论在发达国家还是在发展中国家，商会已成为普遍的现象。

七、经济特区措施

经济特区（economic zone）是指一个国家或地区在其管辖的地域内的关境外划出一定的地理范围，实行特殊的经济政策，以吸引外商从事贸易和出口加工等业务活动。其目的是促进对外贸易的发展，鼓励转口贸易和出口加工贸易，繁荣本地区和邻近地区的经济，增加财政收入和外汇收入。因此，建立经济特区是一国实行对外开放政策和鼓励扩大出口的一项重要政策。目前，各国或地区设立的经济特区规模不一、名目繁多，主要形式如下。

（一）自由贸易区

自由贸易区（free trade zone）或自由贸易港（free port）是划在关境以外的一个区域，对进出口商品全部或大部分免征关税，并且准许在区内或港内进行商品的自由储存、展览、加工和制造等业务活动，以促进地区经济及本国对外贸易的发展。虽然自由贸易区本身是对进出口的双向鼓励，但多数国家在本国境内设立自由贸易区的目的是促进出口。

国际上通行的自由贸易区内基本上没有关税或其他贸易限制，实施贸易与投资自由化的政策与法规，贸易区内人、财、物及信息的流动都比较自由，办事程序简便、透明，政府部门办事效率高，通关速度快，资金融通便利。自由贸易区通常还有完善的海、陆、空交通基础设施，有发达的、国际化的多式联运体系和物流体系，有满足现代化大型集装箱船舶需要的深水港务体系，有通向世界各地的航线及发达的国内支线。种种优惠政策及区内完善的交通设施和便利的地理位置带动了自由贸易区内的对外贸易，使之成为国外商品的重要集散地。

自由贸易区可以分为两种类型：一种是把港口或设区所在的城市都划为自由港或自由贸易区，如我国香港整个是自由港，除个别商品外，绝大多数商品可以自由进出，免征关税，甚至允许外国商人兴办工厂或企业。另一种是把港口或设区所在城市的一部分划为自由港或自由贸易区，如汉堡自由贸易区是由汉堡市的两部分组成，而只有划在卡尔勃兰特航道以东的归自由港，允许本国当地生产的零配件与外国的原料等一块装配成产品，其增值部分可以免交税款；划在卡尔勃兰特航道以西的几个码头和邻近地区才是汉堡自由贸易区，允许外国商品享有免税等优惠待遇，不受海关监管。

自由港和自由贸易区的区别在于自由贸易区的自由度相对低些。自由港的港内居民和旅客，无论是否从事经营活动，都可享受豁免海关限制的待遇，而自由贸易区的东道主和客户只有在其作为纯粹经营活动者参与区内经济活动时，才能取得豁免海关限制的待遇。就商品关税的豁免而言，自由港只对少数进口商品征收关税或实施不同程度的贸易管制，而自由贸易区在一般情况下对所有进口的生活消费品都实行征税和贸易管制。

（二）保税区

保税区（bonded area）又称保税仓库区（bonded warehouse），这是一国海关设置的或经海关批准注册、受海关监督和管理的可以较长时间存储商品的地区和仓库。外国商品存入这些保税区内，可以暂时不缴纳进口税；如果再出口，不缴纳出口税。区内的商品可进行存储、改装、分类、混合、展览、加工和制造等。设置保税区主要是为了发展转口贸易，增加各种费用收入，并给予贸易商以经营上的便利。保税区或保税仓库区和自由港与自由贸易区的功能和作用是基本一致的。

中国的保税区是借鉴国外自由贸易区、出口加工区的成功经验，并结合中国国情而创办的特殊的经济区域，其主要功能与自由贸易区和出口加工区相似。1990年5月以来，中国已建成了上海外高桥（全国开放度最高保税区）、天津港（中国北方最大保税区）、大连、青岛、张家港（唯一的内河港保税区）、厦门象屿、福州、海口、汕头、珠海、广州，以及深圳的福田、沙头角（最小的保税区）和盐田港等15个保税区。

（三）出口加工区

出口加工区（export processing zone）是指一个国家或地区在其港口、机场附近等交通便利的地方，划出一定区域范围，新建和扩建码头、车站、道路、仓库和厂房等基础设施，并提供减免关税和国内税等优惠待遇，鼓励外商在区内投资设厂，生产以出口为主的制成品的加工区域。

出口加工区可分为综合性出口加工区和专业性出口加工区两种。前者指经营多种出口加工产品的加工区域；后者指经营某种特定的出口加工产品的加工区域。出口加工区有助于吸收外国投资，引进先进设备和技术，促进本地区的经济发展，扩大出口加工工业和加工产品的出口，增加外汇收入。出口加工区与自由港或自由贸易区的主要区别是前者不以发展贸易为主，而主要面向工业，以发展出口加工工业为主。虽然出口加工区与自由港、自由贸易区有所不同，但由于出口加工区是在自由港、自由贸易区的基础上发展起来的，因此，有些自由港或自由贸易区虽以从事出口加工生产为主，但仍然沿袭使用自由港或自由贸易区这个名称。

中国从2000年开始逐步批准15个出口加工区试点，分别位于大连、天津、北京、烟台、威海、江苏昆山、苏州工业园、上海松江、杭州、厦门、深圳、广州、武汉、成都和吉林珲春。截至2017年9月，我国已设立63个出口加工区，其中包括宁波出口加工区、上海青浦加工区、江苏南京出口加工区、苏州高新出口加工区、山东青岛出口加工区、辽宁沈阳出口加工区、广西北海出口加工区、陕西西安出口加工区和新疆乌鲁木齐出口加工区等。出口加工区的设立与日益完善，将进一步促进我国加工工业与加工贸易的发展。

（四）自由边境区

自由边境区（free perimeter）是指一个国家或地区在与邻国接壤的边境地区划出的专供对邻国自由进出货物的地区。按照自由贸易区或出口加工区的优惠措施，对区内使用的机器、设备、原料和消费品实行减税或免税，以吸引国内外厂商投资，其目的和功能与自由贸易区相似。与自由贸易区相比，在自由边境区内加工的进口商品大多是在区内使用，只有少部分用于出口，故设立自由边境区的目的是开发边区经济。因此，有些国家对优惠待遇规定了期限，当边区生产能力发展后，就逐步取消某些商品的优惠待遇，甚至废除自由边境区。

（五）过境区

过境区（transit zone）也叫中转贸易区，是一些沿海国家为了方便内陆邻国的进出口货运，根据双边协议，开辟某些海港、河港或过境城市作为过境货物的自由中转区。在区内，对过境货物简化通过手续，免征关税或只征少量过境费用。过境货物可短期存储或重新包装，但不得加工制造。过境区一般都提供保税仓库设施。泰国的曼谷、印度的加尔各答、阿根廷的布宜诺斯艾利斯等都是这种以中转贸易为主的过境区。

（六）科学工业园区

科学工业园区（science-based industrial park）又称工业科学园、高新产业开发区、科学公园和科学城等。它通过多种优惠措施和方便条件，将智力、资金高度集中，专门从事高新技术研究、试验和生产的新兴工业开发地区。

科学工业园区是一种在"二战"后科技革命背景下出现的新兴工业开发基地，世界上第一个科学工业园区是1951年正式创立于美国加利福尼亚州的"斯坦福科研工业区"，后发展成为"硅谷"。一些国家或地区也先后仿效建立，如日本的"筑波研究学园都市"、英国的"剑桥科学公园"、加拿大渥太华卡尔顿地区的"北硅谷"、新加坡的"肯特岗科学工业园区"和我国台湾地区的"新竹科学工业园区"等。

科学工业园区有充足的科技和教育设施及高校、研究机构，以一系列企业组成的专业性企业群为依托，区内企业设施先进、资本雄厚、技术密集程度高、信息渠道畅通、交通发达、政策优惠，鼓励外商在区内进行高科技产业的开发，吸引和培养高级技术人才，研究和发展尖端技术和产品。与出口加工区侧重于扩大制成品加工出口不同，科学工业园区旨在扩大科技产品的出口和扶持本国高新技术产业的发展。

科学工业园区有自主型和引进型两类。前者主要靠自有先进技术、充裕资金及高级人才来促进本国高新技术产业的发展，发达国家所设园区多属此类；后者则采取引进外资、技术、人才和低息的办法来进行合作研究与开发，发展中国家和地区所设园区多属此类。

第二节 出口管制措施

大多数情况下，各国政府是鼓励出口限制进口的，但对某些商品或在某些时候或对某些国家也采取出口管制或进口鼓励的政策。

一、出口管制的含义和目的

出口管制（export control）也称出口限制，是指一国从本国的政治、经济、军事利益出发，通过法令、法规和行政措施，控制本国某些种类商品出口和输往别国的制度。

在经济全球化的背景下，世界各国对外贸易政策的基本特点有两个：一是贸易自由化；二是促进出口、限制进口。但是，在国家存在的情况下，由于政治和经济发展的不平衡、社会制度、意识形态和价值观念的差异，以及可持续发展的需要，国家之间尚存在很多的戒备和担忧。因此，许多国家为了维护本国的经贸权益，增强可持续发展的能力和确立本国的政治经济地位，在鼓励和促进出口的同时，也对某些产品的出口尤其是对战略物资和高科技产品的出口实行管制，限制和禁止这些产品对某些国家的出口。

从出口管制的目的来看，出口控制一般有两个目的：一是经济目的。出口国为了保护国内稀缺资源或非再生资源，维持国内市场的正常供应，促进国内有关产业部门或加工工业的发展，防止国内出现严重的通货膨胀，保持国际收支平衡以及稳定国际市场商品价格，防止本国贸易条件恶化等，常常需要对有关商品出口进行适当控制，甚至禁止出口。例如，石油输出国组织为了保证国际油价不下跌，往往限制石油的生产和出口。二是政治目的。出口国为了干涉和控制进口国的政治经济局势，在外交活动中保持主动地位，遏制敌对国或臆想中的敌对国的经济发展等，往往以出口控制手段给进口国施加压力或对进口国进行经济制裁，逼其在政治上妥协或就范。

二、出口管制的商品

出口管制的商品主要可分为以下几类。

（1）战略物资、尖端技术、先进产品及有关的技术资料，如武器、军事设备、军用飞机、军舰、先进的电子计算机及有关技术等。大多数国家对这类商品与技术均严格控制出口，这些商品必须领取出口许可证，方能出口。

（2）国内的紧缺物资。国内的紧缺物资即国内生产紧迫需要的原材料和半制成品，以及国内供应明显不足的商品。这些商品在国内本来就比较稀缺，倘若允许自由流往国外，只能加剧国内的供给不足和市场失衡，严重阻碍经济发展。例如，西方各国往往对石油、煤炭等能源实行出口管制。

（3）实行自动出口限制的商品。为了缓和与进口国在贸易上的摩擦，在进口国的要求或压力下"自动"控制出口的商品，例如，发展中国家根据纺织品"自限协定"自行控制出口的商品。

（4）为了有计划安排生产和统一对外而实行出口许可证制的商品，例如，我国属于出口许可证制项下的某些商品，如玉米、原油、人参、电扇、轮胎、机床等。

（5）为了采取经济制裁而对某国或地区限制甚至禁止出口的商品。

（6）某些重要的文物、艺术品、黄金、白银等特殊商品。大多数国家对这些特殊商品都规定需特许才能出口。

三、出口管制的方式

从出口管制的方式来看，出口管制一般有两种方式：一是单方面出口管制，即出口国根据本国的需要和出于对外关系的考虑独立地进行对本国某些商品的出口控制；二是多边出口管制，即几个国家以一定的方式联合对某些商品进行出口控制。

（一）单方面出口管制

单方面出口管制是指一国根据本国的出口管制法案，设立专门机构对本国某些商品出口进行审批和颁发出口许可证，实行出口管制。例如，美国政府长期以来就推行这种出口管制战略，根据国会通过的有关出口管制法等在美国商务部设立贸易管制局，专门办理出口管制的具体事务。美国绝大部分受出口管制的商品的出口许可证都在该局办理。

出口管制的目标在于限制本国商品的出口规模和出口市场。单边出口管制的国家通常采取以下措施来实现其控制目标。

▶ 1. 国家专营

对于一些敏感性商品的出口实行国家专营的方式，由政府指定专门的机构和组织直接控制和管理，可以起到比较理想的管制效果。例如，澳大利亚、加拿大对小麦出口就实行国家专营。

▶ 2. 征收出口税

政府对出口管制范围内的商品根据不同情况课征出口税，并使关税税率保持在一个合理的水平上，可以达到控制出口的目的。这种措施的使用相当广泛。

▶ 3. 实行出口许可证制

出口许可制度使政府能够有效地控制出口商品的国别和地区、数量和价格。这种措施也是目前各国常用的出口控制办法。例如，芬兰对原木、澳大利亚对矿产都实行出口许可证制度。

▶ 4. 实行出口配额制

出口配额也是一种非常有效的出口控制措施。它往往和出口许可证结合起来使用。例如，美国对糖、日本对稻谷和小麦的出口都实行配额制。

▶ 5. 出口禁运

出口禁运是出口控制措施中最严厉的一种。实行出口禁运的商品一般都是国内紧缺的原材料或初级产品，如许多国家禁止本国废钢出口。

需要指出的是，一国的出口管制政策有时是针对商品的，有时却是针对国家或地区的。目前，有许多国家在同种商品的出口上实行歧视政策，即只对某些国家或地区实行出口管制，而对另外的国家和地区则不实行这种管制。上面提到的各种出口管制措施都可以被用来实行歧视性的出口政策。

（二）多边出口管制

▶ 1. 国际性组织

多边出口管制是几个国家共同制定和实施出口管制措施。巴黎统筹委员会是实行多边出口管制的主要国际组织之一，它是在美国操纵下于 1950 年成立的，其目的是建立对社会主义国家实行出口管制的国际性网络，共同防止战略物资和先进技术输往社会主义国家，遏制社会主义发展。它的具体工作是编制和增减多边禁运货单、规定受禁运的国别和地区、确定禁运的审批程序、加强转口管制、讨论例外程序和交换情报等。巴黎统筹委员会在成立初期政治色彩十分鲜明。随着国际政治经济形势的变化，巴黎统筹委员会逐渐放宽了对社会主义国家的出口管制。1994 年 4 月 1 日，巴黎统筹委员会正式宣告解散。

▶ 2. 联合国成员实施的多边管制

当一个联合国成员违反联合国宪章，被联合国通过决议对其进行制裁时，其余联合国成员有义务遵守联合国决议，对其进行出口管制。例如，伊拉克侵略科威特后，联合国通过对其制裁的决议，联合国其他成员要对伊拉克进行出口管制。

本章小结

鼓励出口措施是指出口国政府通过经济、行政和组织等方面的措施促进本国商品的出口，以开拓和扩大国外市场。鼓励出口的措施主要有出口信贷和出口信贷国家担保制、商品倾销、外汇倾销、出口补贴、价格支持、出口退税、组织和服务措施、经济特区措施等。但是，不管鼓励出口措施的内容怎样不同，它们的出发点只有一个，那就是支持本国出口部门特别是工业部门的发展，增强出口产品的国际竞争力，并以此带动国内经济的增长。

各国为维护本国的经贸权益，增强可持续发展的能力和确立本国的政治经济地位，在鼓励和促进出口的同时，也对某些产品尤其是战略物资和高科技产品的出口实行管制。出口管制是指一国从本国的政治、经济、军事利益出发，通过法令、法规和行政措施，对本国出口贸易进行管理和控制，尤其是限制和禁止某些战略性商品和物资的出口。

案例分析

案例分析
美国、加拿大促进农产品出口贸易的措施

思考题

1. 什么是出口信贷？它可以分为哪两种？
2. 商品倾销有哪几种类型？倾销所导致的损失可通过哪些途径得以补偿？
3. 外汇倾销及其实施条件是什么？
4. 试说明一国的货币贬值对进出口的作用。
5. 出口退税的主要内容是什么？请分析出口退税对我国出口贸易的影响。
6. 鼓励出口的组织和服务措施有哪些？
7. 什么是经济特区？经济特区的主要类型有哪些？
8. 什么是出口管制？它有哪两种形式？

线上课堂——训练与测试

扫描封底刮刮卡

获取答题权限

在线自测

第十一章　国际贸易体制

学习目标

　　本章重点考察贸易条约与协定的含义和种类；介绍关贸总协定和世贸组织的产生和发展的历程；分析和介绍世贸组织的宗旨、职能和基本原则，以及世贸组织的法律体系和组织结构；简要介绍世贸组织的最新进展；介绍中国加入世贸组织的历程、基本权利和义务。

　　1. 掌握贸易条约与协定的含义和种类；

　　2. 了解关贸总协定和世贸组织的产生发展历程；

　　3. 理解和掌握世贸组织的宗旨、职能和基本原则；

　　4. 掌握世贸组织的法律体系和组织结构；

　　5. 理解世贸组织的最新进展；

　　6. 掌握中国加入世贸组织的历程、基本权利和义务。

　　国际贸易体制是国际贸易规则和秩序的总和，其实质是各国对外贸易政策以利益为核心的国际协调。从理论上说，国际贸易体制包括两方面的内容：一是规范和协调各国贸易的规则；二是组织完善的管理机构，有监督规则可供执行。国际贸易体制由以下 3 部分组成：①国际贸易条约与协定；②区域贸易体制，包括双边或多边的各种区域性的自由贸易区和关税同盟协议等；③多边贸易体制，即 1947 年以来的关贸总协定和 1995 年成立的世界贸易组织。20 世纪 30 年代全球的经济衰退、贸易冲突和"二战"的冲击，导致了"二战"后以非歧视性和多边主义为目标的世界贸易体制的建立。

第一节　国际贸易条约与协定

一、国际贸易条约与协定概述

（一）国际贸易条约与协定的含义

　　国际贸易条约与协定（commercial treaties and agreements）是两个或两个以上的主权国家为确定彼此间的经济关系特别是贸易关系所缔结的书面协议，如通商航海条约、贸易协定、支付协定等。

　　国际贸易条约按照参加国的多少，一般可分为双边贸易条约、诸边贸易条约和多边贸易条约三种。两国之间签订的，叫作双边贸易条约；两个以上国家之间签订的，叫作诸边贸易条约，如洛美协定、北美自由贸易区协定、中国—东盟自由贸易区协定等；世界范围内的，则称为多边贸易条约，如国际商品协定、关税及贸易总协定、世界贸易组织等。国际贸易条约和协定的条款通常是在所谓"自由贸易、平等竞争"的口号下签订的，但实际上，缔约国在经济上的利益，往往是靠缔约国的经济实力来保证的。因此，缔约国之间从贸易条约和协定中得到的利益可能是不对等的。

（二）国际贸易条约与协定的特点

与关税、非关税措施相比，作为对外贸易政策措施之一的国际贸易条约与协定有其不同之处。许多关税和非关税措施是由主权国家的政府以立法或行政措施来实现的，因此属于国内法范畴；而国际贸易条约和协定必须是由两个或两个以上的主权国家签署的协议，所以，它受到国际法规的约束。

但是，国际贸易条约和协定与其他对外贸易措施之间又有着密切关系。国内立法和行政措施往往是一国政府与其他国家政府进行贸易谈判和签订贸易条约的基础。当一国同他国的立法或行政措施发生利益上的冲突时，往往通过双边或多边谈判，采取协议方式进行解决。当一国立法和行政措施的某些规定转变为国际贸易条约和协定条款或规定时，缔约国一方政府就应承担贸易条约和协定中所规定的义务并享受权利、待遇。

（三）国际贸易条约与协定的内容结构

国际贸易条约与协定一般由序言、正文和结尾三部分组成。

▶ **1. 序言**

序言通常载明当事国的国名、特命全权代表的姓名和签约的目的以及所遵循的原则。

▶ **2. 正文**

正文是条约的主要组成部分，它是有关缔约双方权利、义务的具体规定，是实质性条款部分。国际贸易条约与协定的主要内容均在正文中加以规定，不同种类的国际贸易条约和协定，其正文包括的条款和内容也有所不同。

▶ **3. 结尾**

国际贸易条约与协定的结尾包括条约的生效、有效期、延长或废止的程序、份数、文字等内容，还有签订条约的地点及双方代表的签名。贸易条约和协定一般用缔约各方的文字写成，并规定不同文本具有同等效力。

（四）国际贸易条约与协定中适用的主要法律待遇条款

在国际贸易条约与协定中，通常所适用的法律待遇条款是最惠国待遇条款和国民待遇条款。

▶ **1. 最惠国待遇条款**

最惠国待遇是国际贸易条约与协定中的一项重要条款，其含义是：缔约国一方现在和将来所给予任何第三国的一切特权、优惠和豁免，也同样给予缔约对方。其基本要求是使缔约一方在缔约另一方享有不低于任何第三国享有或可能享有的待遇，换言之，即要求一切外国人或外国企业处于同等地位，享受同样的待遇，不得给予歧视。

最惠国待遇可分为无条件的最惠国待遇和有条件的最惠国待遇两种。无条件的最惠国待遇是指缔约国一方现在和将来给予任何第三国的一切优待，立即和无条件、无补偿、自动地给予对方；有条件的最惠国待遇是指如果缔约国一方给予第三国的优惠是有条件的，则另一方必须提供同样的补偿，才能享受这种优待。现在的国际贸易条约与协定普遍采用无条件的最惠国待遇原则。

最惠国待遇原则可以适用于两国经济贸易关系的各个方面，也可以只适用于贸易关系中某几项具体问题。在国际贸易协定中适用的范围一般包括：①有关进口、出口、过境商品的关税和其他捐税；②有关商品进口、出口、过境、存仓和换船方面的海关规则、手续和费用；③进出口许可证的发放及其他限制措施。在通商航海条约中，缔约双方的船舶驶入、驶出和停泊时的各种税收、费用与手续等也包括在最惠国待遇条款的适用范围内。

在国际贸易条约中，一般还规定了不适用最惠国待遇的限制和例外条款。在现代国际贸易条约和协定中最常见的最惠国待遇例外主要有边境贸易、关税同盟、沿海贸易和内河航行、多边国际条约或协定承担的义务、区域性待遇条款，以及其他例外。

▶ 2. 国民待遇条款

国民待遇条款是指外国货物或服务与进口国国内货物和服务享有平等待遇。国民待遇条款是适用于外国公民和企业的经济权利，而非政治方面的待遇。如外国产品所应缴纳的国内税捐，利用铁路运输和转口过境的条件，船舶在港口的待遇，商标注册、著作权及发明专利权的保护等。

国民待遇条款一般适用于外国公民的私人经济权利、外国产品所应缴纳的国内捐税、利用铁路运输和转口过境的条件、船舶在港口的待遇、商标注册、版权及发明专利权的保护等。

与最惠国待遇例外一样，国民待遇条款也具有例外条款。一般来说，本国居民所享有的某些权利，如沿海贸易权、领海捕鱼权、沿海和内河航行权、购买土地权、零售贸易权以及充当经纪人等，不属于国民待遇的适用范围。

二、国际贸易条约与协定的种类

在国际贸易中，常见的贸易条约与协定有以下几种。

（一）贸易条约

贸易条约(trade treaty)的名称很多，如通商条约、友好通商条约、通商航海条约、友好通商航海条约等。贸易条约的内容比较广泛，常涉及缔约国经济和贸易关系各方面的问题，如关税的征收、海关手续、船舶航行、双方公民和企业组织在对方国家所享受的待遇，还有特种所有权(专利权、商标和版权等)、进口商品应征收的国内捐税、铁路运输和转口问题等。这种条约一般由国家首脑或其特派的全权代表来签订，并经双方的立法机关讨论通过、最高权力机关批准才能生效，条约的有效期限也较长。

（二）贸易协定

贸易协定(trade agreement)是缔约国间为调整和发展彼此的贸易关系而签订的书面协议。与贸易条约、通商航海条约比较，贸易协定所涉及的面比较窄，内容比较具体，有效期较短，签订的程序也较简单，一般只需签字国的行政首脑或其代表签署即可生效。

贸易协定的内容一般包括贸易额、双方的出口货单、作价办法、使用的货币、支付方式、关税优惠等。对于贸易额和双方出口货单的规定往往不是硬性的，在具体执行时还可通过双方协商加以调整。没有签订通商航海条约的国家间在签订贸易协定时，通常把最惠国待遇条款列入。

（三）贸易议定书

贸易议定书(trade protocol)一般是对已签订的贸易协定的补充或解释，它的内容和签订程序更简单，只经签字国有关行政部门的代表签订即可生效。在国际贸易中，贸易议定书的形式为许多国家采用。它既可以用来修改、补充和解释贸易协定的某些条款，又可以在两国还没有签订贸易协定的情况下先签订贸易议定书作为两国贸易的临时依据。如果两国订有长期贸易协定，则可通过贸易议定书来确定年度贸易的具体安排。

（四）支付协定

支付协定(payment agreement)是两国间关于贸易和其他方面的债权、债务结算办法的协定。支付协定是在外汇管制的情况下产生的。在外汇管制的情况下，一种货币往往不能自由兑换成另一种货币，对一国所具有的债权不能用来抵偿对第三国的债务。这样，结算就只能在双边的基础上进行，因此需要通过缔结支付协定来规定两国间的债权、债务结算办法。这种通过相互抵账来清算两国的债权、债务的办法，有助于克服外汇短缺的困难，有利于双边贸易的发展。

支付协定的主要内容包括：①规定清算机构，开立清算账户；②两国间一切债权、债务结算，统一在双方清算机构中进行；③债权、债务抵偿后余额，用黄金、可兑换货币支付或用双方同意的其他不可兑换货币支付，或转入下年度由逆差国用出口商品来清偿；④规定信用摆动额，只要抵偿后的金额不超过这一额度，债务国不给债权国利息，超过时则需付利息。

支付协定以双边支付协定为主，但也有多边支付协定。自1958年以来，主要发达国家相继实行货币自由兑换，双边支付清算逐渐为多边现汇支付结算所代替。至于一些因外汇短缺而仍然实行外汇管制的发展中国家，有时还需要用支付协定规定对外债权、债务清算办法。

（五）双边税收协定

双边税收协定（bilateral tax agreement）是两个主权国家为了协调相互之间的税收关系和处理税务方面的问题而签订的一种书面协议。随着国际间资金流动，货物、贸易往来和服务贸易的发展，促使越来越多的国家注重签订双边的税收协定，其主要目的是避免和防止国家间重复征税以及国际逃税、偷税等问题。

（六）双边投资保护协定

双边投资保护协定（bilateral agreement of investment protection）是资本输出国与资本输入国或互有输出输入国家之间就其投资或与投资有关的业务活动给予保护而达成的双边协定。缔约双方一旦签订了双边投资保护协定，就在协定规定的范围内承担了保护外资的责任和义务。因此，投资保护协定的规定与东道国保护外资的立法相辅相成。

三、国际商品协定和国际商品综合方案

（一）国际商品协定

国际商品协定（international commodity agreement）是指某项商品的主要出口国和进口国就该项商品购销、价格等问题，经过协商达成的政府间多边贸易协定。

国际商品协定的主要对象是发展中国家所生产的初级产品，这些产品由于受到世界市场行情变化影响，价格波动的幅度较大，贸易量也不稳定。发展中国家为了保障它们的利益，希望通过协定维持合理的价格。而作为主要消费国的工业发达国家，则希望通过协定保证初级产品价格不至于涨得太高，并能保证供应。因此，在谈判和签订协定的过程中，生产国和消费国之间充满着矛盾。"二战"前，主要签订了小麦（1933）和糖（1937）等国际商品协定。"二战"后，比较有名的国际商品协定有糖（1953）、锡（1956）、咖啡（1962）、橄榄油（1958）、小麦（1949）、可可（1973）和天然橡胶（1979）等。

国际商品协定一般由序言、宗旨、经济条款、行政条款和最后条款等部分构成，并有一定的格式，其中，经济条款和行政条款是国际商品协定中两项主要的条款。下面主要介绍经济条款、行政条款和最后条款。

▶ 1. 经济条款

经济条款是确定各成员国权利和义务的依据，它关系到各成员国的具体权益，是国际

商品协定中最重要的内容。由于商品不同，有关经济条款的内容也不尽相同。从现行的国际商品协定来看，经济条款主要有以下几种规定。

（1）缓冲存货的规定。缓冲存货是由该商品协定的执行机构按最高限价和最低限价的规定，运用其成员国提供的实物和资金，干预市场，稳定价格。其办法是在最高限价和最低限价之间划成三档，即高档、中档、低档。当市场价格涨到高档时，抛售缓冲存货的实物以维持价格在最高限价之下；在中档时，不动用缓冲存货；在低档时，利用缓冲存货的资金在市场上收购，把价格保持在最低限价以上。这种规定最主要的是对最高限价、最低限价和价格档次达成协议，并有大量资金和存货，否则往往难以起到应有的作用。属于这种类型的规定有国际锡协定和国际天然橡胶协定。

（2）出口限额的规定。这种条款规定一个基本的出口限额，每年再根据市场需求和价格变动，确定当年平均的年度出口限额。年度出口限额按固定部分和可变部分分配给有基本限额的各出口成员国。固定部分占全部年度限额的70%，可变部分占30%。可变部分按出口成员国的库存量占全体出口成员国总库存量的比例进行分配。属于这种类型的规定有国际咖啡协定。

（3）多边合同的规定。多边合同规定进口国在协定规定的价格幅度内，向各出口国购买一定数量的有关商品；出口国在协定的价格幅度内，向各进口国出售一定数量的有关商品。当进口国在完成所供应进口的数量后，可在任何市场，以任何价格，购买任何数量的有关商品。因此，它实际上是一种多边性的商品合同。属于这种类型的规定有国际小麦协定。

（4）出口限额与缓冲存货相结合的规定。这是指同时采用这两种办法来控制市场和稳定价格。例如，国际可可协定就采用了这种办法，其具体办法为：①规定可可豆的最高限价和最低限价。②确定指示价格。指示价格是纽约可可交易所和伦敦可可集散市场15个连续营业日的每日价格的平均数。③当指示价格超过最高限价或低于最低限价时，可可理事会就采取出口限额和缓冲存货所规定的办法调节价格，使价格恢复到最高限价与最低限价的幅度内。

▶ 2. 行政条款

行政条款主要涉及权力机构和表决票的分配。商品协定的权力机构有理事会、执行委员会和监督机构，虽然名称不一，但都是协定最高权力机构的常设机构。由于权力机构关系到协定的履行和管理，涉及各方面的切身利益，因此职位的分配往往是各出口成员国和各进口成员国所关心的重要问题。各权力机构达成的协议，除采用协商一致的办法外，一般要通过表决。表决方式可根据情况，分别采用简单分配多数、2/3分配多数、特别表决等。各成员国对重大问题进行投票表决，是参加协定成员的一项基本权利。因此，各协定对表决票的分配及其使用有具体的规定，以保证每个成员国享有一定的表决权。

▶ 3. 最后条款

最后条款主要规定协定的签字、批准、生效、有效期、加入、退出等具体程序和手续。从国际商品协定的执行情况来看，这些协定对于稳定商品价格和生产国的出口收益、适当满足消费国的需要起到了一定的作用。但由于少数发达资本主义国家的干扰，多数协定不能发挥应有的作用。国际商品协定是进口国和出口国双方矛盾斗争暂时妥协的产物，如果发生经济危机等问题，这种协定往往不能起到作用。在这种情况下，发展中国家提出建立商品综合方案的主张，要求用一种综合的办法来解决商品贸易问题。

（二）国际商品综合方案

国际商品综合方案(international integrate programme for commodities)是发展中国家在 1964 年 4 月第六届特别联大会议上第一次提出来的，1976 年 5 月联合国第四届贸易和发展会议上正式通过决议。这项方案主要解决发展中国家初级产品的贸易问题，主要内容如下。

▶ 1. 建立多种商品的国际储存或称"缓冲存货"

该项内容主要是为了稳定商品价格和保证正常的生产和供应。国际储存的商品选择标准有以下两条：①这项商品对发展中国家具有重要利害关系；②这项商品便于储存。国际储存的主要商品有香蕉、咖啡、可可、茶、糖、肉类、植物油、棉花、黄麻、硬纤维、热带木材、橡胶、铝、铁、锰、磷、铜和锡。

▶ 2. 建立国际储存的共同基金

共同基金(common fund)是综合商品方案的一种国际基金，用来资助这些国际初级产品的缓冲存货和改善初级产品市场，提高初级产品的长期竞争力，如开发研究、提高生产率、改进销售等。

▶ 3. 商品贸易的多边承诺

为了稳定供应，参加方案的各国政府承诺在特定时间内各自出口和进口某种商品的数量。

▶ 4. 扩大和改进商品贸易的补偿性资金供应

当出口初级产品的发展中国家的出口收入剧减时，国际货币基金将给予补偿性贷款。

▶ 5. 扩展初级产品的加工和出口多样化

为此目的，要求发达国家降低和取消对来自发展中国家的初级产品的加工产品的进口关税和非关税壁垒，并采取促进贸易的措施等。

国际商品综合方案是发展中国家为了打破旧的国际经济贸易秩序，建立新的国际经济贸易秩序所采取的一个重要步骤。但由于触动了发达国家在世界市场的垄断地位和利益，因此，要将方案的内容变成现实，还需经过长期艰苦的斗争。从 20 世纪 60 年代开始，一些生产初级产品的发展中国家还组成各种原料生产和输出国组织，共同对付发达资本主义国家的垄断与控制，维护初级产品出口国的权益。第一个成立的组织是石油输出国组织(organization of petroleum exporting countries，OPEC)，简称"欧佩克"。以后其他一些组织也相继成立，如铜出口国政府间委员会(IGCEC)、铁矿砂出口国协会(AIOEC)、国际铝土协会(IBA)、钨生产者协会(ATP)、天然橡胶生产国协会(ANRPC)等。

第二节　关税与贸易总协定

在世界贸易组织正式运行之前，关税与贸易总协定是协调、处理国际贸易缔约方之间关税与贸易政策的主要多边协定。关税与贸易总协定(Gerneral Agreement on Tariff and Trade，GATT)，简称关贸总协定，是政府间缔结的关于关税和贸易规则的国际性多边贸易协定。

一、关贸总协定的产生

关贸总协定的成立与当时的世界政治、经济背景密切相关。早在 20 世纪 30 年代，随着世界经济陷入生产过剩的经济危机，各国纷纷提高关税，资本主义国家间爆发了关税战。1929 年，美国首先爆发了经济危机，随后波及各国。美国在贸易保护理论的指导下，从 19 世纪初开始，一直制定保护性关税法案，进口税率始终维持在高关税水平。1929 年 4 月，美国国会议员霍利和斯穆特提出对进口商品课税率平均高达 53% 的关税法，美国国会通过了《1930 年霍利—斯穆特关税法》，制定了美国历史上最高的进口税。美国的高关税引起了当时欧洲大陆各国的抵制，各国也相应通过制定自己的限制性关税，对美国进行报复，从而引发了一场激烈的"关税战"。

高关税阻碍了国际贸易的正常进行，加剧了 20 世纪 30 年代的世界经济危机。随后"二战"爆发，给世界各国带来了巨大灾难，使世界经济陷入严重困境。事实使各国意识到，各国奉行的贸易保护主义政策不仅导致了经济灾难，也带来了国际间的战争。"二战"期间，美国迅速成为世界霸主，宣告了以英国为主导的国际经济秩序已经结束，此时，美国必然要从自身的利益出发，建立以美国为主导的国际经济秩序。

1944 年 7 月，在美国提议下，美国、英国等 44 个国家在美国新罕布什尔州的布雷顿森林公园召开了联合国货币与金融会议（布雷顿森林会议），分别成立了国际货币基金组织和世界银行；同时，倡导组建国际贸易组织，以便在多边基础上，通过相互减让关税等手段，逐步消除贸易壁垒，促进国际贸易的自由发展。

美国于 1946 年 2 月将正式拟定的《国际贸易组织宪章草案》提交联合国。1946 年 2 月，联合国经济及社会理事会成立了筹备委员会，着手筹建国际贸易组织。同年 10 月，在伦敦召开了第一次筹委会会议，讨论美国提出的《国际贸易组织宪章草案》，并决定成立宪章起草委员会对草案进行修改。

1947 年 4—10 月，美国、英国、法国、中国等 23 个国家在日内瓦召开了第二次筹委会会议。会议期间，参加方就具体产品的关税减让进行了谈判，达成了 123 项双边关税减让协议。为使协议尽快实施，参加国将 123 项双边关税减让协议与《国际贸易组织宪章》中有关贸易政策部分的条款加以合并，构成一个独立的协定，命名为"关税与贸易总协定"。这次谈判后来被称为关贸总协定第一轮多边贸易谈判。由于无法确定关贸总协定条款生效之日，会议期间，美国提议以"临时"适用议定书的形式，联合英国、法国、荷兰、比利时、卢森堡、加拿大、澳大利亚八国于 1947 年 11 月 15 日前签署《关税与贸易总协定临时适用议定书》，同意从 1948 年 1 月 1 日起实施关贸总协定的条款。1948 年，又有 15 个国家签署该议定书，签署国家达到 23 个。

1947 年 11 月—1948 年 3 月，在哈瓦那举行的联合国贸易和就业会议上，审议并通过了《国际贸易组织宪章》，又称《哈瓦那宪章》。美国国会认为，《国际贸易组织宪章》中的一些规定限制了美国的立法主权，不符合美国的利益，因此没有批准该宪章。受其影响，在《国际贸易组织宪章》的 56 个签字国中，只有个别国家批准了《国际贸易组织宪章》，建立国际贸易组织的计划也由此夭折。从此，关贸总协定一直以临时适用的多边协定的形式存在。截至 1994 年年底，关贸总协定共有 128 个缔约方。关贸总协定共进行了八轮多边贸易谈判，缔约方之间的关税水平大幅度下降，非关税措施受到约束。在第八轮多边贸易谈判即"乌拉圭回合"的基础上，建立了世界贸易组织。

二、关贸总协定的宗旨、原则和作用

（一）关贸总协定的宗旨

关贸总协定的宗旨：通过彼此削减关税及其他贸易壁垒，消除国际贸易上的歧视性待遇，以充分利用世界资源，扩大商品生产和交换，保证充分就业，增加实际收入和有效需求，提高生活水平。

（二）关贸总协定的原则

关贸总协定规定了如下基本原则：

（1）无差别或非歧视原则；

（2）互惠和对等的关税减让原则；

（3）关税为唯一保护手段原则，即不允许采用非关税手段保护本国产业；

（4）关税递减原则；

（5）公平贸易原则，主要反对倾销和出口补贴；

（6）还有一些例外条款，如允许发展中国家关税制度有较大的弹性、允许发展中国家在一定限度内进行补贴、允许发展中国家在被减免关税时不必同时对发达国家减让等。

（三）关贸总协定的作用

关贸总协定从 1948 年 1 月 1 日临时实施生效到 1995 年 12 月 31 日结束，适用达 48 年。在关贸总协定不断发展完善的 40 多年中，其内容及活动所涉及的领域不断扩大，对国际贸易的影响也日益增强，主要体现在以下几个方面。

（1）形成了一套指导缔约方贸易行为准则，构建了国际贸易政策、法规的基本框架。关贸总协定规定了缔约方在国际贸易关系中必须遵循的若干基本原则。此外，各缔约方在历次多边贸易谈判中还达成了许多协议，制定了一些守则和规章，极大地促进了国际贸易的发展。

（2）削减了关税和非关税壁垒，促进了"二战"后贸易自由化，促进了国际贸易的发展。经过八轮贸易谈判的历程，各缔约方的关税有了较大幅度的降低。发达国家的加权平均关税从 1947 年的平均 35％下降至 4％左右，发展中国家加权平均关税降至 12％左右。关贸总协定还要求各缔约方限制非关税壁垒以保证各方因关税减让而获得的好处不被非关税壁垒所抵消。对一时难以取消的非关税壁垒措施，总协定规定了允许在特殊情况下实施的例外情况，但要求在总协定的监督下严格实施，这一切都有助于贸易障碍的消除，促进了贸易自由化。

（3）为各国在经济贸易上提供了谈判和对话的场所。关贸总协定，顾名思义，只是一项"协定"而不是一个"组织"，但事实上总协定在特定的历史阶段成了一个国际组织，设有秘书处、理事会，还每年举行缔约方大会。因此，关贸总协定在特定条件下为协调缔约方之间的贸易关系提供了场所和便利，使各缔约方有机会就贸易等问题及时地进行磋商解决，从而保证了国际贸易的顺利开展。

（4）关贸总协定缓和了缔约方之间的贸易摩擦和矛盾。关贸总协定规定，各缔约方之间的贸易纠纷，可通过其争端解决机制确立的协商、调解、仲裁的方式解决，这对缓和或平息各缔约方的贸易矛盾和纠纷起到了一定的积极作用。

（5）对维护发展中国家的利益起到积极作用。随着发展中国家的壮大及纷纷加入关贸总协定，关贸总协定也增加了有利于发展中国家的条款，最为明显的例子就是在 1963 年

举行的缔约方部长级大会上，专门针对发展中国家的贸易与发展问题，增订了关贸总协定的第四部分"贸易与发展"，从而使发展中国家享有更优惠的待遇。

拓展阅读 11-1
关税与贸易总协定
的成果与局限性

然而，关贸总协定不是正式的国际组织，面对当今多变的世界经济，以及其本身法律和规则方面存在的一些漏洞，使得其局限性在所难免。例如，关贸总协定中的许多规则都有例外，存在大量的"灰色区域"；纺织品和服装贸易一直游离于关贸总协定之外，实行数量限制；农产品贸易也长期背离 GATT 规定，农产品的巨额补贴和高关税，造成了农产品市场的扭曲，并经常导致贸易战此起彼伏。鉴于此，虽然 1948 年在哈瓦那通过的《国际贸易组织宪章》没有得到各国批准，但在 GATT 生效后 40 多年间，关于建立国际贸易组织的呼声从未间断。

三、关贸总协定的历次多边谈判

（一）关贸总协定前七轮多边贸易谈判

1947—1994 年，关贸总协定共举行了八个回合的多边贸易谈判。前七轮多边贸易谈判的简况如下。

▶ **1. 第一轮多边贸易谈判**

1947 年 4—10 月，由美国、英国、法国、中国等 23 个国家在日内瓦召开了第二次筹委会会议。在七个月的谈判中，23 个缔约方共达成 123 项双边关税减让协议，涉及 45 000 项商品，关税水平平均降低 35%。这轮谈判虽然是在关贸总协定生效之前举行的，但人们习惯将其视为关贸总协定的第一轮多边贸易谈判。

▶ **2. 第二轮多边贸易谈判**

关贸总协定的第二轮多边贸易谈判于 1949 年 4—10 月在法国安纳西举行。谈判总计达成 147 项关税减让协议，增加关税减让 5 000 多项，使应税进口值 5.6% 的商品平均关税水平降低 35%。

▶ **3. 第三轮多边贸易谈判**

关贸总协定的第三轮多边贸易谈判于 1950 年 9 月—1951 年 4 月在英国托奎举行。本轮谈判方已经扩大到 39 个国家，39 国的贸易额已经超过世界贸易总额的 80% 以上，达成 150 个协议，增加关税减让商品 8 700 多项，关税平均水平降低了 26%。

▶ **4. 第四轮多边贸易谈判**

关贸总协定第四轮多边贸易谈判于 1956 年 1—5 月在瑞士日内瓦举行。本轮谈判主要议题仍然是关税减让和新加入成员的"入门费"的谈判。本轮谈判关税减让商品为 3 000 个项目，比第三轮减少很多，仅涉及 25 亿美元的贸易额，关税平均水平降低了 15%。然而，农产品和某些政治敏感性产品大都排除在最后的协议外。

▶ **5. 第五轮多边贸易谈判**

关贸总协定第五轮多边贸易谈判于 1960 年 9 月—1962 年 7 月在瑞士日内瓦举行，共有 45 个参加方。本轮谈判关税减让商品为 4 400 个项目，涉及 49 亿美元的贸易额，使关税水平平均降低 20%，但农产品和一些敏感性商品被排除在协议之外。欧洲共同体 6 国统一对外关税也达成减让，关税水平平均降低 6.5%。然而，农产品和某些政治敏感性产品大都排除在最后的协议外。由于这轮谈判是由美国副国务卿道格拉斯·狄龙倡议进行的，因此也称为"狄龙回合"。

▶ 6. 第六轮多边贸易谈判

关贸总协定第六轮多边贸易谈判于 1964 年 5 月—1967 年 6 月在瑞士日内瓦举行，共有 54 个缔约方参加。关税减让采取了"削平"方案，按照工业品进口关税的减让表，从 1968 年起的五年内，美国工业品关税水平平均降低了 37%，欧洲共同体关税水平平均降低了 35%。这轮谈判首次涉及非关税壁垒，签署了第一个实施《关税与贸易总协定》第六条有关反倾销的协议，该协议于 1968 年 7 月 1 日生效。

▶ 7. 第七轮多边贸易谈判

关贸总协定第七轮多边贸易谈判于 1973 年 9 月—1979 年 4 月在瑞士日内瓦举行。本轮谈判的参加方达到了历史最高水平，共有 73 个缔约方和 29 个非缔约方参加。本轮谈判的内容主要涉及关税减让及如何减少非关税壁垒。由于发起这轮谈判的贸易部长会议在日本东京举行，故也称为"东京回合"。

总之，关贸总协定前七轮多边贸易谈判使缔约国数量不断扩大，世界各国的关税水平大大降低，推动了国际贸易自由化，促进了世界经济的发展，为"乌拉圭回合"谈判和世界贸易组织的建立奠定了良好的基础。其谈判的有关情况如表 11-1 所示。

表 11-1　关贸总协定前七轮关税谈判情况

谈判回合	谈判时间	谈判地点	参加方/个	关税减让幅度/%	影响贸易额/亿美元
第一轮	1947 年 4—10 月	瑞士日内瓦	23	35	1 100
第二轮	1949 年 4—10 月	法国安纳西	33	35	—
第三轮	1950 年 9 月—1951 年 4 月	英国托奎	39	26	—
第四轮	1956 年 1—5 月	瑞士日内瓦	28	15	25
第五轮	1960 年 9 月—1962 年 7 月	瑞士日内瓦	45	20	1 145
第六轮	1964 年 5 月—1967 年 6 月	瑞士日内瓦	54	35	1 400
第七轮	1973 年 9 月—1979 年 4 月	瑞士日内瓦	102	33	3 000

（二）"乌拉圭回合"多边贸易谈判

1986 年 9 月，关贸总协定第八轮多边贸易谈判开始启动，到 1994 年 4 月签署最终协议，共历时八年，这是关贸总协定的最后一轮谈判。因发动这轮谈判的贸易部长会议在乌拉圭埃斯特角城举行，故称"乌拉圭回合"。参加这轮谈判的国家最初为 103 个，到 1993 年年底谈判结束时有 117 个。

▶ 1. "乌拉圭回合"谈判的背景

关贸总协定前七轮谈判，大大降低了各缔约方的关税，促进了国际贸易的发展。但从 20 世纪 70 年代开始，特别是进入 80 年代以后，以政府补贴、双边数量限制、市场瓜分和各种非关税壁垒为特征的贸易保护主义重新抬头。为了遏制贸易保护主义，避免全面的贸易战发生，美、欧、日等缔约方共同倡导发起了此次多边贸易谈判，决心制止和扭转保护主义，消除贸易扭曲现象，建立一个更加开放的、具有生命力和持久的多边贸易体制。1986 年 9 月，关贸总协定部长会议在乌拉圭的埃斯特角城举行，同意发起"乌拉圭回合"谈判，这也是关税与贸易总协定的最后一轮谈判。这一轮谈判范围之广泛、议题之复杂、对世界经济影响之深远，在关贸总协定历史上都是空前的。

▶ **2."乌拉圭回合"谈判的目标和主要议题**

在 1986 年启动"乌拉圭回合"谈判的部长宣言中，明确了此轮谈判的主要目标：①通过减少和取消关税、数量限制和其他非关税措施与壁垒，改善进入市场的条件，进一步扩大世界贸易；②加强关税与贸易总协定的作用，改善建立在关税与贸易总协定原则和规则基础上的多边贸易体制，将更大范围的世界贸易置于统一的、有效的多边规则之下；③增加关税与贸易总协定体制对不断演变的国际经济环境的适应能力，加强关税与贸易总协定同有关国际组织的联系；④促进国内和国际合作，增强关税与贸易总协定同有关国际组织的联系，加强贸易政策与其他经济政策之间的协调。

"乌拉圭回合"的谈判内容包括传统议题和新议题两大部分，涉及 15 个议题。传统议题涉及关税、非关税措施、热带产品、自然资源产品、纺织品和服装、农产品、保障条款、补贴和反补贴措施、争端解决等；新议题涉及服务贸易、与贸易有关的投资措施、与贸易有关的知识产权等。

▶ **3."乌拉圭回合"谈判的主要成果**

"乌拉圭回合"谈判涉及面广、难度大，谈判各方存在错综复杂的矛盾，使得谈判屡屡搁浅，一拖再拖。1993 年 12 月 15 日，随着欧美在农产品补贴问题上达成谅解，终于达成了《乌拉圭回合最后文件》。该文件长达 550 页，包括 45 个独立文件，不仅涉及 GATT 原则和规则下的关税、非关税等原有问题及其延伸，而且增加了农产品、纺织品和服装、服务贸易、知识产权和投资措施等新内容。

经过八年艰难的谈判，"乌拉圭回合"取得了一系列重大成果，具体表现在以下几个方面。

（1）强化了多边贸易体制，特别是将农产品和纺织服装纳入贸易自由化的轨道，并修改和完善了解决争端的规则，达成了《农产品协议》《纺织品和服装协议》以及《争端解决规则与程序的谅解》等一系列协议。

（2）进一步改善了市场准入的条件。关税水平进一步下降，通过这轮谈判，发达国家和发展中国家平均降税 1/3，发达国家工业制成品平均关税税率降为 4% 左右。在非关税措施方面，通过了《原产地规则协议》《装船前检验协议》《技术标准协议》等一系列文件，对原产地规则、装船前检验、海关估价、反倾销、技术壁垒、进口许可证等非关税壁垒进行了进一步规范。

（3）首次将服务贸易、与贸易有关的知识产权及与贸易有关的投资措施等新领域纳入多边规则的管辖之下。达成了《服务贸易总协定》《与贸易有关的知识产权协定》(TRIPs)和《与贸易有关的投资措施协定》(TRIMs)。

（4）达成了建立了世界贸易组织的协定。这是"乌拉圭回合"的一项重大的意外成果，《建立世界贸易组织协定》宣布建立一个更具权力、权威的"世界贸易组织"取代GATT，以便在国际贸易领域发挥更大的作用。1995 年，世界贸易组织运转后的实践也证明，世界贸易组织在遏制新贸易保护主义、促进全球贸易自由化方面的作用比 GATT有所加强。

第三节　世界贸易组织

世界贸易组织（world trade organization，WTO）简称世贸组织，是根据关贸总协定"乌拉圭回合"达成的《建立世界贸易组织协定》于 1995 年 1 月 1 日建立的，取代原关贸总协定，并根据"乌拉圭回合"达成的最后文件形成的一整套协定和协议的条款作为国际法律规则，对各成员之间经济贸易关系的权利和义务进行监督、管理和履行的正式的国际经济组织。

一、世界贸易组织的产生

由于关贸总协定是一个临时性的产物，存在许多难以克服的内在缺陷，无法适应形势的需要，显现出越来越多的局限。1986 年 9 月"乌拉圭回合"发动时，15 项谈判议题中没有关于建立世贸组织的议题，只是设立了一个关于修改和完善总协定体制职能的谈判小组。但是由于"乌拉圭回合"谈判不仅包括了传统的货物贸易问题，而且还涉及服务贸易和与贸易有关的知识产权保护以及投资措施等新议题，这些问题的谈判成果，很难在关贸总协定的原有的框架内付诸实施，因此，创立一个正式的国际贸易组织的必要性日益凸显。无论从组织结构还是从协调职能来看，关贸总协定面对庞杂纷繁的"乌拉圭回合"多边谈判成果显示出其先天的不足，有必要在其基础上创立一个正式的国际贸易组织来协调、监督和执行新一轮多边贸易谈判的成果。

1990 年年初，欧盟轮值主席国意大利提出建立多边贸易组织的倡议，同年 7 月 9 日，欧盟把这一倡议以 12 个成员国的名义向"乌拉圭回合"体制职能谈判小组正式提出，这个倡议后来得到美国、加拿大等国的支持。

1990 年 12 月，"乌拉圭回合"布鲁塞尔贸易部长会议同意就建立多边贸易组织进行协商。经过一年的紧张谈判，于 1991 年 12 月形成了一份关于建立多边贸易组织协定的草案。时任关税与贸易总协定总干事的阿瑟·邓克尔（Arthur Dunkel）将该草案和其他议题的案文汇总，形成《邓克尔最后案文（草案）》，这一案文成为进一步谈判的基础。经过两年的修改和补充完善，于 1993 年 12 月在该回合结束之前，各方原则上形成了建立"多边贸易组织协定"，同时，根据美国的提议，把"多边贸易组织"改为"世界贸易组织"。

1994 年 4 月 15 日，"乌拉圭回合"参加方在摩洛哥马拉喀什通过了《建立世界贸易组织马拉喀什协定》（以下简称《建立世界贸易组织协定》）。该协定经过 123 个成员签署，于1995 年 1 月 1 日生效。

二、世界贸易组织的宗旨、法律地位与职能

(一) 世界贸易组织的宗旨

1994 年，在"乌拉圭回合"通过的《建立世界贸易组织协定》的前言中，集中地阐述了世界贸易组织的宗旨。根据《建立世界贸易组织协定》，世界贸易组织的宗旨如下。

（1）提高生活水平，保证充分就业，大幅度和稳步地增加实际收入和有效需求。

（2）扩大货物和服务的生产与贸易。

（3）按照可持续发展的目的，最优运用世界资源，保护和维护环境，并以符合不同经济发展水平下各自成员需要的方式，加强采取各种相应的措施。

（4）积极努力确保发展中国家，尤其是最不发达国家在国际贸易增长中的份额与其经济发展需要相称。

由此可以看出，世界贸易组织的宗旨既秉承了关贸总协定在过去所一贯遵循的基本准则，同时又针对国际经济贸易领域的新情况和新趋势做出了重大的创新和发展。

（二）世界贸易组织的法律地位

根据《建立世界贸易组织协定》第八条第一款的规定：世界贸易组织具有法律人格，是国际法主体，能独立行使国际权利和承担国际义务，具有缔约、取得和处置财产以及进行法律诉讼的能力；世界贸易组织每个成员向世界贸易组织提供其履行职责时所必需的特权与豁免权。

（三）世界贸易组织的职能

世界贸易组织职能的规定在"乌拉圭回合"的协定和决议具有论述，尤其《建立世界贸易组织协定》中第三条是最集中的表述。

（1）促进世界贸易组织贸易协定、协议的执行、管理和运作，并为其提供一个组织。

拓展阅读 11-2
《贸易走向未来》
一书的观点

（2）为成员方提供多边贸易谈判的场所和谈判成果执行的机构。

（3）按争端解决的规定和程序的谅解管理和解决贸易争端。

（4）审议各成员方的贸易政策。

（5）与有关国际机构进行合作，特别是与国际货币基金组织及世界银行及其附属机构进行合作。

（6）对发展中成员国和最不发达成员国提供技术援助及培训。

三、世界贸易组织的基本原则

在世界贸易组织负责实施管理的贸易协定与协议中贯穿了一些基本原则，世界贸易组织的基本原则是指成员在世界贸易组织框架内处理和调整贸易关系时所应遵循的制度和准则，由若干具体规则和一些规则例外所组成。

（一）非歧视原则、最惠国待遇原则和国民待遇原则

▶ 1. 非歧视原则

非歧视原则又称无差别待遇，它规定成员方在实施某种优惠和限制措施时，不得对其他成员方实施歧视待遇，要求给予其他成员方以平等待遇。非歧视原则是世界贸易组织的最基本原则之一，是避免贸易歧视、摩擦的重要基础。非歧视原则是通过最惠国待遇原则和国民待遇原则来体现和实现的。

▶ 2. 最惠国待遇原则

在世界贸易组织中，最惠国待遇是指一成员方将在货物贸易、服务贸易和知识产权领域给予任何其他国家和地区(无论是否是世界贸易组织成员)的优惠待遇，立即和无条件地给予其他各世界贸易组织成员方，最惠国待遇的性质要求平等对待其他成员方。《1947年关贸总协定》所规定的最惠国待遇只适用货物贸易，世界贸易组织则把最惠国待遇原则延伸至服务贸易领域和知识产权领域。

▶ 3. 国民待遇原则

在世界贸易组织中，国民待遇原则是指一国对其他成员方的产品、服务或服务提供者及知识产权所有者和持有者提供的待遇，不低于本国同类产品、服务或服务提供者及知识

产权所有者和持有者所享有的待遇。

（二）贸易自由化原则

世界贸易组织的宗旨是推动贸易自由化。在世界贸易组织的框架下，贸易自由化原则是指各成员方通过多边贸易谈判，实质性地削减关税，减少其他非关税贸易壁垒，消除国际贸易中的歧视待遇，提高本国市场准入的程度，不断扩大成员方之间的货物和服务贸易。

在"乌拉圭回合"中，这一原则不仅在传统的货物贸易领域得到进一步的加强和发展，而且在服务贸易总协议中也得到了体现。

（三）关税保护和关税减让原则

关税保护原则是指各成员对本国的工业保护只能通过关税来实现，不能采取非关税措施。换言之，各成员方只能通过征收关税来调节进出口，不得设立或维持配额、进出口许可证及其他非关税壁垒来限制或禁止其他成员方产品的输入。

关税减让原则是指成员方之间通过谈判削减各自的关税水平并尽可能地消除关税壁垒，且削减后的关税应得到约束，不得进一步提高。关税约束是指成员方承诺把进口商品的关税限定在某一水平，且今后不能再提高。如果一成员确因实际困难需要提高关税约束水平，则须同其他成员方进行谈判。

（四）市场准入原则

市场准入原则是指通过加强各方外贸政策的透明度，减少和取消关税和非关税壁垒，通过对开放本国市场所做出的承诺，从而扩大市场开放领域和深度。

世界贸易组织一系列协定或协议都要求成员分阶段逐步实行贸易自由化，以此扩大市场准入水平，促进市场的合理竞争和适度保护。

（五）减少非关税贸易壁垒原则

非关税贸易壁垒通常是指除关税以外的各种贸易保护措施，主要有进出口许可证、进口配额制、外汇管制、进出口国家垄断、海关估价、安全和质量标准等。

非关税壁垒增多，成为阻碍国际贸易发展的主要障碍，甚至威胁到了关税减让谈判的意义。因此，在世界贸易组织的有关协议中，减少和消除非关税壁垒成为推动贸易自由化的重要方面。

（六）一般禁止数量限制原则

一般禁止数量限制原则是指为了促进贸易的自由化，在一般情况下，不允许成员方对进出口商品实行数量限制。数量限制是非关税壁垒的主要形式，是指一国或地区在一定期限内规定某种商品进出口数量的行政措施。它的具体表现方式主要有配额、进出口许可证、自动出口限制等。世界贸易组织的主要目标之一是实现贸易自由化，它主张各成员方应通过关税保护本国的生产部门，不应寻求其他手段。"乌拉圭回合"将一般禁止数量限制原则扩展到其他新领域，如投资领域和服务贸易领域。

（七）公平竞争原则

公平竞争原则又称公平贸易原则，是指成员方应避免采取扭曲市场竞争的措施，纠正不公平的贸易行为，创造和维护公开、公平、公正的市场环境。

公平竞争原则有三个要点：①公平竞争原则体现在货物贸易领域、服务贸易领域和与贸易有关的知识产权领域；②公平竞争原则既涉及成员方的政府行为，也涉及成员方的企业行为；③公平竞争原则要求成员维护产品、服务或服务提供者在本国市场的公平竞争，无论是来自本国或其他任何成员方。

（八）透明度原则

透明度原则是指世界贸易组织成员应公布其所制定和实施的与贸易有关的法律、法规、政策和做法以及有关的变化情况（如修订、增补或废除等），不公布的不得实施，同时，还应将这些法律、法规、政策和做法以及有关的变化情况通知世界贸易组织。

（九）互惠原则

互惠原则又称对等原则，是成员方在国际贸易中相互给予对方的贸易优惠待遇，它明确了成员方在关税和贸易谈判中必须采取的基本立场和相互之间对等互惠的贸易关系。

世界贸易组织管理的协议是以权利与义务的综合平衡为原则的，这种平衡通过互惠互利的开放市场的承诺而获得。互惠互利是多边贸易谈判，也是建立世界贸易组织共同的行为规范、准则过程中的基本要求。

（十）发展中国家和最不发达国家差别和优惠待遇原则

发展中国家和最不发达国家差别和优惠待遇原则又称为非互惠待遇原则，这是世界贸易组织关于发达成员方与发展中成员方之间货物贸易和服务贸易关系的一项基本原则。根据这一原则，发达成员方认识到有必要促进发展中成员国的出口贸易和经济发展，从而带动整个世界贸易和经济的健康发展。因此，总协议和"乌拉圭回合"各项协议允许发展中成员方在相关的贸易领域在非对等的基础上承担义务。

四、世界贸易组织的法律体系

世界贸易组织的法律体系由《建立世界贸易组织协定》本身16条案文及其四个附件组成。此外，还有附加的部长宣言和决定。

《建立世界贸易组织协定》案文本身并未涉及规范和管理多边贸易关系的实质性原则，有关协调多边贸易关系和解决贸易争端以及规范国际贸易竞争规则的实质性规定，均体现在四个附件中。附件一、附件二和附件三作为多边贸易协定，所有成员都必须接受，附件四属于诸边贸易协定，仅对签署方有约束力，成员可以自愿选择参加。世界贸易组织的法律体系如图11-1所示。

（一）《建立世界贸易组织协定》

《建立世界贸易组织协定》是世界贸易组织的基本法，其正文有16个条款，分别规定了世界贸易组织的宗旨和原则、管辖范围、职能、组织结构、决策机制、法律地位、成员资格、与其他国际组织的关系，以及世界贸易组织的章程接受、生效、保留和修正等。

（二）《建立世界贸易组织协定》的附件

▶ 1. 附件一：《货物贸易多边协定》《服务贸易总协定》和《与贸易有关的知识产权协定》

（1）《货物贸易多边协定》。该协定是在《1947年关税与贸易总协定》以及八次多边贸易谈判的基础上建立的，是《建立世界贸易组织协定》中最成熟的部分。具体包括：①《1994年关税与贸易总协定》，由《1947年关贸总协定》的各项条款、《建立世界贸易组织协定》生效之前关贸总协定的有关法律文件、"乌拉圭回合"就《1947年关贸总协定》若干条款达成的谅解三个部分组成；②《农业协议》；③《实施卫生与植物卫生措施协议》；④《纺织品与服装协议》；⑤《技术性的贸易壁垒的协议》；⑥《与贸易有关的投资措施协定》；⑦《海关估价协议》；⑧《装运前检验协议》；⑨《原产地规则协议》；⑩《进口许可程序协议》；⑪《反倾销协议》；⑫《补贴与反补贴措施协议》；⑬《保障措施协议》。

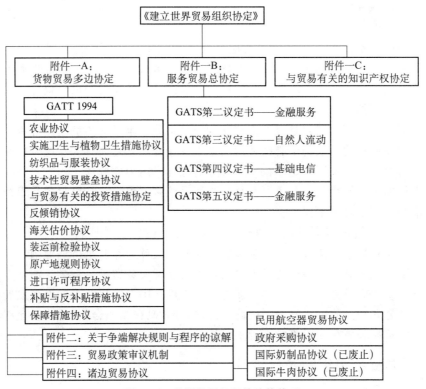

图 11-1　世界贸易组织的法律体系

（2）《服务贸易总协定》。世界贸易组织首次将服务贸易问题纳入多边贸易体制的框架之中，其关于服务贸易的原则、规则和制度主要体现在《服务贸易总协定》及其附件之中。此外，《乌拉圭回合最后文本》诸多部长会议宣言和决定中亦有相当部分涉及服务贸易问题。

（3）《与贸易有关的知识产权协定》。世界贸易组织与贸易有关的知识产权法律规范集中体现在《与贸易有关的知识产权协定》中，该协定对版权、商标、地理标志、工业品外观设计、专利、集成电路布图设计、未披露信息的保护七类知识产权保护的国际标准做出规定，制定了保护的基本原则，明确了知识产权的效力、范围、取得保护及相关程序以及争端解决等诸多方面的问题。

▶ 2. 附件二：《关于争端解决规则与程序的谅解》

《关于争端解决规则与程序的谅解》中所规定的规则和程序是世界贸易组织争端解决机制的主要内容，其中的争端解决程序，亦被称为世界贸易组织争端解决机制中的普遍程序。

▶ 3. 附件三：《贸易政策审议机制》

《贸易政策审议机制》集中规定了世界贸易组织贸易政策审议机制的目标、机构、审议范围、审议程序等多方面的法律制度。

▶ 4. 附件四：诸边贸易协议

《建立世界贸易组织协定》附件四即诸边贸易协议，迄今为止总共达成了五个诸边贸易协议，包括《民用航空器贸易协议》《政府采购协议》《国际奶制品协议》《国际牛肉协议》和《信息技术协议》。诸边贸易协议只对协议的签署方生效，其中的《政府采购协议》《国际奶制品协议》和《国际牛肉协议》为经过"乌拉圭回合"谈判所产生的新协议。现行的《民用航空器贸易协议》仍是"东京回合"达成的协议条款和内容。

五、世界贸易组织的组织机构

在《建立世界贸易组织协定》中，世界贸易组织对该组织内部的机构设置、职责范围以及议事规则等都做了十分明确的规定。其组织机构设置如下。

（一）部长级会议

部长级会议是世界贸易组织的最高权力机构，由世界贸易组织的所有成员组成，至少每两年举行一次，其职责是履行世界贸易组织的职能，并为此采取必要的行为。

（二）总理事会

总理事会是除部长级会议之外的世界贸易组织的最高权力机构，负责日常对世界贸易组织的领导与管理。总理事会由世界贸易组织全体成员的代表组成，主要是在部长级会议休会期间履行部长理事会的职责。会议可根据需要适时召开，通常每年召开六次左右。

（三）理事会、下属委员会和各专门委员会

世界贸易组织在部长级会议或总理事会之下又设立了一系列常设理事会、委员会，其中，货物贸易理事会、服务贸易理事会和知识产权理事会是负责世界贸易组织主要职能的三个最重要的理事会，这些理事会由所有成员方代表组成，理事会每年至少举行八次会议。

货物贸易理事会下设 12 个专门委员会，分别是市场准入委员会、农业委员会、实施卫生与植物卫生措施委员会、技术性贸易壁垒委员会、补贴与反补贴措施委员会、反倾销措施委员会、海关估价委员会、原产地规则委员会、进口许可程序委员会、与贸易有关的投资措施委员会、保障措施委员会和纺织品监督机构，具体负责各专项协议的执行。

部长级会议设立各专门委员会，负责处理三个理事会的共性事务以及三个理事会管辖范围以外的事务。专门委员会包括贸易与发展委员会，贸易与环境委员会，国际收支限制委员会，预算、财务与行政委员会，以及区域贸易协议委员会。

（四）争端解决机构和贸易政策审议机构

争端解决机构和贸易政策审议机构都直接隶属于部长级会议或总理事会。争端解决机构下设专家小组和上诉机构，主要负责处理成员方之间基于各有关协定、协议所产生的贸易争端。贸易政策审议机构的职能主要是定期审议各成员方的贸易政策、法律与实践，并就此做出指导。

（五）秘书处及总干事

世界贸易组织设立了总干事和秘书处。秘书处是世界贸易组织的日常办事机构，由部长会议任命总干事领导，其职能是为世界贸易组织的各种机构提供秘书性工作。秘书处设在日内瓦。

总干事是世界贸易组织的行政首脑，它由部长级会议直接任命，因此，其权力、职责、任期条件和任职期限也由部长级会议决定。总干事的正常任期是四年，可以连任。世界贸易组织的第一任总干事是彼得·萨瑟兰（北爱尔兰人），第二任总干事是雷纳托·鲁杰罗（意大利前贸易部长），第三任总干事是迈克尔·肯尼恩·穆尔（新西兰前总理），第四任总干事是素帕猜·巴尼巴滴（泰国前副总理），第五任总干事是帕斯卡尔·拉米（法国人），第六任总干事是罗伯托·阿泽维多（巴西人），第七任总干事是恩戈齐·奥孔乔·伊韦阿拉（尼日利亚人）。

世界贸易组织的主要机构如图 11-2 所示。

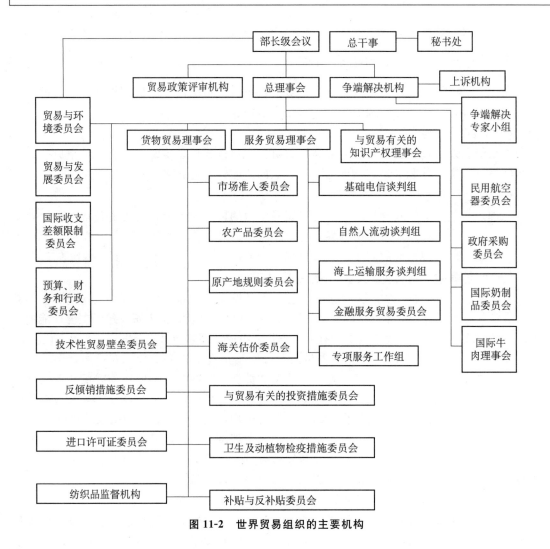

图 11-2　世界贸易组织的主要机构

第四节　中国与世界贸易组织

一、中国"复关"与"入世"谈判的历程

从 1986 年 7 月 11 日中国正式向世界贸易组织的前身关贸总协定递交"复关"申请到中国最终加入世界贸易组织，历时 15 年，中国的"复关"与"入世"是关贸总协定和世界贸易组织所有多边谈判中最漫长和最艰苦的一次谈判过程。

（一）中国"复关"的历程

中国是 1947 年关贸总协定的 23 个缔约国之一，当时关贸总协定的中国席位由国民党政府占据。1950 年，台湾国民党政府退出了关贸总协定，此后关贸总协定的中国席位一直空着。

1971 年，中国恢复在联合国的合法席位后，相继参加了与关贸总协定并称世界经济"三大支柱"的国际货币基金组织和世界银行，但由于当时的计划经济体制与关贸总协定的基本原则相抵触，没有申请恢复关贸总协定缔约国地位。改革开放后，随着中国对外经济贸易活动日益增多，对外经贸在国民经济中的作用不断增强，迫切需要一个稳定的国际环境。国内经济体制改革也不断向市场化发展，中国初步具备了加入多边贸易体制的条件。1982年11月，中国政府获得关贸总协定观察员身份，并首次派代表团列席关贸总协定第36届缔约国大会。1982年12月31日，国务院批准中国申请参加关贸总协定的报告。

1986年7月11日，中国向关贸总协定秘书处正式提出恢复关贸总协定缔约国地位（以下简称"复关"）申请。从1987—1995年世界贸易组织建立，关贸总协定中国工作组一共举行过20次会议，但终因中国与关贸总协定成员国（主要是美国和欧盟）的双边谈判未能完成，而没有恢复在关贸总协定中的席位，也没有成为世界贸易组织的创始成员国。

（二）中国"入世"的历程

经过无数回合的谈判，经历了风风雨雨，但由于政治等各种各样的因素，直到1995年1月1日世界贸易组织成立时，中国仍没有成为它的一员。1995年1月1日，世界贸易组织正式生效运转后，中国于当年6月3日成为世界贸易组织观察员。同年7月11日，中国正式提出加入世界贸易组织（以下简称"入世"）的申请。1995年11月，应中国政府要求，中国"复关"谈判工作组更名为世界贸易组织中国工作组，并于1996年3月召开了第一次工作组会议。

拓展阅读11-3
中国加入世界贸易
组织的历程

1997年5月，中国与匈牙利最先达成协议；1999年11月15日，中国完成了最艰难的也是最重要的中美"入世"谈判；2001年5月19日，中欧谈判几经周折也正式达成双边协议；2001年9月13日，中国与最后一个谈判对手墨西哥达成协议，从而完成了"入世"的双边谈判。

在双边谈判后期，多边谈判开始。与双边谈判的复杂与艰难相比，多边谈判较为容易和顺利，主要议题是中国"入世"的法律文件（包括议定书和工作组报告书）起草问题。2001年9月17日，世界贸易组织中国工作组第18次会议通过中国加入世界贸易组织法律文件，中国加入世界贸易组织多边谈判结束。在此之后，中国加入世界贸易组织工作组按照程序把加入议定书（后附所有双边协议汇总成的货物贸易减让表和服务贸易具体承诺减让表）和工作组报告书交给世界贸易组织总理事会。2001年11月10日，世界贸易组织第四届部长级会议一致通过中国加入世界贸易组织的决议。中国的立法机构——全国人大常委会批准了这些报告和议定书并由中国政府代表将批准书交存世界贸易组织总干事。2001年12月11日，中国正式成为世界贸易组织第143个成员。

二、中国加入世界贸易组织的权利和义务

（一）中国加入世界贸易组织后享受的基本权利

▶ **1. 全面参与多边贸易体制**

加入世界贸易组织后，中国将充分享受正式成员的权利，主要包括以下内容。

（1）全面参与世界贸易组织部长级会议、各理事会和委员会的所有正式和非正式会议，维护我国的经济利益。

（2）全面参与贸易政策审议，对美国、欧盟、日本等重要贸易伙伴的贸易政策进行质询和监督，敦促其他世界贸易组织成员履行多边义务。

（3）在其他世界贸易组织成员对中国采取反倾销、反补贴和保障措施时，可以在多边框架体制下进行双边磋商，增加解决问题的渠道。

（4）充分利用世界贸易组织争端解决机制解决双边贸易争端，避免某些双边贸易机制

对我国的不利影响。我国在"入世"前，一旦与发达国家发生贸易纠纷，只能通过双边谈判解决，发达国家甚至会利用本国法律对我国企业做出不公正的裁决或单边对中国予以贸易制裁。"入世"后，一旦发生贸易纠纷，我国就可以诉诸较为公正的、多边的世界贸易组织争端解决机制，比较公平地解决贸易争端，维护我国的贸易利益。

（5）参与世界贸易组织规则制定，维护中国的经济利益。作为正式成员方，我国可以真正参与各个议题的谈判，完整地表达关系到一国经济主权的合理主张与建设性建议，切实维护我国在世界贸易体系中的地位与合法权益，并在建立国际经济新秩序、维护发展中国家共同利益等方面发挥更积极的作用。

（6）与和中国有重要贸易关系的申请加入方进行双边谈判，并通过多边谈判解决一些双边贸易中的问题，包括促其取消对中国产品实施的不符合世界贸易组织规则的贸易限制措施、扩大中国出口产品和服务的市场准入机会和创造更为优惠的投资环境等，从而为中国产品和服务扩大出口创造更多的机会。

▶ **2. 享受多边的、稳定的和无条件的非歧视待遇**

中国加入世界贸易组织后，将充分享受多边的、稳定的和无条件的最惠国待遇和国民待遇，即非歧视待遇。"入世"前，中国通过与一些国家在双边基础上签订若干含相互给予最惠国待遇条款的贸易条约和协定来获得最惠国待遇，但这种双边的最惠国待遇往往是有条件的、不稳定的和有期限的。现行双边贸易中受到的一些不公正的待遇将会被取消或逐步取消，其中包括：美国国会通过永久正常贸易关系(PNTR)法案，结束对华正常贸易关系的年度审议；根据世界贸易组织《纺织品与服装协议》的规定，发达国家的纺织品配额将在 2005 年 1 月 1 日取消，中国将充分享受世界贸易组织纺织品一体化的成果；美国、欧盟等在反倾销问题上对中国使用的"非市场经济国家"标准将在规定期限(15 年)内取消等。

▶ **3. 享受发展中国家权利**

除一般世界贸易组织成员所能享受的权利外，中国作为发展中国家还将享受世界贸易组织各项协定规定的差别和优惠待遇，其中包括中国经过谈判，获得了对农业提供占农业生产总值 8.5% "黄箱补贴"的权利，补贴的基期采用相关年份而不是固定年份，使中国今后的农业国内支持有继续增长的空间；在涉及补贴与反补贴措施、保障措施等问题时，享有协定规定的发展中国家待遇，包括在保障措施方面享受 10 年保障措施使用期、在补贴方面享受发展中国家的微量允许标准；在争端解决中，有权要求世界贸易组织秘书处提供法律援助；在采用技术性贸易壁垒国际标准方面，可以根据经济发展水平拥有一定的灵活性等。

▶ **4. 获得市场开放和法规修改的过渡期**

为了使中国相关产业在加入世界贸易组织后获得调整和适应的时间及缓冲期，并对有关的法律和法规进行必要的调整，经过谈判，中国在市场开放和遵守规则方面获得了过渡期。例如，在放开贸易权的问题上，享有三年的过渡期；关税减让的实施期最长可到 2008年；逐步取消 400 多项产品的数量限制，最迟可在 2005 年 1 月 1 日取消；服务贸易的市场开放在加入后 1～6 年内逐步实施等。

▶ **5. 保留国营贸易体制**

世界贸易组织允许通过谈判保留进口国营贸易。为使中国在加入世界贸易组织后保留对进口的合法调控手段，中国在谈判中要求对重要商品的进口继续实行国营贸易管理。经过谈判，中国保留了对粮食、棉花、植物油、食糖、原油、成品油、化肥和烟草八种关系国计民生的大宗产品的进口实行国营贸易管理(由中国政府指定的少数公司专营)；保留了对茶叶、大米、玉米、大豆、钨及钨制品、煤炭、原油、成品油、丝、棉花等的出口实行国营贸易管理的权利；同时，参照中国目前实际进出口情况，对非国营贸易企业进出口的比例做了规定。

▶ 6. 对国内产业提供必要的补贴支持

在《中华人民共和国"入世"议定书》中，中国享有对国内产业提供必要补贴支持的权利，其中包括：①地方预算提供给某些亏损国有企业的补贴；②经济特区的优惠政策；③经济技术开发区的优惠政策；④上海浦东经济特区的优惠政策；⑤外资企业的优惠政策；⑥国家政策性银行贷款；⑦用于扶贫的财政补贴；⑧技术革新和研发基金；⑨用于水利和防洪项目的基础设施基金；⑩出口产品的关税和国内税退税；⑪进口税减免等。

▶ 7. 维持国家定价

经谈判，我国保留了对重要产品及服务实行政府定价和政府指导价的权利，其中包括对烟草、食盐、药品、民用煤气、自来水、电力、热力、灌溉用水等公用事业以及邮电、旅游景点门票、教育等服务保留政府定价的权利。

▶ 8. 享有渐进开放服务贸易领域的权利

根据《中华人民共和国"入世"议定书》附件九，我国享有渐进开放服务贸易领域的权利，并依法保留对外资进入服务贸易领域的管理与审批权。

（二）中国加入世界贸易组织需要承担的基本义务

（1）遵守非歧视原则，给予外国产品、服务以最惠国待遇和国民待遇。

（2）贸易政策统一实施。承诺在整个中国关境内，包括民族自治地方、经济特区、沿海开放城市以及经济技术开发区等统一实施贸易政策。

（3）确保贸易政策透明度。承诺公布所有涉外经贸法律和部门规章，未经公布的不予执行。

（4）为当事人提供司法审议的机会。承诺在与中国《行政诉讼法》不冲突的情况下，在有关法律、法规、司法决定和行政决定方面，为当事人提供司法审查的机会，包括最初向行政机关提出上诉的当事人有向司法机关上诉的选择权。

（5）逐步放开外贸经营权。承诺在加入世界贸易组织后三年内取消外贸经营审批权，在中国的所有企业在登记后都有权经营除国营贸易产品外的所有产品。同时中国还承诺，在加入世界贸易组织后三年内，已享有部分进出口权的外资企业将逐步享有完全的贸易权（贸易权仅指货物贸易方面进口和出口的权利，不包括在国内市场的销售权，不同产品的国内市场销售权取决于我国在服务贸易做出的承诺）。

（6）逐步取消非关税措施。我国承诺按照世界贸易组织的规定，将现在对 400 多项产品实施的非关税措施(配额、许可证、机电产品特定招标)在 2005 年 1 月 1 日之前取消，并承诺今后除非符合世界贸易组织规定，否则不再增加或实施任何新的非关税措施。

（7）不再实行出口补贴。中国承诺遵照世界贸易组织《补贴与反补贴措施协议》的规定，取消协议禁止的出口补贴，通知协议允许的其他补贴项目。

（8）实施《与贸易有关的知识产权协定》。中国承诺加入世界贸易组织后实施《与贸易有关的知识产权协定》，进一步规范知识产权保护。

（9）按照世界贸易组织的规定交纳会费。

三、加入世界贸易组织对中国经济的机遇与挑战

（一）加入世界贸易组织符合中国的根本利益和长远利益

▶ 1. 加入世界贸易组织是中国对外开放进入一个新阶段的重要标志

加入世界贸易组织，可以扩大中国的市场准入范围，增加贸易机会，改善中国的贸

易、投资条件，提高服务业的开放程度。它可以使中国在更大的范围、更广阔的领域、更高的层次上参与国际经济技术合作，增强对外资的吸引力，把国内市场与国外市场更加紧密地联成一体，实现资源优化配置，充分、有效地利用国内外两种资源、两个市场，更好地"引进来""走出去"，把中国对外开放提高到一个新的水平。

▶ **2. 加入世界贸易组织是对中国社会主义市场经济体制改革的有力推动**

改革开放以来，中国的经济体制改革取得了巨大成就，特别是1992年，中国确立了建立社会主义市场经济体制的总体目标后，经济体制改革取得了重大进展。中国社会主义市场经济体制已逐步建立，但阻碍社会生产力发展的体制性障碍还没有完全消除。加入世界贸易组织后，客观上要求按市场经济的一般规律调整和完善社会主义市场经济的行为规范和法律体系，消除生产方式中不适应时代要求和生产力发展的体制和机制障碍，依法办事，转变政府职能和工作作风，建立和完善全国统一、公平竞争、规范有序的市场体系，为经济发展创造良好的体制环境。

▶ **3. 加入世界贸易组织是促进中国经济持续快速健康发展的加速器**

随着经济全球化的发展和中国对外开放的扩大，加入世界贸易组织，按照国际经贸规则办事，有利于改善中国经济发展的外部环境，拓宽经济发展空间。加入世界贸易组织，将促进国内结构调整同正在进行的全球性经济结构调整紧密结合，依据中国产业的比较优势和全球产业发展趋势，适应国际市场竞争的要求，加快科技进步和创新，不断推进国民经济结构的优化升级，提高产业和产品的竞争力，尽快实现经济增长方式的根本性转变，推动国民经济在既有较高速度又有较好效益的轨道上运行。

▶ **4. 促进海峡两岸经贸关系的进一步发展**

中国加入世界贸易组织后，中国台湾地区作为中国单独关税区也成为世界贸易组织成员。两岸加入世界贸易组织后，都应遵循世界贸易组织的非歧视原则和市场开放原则，这将有利于促进海峡两岸实现"三通"，特别是解决通商问题，将促进两岸经贸关系的进一步发展与和平统一大业的实现。

（二）加入世界贸易组织为中国的经济发展提供了新的历史机遇

加入世界贸易组织将从以下6个方面促进中国经济的发展。

▶ **1. 拓展国际市场**

世界贸易组织通过制定各国参与国际贸易竞争的共同标准，为每个成员开展国际贸易提供了比较公平的竞争环境。世界贸易组织成员间实行最惠国待遇和国民待遇，增加了竞争的公平性；实行透明度原则，增加了贸易的可预见性；规定了在一定特殊条件下可以实施保障措施，避免了成员国经济遭受不公平贸易的影响。加入世界贸易组织后，中国将在国际贸易事务中享有更多的权利，获得更加稳定的国际经贸环境，享受其他国家和地区贸易投资自由化的便利，这对于充分发挥中国的比较优势、拓展国际市场、发展同各国和地区的经贸往来与合作必将起到积极作用。同时，中国加入世界贸易组织后，可以直接参与国际多边贸易新规则的制定，维护中国的正当权益，分享多边贸易体制发展带来的更多的机会和利益。

▶ **2. 改善投资环境**

中国政局稳定，市场容量大，生产要素成本低，基础设施日益完善，具有扩大吸引外资的良好条件。加入世界贸易组织后，随着中国向世界贸易组织其他成员提供国民待遇，提高贸易政策及法律、法规的透明度，扩大市场准入的范围，逐渐减少对外商投资的限制，外商进入中国市场的门槛将大大降低，外商投资的空间也将扩大。中国投资环境的上述改善，必将促进中国利用外资进入一个新的高潮。

▶ 3. 扩大对外投资

加入世界贸易组织后，中国企业可以利用其他成员开放市场、对世界贸易组织成员提供非歧视和互惠待遇的便利条件，在更大程度上走向国际市场，参与国际经济竞争。国内有条件的厂商可以借此机会走出国门，开展对外直接投资，更好地开拓国外市场。

▶ 4. 提高资源配置效率

加入世界贸易组织为中国经济发展开辟了新的、更大的空间。中国企业可以充分利用中国市场、劳动力、土地、自然资源等方面具有的优势，在更广阔的世界市场上开展合作与竞争，实现资源优化配置，提高国际竞争力。同时，按照世界贸易组织规则和加入世界贸易组织的承诺，中国将进一步加快改革，国内地区间的封锁和一些行业的垄断将逐渐打破，生产力要素将得到更加有效、合理的配置，资源优势将得以充分发挥。

▶ 5. 促进国有企业改革

加入世界贸易组织后，客观上有利于推动中国国有企业的改革。中国国有企业长期生活在计划经济环境中，缺乏竞争意识和竞争能力。虽然经过改革开放 20 多年的磨炼，这种现象已有所改观，但多数企业与国外企业相比，还有很大的差距。加入世界贸易组织后，随着市场开放的加大和跨国公司进入的增多，中国企业将不得不接受国际竞争的冲击和考验，只有通过改善自身素质，积极参与竞争，才能继续生存和发展。加入世界贸易组织后，企业将会有更多机会吸收国外的先进技术，学习国外企业先进的运作方式、管理经验，通过与外商的合资与合作，加快结构调整和产品升级换代，增强竞争能力。

▶ 6. 促进私营企业的发展

改革开放以后，中国的私营企业取得了长足的发展，但是在许多部门，尤其是在许多重要行业，如金融、外贸、供电、交通运输等行业中，私营企业的发展仍然受到很多限制。中国加入世界贸易组织后，一些行业将取消不能私营的禁令，私营企业与其他企业的待遇日益平等，将为私营企业带来空前的发展机遇。

（三）中国加入世界贸易组织受到的挑战

中国加入世界贸易组织后，在带来大好发展机遇的同时，也面临严峻的挑战。这些挑战主要来自以下方面：①一些政策法规还不适应世界贸易组织规则，法制观念不强，存在有法不依、执法不严的现象；②政府已有的和惯用的宏观调控手段受到制约；③解决"三农"问题面临新的困难；④部分工业产业竞争加剧；⑤服务业压力加大；⑥就业问题突出；⑦人才竞争加剧；⑧地区发展可能更加不平衡；⑨世界经济对中国经济的副传递渠道增多；⑩世界共同性的疾病和"公害"在中国的传播有所增强等。

第五节　世界贸易组织的新发展

部长级会议是世界贸易组织的最高决策权力机构，至少每两年召开一次。

一、部长级会议

（一）第一届部长级会议：新加坡会议

1996 年 12 月 9—13 日，世界贸易组织在新加坡召开部长会议，这是世界贸易组织自

1995 年 1 月 1 日成立以来的首届部长级会议，120 个世界贸易组织成员和申请加入世界贸易组织的国家或单独关税区的代表以及相关国际组织的 2 800 多名代表参加了会议。

主要工作：①会议的主要议题是世界贸易组织成立后两年的工作及"乌拉圭回合"协定与协议的实施情况；②会议通过了《新加坡部长宣言》等文件；③同意建立三个工作组，分别研究贸易与投资的关系、贸易与竞争政策的关系以及政府采购行为的透明度问题，同时将贸易便利化纳入了货物理事会的职责范围。自此形成了贸易与投资、贸易与竞争政策、政府采购透明度和贸易便利化这四个议题，后来被统称为"新加坡议题"。

（二）第二届部长级会议：日内瓦会议

1998 年 5 月 18—20 日，世界贸易组织在日内瓦召开第二届部长会议暨多边贸易体制 50 周年纪念会，共有 130 个国家和地区的部长级官员出席了会议。

会议主要围绕"乌拉圭回合"各项协议的执行情况、第三届部长级会议的议程以及发动新一轮多边贸易谈判的准备工作等内容展开讨论。会议还提出了一项新议题——电子商务，并就电子商务达成了临时协议：在未来 18 个月内，所有世界贸易组织成员方对电子商务实行零关税。最后，会议通过了《日内瓦部长宣言》，并就电子商务问题通过了《全球电子商务宣言》。

（三）第三届部长级会议：西雅图会议

1999 年 11 月 30 日—12 月 3 日，世界贸易组织在美国西雅图召开了第三届部长级会议，共有 135 个成员参加这次会议。中国以观察员的身份出席了本次大会。

会议的主要任务是确定新一轮多边贸易谈判也是世界贸易组织成立以来首轮多边贸易谈判的框架、议题和时间表。会议召开前，50 多个成员方和一些地区组织正式提交了 150 多份提案。会议期间，各成员方主要围绕农业、"乌拉圭回合"各项协议的执行、市场准入以及新议题等四个主题展开磋商。

由于各成员方均提出了代表各自利益的谈判方案，在诸多问题上不愿让步，尤其是在农业、非农产品关税以及纺织品与服装等一系列问题上存在严重分歧，会议陷入僵局，由于发达国家与发展中国家的巨大分歧，最终未能启动新一轮多边贸易谈判。会议决定于 2000 年在日内瓦继续进行新一轮谈判议题的磋商。

（四）第四届部长级会议：多哈会议

2001 年 11 月 9—14 日，世界贸易组织第四届部长级会议在卡塔尔首都多哈举行，142 个成员方，37 个观察员和 50 多个国际组织参与了此次会议。此次会议的主要议题有两个。

（1）接受中国和中国台湾地区加入世界贸易组织。2001 年 11 月 10 日，会议以协商一致的方式通过了中国加入世界贸易组织的决定，正式接纳中国为其第 143 位成员。11 月 11 日，会议通过了中国台湾地区以"台湾、澎湖、金门、马祖单独关税区"的名义加入世界贸易组织的决定，接受中国台湾地区为其第 144 位成员。

（2）启动新一轮多边贸易谈判。11 月 14 日，会议通过了《多哈部长级会议宣言》，一致同意开始新一轮多边贸易谈判，并规定应在 2005 年 1 月 1 日之前结束所有谈判。新一轮多边贸易谈判被命名为"多哈发展回合"，以强调对发展问题的重视，简称"多哈回合"。会议还通过了《关于与贸易有关的知识产权协定与公共卫生的宣言》和《关于与实施有关的问题和关注的决定》。

"多哈回合"谈判的目标主要有：抑制全球经济减缓下出现的贸易保护主义，加大贸易在促进经济发展和解除贫困方面的作用，处理最不发达国家出现的边缘化问题，理顺与区域贸易协定之间的关系，把多边贸易体制的目标与可持续发展有机地结合起来，改善世界贸易组织外部形象，实现《马拉喀什建立世界贸易组织协定》的原则和目标。

《多哈部长级会议宣言》列出的谈判议题有19个，概括起来可分为四类：①市场准入谈判，包括农业、非农产品（即除农产品以外的所有产品，主要包括工业品和水产品）和服务贸易；②新加坡议题，研究是否就投资、竞争政策、贸易便利化和政府采购透明度展开谈判；③发展问题，包括"与贸易有关的知识产权与公共健康"、世界贸易组织协议的实施问题和特殊和差别待遇问题；④其他议题，包括规则谈判、贸易与环境、地理标志、争端解决等。

更加自由的多边贸易体制虽然为各成员发展国际贸易带来了明显的好处，但是在谈判过程中，因为涉及各方利益的进退取舍，谈判始终十分艰难。"多哈回合"谈判启动以来，一波三折，进展缓慢。

（五）第五届部长级会议：坎昆会议

2003年9月10—14日，世界贸易组织在墨西哥坎昆召开了第五届部长级会议，来自世贸组织的146个成员的近5000名代表以及非政府组织代表出席了会议。

会议的目标是对多哈新一轮谈判进行中期评估，内容涉及"乌拉圭回合"各项协议的执行、农产品出口补贴、服务贸易、非农产品市场准入、与贸易有关的知识产权、世界贸易组织规则、贸易争端解决机制、贸易与环境以及贸易与投资等多方面内容。由于各成员方在一些关键领域不愿妥协，尤其是发达成员方与发展中成员方在农业问题以及"新加坡议题"（新加坡部长级会议上提出的贸易与投资、贸易与竞争政策、政府采购透明度和贸易便利化四个议题）上存在巨大分歧，最终导致会议无果而终。这是世界贸易组织成立八年来无果而终的第二次部长级会议。

（六）第六届部长级会议：香港会议

世界贸易组织第六届部长级会议于2005年12月13—18日在中国香港举行，汤加正式加入世界贸易组织，成为第150个成员。会议通过了《部长宣言》，在农产品贸易、非农产品市场准入、服务业和发展议题等方面均取得实质成果。

本届会议取得的进展体现在：发达成员于2013年全面取消所有形式农产品出口补贴并规范出口政策；发达成员和部分发展中成员2008年起向最不发达国家所有产品提供免关税、免配额的市场准入；发达成员于2006年取消各种形式的棉花出口补贴，并在大幅度降低农产品国内支持方面取得共识；世界贸易组织各成员同意采用"瑞士公式"，以遵循较高关税需面对较大减幅的原则。

（七）第七届部长级会议：日内瓦会议

世界贸易组织第七届部长级会议于2009年11月30日—12月2日在瑞士日内瓦召开，有153个成员参加，会议主题为"世界贸易组织、多边贸易体系和当前全球经济形势"。此届会议未能为推动"多哈回合"谈判取得明显进展，不过与会部长们重申必须在2010年完成"多哈回合"谈判，推动"多哈回合"发挥促进经济复苏和帮助发展中国家消除贫困的重要作用。此届会议主要在8个方面进行了讨论，包括"多哈回合"谈判、最不发达国家、自由贸易协定、加入问题、能力建设与促贸援助、改善运作、争端解决、热点及未来议题等。

（八）第八届部长级会议：日内瓦会议

世界贸易组织第八届部长级会议于2011年12月15—17日在瑞士日内瓦召开。来自世界贸易组织153个成员以及4个新加入成员的部长和代表出席了会议。为期三天的会议围绕多边贸易体制与世贸组织重要性、贸易与发展、"多哈回合"谈判未来等议题展开讨论。陷入僵局的"多哈回合"依旧未能找到"出路"。会议通过了俄罗斯、萨摩亚、瓦努阿图和黑山加入世界贸易组织的决定。

(九) 第九届部长级会议：巴厘岛会议

世界贸易组织第九届部长级会议于 2013 年 12 月 3—7 日在印度尼西亚巴厘岛举行。世贸组织 158 个成员和 27 个观察员参加了此次会议。

会议达成该组织成立以来首份多边贸易协定"巴厘一揽子协定"。会议通过了"早期收获"协议，包括贸易便利化、部分农业议题以及发展三个部分，包含贸易便利化、农业、棉花、发展和最不发达国家四项议题共 10 份协定。

会议同时明确，在未来 12 个月内，对所有多哈会议未决议题，尤其是农业、发展和最不发达国家关心议题制订工作计划。

(十) 第十届部长级会议：内罗毕会议

世界贸易组织第十届部长级会议于 2015 年 12 月 15—19 日在肯尼亚内罗毕举行。该年正值世贸组织成立 20 周年，也是世贸组织部长级会议首次在非洲大陆召开。来自 162 个成员的超过 3 000 名代表出席了会议。

会议通过了《内罗毕部长宣言》及 9 项部长决定，承诺继续推动多哈议题，成果丰富：世贸组织成员首次承诺全面取消农产品出口补贴，并就出口融资支持、棉花、国际粮食援助等方面达成了新的多边纪律；达成了近 18 年来世贸组织首个关税减让协议——《信息技术协定》扩围协议，涉及 1.3 万亿美元国际贸易；在优惠原产地规则、服务豁免等方面切实给予最不发达国家优惠待遇；正式批准阿富汗和利比里亚加入世贸组织。

(十一) 第十一届部长级会议：布宜诺斯艾利斯会议

世界贸易组织第十一届部长级会议于 2017 年 12 月 10—13 日在阿根廷首都布宜诺斯艾利斯召开，共有 164 个世贸成员出席会议。

会议就农业、渔业、贸易便利化、电子商务、中小企业发展等议题展开激烈谈判磋商，虽然一些关键议题并无突破，但各方交换意见，达成了一系列部长决定，为全球贸易进一步谈判打下基础，并成功设置了电子商务、投资便利化等新议题。

二、世界贸易组织成立以来取得的成绩和面临的问题

(一) 世界贸易组织成立以来取得的成绩

自 1995 年起，世界贸易组织在实现其宗旨和履行其职能方面都取得了显著成绩。

▶ 1. 通过促进世界贸易组织协议的执行和实施来推动各成员的贸易改革

世界贸易组织通过其一系列的协议、宣言、决定、谅解和裁决，规定了各成员在国际贸易领域中的基本行为准则。世界贸易组织的成员数目不断增加，随着更多的成员融入多边贸易体制，接受世界贸易组织规则的约束性承诺，这将有助于增强各成员国内制度创新和贸易改革的可信度，降低国际贸易的不确定性和风险。

▶ 2. 通过提供谈判场所不断消除贸易障碍

谈判始终是多边贸易体制变迁的驱动力量。世界贸易组织的重要职能之一是提供处理各协议有关事务的场所，为发动多边贸易谈判提供讲坛和场所。

▶ 3. 提供并鼓励通过争端解决机制来处理成员间的贸易纠纷

争端解决机制是世界贸易组织中最活跃、最繁忙的机构，普遍的观点认为这一机制运行得很好。

▶ 4. 推动提高各成员贸易体制和政策的透明度来降低交易成本

自 1989 年该机制建立，世界贸易组织已完成了上百次贸易政策审议，覆盖了世界贸易组织一百多个成员，推动各成员贸易体制和政策的透明度来降低交易成本。

▶ 5. 加强对发展中国家的技术援助及能力建设，对最不发达国家给予更大的关注和重视

发达成员与发展中成员间的最大差异之一就是争取利益能力的差异。因此，世界贸易组织成立以来，在其日程中各种技术援助方面的活动增多，占据了突出地位。世界贸易组织技术援助多采取讲习班、研讨会、技术援助情况介绍会和发放文件等形式，其中，针对部分最不发达国家和其他非洲国家的技术援助项目在帮助受援国提高对国际贸易体制的理解方面发挥了重要和有效的作用。

（二）世界贸易组织面临的问题

世界贸易组织在不断演化和发展中也日益面临一系列迫切的问题和挑战，需要对如何强化该机构并改进其职能的问题进行严肃的反思，并进行必要的变革和完善。

▶ 1. 进一步消除和规范国际贸易壁垒

随着"乌拉圭回合"协议的实施和单边贸易改革的进行，全球在减少贸易壁垒方面取得了长足进步，各国贸易政策更加趋于自由化。但不可否认的是，国际贸易壁垒依然存在，各国经济发展的不平衡不时地引发贸易保护主义情绪高涨。因此，进一步降低关税和其他贸易壁垒，改善发展中国家进入发达国家市场的条件，是世界贸易组织未来的一项重要工作。

拓展阅读 11-4
"龙腾入世"20 年，
WTO 改革
前景如何

▶ 2. 敦促各成员切实推进"多哈回合"谈判取得实质性突破

"多哈回合"谈判是世界贸易组织成立以来举行的首轮谈判，它的启动为进一步铲除全球贸易体系中的贸易壁垒和不公平现象提供了机会。"多哈回合"谈判启动以来，进展缓慢，很多领域的谈判都遭到了严重挫折，这表明世界贸易组织在履行其长期使命方面面临某些困难。

▶ 3. 有效地协调好发达成员和发展中成员间的关系

由于各种原因，发展中成员无法与发达成员同等地享受贸易自由化带来的收益，其利益和诉求在现有的国际贸易体系中也没有得到充分的体现和应有的重视。

在世界贸易组织框架下，协调好发达成员与发展中成员的共同利益和特殊利益，并用法律规定体现或表达出来，尚需世界贸易组织不断加以完善。

▶ 4. 调整好多边贸易体制与区域贸易协定的关系

区域贸易协定减少了区域成员间的贸易壁垒，这也意味着对其他非成员实行贸易歧视，使非歧视原则受到侵蚀或减损。如何将区域贸易协定与世贸组织的目标和纪律协调一致，并将其产生的负面影响降至最低，是世界贸易组织的最大挑战之一。

▶ 5. 推进多边贸易体制的变革与完善

自 1999 年世界贸易组织西雅图部长会议以来，多边贸易体制需要进行改革已经成为一种广泛的共识。自 2003 年 6 月开始，世界贸易组织专门成立了八人顾问小组，主要是研究世界贸易组织现有的管理体制与世界经济发展不相适应的问题，探讨世界贸易组织在未来数十年内必须应对的制度挑战。

▌本章小结▐

由于国际贸易关系到各国、各民族的利益,各国制定贸易政策时考虑更多的是本国、本民族的利益,有的甚至损人利己。为此,需要通过贸易条约和协定对各国贸易政策加以协调,以保证正常的国际贸易秩序。世界贸易组织及其前身关贸总协定就是一种对各国国际贸易政策从多边范围内进行协调的机制。

世界贸易组织是关贸总协定的发展,在世界贸易组织正式运行之前,关贸总协定是协调、处理缔约方之间关税与贸易政策的主要多边协定。1947—1994 年,关贸总协定共举行了八个回合的多边贸易谈判。关贸总协定在国际经济的发展过程中发挥了重大作用,但随着世界经济形势的发展变化,关贸总协定也逐渐暴露出它的局限性,而"乌拉圭回合"的一个重要成果就是决定成立世界贸易组织。1995 年 1 月 1 日,世界贸易组织正式成立。关贸总协定是世界贸易组织的基础,世界贸易组织是关贸总协定的继续和发展。世界贸易组织的宗旨既秉承了关税与贸易总协定在过去所一贯遵循的基本准则,同时又针对国际经济贸易领域的新情况和新趋势做出了重大的创新和发展。

多边贸易体制是"为各国相互处理贸易关系时必须遵守的一系列国际规则的集合"。以世界贸易组织为基础的多边贸易体制更为完整;以世界贸易组织为基础的多边贸易体制具有更强的可行性;以世界贸易组织为基础的多边贸易体制更能持久;以世界贸易组织为基础的多边贸易体制影响力大于原多边贸易体制。

世界贸易组织建立后,举行了八次部长级会议。在第四次部长级会议上接纳中国加入世界贸易组织,并成功地发动了"多哈回合"多边贸易谈判。世界贸易组织建立后,对世界贸易组织成员和世界经贸的发展起了积极的作用,同时也受到严峻的挑战,面临许多问题。

中国是 1947 年关贸总协定的 23 个缔约方之一,是关贸总协定的创始缔约方。中国的"复关"与"入世"是关贸总协定和世界贸易组织的所有多边谈判中最漫长和最艰苦的一次谈判过程。经过漫长而艰苦的谈判,中国于 2001 年 12 月 11 日成为世界贸易组织第 143 个成员。依据加入世界贸易组织的法律文件,中国在享受权利的同时,要履行相应的义务。它们都给中国经济的发展带来机遇和挑战,将促进中国市场经济体制的完善和发展,有利于中国对外贸易和经济的发展。

▌案例分析

案例分析
关于"超国民待遇"的思考

思考题

1. 贸易条约与协定一般有哪几种形式？
2. 关贸总协定是如何产生的？
3. 世界贸易组织是如何建立的？
4. 试述世界贸易组织的法律地位。
5. 简述世界贸易组织的宗旨。
6. 世界贸易组织的主要职能是什么？
7. 世界贸易组织的基本原则有哪些？
8. 试述世界贸易组织的法律体系。
9. 世界贸易组织的组织机构有哪些？
10. 世界贸易组织成立以来取得了哪些成绩？
11. 世界贸易组织面临哪些问题？应如何解决？
12. 中国加入世界贸易组织后享受哪些基本权利？
13. 中国加入世界贸易组织后需要承担哪些义务？

线上课堂——训练与测试

扫描封底刮刮卡　测试　获取答题权限

在线自测

第十二章　国际服务贸易

学习目标

本章阐述国际服务贸易的内涵、分类及其特点；介绍《服务贸易总协定》的主要内容；分析国际服务贸易发展的现状、原因及其发展趋势，分析了服务外包的内涵及发展趋势。

1. 掌握国际服务贸易的概念、分类及特点；
2. 掌握国际服务贸易迅速发展的现状及其原因；
3. 掌握《服务贸易总协定》的主要内容；
4. 掌握服务外包的内涵。

第一节　国际服务贸易概述

一、国际服务贸易的含义

"二战"以后，特别是 20 世纪 70 年代以来，随着世界经济的持续增长和经济全球化的发展，加上相对和平稳定的国际环境，与各国经济中服务产业比重明显上升的趋势相对应，国际服务贸易也有了长足的发展，其规模、形式和内容都远远超过了"二战"之前。一般认为，"服务贸易"一词最早出现在 1971 年经济合作与发展组织（OECD）的一份报告中，这份报告探讨了关贸总协定"东京回合"谈判所涉及的议题。美国《1974 年贸易法》首次使用了"国际服务贸易"的概念，20 世纪 70 年代后期，"服务贸易"便成为共同使用的贸易词汇。简单地说，国际服务贸易（international service trade）是指不同国家之间所发生的服务买卖与交易活动。服务的提供国称为服务的出口国，服务的消费国称为服务的进口国，各国的服务出口额之和构成国际服务贸易额。由于服务贸易内在本质的复杂性，围绕着国际服务贸易的概念，各国学者进行了认真的研究和激烈的争论，直到 1994 年 4 月 15 日关贸总协定"乌拉圭回合"谈判的结束才暂时中止，因为此轮谈判达成了《服务贸易总协定》（General Agreement on Trade in Service，GATS）。在《服务贸易总协定》中，从服务贸易提供方式的角度给服务贸易下了较为准确的定义，具有一定的权威性和指导性，并为各国和各界所普遍接受。

《服务贸易总协定》第一部分第一条，按服务提供的方式，把服务贸易定义为跨境交付、境外消费、商业存在和自然人流动四种形式。

（一）跨境交付

跨境交付（cross-border supply）指一成员方的服务提供者在其境内向另一成员方境内的消费者提供服务。其中的"跨境"是指"服务"本身的跨境，服务提供者和消费者分处不同国家或地区，一般无须跨境，如国际电信服务、信息咨询服务或卫星电视服务等，因此这种服务提供方式非常强调买卖双方的地理界限。

（二）境外消费

境外消费（consumption abroad）指一成员方服务提供者在境内向来自另一成员方境内的消费者提供服务。这种服务提供方式的主要特点是，消费者必须到境外另一成员方境内才能享受服务提供者所提供的服务。例如，一成员的消费者到另一成员领土内旅游、求学、接受医疗服务等。

（三）商业存在

商业存在（commercial presence）指一成员方的服务提供者在另一成员方境内通过设立商业机构或其他专业机构，为后者境内的消费者提供服务。这种方式主要涉及直接投资，一般是其他成员方的服务提供者在另一成员方境内投资设立合资、合作或独资企业、分支机构、代表处并提供服务。这种方式有两个主要特点：一是服务的提供者与消费者在同一成员方境内；二是服务提供者到消费者所在的成员方境内采取了设立商业机构或专业机构的方式。商业存在中的人员可以完全由在当地雇用的人员组成，也可以有外国人参与。

（四）自然人流动

自然人流动（movement of personnel）指一成员方的服务提供者以自然人身份进入另一成员方境内提供服务。例如，专家到国外讲学、做技术咨询指导，文化艺术从业者到国外提供文化娱乐服务等。自然人流动与商业存在的共同点是，服务提供者到消费者所在国境内提供服务；不同之处是，以自然人流动方式提供服务，服务提供者没有在消费者所在国境内设立商业实体。

二、国际服务贸易的分类

《服务贸易总协定》在参考了联合国中心产品分类系统对服务的分类与定义之后，对协定中的服务部门进行了分类。根据其划分，服务业主要被分为 12 个部门，这 12 个部门又进一步被细分为 160 多个分部门。当然，对于这些部门的定义并不是一成不变的。《服务贸易总协定》将服务贸易分为 12 大类，分别叙述如下。

（一）商业性服务

商业性服务指在商业活动中涉及的服务交换活动，服务贸易谈判小组列出的六类这种服务，其中既包括个人消费的服务，也包括企业和政府消费的服务。

（1）专业性（包括咨询）服务，涉及的范围包括法律服务、工程设计服务、旅游机构提供的服务、城市规划与环保服务、公共关系服务等。专业性服务中也包括涉及上述服务项目的有关咨询服务活动；安装及装配工程服务（不包括建筑工程服务），如设备的安装、装配服务；设备的维修服务，指除固定建筑物以外的一切设备的维修服务，如成套设备的定期维修、机车的检修、汽车等运输设备的维修等。

（2）计算机及相关服务，包括计算机硬件安装的咨询服务、软件开发与执行服务。

（3）研究与开发服务，包括自然科学、社会科学及人类学中的研究与开发服务。

（4）不动产服务，指不动产范围内的服务交换，但是不包含土地的租赁服务。

（5）设备租赁服务，主要包括交通运输设备，如汽车、卡车、飞机、船舶等的租赁服务，以及非交通运输设备，如计算机、娱乐设备等的租赁服务。但是，不包括其中有可能涉及的操作人员的雇佣或所需人员的培训服务。

（6）其他服务，指生物工艺学服务，翻译服务，展览管理服务，广告服务，市场研究及公众观点调查服务，管理咨询服务，与人类相关的咨询服务，技术检测及分析服务，与农、林、牧、采掘业、制造业相关的服务，与能源分销相关的服务，人员的安置与提供服务，调查与保安服务，与科技相关的服务，建筑物清洁服务，摄影服务，包装服务，印刷、出版服务，会议服务，其他服务等。

(二) 通信服务

通信服务主要指所有有关信息产品、操作、储存设备和软件功能等的服务。通信服务由公共通信部门、信息服务部门、关系密切的企业集团和私人企业间进行信息转接和服务提供。主要包括邮电服务、信使服务、电信服务（包含电话、电报、数据传输、电传、传真）、视听服务（包括收音机、网络视听及电视广播服务），以及其他电信服务。

(三) 建筑服务

建筑服务主要指工程建筑从设计、选址到施工的整个服务过程。具体包括：选址服务，涉及建筑物的选址，国内工程建筑项目，如桥梁、港口、公路等的地址选择等；建筑物的安装及装配工程；工程项目施工建筑；固定建筑物的维修服务；其他服务。

(四) 销售服务

销售服务指产品销售过程中的服务交换，具体包括：商业销售，主要指批发业务、零售服务；与销售有关的代理费用及佣金等；特许经营服务；其他销售服务。

(五) 教育服务

教育服务指各国间在高等教育、中等教育、初等教育、学前教育、继续教育、特殊教育和其他教育中的服务交往，如互派留学生、访问学者等。

(六) 环境服务

环境服务指污水处理服务、废物处理服务、卫生及其他相似服务等。

(七) 金融服务

金融服务主要指银行和保险业及相关的金融服务活动，主要包括以下内容。

（1）银行及相关的服务。如银行存款服务；与金融市场运行管理有关的服务；贷款服务；其他贷款服务；与债券市场有关的服务，主要涉及经纪业、股票发行和注册管理、有价证券管理等；附属于金融中介的其他服务，包括贷款经纪、金融咨询、外汇兑换服务等。

（2）保险服务。如货物运输保险，其中含海运、航空运输及陆路运输中的货物运输保险等；非货物运输保险，具体包括人寿保险、养老金、伤残及医疗费用保险、财产保险、债务保险服务；附属于保险的服务，如保险经纪业、保险类别咨询、保险统计和数据服务；再保险服务。

(八) 健康及社会服务

健康及社会服务主要指医疗服务，其他与人们健康、出行相关的服务，如社会服务等。

(九) 旅游及相关服务

旅游及相关服务指旅馆、饭店提供的住宿、餐饮服务及相关的服务，以及旅行社及导游服务。

(十) 文化、娱乐及体育服务

文化、娱乐及体育服务指不包括广播、电影、电视在内的一切文化、娱乐、新闻、图书馆、体育服务，如文化交流、文艺演出等。

(十一) 交通运输服务

交通运输服务主要包括货物运输服务，如航空运输、海洋运输、铁路运输、管道运输、内河和沿海运输、公路运输服务；也包括航天器发射以及运输服务，如卫星发射等；客运服务；船舶服务(包括船员雇用)；附属于交通运输的服务，主要指报关行、货物装卸、仓储、港口服务、起航前查验服务等。

（十二）其他服务

凡是无法归入上述任何类别之一的服务贸易，均可归入此类。

三、国际服务贸易的特点

国际服务贸易自身的复杂性以及与商品贸易的差异，使其表现出以下特征。

（一）国际服务贸易中的服务具有无形性，但并不是绝对的

服务作为一种活动，其本身是无形的。例如，一个人跨国界探亲访友、发表演讲、修理机器、到外面见世面、出席官方会议、提供咨询服务等。如果不做调查，边境人员是无法知道什么是服务的出口或进口的。同理，储存大量各种各样信息的电子信号，负责监管服务进口、出口的政府官员如果不能破译这些信号或读懂其内容，那么政府官员也就无法知道是否是服务出口或进口。就商品贸易而言，在特定的时间和确定的地点，人们是可以看见商品、资本或信息的跨国界移动的。但是，服务也可能以实物形式加以表现，因此，国际服务贸易的无形性并不是绝对的，因为有很多服务是有形的，因此用这种有形的服务进行的国际服务贸易当然也是有形的，如顾问报告或磁盘中的软件；有些服务也是可以看见的，如理发或戏剧、演唱会等。所以，在认识服务的无形性时，一定要区分服务本身和服务得以表现的形式。例如，厨师的烹调行为是服务，但是厨师使用的原料并不是服务，而是服务所借助的物质，烹调出来的菜也不是服务，而是服务的成果，服务正是通过这种成果表现出来的。

（二）国际服务贸易中部分服务生产和消费的同时性

由于国际服务贸易中大部分服务是无形的，因此，一般来说，与商品贸易相比，服务贸易中部分服务贸易交换的标的物——服务是不能储存的，它要求服务的生产和消费同时进行。服务的消费要在生产过程中完成，并要求服务提供者和使用者存在某种形式的接触。如果没有消费者接受服务，则原则上服务并不发生。在国际服务贸易中，服务贸易如果要跨国界进行，则必须有一定程度的"商业存在"。因此，国际服务贸易的自由化自然涉及服务出口者或生产者在进口国国内的"开业权"问题，它又涉及劳动力移动、移民政策、投资限制等问题。因此，服务的使用价值不能脱离服务出口者(生产者)和服务进口消费者而固定于某一耐久的商品中。例如开演唱会，在演唱会结束后，服务提供完毕，而作为服务消费者的听众消费也就完毕。这种不能以实物形式体现的服务，在社会生产力不发达、科学技术水平落后的社会具有代表性。但是，随着科学技术的发展，有些服务，或者说有些服务活动或劳动也可能体现在某一商品中，或者说可以和生产者、服务出口者分离。例如，演唱会可以通过录音机、录像机等将其录制成录音带或者录像带进行保存，以便将来进行再次消费。对歌唱家、医生、律师等提供的服务，也可以完全与他们的生产活动相分离，可以将其服务储存起来，直到服务消费者需要时再向消费者提供。

（三）贸易主体地位的多重性

服务的卖方往往就是服务生产者，并作为服务消费过程中的物质要素直接进入服务的消费过程；服务的买方则往往就是服务的消费者，并作为服务生产者的劳动对象直接参与服务产品的生产过程。例如，医生在为病人提供医疗服务的过程中，病人不仅作为医疗服务的消费者，同时又作为医师的直接服务对象和劳动对象参与服务生产过程，但是，有的

国际服务贸易双方当事人的关系比较简单，如国际咨询服务，双方当事人的关系与商品贸易一样简单。

（四）服务贸易市场具有高度垄断性

由于国际服务贸易在发达国家和发展中国家的发展严重不平衡，加上服务市场的开放涉及跨国银行、通信工程、航空运输、教育、自然人跨越国界流动等，它们直接关系到服务进口国家的主权、安全、伦理道德等极其敏感的领域和问题。因此，国际服务贸易市场具有很强的垄断性，受到国家有关部门的严格控制。

（五）服务贸易涉及法律的复杂性

法律关系的复杂主要是由法律事件所涉及的主体关系、权属关系决定的。由于国际服务贸易涉及的主体比较复杂，权属关系盘根错节，适用于国际服务贸易领域的法律关系就显得尤为复杂，管辖这些法律关系的法律法规体系也十分庞杂。例如，在会计服务中，会计师提供的服务不仅涉及服务消费者的利益，而且可能涉及广大投资者的利益，因此存在引发投资者对会计服务的提供者提出法律诉求的可能。在服务贸易中，服务提供者与消费者原则上进行的是所有权和使用权相分离的交易，很容易产生权属转让过程中的法律问题，如知识产权领域的贸易，一般许可方仅仅是转让使用权，而不是转让所有权。

（六）贸易保护方式具有刚性和隐蔽性

由于服务贸易标的的特点，各国政府对本国服务业的保护，无法采取货物贸易上惯用的关税壁垒和非关税壁垒的办法，而只能采取在市场准入方面予以限制或进入市场后不给予国民待遇等方式，这种以国内立法形式实施的"限入"式非关税壁垒，使国际服务贸易受到的限制和障碍往往更具刚性和隐蔽性。

（七）营销管理具有更大的难度和复杂性

国际服务营销管理无论在国家宏观管理方面还是在企业微观经营方面，都比货物的营销管理具有更大的难度和复杂性。从宏观上讲，国家对服务进出口的管理，不仅仅是对服务自身的物的管理，还必须涉及服务提供者和消费者的人的管理，涉及包括人员签证、劳工政策等一系列更为复杂的问题。某些服务贸易如金融、保险、通信、运输以及影视文化教育等，还直接关系到输入国的国家主权与安全、文化与价值观念、伦理道德等极其敏感的政治问题。另外，国家主要采用制定法规的办法，因法律的制定与修订均需一定时间，往往会落后于形势，法规管理往往滞后。还有，法规管理的实际效果在相当程度上也不是取决于国家立法而是取决于各服务业企业的执法，因此，容易出现宏观调控的实际效果与预期目标相背离的情况。从微观上讲，由于服务本身的固有特性，也使得企业营销管理过程中的不确定性因素增多，调控难度增大。

第二节　国际服务贸易的发展

一、国际服务贸易发展的现状

（一）国际服务贸易发展迅速，总额和速度都持续增长

从服务贸易的总体规模上看，20世纪70年代，全球服务贸易与货物贸易相比，仍显微不足道。到了20世纪80年代，服务贸易与货物贸易的比例由过去的1：10变为1981年的1：5。进入20世纪90年代后，两者比例进一步上升为1：3。据世贸组织数据显示，

1982—2008 年，全球服务贸易额由 7 674 亿美元增加到 72 000 亿美元，增长了 8 倍多。2019 年达到 9 万多亿美元。国际服务贸易在国际贸易中的份额由 1970 年的 7％上升到 2019 年的 24％，据世贸组织预测，到 2040 年，服务贸易在全球贸易中的占比可能会增加 50％。

从服务贸易的发展速度看，2005—2017 年，服务贸易保持年均 5.4％的增长率，超过货物贸易 4.6％的增长率。

（二）国际服务贸易结构持续优化

早期国际服务贸易仅限于国际运输、国际旅游、贸易结算和劳工输出等少数传统领域。1970 年，运输服务占整个服务贸易的 38.5％，旅游服务占 28.2％，其他商业服务占 30.8％。经过 40 多年的发展，服务贸易的结构发生了较大的变化。2000—2019 年，运输服务贸易和旅游服务贸易占世界服务贸易的份额呈现下降的趋势，而其他商业服务贸易总体上呈现出持续增长的态势。2005—2013 年，国际运输服务贸易的增长率为 2％，国际旅游服务贸易的增长率为 7％，其他服务贸易的增长率为 9％。2007—2017 年，服务贸易出口的增长主要分布在 ICT、商业服务、知识产权、旅游、金融和保险等行业。而如今，对比高度依赖交通运输、人口流动等的传统货物与服务贸易，新兴服务贸易凭借零接触、跨时空、高效率等优势不断增长，贸易结构逐渐向虚拟贸易转变。贸易呈现实物与虚拟"你中有我、我中有你"的复式结构，数字技术的创新应用和数字经济的崛起为服务贸易提供了强大的推力。2020 年，数字贸易占服务贸易的比重已上升到 61.1％，且超过一半的服务贸易实现了数字化。

（三）国际服务贸易市场呈多元化态势

随着世界经济的发展，近年来对国际服务贸易的需求日益扩大，地理分布也日趋扩大。20 世纪 70 年代以前，西方国家是最主要的服务进口市场。20 世纪 70 年代后期，中东和北非几个主要产油国，每年吸收大批的劳动力，成为劳动力进口的主要市场。20 世纪 80 年代以来，亚洲、非洲、拉美地区一些国家的经济迅速增长，对境外服务的需求增加。进入 20 世纪 90 年代，亚洲地区已成为世界经济增长的热点，特别是普遍的开放性政策带来大量的境外服务进口。以中国为首的发展中国家在实施开放性经济发展战略过程中，对发达国家的高技术含量的服务需求强劲，无论是工程建筑，还是专业服务中的咨询、会计、计算机处理、广告和法律服务，或者电信、金融服务等，都需要外商的参与和合作。

在服务出口市场方面也呈现多元化态势，传统出口大国美国在国际建筑服务市场中份额逐年下降就是一个例证。为了扩大服务市场份额，发达国家之间、发达国家与发展中国家之间以及发展中国家内部进行着激烈的竞争。尽管总体上发达国家占有优势，但是这种状况正在逐渐被打破。

（四）国际服务贸易发展不平衡，发达国家在国际服务贸易中占有绝对优势

世界经济发展的不平衡性决定了服务贸易的不平衡发展。"二战"以来，国际服务贸易发展迅速，并且呈现多元化发展趋势，然而其发展极不平衡。发达国家在国际服务贸易中一直处于绝对优势，这种优势不仅反映在国际服务贸易的排名中，而且还体现在贸易平衡、贸易结构上。从国际服务贸易额排名来看，2004 年居前 10 位的除中国大陆及中国香港地区以外，其他均为发达国家或地区，其服务贸易额占到国际服务贸易总额的近 80％。2019 年，发达国家或地区的服务贸易额占到服务贸易总额的近 68％。从贸易平衡看，发达国家在服务贸易中长期是顺差，而大部分发展中国家长期为逆差。从服务贸易结构考察，发达国家主要输出技术、知识和资本密集型服务，而发展中国家则主要发展劳动密集型服务，劳动力输出是其最主要的服务贸易方式。就具体国家而言，美国无疑是当今国际

服务贸易的超级大国,欧盟中的英国、德国和法国等国家,亚洲的日本等国也是服务贸易最重要的供应国和需求国。由于南北双方在科学技术水平等方面尚存在巨大差距,服务贸易的高度信息化和知识化必将加剧这种不平衡。

(五)国际服务贸易自由化不断推进,但保护主义依然盛行

"乌拉圭回合"谈判达成的《服务贸易总协定》将各成员开放服务市场作为它的根本宗旨,这在很大程度上推进了国际服务贸易的自由化进程。世界贸易组织成立之后通过的《金融服务协议》《基础电信协议》《信息技术产品协议》等更是促进了各成员在金融、电信等领域的开放。总体来讲,各成员方遵守市场开放的具体承诺,保证各项贸易措施具有透明度、公正性、统一性等方面取得的进展有目共睹,有力地推动了国际服务贸易不断向自由化方向迈进。

但是,也应该看到,由于服务业和服务贸易发展水平的严重不平衡,发达国家比发展中国家具有明显的优势,同时服务市场的开放会涉及国家主权与安全、政治与文化等敏感问题,因此国际服务贸易市场的自由化程度远不如国际货物贸易。正是因为服务业的发展不平衡性和敏感性,为了自身利益,无论是发展中国家还是发达国家都以种种理由和方法,对服务贸易实行不同程度的贸易保护主义政策和措施,使国际服务贸易领域的保护程度远远高于国际货物贸易领域。例如,为保护美国的印刷业,美国的版权法禁止进口美国作者在海外印刷的作品;阿根廷、澳大利亚、加拿大等对外国产的广播和电视作品有严格限制;韩国、马来西亚和菲律宾不允许外国银行扩展分支机构;西欧各国借口保障本国居民的就业,近年来大批辞退来自发展中国家的服务人员。这些例子说明服务贸易保护主义措施广泛存在于各国的不同行业之中。

二、国际服务贸易迅速发展的原因

推动国际服务贸易迅速发展的原因是多方面的,有经济发展的因素,有科学技术进步的因素,也有制造业国际间转移和发展中国家发展战略调整等因素。

(一)发达国家与发展中国家服务业的崛起

服务业是基于物质生产部门一定程度的发展而发展的,服务经济的发展基础依赖于物质生产部门的发展。"二战"后,在科技革命的推动下,社会生产力有了明显的提高,生产的社会分工也在不断加强和深化,与之相联的生产社会化程度也日益提高,许多服务性行业逐步从企业中分离出来。面对国内和国际市场的激烈竞争,各种企业对专门服务的需求日益增加,服务业的交换迅速扩大,在一国(地区)GDP 中的比重在上升,吸纳的就业比重也在提高。发达国家服务业占 GDP 的比重由 1980 年的 59% 提高到 1999 年的 65.3%,服务业就业人数占国内就业人数的比重在 55%～75%。截至 2019 年,主要发达国家服务业占 GDP 的比重达到或超过 70%。美国第三产业产值占 GDP 的比重 1997 年为 72.6%,2003 年达到 75.9%,2018 年达到 80.6%,2020 年则达到 81.5%。截至 2019 年,美国服务贸易出口额 8 760 亿美元,占世界服务贸易出口额的 14%,仍然是世界上最大的服务贸易出口国。发展中国家第三产业虽然起步较晚,但自 20 世纪六七十年代以来也有了长足的发展,在产值和就业中的比重都呈上升趋势,发展中国家服务业占 GDP 的比重也从 1980 年的 41% 提高到 1999 年的 51%,服务业就业人数占国内就业总人数的 36%～65%;服务业在 GDP 中所占比重在中低收入国家尤为突出,从 1997 年的 48% 跃升至 2015 年的 57%。在国民经济日益向服务化方向发展的趋势下,国家间相互提供的服务贸易量也就大大增加了。

（二）科学技术的进步推动了世界服务贸易的发展

科学技术的发展，特别是 20 世纪 60 年代兴起的信息技术革命，极大地提高了交通、通信和信息处理能力，为信息、咨询和以技术服务为核心的各类专业服务领域提供了新的服务手段，使原来不可能发生贸易的许多服务领域实现了跨国贸易。如银行、保险、商品零售等可以通过计算机网络在全球范围内开展业务，为跨国服务创造条件；高新技术被广泛地应用于服务产业，提高了服务的可贸易性，生产的专业化迅速发展，从而使国际服务贸易的种类增加，范围扩大，从传统的运输、工程等领域转向知识、技术和数据处理等新兴领域；科技革命还加快了劳动力和科技人员的世界流动，特别是促进了专业科技人员和高级管理人员的跨国流动，使服务贸易的方式增加，服务质量出现质的飞跃；特别是随着科学技术的进步，产品生产和服务生产中的知识、信息投入比重不断提高，从而推动了服务贸易结构的变化，以劳动密集型为特征的传统服务贸易地位逐渐下降，以资本密集、技术密集和知识密集为特征的新兴服务贸易逐渐发展壮大。

（三）国际货物贸易量的增加是国际服务贸易迅速发展的实物基础

国际货物贸易和国际服务贸易的发展历来彼此相关、相互促进，随着科学技术的发展，这种相互关系日趋紧密。

（1）国际货物贸易的急剧扩张是服务业产生和发展的重要前提条件。因为国际货物贸易需要服务业的进入才能完成，最典型的例子就是货物进出口离不开运输、通信和保险业务。

（2）服务业已成为许多工业制成品生产和销售过程中不可分割的一部分。它们能向制造业提供从工程设计到数据处理等多种必要的投入，并能以售后服务等方式促进产品销售。

（3）服务业已成为提高国际货物贸易竞争力的主要手段和重要基础。

（四）跨国公司扩张带动了世界服务贸易的发展

跨国公司国际化经营活动的开展，带来了资本、技术、人才的国际流动，促进了与其相关或为其服务的国际服务贸易的发展，具体包括以下方面。

（1）跨国公司在世界范围扩张过程中所带来的大量追随性服务，如设立为本公司服务的专业性公司，这些服务子公司除满足本公司需求之外，也向东道国的消费者提供服务，从而促进了东道国服务市场发展；

（2）跨国公司在国际服务市场上提供的银行、保险、会计、法律、咨询等专业服务，也随着跨国公司的进入在东道国市场上获得渗透和发展；

（3）制造业跨国公司对海外的直接投资，产生了"企业移民"，这种企业移民属于服务跨国流动的一种形式，随着技术设备的转移，其技术人员和管理人员也产生流动，因此带动了服务的出口。

（五）发展中国家采取开放政策，积极参与世界服务贸易

发展中国家为了发展经济，普遍采取了开放型经济政策，积极地从发达国家引进资金和技术。与此同时，为增加外汇收入，实现本国经济现代化，发展中国家也积极参与国际服务贸易，随着外贸政策不断趋向自由化和经济实力的增强，贸易范围不断扩大。近年来，发展中国家除积极参与国际运输、劳务输出外，还大力发展旅游业，千方百计吸引外国游客，并且积极扩大其他服务出口，推动了世界服务贸易的发展。

三、国际服务贸易发展的趋势

世界经济、贸易的稳定增长，跨国投资的继续增加，各国服务市场的进一步开放，都将刺激国际服务贸易的发展，国际服务贸易也出现了一些新趋势。

（一）国际服务贸易继续以较快的速度发展

关贸总协定"乌拉圭回合"将服务贸易纳入多边贸易体系后，使国际服务贸易有了国际规范。服务贸易总协定生效后，对服务贸易领域的贸易保护主义起到了一定的抑制作用。随着各签约方对市场准入和国民待遇原则承诺的执行，为国际服务贸易进一步加快发展创造了有利条件。从今后的总体发展趋势看，国际贸易的增长将快于世界经济的增长，而国际服务贸易的发展则会快于商品贸易的发展。

（二）新兴服务行业发展迅速，服务贸易结构进一步调整

与跨国投资和经营活动有关的金融、保险、运输、通信和信息咨询等服务贸易将会得到迅速发展。高新技术广泛应用到服务产业，使得专业服务、建筑设计服务、计算机信息服务和环境服务等新兴服务行业不断涌现并迅速扩张。随着可持续发展、崇尚自然、确保健康成为未来世界的重要主题，包括污水处理、废物处理、环境咨询、环境监测和环境工程设计等环境服务业正在异军突起。有关数据显示，一直占世界服务贸易额60%左右的运输、旅游服务在发展中呈下降趋势，其他服务，包括通信、金融、信息、专利许可和其他商业服务等现代服务行业则增长较快，所占比重不断上升。国际服务贸易结构正逐渐由以自然资源或劳动密集型为基础的传统服务贸易转向以知识技术密集型或资本密集型为基础的现代服务贸易。

（三）服务贸易地区结构不平衡，发展中国家和地区的不平衡加剧

国际服务贸易的发展是以各国和各地区服务业的发展为基础的，由于经济发展水平的不平衡，资源禀赋、经济结构、发展阶段和文化背景等方面的差异性，造成了服务贸易地区结构上的不平衡性。凭借技术与经济实力、制度优势以及规则的制定权，在服务贸易地区分布方面，发达国家将继续保持竞争优势，但发达国家间显著不平衡的状况可能会有一定改观。美国在世界服务业的绝对优势在未来10～20年内不大可能被动摇，德国等在不少领域的竞争力会有明显增强。发展中国家和地区整体地位将继续上升，在旅游、运输等传统服务贸易领域和其他新兴服务贸易领域所占份额会有所增加，但在知识产权等服务贸易领域仍将处于比较劣势，并在整体上处于逆差状态。一些新兴工业化国家和地区继续呈强势增长，地位明显提高，将出现一批新的服务贸易大国和地区，加剧发展中国家和地区服务贸易发展不平衡的态势。

（四）服务贸易自由化趋势明显，同时贸易壁垒日趋隐蔽化

《服务贸易总协定》为服务贸易自由化第一次提供了体制化的安排和保障，各国政府逐步开放服务市场，而且有遍及各个服务行业的趋势，从传统的商贸、旅游、运输到新兴的信息、金融、法律等，都成为各国谈判和扩大市场准入的对象，国际服务贸易自由化趋势日益明显。同时，服务贸易领域依然存在许多壁垒，尤其是在投资设立商业服务机构方面。鉴于服务贸易不易征收关税、不容易监管等特殊性，缺少服务贸易方面的国际规则，各国都在不同程度上存在着非关税壁垒和大量复杂的规定与措施，以此来保护本国的国家安全、本国的民族服务业和本国

拓展阅读 12-1
"十四五"时期我国
服务贸易的趋势、
机遇与提升路径

的文化及传统的价值观。即使是世界上服务产业最为发达、标榜自由贸易、市场开放的美国也不例外，在服务市场准入方面依然存在大量的贸易壁垒和不公平做法，而且这些壁垒有越来越隐蔽的趋势。

（五）服务业国际转移趋势愈演愈烈，服务外包的发展势不可当

在经济全球化和产业融合的背景下，发达国家的跨国公司正逐步把部分服务内容通过项目外包、业务离岸化和外国直接投资等方式向发展中国家转移。从 2003 年开始，发达国家服务业工作岗位向低收入国家转移的速度明显加快，而且这一趋势愈演愈烈，随之而来的将是发达国家服务业向海外转移高峰的到来。由于服务业转移具有较强的选择性，它不仅青睐低人力成本，更要求有受过良好教育具有创造力的人力资源，以及日臻成熟的技术条件、相关产业基础和制度保障等，因此现阶段服务业的转移仅集中在少数亚洲新兴市场经济国家，如印度、菲律宾、中国等。

第三节 《服务贸易总协定》

一、《服务贸易总协定》的主要内容

关税与贸易总协定关于服务贸易的多边谈判从 1986 年开始，经各方努力，达成了《服务贸易总协定》，1994 年 4 月 15 日在马拉喀什由 111 个世界贸易组织成员方的代表正式签署。服务贸易自此被正式纳入了多边贸易体制的管辖范围。该协定作为"乌拉圭回合"一揽子协议的组成部分和世界贸易组织对国际贸易管辖的法律依据之一，于 1995 年 1 月 1 日与世界贸易组织同时生效。

（一）《服务贸易总协定》的适用范围、分类和法律框架

▶ 1. 适用范围

根据提供服务的方式，《服务贸易总协定》第一部分第一条，按提供服务的方式，把服务贸易定义为跨境交付、境外消费、商业存在和自然人流动四种形式。

▶ 2. 分类

《服务贸易总协定》在参考了联合国中心产品分类系统对服务的分类与定义之后，对协定中的服务部门进行了分类。根据其划分，服务业主要被分为 12 个部门，即商务服务、通信服务、建筑和相关工程服务、分销服务、教育服务、环境服务、金融服务、健康服务、旅游服务、娱乐文化和体育服务、运输服务及其他服务。这 12 个部门又进一步被细分为 160 多个分部门。当然，对于这些部门的定义并不是一成不变的。

拓展阅读 12-2
《服务贸易总协定》
的产生

在具体的谈判中，各成员方对于准备列入减让表的具体服务部门，可以保留其自主定义的权利。对此，服务贸易理事会下设的具体承诺委员会负责有关服务部门和分部门调整的技术性工作。

▶ 3. 法律框架

《服务贸易总协定》的法律框架主要由序言、六个部分（含 29 个条款）及八个附件构成。序言部分阐明了发展服务贸易的重要性、发展服务贸易的目的及其实现的途径和目标，明确了协定的宗旨是通过建立服务贸易多边规则，逐步实现服务贸易自由化，从而进一步促进各成员方服务业的快速发展。

正文分为 6 个部分，共 29 个条款。其中，正文第一部分"适用范围和定义"明确了协定的适用范围及所涉及的定义；第二部分"一般义务和纪律"是协定的核心部分，明确了各成员方适用的一般纪律及其例外，包括最惠国待遇、透明度、发展中成员方更多参与、经济一体化、国内规定、承认（资格/许可）、垄断及专营服务提供者、商业惯例、紧急保障措施、支付和转让、对保障国际收支平衡的限制、政府采购、一般例外、补贴等条款；第三部分"具体承诺义务"确定了与减让表中具体承诺相关的规则，包括市场准入、国民待遇及附加承诺；第四部分"逐步自由化"主要涉及减让表本身以及今后的具体承诺谈判，包括具体承诺的谈判、具体承诺减让表以及减让表的修改等；第五部分"制度条款"对磋商、争端解决和实施、服务贸易理事会、技术合作、与其他国际组织关系等做出规定；第六部分"最后条款"规定了成员方可对协定利益予以否定的若干情况以及附件为协定不可分割的组成部分，并对有关概念做了定义。

附件涉及处理特定服务部门及服务提供方式所适用的规则，包括以下八个附件：《关于第二条豁免的附件》《关于提供服务的自然人流动的附件》《关于空运服务的附件》《关于金融服务的附件》《关于金融服务的第二附件》《关于海运服务谈判的附件》《关于电信服务的附件》和《关于基础电信谈判的附件》。

减让表是各成员方对服务部门和分支部门贸易自由化所做的具体承诺，即各成员方具体承诺提供市场准入的机会。根据《服务贸易总协定》第二十条的规定，每一成员方都应制定一项承担特定义务的计划表即减让表，详细说明市场准入和国民待遇的范围、条件、限制及适当时间框架等。各缔约方的减让表附于《服务贸易总协定》之后，作为其整体组成部分之一。

另外，"乌拉圭回合"一揽子协议中与《服务贸易总协定》有关的文件还包括以下八个部长决议：《服务贸易总协定制度安排的决议》《服务贸易总协定某些争端处理程序的决议》《有关服务贸易与环境的决议》《关于自然人流动谈判的决议》《关于金融服务的决议》《关于海运服务的决议》《关于基础电信谈判的决议》和《关于专家服务的决议》。

（二）成员义务

《服务贸易总协定》法律框架中所规定的义务有两大类：一类是一般义务，适用于所有服务部门的义务；另一类是具体承诺义务，又称为具体义务，适用于各成员方在承诺表中所具体承诺的服务部门。《服务贸易总协定》第二部分（第二条至第十五条）是"一般义务和纪律"，主要规定了各成员方的一般义务原则及其例外。"一般义务和纪律"与各成员在《服务贸易总协定》中的具体承诺相对应，该部分中规定的义务和纪律，除非有例外规定或豁免授权，不需要成员明示承诺，各成员应该予以遵守。

▶ 1. 一般义务

（1）最惠国待遇。《服务贸易总协定》第二条是最惠国待遇原则。根据最惠国待遇的规定，某一成员方给予任何其他成员方的服务或服务提供者的待遇，必须立即和无条件地给予其他成员方类似的服务或服务提供者。

服务贸易的最惠国待遇也允许有例外，成员方根据该协定《关于第二条例外的附件》所规定的条件，列出最惠国待遇例外清单，从而有权继续在特定服务部门中维持与最惠国待遇不相符的措施。最惠国待遇例外的存在时间一般不应超过 10 年，届时不管情况如何，都必须纳入今后的服务贸易自由化谈判。

（2）透明度。《服务贸易总协定》第三条规定了透明度原则。该原则规定成员方应及时公布影响《服务贸易总协定》实施的、所有普遍适用的相关措施。如果成员方新制定的或修改后的法律、法规和行政措施，对该成员在《服务贸易总协定》下的服务贸易具体承诺产生影响，则应及时通知服务贸易理事会。

（3）发展中成员的更多参与。《服务贸易总协定》第四条的规定体现了鼓励发展中成员更多参与的原则。该条规定，发达成员方应当采取具体措施，加强发展中成员方服务部门的竞争力，以便发展中成员方的服务能够有效地进入发达成员方市场。

（4）国内法规的纪律。各成员方应在具体承诺义务的部门合理、客观、公正地实施有关服务贸易的法规，在合理的时间内答复提供某种服务的申请。此外，世界贸易组织成员方还应提供司法或其他程序，以便服务提供者就影响其贸易利益的行政决定提出申请，进行复议。

（5）资格承认。《服务贸易总协定》还敦促成员方承认其他成员方服务提供者所具有的学历或其他资格，可以通过成员方之间签订协议予以承认，也可采取自动承认的方式。无论采取何种方式，应适用于最惠国待遇。

（6）垄断与专营服务提供者。服务贸易中，各国在某些部门存在不同程度的垄断或专营，这对于服务贸易自由化发展形成了障碍。《服务贸易总协定》要求各成员方应确保在其境内的任何垄断或专营服务提供者提供服务时，不违背《服务贸易总协定》最惠国待遇原则以及该成员方在其承诺清单中承诺的具体义务。

▶ 2. 承诺义务

具体承诺义务并不适用于所有成员方，而是通过谈判适用于各成员方在承诺表中所具体承诺范围内的服务部门。因此，通常被称为具体承诺或减让表规则，它主要用于处理服务贸易的市场准入和国民待遇问题。

（1）市场准入。《服务贸易总协定》规定，一成员方对于来自另一成员方的服务或服务提供者，应当给予不低于其在具体减让表中所列明的待遇。《服务贸易总协定》规定，除在减让表中明确列举以外，成员方不得对其他成员方的服务或服务提供者实施这些限制措施。

（2）国民待遇。根据《服务贸易总协定》第十七条"国民待遇"的规定，在服务贸易中，国民待遇是指成员方在实施影响服务提供的各种措施时，对满足减让表所列条件和要求的其他成员方的服务或服务提供者，应给予其不低于本国服务或服务提供者的待遇。在《服务贸易总协定》中的国民待遇原则只适用于有关成员方已经做出承诺的服务部门。这是由服务贸易的特性决定的，在货物贸易领域，尽管外国货物可在本国市场享受国民待遇，但在进入本国市场时，仍要受进口关税、数量限制及其他边境措施的限制；而在服务贸易领域，绝大多数服务的外国提供者如果获得了国民待遇，特别是当这些服务是以在进口方市场的商业存在和自然人流动方式提供时，就意味着在实际中享有了完全的市场准入。

▶ 3. 逐步自由化

由于"乌拉圭回合"是第一次将服务贸易列入谈判内容，不可能仅经过一次谈判就解决服务贸易自由化的全部问题，有许多具体问题仍有待于以后继续通过协商、谈判来解决。为此，《服务贸易总协定》规定，所有成员方应在协定生效之日起不迟于五年内开展连续的多轮谈判，并在以后定期举行实质性谈判，使服务贸易自由化逐步达到较高水平。《服务贸易总协定》还要求，服务贸易自由化进程应考虑到各成员方的政策目标以及其整体和各个服务部门的发展水平，对于发展中成员方给予适当的灵活性。

二、《服务贸易总协定》的作用

《服务贸易总协定》的签署是世界贸易组织在国际服务贸易领域取得的重大成果，《服务贸易总协定》的实施已经并将对世界经济和贸易的发展产生巨大的推动作用。

(一)促进国际服务贸易迈向自由化

在《服务贸易总协定》制定之前，关贸总协定对于国际贸易自由化的推进主要集中在货物贸易领域。《服务贸易总协定》的诞生为服务贸易的逐步自由化提供了体制上的安排和保障，确立了通过不间断多边谈判的机制，促使各国服务贸易市场开放。

(二)促进各国在经济贸易方面的广泛合作与交流

《服务贸易总协定》作为国际服务贸易的行为准则，通过市场准入推动全球服务市场开放，为国际服务贸易的扩大和发展扫除了障碍。《服务贸易总协定》的生效使各成员方从服务市场的保护和对立转向逐步开放和对话，特别是通过透明度原则，使各成员方在服务贸易领域的信息交流和技术转让大为增加。另外，定期谈判制度为成员方提供了不断磋商和对话的机会，客观上促进了全球服务贸易的繁荣和发展。

(三)推动经济全球化的进程，促进全球经济增长

《服务贸易总协定》既是经济全球化的产物，又是经济全球化的催化剂。《服务贸易总协定》生效以来，服务贸易的初步自由化为投资者创造了良好的投资环境，随着技术创新和服务水平的提高，促进了服务消费的增加，推动了服务产业的迅速成长和服务贸易的快速增长。同时，服务业的市场开放，刺激与服务业相关的国际直接投资猛增，服务业国际并购此起彼伏，推动了经济全球化过程和全球经济的增长。

(四)加快全球产业结构升级的速度

产业结构升级，是人类社会和经济发展的永恒主题。服务贸易的迅速扩大是产业进步的标志，是各国产业结构调整的必然结果。20世纪80年代以来，世界产业结构已开始向服务业倾斜。《服务贸易总协定》的诞生，正是这种产业结构倾斜发展的结果。今后10～20年，发达国家将继续向发展中国家转移产业和技术，投资重点将是金融、保险、证券等服务业和交通、电力、电信等基础产业。发达国家的服务业投资无疑将带动发展中国家乃至全球产业结构的升级和变迁。

(五)推动服务贸易的规范化

《服务贸易总协定》规定各缔约方不得采取承诺表以外的措施阻碍其他成员服务提供者进入市场，对于各国不同的市场准入标准也纳入多边谈判的范畴。近年来，随着服务贸易的国际监管方面多边合作的开展，国际服务贸易逐渐走上较为规范化的发展轨道。

《服务贸易总协定》除了对世界经济贸易产生以上积极影响外，也会产生一些消极作用，如造成各国经济发展的非均衡性，加剧发达国家与发展中国家服务业和服务贸易发展的不平衡，加剧服务产业内部不同产业的发展不平衡。对发展中国家而言，如果在服务业方面的政策措施不当，《服务贸易总协定》的实施势必对其服务业产生较大冲击，尤其可能对发展中国家某些尚未成长起来的高新技术服务部门造成障碍或损害，还可能使发展中国家在服务贸易方面的逆差进一步恶化，对此应有充分的心理准备和政策预防措施。

第四节　服务外包

一、服务外包的含义

服务外包是指企业把自己的非核心业务剥离出来，外包给专业服务提供商来完成。按照服务内容，服务外包可分为信息技术外包(information technology outsourcing，ITO)和

业务流程外包(business process outsourcing，BPO)；按照服务提供商的地理分布状况，服务外包还可分为境内外包和离岸外包。

信息技术外包是指企业向外部寻求并获得包括全部或部分信息技术类的服务，其服务内容包括系统操作服务、系统应用服务、基础技术服务等。

业务流程外包是指企业将自身基于信息技术的业务流程委托给专业服务提供商，由其按照服务协议的要求进行管理、运行和维护服务等，其服务内容包括企业内部管理服务、企业业务运作服务、供应链管理服务等。

境内外包是指外包商与其外包供应商来自同一个国家，因此外包工作在国内完成；离岸外包则指外包商与其供应商来自不同国家，外包工作跨国完成。由于劳动力成本的差异，外包商通常来自劳动力成本较高的国家，如美国、西欧和日本，外包供应商则来自劳动力成本较低的国家，如印度、菲律宾和中国。

虽然境内外包和离岸外包具有许多类似的属性，但它们差别很大。境内外包更强调核心业务战略、技术和专门知识、从固定成本转移至可变成本、规模经济、重价值增值甚于成本减少；离岸外包则主要强调成本节省、技术熟练的劳动力的可用性，利用较低的生产成本来抵消较高的交易成本。在考虑是否进行离岸外包时，成本是决定性的因素，技术能力、服务质量和服务供应商等因素次之。

二、服务外包的特点及其作用

服务外包作为现代高端服务业的重要组成部分，具有科技含量高、附加值大、资源消耗低、环境污染少、吸纳就业能力强等特点。服务外包是人脑加电脑的产业，除电力消耗外，就是人的脑力消耗。它是绿色产业，不会带来废水、废气的排放；它也是环境友好型产业，服务外包产业园区、高校聚集区、城市公共文化设施与居民生活社区，可以形成和谐有机的共同发展的整体。

服务外包产业带来的间接收益更是惊人。服务外包业的就业人群，基本上以大学毕业的白领人群为主，他们的平均收入是制造业的蓝领人群的两倍甚至更高，其个人所得税收入将超越企业所得税。国际权威研究报告显示，服务外包企业销售收入的60%以上将用于支付劳动力成本(工资、养老、医疗等)，这个人群的消费目标会以住房、汽车、餐饮、健身、艺术享受、文化休闲为主，而这些会以约1∶3的比例拉动其他行业就业。

三、服务外包的发展趋势

近年来，随着国际制造业向发展中国家特别是向中国转移的快速推进，国际服务业向低成本国家转移的速度也正在加快。全球离岸服务外包市场规模在过去五年里增长率高达50%，全球著名市场研究机构如麦肯锡等都预测未来几年复合增长率将保持在20%以上的高速度。

美国高德纳咨询公司指出，发达国家企业迫于竞争压力和节约成本，尝试将企业的服务外包到劳动力成本低廉的发展中国家，未来几年服务外包需求量会不断递增，而现有外包服务的主要供应市场如印度、爱尔兰和菲律宾已经不能满足不断增长的需求。同时，近年来印度大学毕业生、工程师及程序设计师的薪水增长迅速，而中国服务外包工作人员月薪是美国的1/10。加上中国基础设施优良、政治经济环境稳定、各项成本低廉，越来越多的公司已经开始把目光放在拥有众多优秀人才的广阔的中国市场。美国市场的外包业务也正悄然向中国转移，中国的服务外包将在世界服务外包舞台上担当重要角色。中国不仅可以是制造业的"世界加工厂"，也将成为"世界的办公室"。作为全球服务外包市场的新军，未来 10 年，中国服务外包产业将进入成长期，据有关部门估计，中国服务外包市场将以年均 30％以上的增长率快速成长。

四、中国服务外包的发展

2006 年 10 月，商务部启动我国服务外包"千百十工程"，即在"十一五"期间，全国力争建设 10 个具有国际竞争力的服务外包基地城市，推动 100 家世界著名跨国公司将其服务外包业务转移到中国，培育 1 000 家获得国际资质的大中型服务外包企业，全方位承接离岸服务外包业务。

随着全球服务外包产业进入加速发展阶段，巨大的市场容量使其成为发展中国家争相抢食的"蛋糕"。在这场前所未有的世纪竞争中，印度、爱尔兰、俄罗斯等国纷纷加大对服务外包产业的支持力度，竞争进入白热化。与印度、爱尔兰等服务外包大国相比，中国的服务外包在产业规模、政府扶持、人力资源、教育体系等方面，起步都较晚。

2009 年 1 月，国务院办公厅下发了《关于促进服务外包产业发展问题的复函》，将北京、天津、上海、重庆、广州等 20 个城市确定为中国服务外包示范城市，深入开展承接国际服务外包业务，促进服务外包产业发展试点。截至 2021 年 11 月，全国已经有 37 个服务外包示范城市，这些示范城市在服务外包产业发展中都有不俗表现。另外，大连软件园提出了"东北亚服务外包中心""全球软件和服务外包的新领军城市"等品牌战略；西安提出了"中国服务外包之都"的概念；上海、成都、宁波等城市也在不同的特点下找准了自身的品牌定位，在服务外包的浪潮中脱颖而出，赢得了国际市场的青睐。

拓展阅读 12-3
抓机遇融入经济
全球化，杭州打响
服务外包城市品牌

▌本章小结

国际服务贸易是指涉及跨境交付、境外消费、商业存在、自然人流动的服务交易活动。国际服务贸易自身的复杂性以及与商品贸易的差异，使其表现以下几个方面的特征：国际服务贸易中的服务具有无形性，但并不是绝对的；国际服务贸易中部分服务生产和消费的同时性；贸易主体地位的多重性；服务贸易市场具有高度垄断性；服务贸易涉及法律的复杂性；贸易保护方式具有刚性和隐蔽性；营销管理具有更大的难度和复杂性等。

"二战"后，国际服务贸易迅速发展，主要表现在：国际服务贸易发展迅速，总额和速度都持续增长；国际服务贸易结构持续优化；国际服务贸易市场呈多元化态势；国际服务贸易发展不平衡，发达国家在国际服务贸易中占有绝对优势；国际服务贸易自由化不断推进，但保护主义依然盛行。

推动国际服务贸易迅速发展的原因是多方面的，主要有：发达国家与发展中国家服务业的崛起；科学技术的进步推动了世界服务贸易的发展；国际货物贸易量的增加是国际服务贸易迅速发展的实物基础；跨国公司的扩张带动了世界服务贸易的发展；发展中国家采取开放政策，积极参与世界服务贸易。

当代国际服务贸易呈如下发展趋势：国际服务贸易继续以较快的速度发展；新兴服务行业发展迅速，服务贸易结构进一步调整；服务贸易地区结构不平衡，发展中国家和地区的不平衡加剧；服务贸易自由化趋势明显，同时贸易壁垒日趋隐蔽化；服务业国际转移趋势愈演愈烈，服务外包的发展势不可当。

　　《服务贸易总协定》在促进国际服务贸易的自由化，促进各国在服务贸易领域的交流与合作以及对发展中国家的照顾方面都发挥了重要作用。

　　服务外包是指企业把自己的非核心业务剥离出来，外包给专业服务提供商来完成。服务外包作为现代高端服务业的组成部分，可以分为信息技术外包和业务流程外包。中国的服务外包迅速发展，开始进入成长期，潜力巨大。

案例分析

案例分析
我国国际服务贸易的发展策略

案例分析
软件外包业的印度模式及
中印竞争优势比较

思考题

　　1. 服务贸易是如何分类的？
　　2. 国际服务贸易有哪些特征？
　　3. 服务贸易的发展现状如何？
　　4. 国际服务贸易迅速发展的原因是什么？
　　5. 当代国际服务贸易发展的趋势是什么？
　　6. 分析服务贸易与货物贸易的异同点。
　　7.《服务贸易总协定》规定的一般义务有哪些？
　　8.《服务贸易总协定》规定的承诺义务有哪些？

线上课堂——训练与测试

扫描封底刮刮卡　　获取答题权限

在线自测

第十三章 国际投资与跨国公司

学习目标

本章介绍了国际投资的主要形式和对国际贸易的影响；阐述了跨国公司的含义及特征、形成与发展；分析了跨国公司的内部贸易和对国际贸易的影响，以及跨国公司理论。

1. 掌握国际投资的主要形式和对国际贸易的影响；
2. 了解跨国公司的产生与发展；
3. 掌握跨国公司的概念及特征；
4. 理解跨国公司的内部贸易；
5. 掌握跨国公司对国际贸易的影响和跨国公司理论。

第一节 国际投资与国际贸易

国际投资作为一种重大的国际经济活动，自产生以来就成为世界经济发展不可或缺的一个主要力量。20世纪80年代之后，尤其是进入新世纪以来，跨国公司对外直接投资与各种国际金融活动对国际经济发展的诸多方面形成了决定性的影响，而跨国公司的投资与贸易则成为全球经济一体化的主要推动力和载体。

一、国际投资的含义

国际投资（international investment）是指投资主体（如企业、政府或家庭）为获取经济利益，而将货币、实物及其他形式的资产或要素进行跨国经营的一种经济活动。第二次世界大战后，尤其是进入20世纪80年代以来，国际投资迅猛发展，对世界经济的发展起了重要的推动作用。

二、国际投资的形式

国际投资一般包括对外直接投资（foreign direct investment，FDI）和对外间接投资（foreign indirect investment，FII）两种形式。

（一）对外直接投资

对外直接投资是一个国家的投资者输出生产资本直接到另一个国家的厂矿企业进行投资，并由投资者直接对该厂矿企业进行经营和管理，即投资者对于所投资的实体具有管理控制权。对外直接投资主要有以下几种方式。

▶ 1. 按投资组建方式分类

按投资组建方式可以分为绿地投资、兼并与收购和合作经营三种形式。

（1）绿地投资，是指通过投资建立新企业。这种方式的好处在于企业可按照投资者的愿望控制资本投入量、确定企业规模和选择厂址；另外，可以按照投资者的计划，实施一套全新的适合技术水准和投资企业管理风格的管理制度。但是，这种方式进入目标市场缓慢，创建工作比较烦琐。

（2）兼并与收购，是指一个企业通过购买另一个现有企业的股权而接管企业的方式，这种方式的优点如下。

拓展阅读 13-1
吉利收购沃尔沃

①投资者能以最快的速度完成对目标市场的进入，尤其是对制造业这一优势更为明显，它可以省掉建厂时间。迅速获得现成的管理人员和生产设备，迅速建立国外产销据点，抓住市场机会。②有利于投资者得到公开市场上不易获取的经营资源。首先，收购发达国家的企业，可获得该企业的先进技术和专利权，提高公司的技术水平；其次，收购方可直接利用现有的管理组织、管理制度和管理人员；最后，收购方可以利用被收购企业在当地市场的分销渠道及其同当地客户多年往来所建立的信用，迅速占领市场。③企业可以低价收购外国现有企业已折旧的不动产实际价值，压低价格低价购买不盈利或亏损的企业，利用股票价格暴跌乘机收购企业。但是，这种方式会因各种会计准则不同和信息难于搜集，在价值评估和对被收购企业实行经营控制方面存在困难。

（3）合作经营，是指国外投资者根据投资所在国法律与所在国企业通过协商签订合作经营合同而设立的契约式合资企业，也称为合作企业或契约式合营企业。签约各方可不按出资比例，而按合同条款的规定，确定出资方式、组织形式、利润分配、风险分担和债务清偿等权利和义务。

▶ 2. 按投资者对投资企业拥有的股权比例的不同分类

按投资者对投资企业拥有的股权比例的不同可以分为开办独资企业和合办合资企业两种形式。

（1）开办独资企业，是指投入的资本完全由一国提供，外资股份占 95％以上的企业，包括设立分支机构、附属机构、子公司等。它可以采取收买现有企业或建立新企业的方式来进行。

（2）与投资所在国合办合资企业，是指两国或两国以上的投资者在一国境内根据投资所在国的法律，通过签订合同，按一定比例或股份共同投资建立、共同管理、分享利润、分担亏损和风险的股权式企业。合资企业可分为股份公司、有限责任公司或企业、无限共同责任公司，并具有法人地位。从投资者的角度看，合资企业主要有以下几个好处：①合资各方可以在资本、技术、经营能力等方面相互补充，增强合资企业的竞争力；②可利用合资对象的销售网和销售手段进入特定地区市场或国际市场，开拓国外市场；③可以扩大企业的生产规模，较快地了解国外市场信息和满足国外市场的需求变化；④可更好地了解东道国的经济、政治、社会和文化，有助于投资者制定正确的决策；⑤可获取税收减免等优惠待遇。当然，合资企业也有一些不利因素，主要表现在投资各方的目标不一定相同，经营决策和管理方法上的不一致等，可能导致投资者之间产生分歧，甚至摩擦。

▶ 3. 对外直接投资的其他形式

（1）利润再投资，是指投资主体利用以前对外直接投资的利润在海外进行再投资。这一方面说明跨国公司经营的利润率提高，母公司要求境外分支机构汇回利润的要求降低；

另一方面也说明境外分支机构利用自己所赚得的利润扩大自己在境外的经营。

（2）合作开发是对外直接投资的新形式，是指资源国利用国外投资开发本国资源的一种国际经济合作形式。通常由资源国政府（或政府经济机构、国营企业等）与国外投资者共同签订协议、合同，在资源国指定的区域内，在一定的期限内，与国外投资者共同勘探、开发自然资源，共同承担风险、分享利润。合作开发适用于大型自然资源的（如石油、天然气、矿石、煤炭和森林等）开发和生产项目。

（3）BOT 投资方式。BOT 是英文 build-operate-transfer 的简称，即"建设—经营—移交"。典型的 BOT 形式，是政府同外商投资的项目公司签订合同，由项目公司筹资和建设基础设施项目。项目公司在协议期内拥有、运营和维护这项设施，并通过收取使用费或服务费用，回收投资并取得合理的利润。协议期满后，这项设施的所有权无偿移交给政府。BOT 方式主要用于发展收费公路、发电厂、铁路、废水处理设施和城市地铁等基础设施项目。

（二）对外间接投资

对外间接投资包括证券投资和信贷资本输出，其特点是投资者不直接参与所投资企业的经营和管理。

▶ 1. 证券投资

证券投资是指投资者在国际证券市场上购买外国企业和政府的中长期债券，或在股票市场上购买上市的外国企业股票的一种投资活动。由于属于间接投资，证券投资者一般只能取得债券、股票的股息和红利，对投资企业并无经营和管理的直接控制权。

▶ 2. 借贷资本输出

借贷资本输出是以贷款或出口信贷的形式把资本借给外国企业和政府，一般有以下方式。

（1）政府援助贷款。政府援助贷款是各国政府或政府机构之间的借贷活动。这种贷款通常带有援助性质。一般是发达国家对发展中国家或地区提供的贷款。这种形式的贷款一般利息较低（3%～5%），还款期较长，可达 20～30 年，有时甚至是无息贷款。这种贷款一般又一定的指定用途，如用于支付从贷款国进口各种货物或用于某些开发援助项目上。

（2）国际金融机构贷款。国际金融机构主要指国际货币基金组织、世界银行、国际开发协会、国际金融公司、各大洲的银行和货币基金组织以及联合国的援助机构等。

国际金融机构的贷款条件一般比较优惠，但并不是无限制的。如世界银行只贷款给其成员国政府或由政府担保的项目，其贷款重点是发展公用事业、教育和农业。国际货币基金组织贷款的用途主要用于弥补成员国经常项目收支而发生的国际收支的暂时不平衡。国际开发协会属于世界银行的下设机构，又称第二世界银行，专门从事对最不发达国家提供无息贷款业务。世界银行的成员国均为世界开发协会的成员国。国际金融公司是世界银行的另一附属机构，专门从事对成员国私营部门的贷款业务，向发展中国家的私营部门提供中长期贷款是该公司的主要业务。该公司的投资活动分为两种形式：贷款和参股。

（3）国际金融市场贷款。国际金融市场分为货币市场和资本市场，前者是经营短期资金借贷的市场，后者则是经营长期资金借贷的市场。货币市场是经营期限在 1 年以内的借贷资本市场；资本市场是经营期限在 1 年以上的中长期借贷资本市场。中期贷款一般为 1～5 年期的贷款，长期贷款为 5 年以上的贷款，最长期可达 10 年。一般国际金融市场贷款利率较高，但可用于借款国的任何需要，对贷款用途无限制。

（4）出口信贷。出口信贷是指一个国家为了鼓励商品出口，加强商品的竞争能力，通过银行对本国出口厂商或外国进口厂商或进口方的银行所提供的贷款。

三、国际投资对国际贸易的影响

（一）加速了"二战"后国际贸易的发展

"二战"后，国际投资的加快和规模的扩大是国际贸易迅速发展的一个重要原因。

（1）"二战"后初期，美国政府便开始向西欧和日本等国和地区进行国家资本输出。美国国家进出口银行的贷款范围仅限于全部购买美国商品，并必须由美国船只装运和由美国的保险公司保险。同时，美国的跨国公司通过在海外的直接投资，把本来由本国公司内的部门间和部门内的分工扩展到全世界范围，将这种分工扩大为各国间的相互依赖和合作。同时将机器设备的进出口、原材料和零部件等中间产品的贸易密切联系起来，从而迅速扩大了美国与西方国家的贸易，并在一定程度上加速了国际贸易的发展。

（2）"二战"后，发达国家对发展中国家的资本输出和私人出口信贷成为扩大其大型机械设备和成套设备出口的重要手段，扩大了和发展中国家的双向贸易。

（3）国际投资成为确保原料进口的手段。"二战"后至 20 世纪 60 年代，资本移动主要流向原材料采掘、冶炼行业，从而保证了发达国家经济发展所需的原材料供应问题。特别是有的发达国家的跨国公司与东道国先做好投资规模的研究，然后签订长期贸易合同，保证投资者在较长时间内得到稳定的有保证的原料供应。

（二）促进国际贸易的地理分布和商品结构的变化

"二战"后，发达国家集中了企业海外直接投资的 75％以上，这种直接投资的地区格局致使发达国家间的分工与协作不断增加，促进了它们之间贸易的发展。

"二战"后，国际贸易的 70％以上是在发达国家之间进行的。这一方面是由于发达国家经济发展水平相同，生产、消费结构相类似；另一方面则与企业的直接投资行为密切相关。

"二战"后，国际贸易商品结构发生了重大变化，工业制成品的比重超过初级产品的比重，在工业制成品中，中间产品比重增长很快，这些都与国际资本移动，特别是与大量的直接投资集中于制造业有着密切的联系。

中间产品比重的持续增长在一定程度上与跨国企业的经营方式有关。跨国企业是从全球的角度依照各地的具体条件进行资源配置的。其经营方式为内部企业间分工协作，定点生产、定点装配、定向销售，这样便会出现大量零部件在国家间的往返运输，由此增加了中间产品的贸易比重。

（三）加强了国际贸易中的竞争

国际投资，特别是对外直接投资作为企业争夺国外市场的手段具有以下几个有利的因素。

（1）建立商业信息情报网络。在国外的生产和贸易部门进行投资的跨国企业可利用自身优势，及时、准确地搜集当地市场的商业信息，并与其他地区建成信息网络，这对企业根据市场状况适时地生产适销对路的产品，改进产品的销售都是极其有利的。

（2）增强产品的竞争能力。通过对外直接投资，就地生产和就地或到邻近的地区销售商品，减少了运输成本和其他销售费用，或者利用东道国廉价的劳动力，既吸纳了东道国的劳动力，又有效地提高了商品的竞争能力。

（3）争夺市场份额。发达国家通常利用技术上的优势，通过对外直接投资的方式在国外建立使用本国专有技术或其他知识产权生产新产品的企业，在其他企业仿造或制造类似产品以前抢占对方市场，从而获得生产和销售的垄断权并获得垄断利益。

（四）使国际贸易方式多样化

"二战"后，国际投资中，跨国公司的对外投资迅速增加。跨国公司通过在海外设立自己的贸易机构或建立贸易为主的子公司，经营进出口业务，并扩大跨国公司内部的交换范围，使跨国公司内部贸易扩大。与传统贸易相比，贸易中间商、代理商的地位则相对下降。与此同时，国际贸易的方式也多样化，出现了加工贸易、补偿贸易、租赁贸易、电子商务等业务。

拓展阅读 13-2
加大双向投资，推
动构建新发展格局

（五）促使各国贸易政策发生变化

跨国公司作为国际投资的载体对国际投资的加速发展起着重要的作用。跨国公司倡导贸易自由化原则，要求政府为其创造良好的自由贸易环境，这必然会影响本国政府的贸易政策。所以，跨国公司及其代表的投资国不仅需要实现资本的自由移动，也更加需要实现商品的自由移动。

第二节 跨国公司与国际贸易

一、跨国公司的含义和特征

（一）跨国公司的含义

跨国公司（multinational corporations、transnational corporations、multinational enterprises）是指在两个以上国家或地区拥有矿山、工厂、销售机构或其他资产，在母公司统一决策体系下从事国际性生产经营活动的企业。它可以由一个国家的企业独立创办，也可以由两个或多个国家的企业合资、合作经营，或控制当地的企业使其成为子公司。联合国跨国公司委员会认为，跨国公司应具备以下三个要素。

（1）跨国公司是指一个工商企业，组成这个企业的实体在两个或两个以上国家内经营业务，而不论其采取何种法律形式经营，也不论其在哪一个经济部门经营。

（2）这种企业有一个中央决策体系，因而具有共同的政策，这种政策可能反映企业的全球战略目标。

（3）各实体通过股权或其他方式形成的联系，使其中的一个或几个实体有可能对别的实体施加重大影响，特别是同其他实体分享信息、资源以及分担责任。

（二）跨国公司的基本特征

跨国公司一般具有以下特征。

▶ 1. 战略目标全球化

跨国公司是以整个国际市场为追逐目标的，在世界范围内有效配置资源，充分利用各国和各地区的优势，以实现总公司利润的最大化。跨国公司凭借其雄厚的资金、技术、组织与管理等方面的力量，通过对外直接投资，在海外设立子公司与分支机构，形成研究、生产与销售一体化的国际网络，并在母公司控制下从事跨国经营活动。跨国公司总部根据自己的全球战略目标，在全球范围内进行合理的分工、组织生产和销售，而遍及全球的各个子公司与分支机构都围绕着全球战略目标从事生产和经营。跨国公司的重大经营决策都以实现全球战略目标为出发点，着眼于全球利益的最大化。

▶ 2. 内部管理一体化

为了实现全球战略目标，跨国公司需要实行内部一体化管理模式，即跨国公司在世界各地的子公司的重大决策都在总公司的统一控制之下,根据集中与分散相结合的原则,实行统筹安排。根据业务性质、产品结构、地区分布、风险程度等因素来确定集中与分散的程度。跨国公司的内部一体化主要包括采购一体化、生产一体化、营销一体化、财务一体化、技术人才一体化、新技术和新产品一体化。

▶ 3. 要素转让内部化

为了避免由于外部市场的不确定性而导致公司经营成本的增加和生产效率的降低,跨国公司往往具有较强烈的建立内部化市场以取代外部市场的倾向。这表现在研究与开发活动及科技成果转让的内部化以及商品贸易、资本转移等多方面的内部化上。从技术转移来看,有关的资料表明,跨国公司转移到国外的技术主要是流向其拥有多数或全部股权的国外子公司。

▶ 4. 跨国公司拥有先进技术,保持竞争优势

跨国公司以研究和开发新技术、新工艺和新产品为其经营的主要特征,并且影响所在国家有关的产业部门。科学技术的进步又加强了国际分工和协作,促进了跨国公司的发展。跨国公司十分重视研究与开发投资,据统计,世界五百强跨国公司中,研发费用约占它们年销售额的 5%~10%。

在科学技术迅猛发展的今天,技术进步已成为跨国公司获取利润、争夺市场、增强自身在国内及国际市场竞争力的重要途径。大型跨国公司是当代技术创新与技术进步的主导力量,它们拥有雄厚的技术优势和强大的开发能力。跨国公司要在国际分工和国际竞争中保持领先,就必须不断地投入巨额资金,加强技术研究与开发,保持自己的技术优势。技术领先地位带来的丰厚市场回报,又激励着跨国公司不断地进行技术创新,以推动技术进步。

跨国公司为了在国际市场竞争中占据优势,通常把开发新技术和研制新产品放在头等重要的位置上。实践表明,跨国公司仅仅依靠巨大的生产规模已越来越难以保持长久的竞争优势,只有在技术领域不断地推陈出新,才能真正在竞争中立于不败之地。因此,跨国公司以开发新技术为经营的主要武器,以使自己始终在新技术部门占领先地位。例如,"二战"后迅速发展起来的新技术工业,如电子、制药、石化、飞机工业等,几乎全部为跨国公司所控制。

跨国公司之所以能保持其技术优势,主要原因在于其巨额的研发投资。数据显示,2018 年英特尔的研发投入占总收入的 20.9%,华为则占 14.7%,苹果为 5.1%。根据欧盟发布的《2020 版欧盟工业研发投资记分牌》显示,2019 年全球研发投入最多的企业是美国的 Alphabet,研发投入达 231.6 亿欧元,同比增长 24.37%;美国微软公司研发投入仅次于 Alphabet,投入为 171.5 亿欧元,同比增长 14.18%;中国华为以 167.1 亿欧元的研发投入位列全球第三,研发投入同比增长 31.23%。

▶ 5. 生产经营规模庞大,经济实力强盛

一方面,跨国公司的生产经营规模都比较大。跨国公司虽有大小之分,但比同类型的国内企业规模要大得多,甚至一些巨型跨国公司的销售额相当于一些中等国家的国民生产总值。另一方面,跨国公司的经济实力也在不断增强。跨国公司对世界经济的影响力也在不断加强。以现在的主权国家与跨国公司的经济实力进行比较,可以发现大多数发展中国家的经济实力要比一些大型跨国公司弱。

▶ 6. 跨国公司利用直接投资争夺世界市场

跨国公司对外扩张有两条途径:一是商品出口;二是海外投资和海外生产。为了扩大

商品输出，初始时，跨国公司在国外设立销售公司，随着国际竞争的加剧，这种方式已满足不了跨国公司争夺世界市场的需要，跨国公司越来越多地采用海外直接投资的方式建立商品生产、加工工厂以代替直接的商品输出。

▶ 7. 跨国公司向综合型多种经营发展

20 世纪 70 年代以来，综合型多种经营的跨国公司迅猛发展，其业务经营范围几乎无所不包。通过综合型多种经营，跨国公司的经济实力得以增强。

二、跨国公司的形成与发展

跨国公司的发展仅有 140 多年的历史，大体经历了五个阶段。跨国公司的发展在不同时期具有不同的特征，并出现了一些新的特点和趋势，现已成为推动经济增长的重要力量。

（一）跨国公司的产生和初步发展（19 世纪中叶—1913 年）

跨国公司的建立反映了世界经济从封闭的地区经济走向交流频繁的全球经济的过程。跨国公司作为一种经营形式，最早可以追溯到 19 世纪中叶。当时主要的发达国家自由竞争进入垄断阶段，出现了同行业和跨行业的垄断集团。这些垄断集团为追求垄断利润，对国内市场已经不能满足，于是将资本不断输出到资金少、地价便宜、原料丰富、利润较高的国家和地区，以国外市场为经营目标，通过对外直接投资，在国外设立分支机构和子公司进行跨国经营。当时具有代表性的是三家制造业企业：1885 年，德国弗里德里克·拜耳化学公司在美国纽约州的奥尔班尼开设的一家制造苯胺的工厂；1866 年，瑞典制造甘油、炸药的阿佛列·诺贝尔公司在德国汉堡开办的炸药厂；1867 年，美国胜家缝纫机公司在英国的格拉斯哥建立的缝纫机装配厂。上述三家公司已初具跨国公司的雏形，因此它们通常被看作早期跨国公司的代表。后来，欧美不少大企业通过对外直接投资，在海外设厂从事跨国经营，成为现代意义上的跨国公司的先驱。

（二）两次世界大战期间跨国公司的发展（1914—1945 年）

两次世界大战期间，由于战争和经济危机，发达国家的对外投资停滞不前，跨国公司发展速度较慢，但仍有一些大公司进行海外直接投资活动。但各资本主义国家经济力量发展不平衡，资本输出也不均衡，美国在此期间对外直接投资的数额和比重都有相当大的增加，其跨国公司发展也比较迅速。据统计，全世界对外直接投资 1914 年是 143 亿美元，1938 年增至 263.5 亿美元，其中英国由 65 亿美元增至 105 亿美元，虽仍居第一，但比重已经由 45.5% 下降到 39.6%；而美国则由 26.5 亿美元增至 73 亿美元，所占比重也由 18.5% 增至 27.7%，位于英国（39.6%）之后，居世界第二位。美国 187 家制造业大公司在海外的分支机构 1913 年为 116 家，1919 年增至 180 家，1929 年增至 467 家，到 1939 年达到了 715 家。

（三）"二战"后跨国公司的发展（1946 年至今）

"二战"后，尤其是 20 世纪 50 年代以来，全球范围内直接投资迅猛增长，跨国公司得到空前发展。这一时期跨国公司的发展可以分为三个阶段。

▶ 1. 第一阶段："二战"后—20 世纪 60 年代末

这一阶段的显著特征是，跨国公司对外直接投资在"二战"后初期具有恢复性质，随后得到迅速发展，美国跨国公司在其中居主导地位。

"二战"使西欧国家经济受到重创，对外直接投资锐减。而美国在"二战"期间利用各种有利条件加速进行对外直接投资，"二战"结束时已成为世界上最大的对外直接投资国。"二战"后初期，美国垄断资本利用其他国家被战争削弱的机会，凭借在战争期间大大膨胀起来的政治、经济和军事实力攫取了世界经济霸主地位，通过实施"马歇尔计划"，参与欧洲和国际经济重建，这为美国跨国公司大规模对外直接投资创造了极好的条件。1945 年，主要资本主义国家对外直接投资总额为 200 亿美元，其中美国占 42%；到 1967 年，对外直接投资总额达 1 050 亿美元，其中美国占 50.5%。据统计，1956 年世界最大的 200 家跨国公司中，美国有 144 家，占 70% 以上。

▶ **2. 第二阶段：20 世纪 70 年代初—80 年代末**

在这一阶段，国际直接投资规模继续扩大，西欧和日本的经济实力增强，美国跨国公司的地位相对受到削弱，国际直接投资格局逐步向多极化方向发展。

西欧和日本经济在"二战"后得到迅速恢复与发展，它们的对外直接投资也很快发展起来，跨国公司迅速增加。20 世纪 70 年代，西欧和日本的跨国公司积极对外扩张，在全球范围内与美国公司展开了激烈的竞争，对外直接投资年增长率均为 20% 左右，远远高于同期美国 11.1% 的年均增长率。西欧跨国公司同美国公司相比，不仅数量增加，而且规模扩大，经济实力和竞争能力迅速增强，在资本、技术、管理和研发方面的差距日趋缩小。因此，美国公司对外直接投资的相对优势已大大下降。另外，从 20 世纪 70 年代开始，随着石油大幅度涨价和某些原材料价格上涨，发展中国家经济实力大大加强，一些发展中国家开始对外直接投资，从事跨国经营。20 世纪 80 年代后，"亚洲四小龙"以及巴西、墨西哥等新兴工业化国家和地区涌现了一批有相当规模与实力的跨国公司，使国际直接投资呈现出多元化、多极化的新格局。当然，与发达国家相比，发展中国家对外直接投资的资金规模与地域分布还相当有限。

▶ **3. 第三阶段：20 世纪 90 年代初期至今**

这一阶段的特征是，对外直接投资呈波动增长态势；跨国公司数目空前增加，在全球经济一体化时代获得长足发展。

20 世纪 90 年代以来，尽管受到某些不稳定因素如东南亚金融危机、发展中国家长期债务危机的影响，但随着世界经济全球化趋势的不断增强和国际分工的日益深化，对外直接投资迅猛增长。据联合国贸易和发展会议历年《世界投资报告》统计，20 世纪 90 年代以来国际直接投资保持持续大幅度增长，远远超过同期世界贸易增长率，1996—2000 年平均增幅超过 40%，2000 年全球外国直接投资流入量为 12 710 亿美元。尽管全球外国直接投资扩大，但其分布却很不平衡，世界排名前 30 位的东道国占世界外国直接投资总流入量的 95% 和存量的 90%，排名前 30 位的母国占世界外国直接投资总流出量和存量的 99%，其中主要是工业化国家和地区。但进入 21 世纪以来，全球对外直接投资呈波动态势。2001 年全球外国直接投资流量急剧下降，流入降至 7 350 亿美元，2002 年下降至 6 510 亿美元，2003 年为 5 600 亿美元，直到 2004 年才复苏为 6 480 亿美元，止住了下滑的趋势。2010 年以来，全球经济进入"后金融危机"的缓慢恢复期(图 13-1)。2017 年外国直接投资总额为 1.65 万亿美元，2018 年为 1.44 万亿美元，2019 年为 1.53 万亿美元；而 2020 年受新冠肺炎疫情影响，全球外国直接投资总额下降了 1/3 以上，降至 1 万亿美元(图 13-2)，是自 2005 年以来的最低水平。

国际直接投资的迅速发展扩大了国际生产在世界经济中的作用，跨国公司得到空前发展，成为世界经济一体化的主力。据联合国贸易和发展会议统计，1990 年世界跨国公司总数超过 3.5 万家，在海外设立分支机构 25 万多家，全球销售额达 5.5 万亿美元，有史

资料来源：联合国贸发会议（UNCTAD）官网

图 13-1　2010—2020 年全球外国直接投资流入量与增速

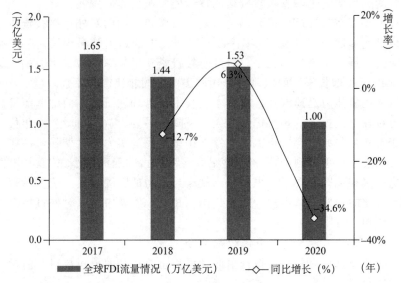

资料来源：《世界投资报告》前瞻产业研究院整理

图 13-2　2017—2020 年全球 FDI 流量情况

以来第一次超过世界贸易总额。2002 年，全世界有约 6.4 万家跨国公司，在海外拥有 87 万多家分支机构，全球销售额达 18 万亿美元，而同期全球出口额仅为 8 万亿美元，跨国公司海外分支机构共雇用了大约 5 300 万员工。据联合国贸易和发展会议公布的数字，2004 年全球有 7.3 万家跨国公司，年销售额超过 14 亿美元，近乎是全球出口额的两倍。截至 2007 年年底，全球共有跨国公司 7.1 万家，拥有 90 万家海外分支机构，其全球销售额高达 45 万亿美元。目前，全球跨国公司总数已超过 8 万家。但是，跨国公司的地区与行业分布很不平衡，以海外资产衡量的世界最大 100 家跨国公司中大约有 90 家的总部设在美国、欧盟与日本，这些公司一半以上集中在电气和电子设备、汽车以及石油勘探与分销行业。发展中国家的跨国公司虽然在 20 世纪 90 年代获得长足发展，但其总体实力与发达国家相去甚远。发展中国家跨国公司在地区与行业分布上也较为集中，最大的 50 家跨国公司基本上来自大约 13 个亚洲和拉丁美洲国家和地区以及南非，它们主要集中在建筑、食品与饮料以及多样化经营的行业。

三、"二战"后跨国公司迅速发展的原因

"二战"后跨国公司的迅速发展有其深刻的经济和政治原因，主要体现在以下几个方面。

（一）科技革命和社会生产力的发展

"二战"后，发生了第三次科技革命，这次科技革命使得一系列新兴的工业部门出现，发达国家的经济发展日益受到资源与市场的约束。企业为保证资源供应，在维持旧市场的同时开拓新市场，大举向外投资。同时，社会生产力的发展改进了运输工具和通信联络方式，为跨国公司的国际化生产经营提供了物质条件。这些都直接促进了"二战"后跨国公司的发展。

（二）世界市场竞争日益尖锐化

各国为了扩大市场份额，一方面竭力扩大海外销售；另一方面又设置各种关税和非关税壁垒，限制其他国家商品的进入。在这种条件下，发达国家的跨国公司借助于直接投资的方式，突破其他国家的贸易壁垒，在当地生产，在当地销售，绕开了对方的贸易壁垒，实现了对市场的占领。

（三）发达国家政府的积极推进

跨国公司的迅速发展也是"二战"后政府加强对经济生活的干预、支持本国企业向外扩张的结果。"二战"后，各国政府制定了各种各样的政策措施，为跨国公司的海外投资活动提供条件。

（1）政府通过与他国签订避免双重课税协定、投资安全保证协定来减轻跨国公司的纳税负担，保证跨国公司海外投资的利益与安全。

（2）政府通过设立专门银行向公司提供各种优惠贷款和参股贷款，为公司的海外扩张提供资金。通过税收优惠资助企业的研究与开发活动，以提高其产品的竞争力。

（3）政府还动用自身的力量为公司的海外投资创造条件，最为突出的是美国。"二战"后，美国执行帮助欧洲经济复兴的"马歇尔计划"的附加条件就是要求受援国实行资产非国有化，允许外资自由进入。美国还通过国内法律的制定与执行促使企业向外扩张。如美国的反托拉斯法，这个法的核心内容是反同行业垄断，反国内垄断，因而促使企业向外投资，实现国际垄断。

（四）跨国银行的发展

"二战"后跨国银行的迅速发展对跨国公司的迅速发展起着推动作用。一种情况是跨国银行通过投资或参股，本身成为跨国公司；另一种情况是跨国银行运用自己庞大的金融资产和遍及全世界的信贷网络为跨国公司融资，使跨国公司的发展突破资金限制。

（五）放宽对外资的限制

"二战"后，各种类型的国家相继实行对外资开放的政策，以改善国内投资环境，这也是跨国公司迅速发展的一个促进因素。

四、跨国公司的内部贸易

（一）跨国公司内部贸易的含义

跨国公司内部贸易(intra firm trade)，又称公司内贸易，是指跨国公司母公司与国外子公司之间以及国外子公司相互之间在产品、技术和服务方面所进行的贸易。跨国公司内部交易在交易方式和交易动机上与正常的国际贸易交换大相径庭，公司内部交易的利益原则，即获利动机并不一定是以一次性交易为基础，而往往以综合交易为基础，交易价格不是由国际市场供需关系所决定的，而是由公司内部自定的。从这个意义上讲，跨国公司内部交易是公司内部经营管理的一种形式，是把世界市场通过企业跨国化的组织机构内部化了，可以说公司内部市场是一种理想的、真正的国际一体化市场。

跨国公司的内部贸易在跨国公司的全球经营战略中起着重要的作用，据联合国有关资料统计，跨国公司内部贸易已占世界贸易总额的1/3以上。跨国公司内部贸易的重要性不仅表现在其占有的国际贸易额比重上，还表现在其结构特征上。跨国公司内部贸易一般在高技术产业中比例较高，跨国公司为保护其高新技术的独占性和垄断性，大都在母公司与子公司之间以公司内部交易方式转移技术、产品。此外，跨国公司制成品内部化率一般远高于初级产品的内部化率。

（二）跨国公司内部贸易的原因

▶ 1. 维持技术垄断

实行内部贸易与公司拥有的技术水平相关，其技术水平越高，内部贸易的比重就越大。跨国公司一般拥有技术方面的优势，为保持对技术优势的垄断，它们一般不愿进行外部贸易。因为，如果跨国公司的技术产品和中间投入置于外部贸易中，那么它拥有的技术优势就会扩散，技术和产品就会被仿制，其技术优势便会丧失。而通过内部贸易，则不仅可以维持技术垄断，还可以增强跨国公司整体竞争力。

技术价值实现可通过两种方式：一是技术转移，包括外部转移和内部转移；二是生产高技术含量的产品出口，包括外部出口和内部出口。外部转移和外部出口都会削弱跨国公司的技术优势，而内部转移和内部出口则可以使跨国公司继续保持其技术优势。因为技术在跨国公司内部转移，基本上隔断了技术向外扩散的途径，延长了跨国公司拥有技术优势的时间。同样，高技术含量的产品通过内部转移和内部出口在跨国公司内部流动，减少了被竞争者仿制的机会，也可以防止技术优势的丧失。因此，跨国公司的内部贸易可以保持技术优势地位。

▶ 2. 满足跨国公司对中间产品的需求

在跨国公司的国际生产过程中，一些中间产品的投入往往是高档次的，即在质量、性能或规格上都有特殊的要求。要从外部市场获得这类中间产品不仅相当困难，而且交易成本极高。为保证中间产品投入的供给在质量、规格、性能上符合要求，并保持稳定的供给，同时降低交易成本，就要求把这部分产品的生产纳入跨国公司的生产体系，通过内部贸易来获取。

▶ 3. 降低外部市场造成的经营不确定风险

由于受市场自发力量的支配，企业经营活动面临诸多的风险，包括投入供应数量不确定、投入供应质量不确定、投入供应价格不确定、不同生产工序或零部件分别由独立企业承担产生协调上的困难。而公司内部贸易可以大大降低上述的各种经营不确定性，通过合理计划，安排生产、经营活动。

▶ 4. 降低交易成本，节约交易费用

这里主要指减少对外交易谈判、签约和合同履行所发生的成本和费用。一般国际贸易在国际市场上的运作有一定的成本，即交易成本，具体包括：①在市场交易中为寻找交易对象、获取价格信息而付出的"搜寻成本"；②为达成合理的交易条件而产生的"谈判成本"；③为保证合同顺利执行而形成的"监督成本"等。而跨国公司内部贸易是在跨国公司内部母公司和子公司以及子公司和子公司之间进行的，并且由跨国公司统一组织和安排，从而可以节省这些成本。正是因为跨国公司内部贸易的交易成本比一般国际贸易要低，所以，从全球利润最大化的经营目标出发，跨国公司必定优先选择内部贸易。

（三）跨国公司内部转移价格

▶ 1. 跨国公司内部转移价格的定义

跨国公司内部贸易采用内部转移价格（或内部转让价格）。所谓内部转移价格是指跨国

公司根据全球战略目标，在母公司与子公司、子公司与子公司之间交换商品和劳务的交易价格。这种价格不是按照生产成本和正常的营业利润或国际市场价格水平来定价，而是按照子公司所在国的具体情况和母公司全球性经营战略人为地加以确定。跨国公司内部转移价格通常不受市场供求关系的影响，主要是服从跨国公司全球经营战略的需要，如今，它已成为跨国公司弥补外部市场结构性和交易性缺陷的重要措施。

▶ 2. 跨国公司转移价格的目的

（1）减轻纳税负担。跨国公司的子公司分设在许多国家和地区，其经营所得须向东道国政府纳税。但各国税率高低差别较大，税则规定也不统一，跨国公司往往利用各国税率的差异，通过转移价格（高出低进或高进低出）人为地调整母公司与子公司的利润，把公司总的所得税降到最低限度。同时，鉴于各国关税税率也存有差异，一般情况下，公司对设在高关税国家的子公司以偏低的转移价格发货来降低子公司交纳的关税税额。

（2）调配资金。跨国公司从事对外直接投资，进行多国性经营，需要利用众多的资本市场，并实现资金的自由调拨与配置。但东道国往往对资金的调出加以限制，如限制汇回利润等。跨国公司可采取由各子公司分担集中开发的开支、以高利贷名义将资金以利息方式调回等转移价格的形式，在跨国公司内部调配资金流向。

（3）调节利润。跨国公司利用高税区与低税区的差别通过对转移价格的调高或调低来影响国外子公司的利润水平的高低。一般来说，发达国家处于高税区，发展中国家处于低税区，由高税区向低税区采用调低转移价格，便可以达到调低子公司的进货成本、提高其利润的目的。反之，采用调高转移价格的做法，便可以达到提高高税区公司进货成本、降低其利润的目的。这种转移价格的方式，最终减少了整个公司的税负，增加了利润。

（4）规避风险。首先，可以减少或避免汇率的风险。如果预测某一子公司的东道国货币可能贬值，跨国公司就可以采取子公司高进低出的办法，将利润和现金余额抽回，以减少因货币贬值造成的损失。其次，可以避免东道国的外汇管制。有些东道国政府为了外汇收支平衡，对外国公司利润和投资本金的汇回在时间上和数额上有限制，在这种情况下，子公司便可以利用高进低出的办法将利润或资金调出东道国。

（5）增强子公司在国际市场上的竞争能力。如果子公司在当地遭遇到强有力的竞争，或要取得新市场，跨国公司就采用转移低价降低子公司的成本，以提高子公司的竞争能力。同时，低价高利也可以提高公司在当地的信誉，便于子公司在当地发行证券或取得信贷。

▶ 3. 跨国公司转移价格的商品种类和定价体系

跨国公司实行转移价格的商品可以分为两大类：一类是有形商品，如机器设备、半成品或零部件；另一类是无形商品，如出口技术、提供咨询服务等。这两大类商品在转移价格的确定原则上是不同的。作为有形商品的转移定价基本可归纳为以内部成本为基础的定价体系和以外部市场为基础的定价体系两种。无形商品的转移价格，如专利费和管理费等，由于缺乏外部市场的可比性价格，没有可靠的定价基础，多需要考虑相关因素酌情定价。

总之，转移价格是跨国公司弥补外部市场结构性和交易性缺陷的重要措施，已成为跨国公司建立内部市场的主要手段和跨国公司内部贸易的有力支撑点。转移价格在跨国公司全球经营活动中扮演了关键角色，为跨国公司获取高额利润和增强全球竞争力做出了重大贡献。

五、跨国公司对国际贸易的影响

（一）跨国公司的发展促进了国际贸易总额的增长

跨国公司的发展，以及对外直接投资与跨国公司销售额的不断扩大，必然会促进国际贸易的增长。因为跨国公司到国外建立子公司进行生产，需要由母公司为其供应机器设备、某些原材料或零部件。在子公司生产的产品，除在东道国就地销售外，还可以出口到邻近的国家，甚至向母国市场返销。按国际专业化方式进行的生产，许多中间产品也要经过国际间的多次贸易，所有这一切，都大大地加速了国际贸易的发展。

（二）跨国公司的发展促进了国际贸易商品结构的优化

跨国公司对外投资主要集中在资本和技术密集型的制造业部门，这就直接影响着国际贸易商品结构的变化。它集中反映在国际贸易商品结构中制成品的比重上升，初级产品的比重下降。

此外，跨国公司内部专业化协作的发展也使制成品贸易中的中间产品贸易比重不断上升。

（三）跨国公司对国际贸易地区分布的影响

跨国公司海外投资主要集中在发达国家，发达国家是国际直接投资的主体，跨国公司海外投资的 3/4 集中于发达国家和地区，其设立的海外子公司有 2/3 位于发达国家和地区。跨国公司通过内部贸易和外部贸易（与其他外部公司进行的贸易）促进了发达国家之间的贸易，带动了这些国家对外贸易的发展。

20 世纪 80 年代，发达国家贸易额占国际贸易总额的 70%～80%。20 世纪 80 年代前，发展中国家和地区仅吸收了跨国公司海外直接投资总额的 1/4，海外子公司数的 1/3。跨国公司在发展中国家生产的产品大多为附加价值较低的劳动密集型产品和初级产品，因此其在国际贸易中的份额较小，与其吸收海外投资的比重相当。之后，发展中国家在对外直接投资总额中所占的比重呈上升趋势。根据联合国贸易和发展会议《1999 年世界投资报告》，外国直接投资在发展中国家资本总流量中所占比重在 20 世纪 90 年代翻了一番，从 1991 年的 28% 上升到 1998 年的 56%。

（四）跨国公司促进了国际技术贸易和国际服务贸易的发展

跨国公司是国际技术贸易中最活跃、最有影响的力量，它控制了资本主义世界工艺研制的 80%、生产技术的 90%，国际技术贸易的 75% 以上属于与跨国公司有关的技术转让。因此，"二战"后国际技术贸易的快速发展是与跨国公司技术发明和技术转让的发展分不开的。

▶ 1. 推动了技术贸易的发展

"二战"后，特别是 20 世纪 60 年代以来，世界技术贸易发展迅速，其中跨国公司起到了相当大的作用。由于跨国公司拥有庞大的研究和发展机构，故在很大程度上垄断了世界技术贸易。全世界专利总额约有 1/3 是国外申请者申请的，其中绝大部分为垄断组织所拥有。大约有 500 家跨国公司控制着资本主义世界 90% 的生产技术，而国际间技术贸易的 3/4 是由跨国公司参与的。

拥有比较先进的生产技术和管理技能，是跨国公司能够在国际竞争中生存的重要条件，许多跨国公司都投入相当高比例的资金从事产品的科研和开发活动，为了把这些产品的生产逐步推向国外，跨国公司在客观上成了先进技术的传播者。有时跨国公司还直接向公司系统外部进行技术转让。一方面，跨国公司通过其国外分支公司出售技术，既可收取大量技术使用费，又可提高分支公司生产技术水平，加强竞争能力，控制所在国的经营和对外贸易；另一方面，一些跨国公司往往根据自身的需要引进先进技术，它不仅可以缩短某些科研项目的研究时间，节省研究费用，减少生产成本，而且可以较快地提高劳动生产率和改进产品质量，增加新产品，增强竞争能力。

▶ 2. 推动了国际服务贸易的发展

跨国公司的大量发展，提高了服务国际化的速度，信息技术的发展有助于加速服务的扩大，更便于向外国市场提供服务。上述状况也产生了规模经济，增加了公司提供产品范围的能力。跨国公司在金融、信息和专业服务上都是重要的供应者，其中许多公司迅速扩大，并向全球出售服务。推动这种趋势发展的主要动力有以下几个。

（1）跨越国境数据资料的流动和世界信息网的建立，使跨国公司有能力提供越过其传统部门的各种服务，如银行提供非银行服务。

（2）跨国公司需要扩大其活动以继续为顾客服务，这在保险和银行业上表现得更为明显。国际保险公司传统上一直为国际原料和工业制成品贸易服务。在银行部门，跨国公司势力尤强。跨国银行网迅速扩大以满足国际贸易发展的需要，扩大国际金融市场的活动，国际商业支持的服务也使广告公司和专业服务如会计、法律和咨询服务得以扩大。

（3）为数不多的跨国公司提高了供应世界市场各种服务的能力，引起跨国服务的诞生，它们有更好的进入金融、扩大信息系统的能力，把生产、设计和其他劳务结合。例如，在工业广告中少数占统治地位的公司将其活动范围扩大到市场研究、公共关系和经营咨询领域。

（五）跨国公司促进了发达国家对外贸易的发展

目前，全世界跨国公司对外直接投资的绝大部分还是来自发达国家，比重占90%，而在这些国家的跨国公司中又以大型、超大型跨国公司为其骨干和主体。跨国公司在促进发达国家对外贸易方面的作用表现在以下几个方面。

▶ 1. 绕过贸易壁垒，扩大对外贸易渠道

随着市场竞争的加剧，向外出口商品会遇到各种各样的关税和非关税壁垒等贸易壁垒。采用直接投资，在东道国当地建立生产与销售网络可以使企业冲破贸易限制，绕过贸易壁垒。同时，在当地投资设厂不仅可以占领当地市场，而且还可以利用投资东道国的对外贸易渠道，扩大对其他国家的出口。例如，美国、日本的企业通过在欧盟国家的投资作为向其他欧盟成员国市场渗透的手段；美国对亚洲新兴工业化国家的投资也可以作为其产品进入日本市场的桥梁。

▶ 2. 提高产品的竞争能力

通过对外直接投资、就地生产与销售可以减少运输成本、关税等其他费用；充分利用东道国各种廉价资源，降低产品成本；更好地使产品适应当地市场和消费需求；缩短交货时间；更好地提供售前、售后服务，从而提高产品的竞争能力。

▶ 3. 减少对发展中国家的依赖

以前，发达国家的原料供应主要依赖发展中国家。随着新技术的研究与开发，众多的合成材料、替代能源纷纷出现，减少了对发展中国家作为初级产品提供国的依赖。

（六）跨国公司促进了东道国贸易的发展

当前的产业内，国际分工多是由跨国公司组织多个其他公司作为其供应商或承包商来实现的。而这些供应商，有的是子公司，也有的是他国公司，但均成为跨国公司国际生产和营销体系的一个部分或一个环节，其结果是对东道国的贸易产生了巨大影响。

▶ 1. 跨国公司有利于扩大东道国出口

东道国企业通过扩大出口可增强竞争意识，对构成竞争的各种能力产生反馈作用：它使企业处于更高标准的环境中，使企业有更容易获得信息的机会，并使企业受到更大的竞

争压力，因此鼓励国内企业更加竭力获取新技能、新能力。

▶ **2. 跨国公司帮助发展中国家和经济转型国家拓展市场**

1985—2000 年，市场份额增加最多的国家和地区是中国、墨西哥、韩国、新加坡、中国台湾地区和泰国等发展中国家和地区，以及捷克、匈牙利和波兰等转型经济国家。在这些国家和地区，跨国公司通过产权和非产权关系，使外国直接投资生产的产品成为最有活力的出口产品，使它们成为出口的优胜国。

（七）跨国公司在国际贸易发展中的双重性

跨国公司在国际贸易发展中，一方面，促进了国际贸易的发展，带动了世界经济的发展；另一方面，跨国公司也给国际贸易的发展带来了一些问题。

▶ **1. 强化了世界市场上的垄断，加剧了国际贸易中竞争的双重性**

垄断和竞争是存在于跨国公司的一对矛盾。竞争是跨国公司活力的源泉，然而竞争又促使优势企业通过内部积累和外部兼并走向集中和垄断。

跨国公司在国际贸易中是处于垄断地位的。国际贸易中的垄断程度可以从跨国公司在世界贸易中所占的比重显示出来。在一定意义上，垄断是跨国公司的起点，因为企业通常是在国内取得垄断地位后才有力量，也才有向国外扩张的需求，而垄断利润则增强了跨国公司在国际和国内进行扩张的能力。据联合国贸易和发展会议秘书处的估计，20 世纪 70 年代中期，跨国公司的贸易在世界贸易中所占的份额超过 1/2，甚至可能高达 2/3。而且这一比重还在增加。据其他资料估计，近年来这一比重可能已高达 80%。这就是说，世界贸易的绝大部分是由跨国公司来进行的。跨国公司的发展使得国际贸易领域的垄断和竞争更加激烈。跨国公司实力雄厚，规模巨大，往往几个大的跨国公司就形成对某一行业的垄断，它们往往通过垄断高价和垄断低价来控制和操纵市场，成为世界市场不稳定的一个重要因素。跨国公司对国际贸易的控制并不仅限于发达国家，它们同时使发展中国家的一部分对外贸易落入其控制之中。此外，跨国公司还把它们在海外的直接投资从生产部门扩展到流通领域，渗透到与对外贸易有关的环节，如在海外设立销售机构、银行、保险和运输公司、商品交易所等服务性公司，并通过这些机构进一步加强对国际贸易的控制。

但垄断不能阻止竞争，在一定的条件下反而会促进竞争。这是因为知识产权可以垄断，但人们的思想智慧是无法垄断的。当代的世界市场格局强化了跨国公司的竞争性，弱化了跨国公司的垄断性，但跨国公司的垄断性并未消失。因此，东道国，尤其是发展中国家在引进外资、与跨国公司合作时，要防止它对贸易的垄断，促进对外贸易的竞争。东道国反垄断不能伤害跨国公司创新的积极性，保护知识产权不能妨碍公司之间的公平竞争。

▶ **2. 追求高额贸易利润和促进贸易发展的双重性**

为了追求高额利润，跨国公司在全球战略安排下，通过对外直接投资的方式，绕过东道国在进口上设置的各种贸易壁垒，就地生产，就地销售，成为变相的垄断贸易，把东道国的对外贸易纳入跨国公司内部的贸易中，使得跨国公司的贸易利润率大大提高；跨国公司通过对外贸易中的转移价格，实现国民价值转移。在另一方面，跨国公司又给东道国，尤其是发展中国家带来资金、技术和管理经验；东道国的企业和公司通过进入跨国公司的生产和营销网络，开拓了市场，促进了对外贸易的发展。

▶ **3. 国际贸易的高效和不平等分配的双重性**

跨国公司的运营无疑是效率最高的，其原因如下。

（1）跨国公司能够实现全球各国的比较优势，在全球范围内配置资源，实现生产要素的最佳组合。在跨国公司全球战略安排下，把世界各国的劳动、资本、原材料、科研与开发有机地结合到跨国公司的全球生产和营销的网络中，实现成本的最小化和利润的最大化。

（2）跨国公司是一种多功能的经济体，集科研、生产、贸易、金融于一体，在进行经营活动时，可以把货物、服务与技术贸易有机地结合起来，并利用跨国公司的内部渠道，采取多种贸易方式，从而获得最佳的经营效果。

（3）跨国公司的经营规模比任何国内大企业和公司都大，它所实现的已经不是一般的规模效益，而是全球的规模效益。然而，在分配上，跨国公司是按资本分配的，出现了财富、贸易利益的日益集中和两极分化的现象，一些发展中国家和地区出现了"贫困性的增长"，在国际分工中的地位没有取得实质性的改变，在国际贸易中的地位没有显著提高。

第三节　跨国公司理论

跨国公司理论自 20 世纪 60 年代诞生以来，得到较快发展，并形成 20 余种学派。在众多跨国公司理论学派中，有从产业组织理论延伸而来的垄断优势理论，从国际贸易理论演变而来的产品生命周期理论，从厂商理论演绎而来的内部化理论，还有在内部化理论的基础之上建立并发展的国际生产折中理论等。在跨国公司理论的新发展中，战略管理理论、战略联盟理论等占有相当重要的地位，它们都力图对跨国公司的投资动机、投资流向、投资决策等问题做出回答，并且不少学派已自成体系、理论完备。

一、垄断优势理论

垄断优势理论(monopolistic advantage theory)是最早研究对外直接投资的独立理论，它产生于 20 世纪 60 年代初，在这以前基本上没有独立的对外直接投资理论。垄断优势理论是美国经济学家斯蒂芬·海默(Stephen Hymer)于 1960 年在他的博士论文《国内企业的国际经营与对外直接投资研究》中提出以垄断优势来解释对外直接投资的理论。但当时并没有引起人们的重视，其论文也直到 1976 年才得以正式出版。后经其导师金德尔伯格(Kindleberger)和凯夫斯(Caves)的发展形成理论体系，成为研究对外直接投资最早和最有影响的独立理论。由于两人从理论上开创了以国际直接投资为研究对象的新的研究领域，故学术界将他们两人并列为这一理论的创立者。

垄断优势理论认为，市场不完全竞争和以垄断资本集团独占为中心内容的"垄断优势理论"，是"二战"后国际投资急剧上升的关键所在。

海默认为，企业之所以能到国外进行直接投资，获取比国内投资更高的利润，是因为它具备东道国同类企业所没有的特定优势即垄断优势。海默认为，传统的国际资本流动理论能够说明证券资本的国际流动，但不能解释"二战"后发达国家企业对外直接投资以及与投资相联系的企业技术和管理才能的转移。他具体研究了美国企业的对外直接投资行为，发现这些企业主要分布在资本相对密集、集约程度高、技术先进、产品特异和规模经济明显的一些部门，这些部门又都是垄断程度较高的部门。海默因此提出，一个企业或公司之所以对外直接投资，是因为它有比当地同类企业或公司有利的垄断优势。

垄断优势指企业拥有超过东道国企业的各种优势，即"独占性生产要素"，如技术诀窍、规模经济、管理经验、资金实力等，特别是来自内部规模经济和外部规模经济的优势。具体包括：①原材料优势；②资本（资金实力）优势，包括管理技能和信息等方面；③技术优势，如专利、技术诀窍；④规模经济优势；⑤产品优势，如产品差异化、商标、其他市场特殊技能以及包括价格联盟在内的各种操纵价格的条件；⑥销售优势，如销售技术和渠道；⑦来自政府干预的垄断优势等。东道国和母国政府可以通过市场准入、关税、利率、税率、外汇及进出口管理等方面的政策法规对跨国公司的直接投资进行干预，跨国公司可以从政府提供的税收减免、补贴、优先贷款等方面的干预措施中获得某种垄断优势。

市场的不完全竞争使国际直接投资成为可能。企业特有优势的获得和维持只有在不完全竞争的市场上才能实现。因此，市场不完全竞争假设作为一个重要的理论前提，把国际直接投资同一般的国际资本流动严格地区分开来。传统的国际直接投资理论都假定市场是完全竞争的，而海默则认为，完全竞争是一种纯粹情况，现实中的市场条件具有不完全竞争性。在完全竞争的市场条件下，企业不具有支配市场的力量，它们生产同类产品，有获得所有生产要素的平等权利。这时，不会有直接对外投资发生，因为这并不会给投资的企业增加什么优势。而一国和国际市场的不完全性，才有可能使跨国公司在国内获得垄断优势，并通过投资在国外生产而加以利用。

海默认为，至少存在四种类型的市场不完全：①产品和生产要素市场的不完全竞争。这种不完全竞争可能在商品市场上发生，包括商品特异化、特殊的市场技能或价格联盟等；这种不完全竞争也可能在要素市场上发生，其表现形式如获得资本的难易、由专利保护制度引起的技术差异等。②规模经济导致的市场不完全竞争。不完全竞争也可能反映在企业的规模经济和外部经济中，例如，同种产品企业由规模递增引起的成本递减或收益递增等。③政府干预经济而导致的市场不完全竞争。④税收制度等引起的市场不完全竞争（由于关税及其他税赋导致的市场不完全）。政府的干预，有关税收、关税、利率和汇率等政策，也可能造成市场不完全性。正是国内和国际市场存在这种不完全性，才造成了企业对外直接投资的社会经济基础。

总之，垄断优势理论较好地解释了企业的对外直接投资行为，并能够解释发达国家之间的相互投资现象，以此确定了其在国际直接投资理论中的地位。但它没有解释拥有专有技术等垄断优势的企业为什么不进行产品出口或技术转让，而是选择对外直接投资。这主要是因为其分析方法是静态的。实际上，弗农的产品生命周期理论可归结为其动态的发展。

二、内部化理论

内部化理论又称市场内部化理论，该理论是由英国里丁大学学者巴克利（Buckley）和其同事卡森（Casson）在1976年合著的《跨国公司的未来》一书中提出的。加拿大学者拉格曼（Rugman）在其基础上进一步发展了内部化理论。

内部化是指在企业内部建立市场的过程，以企业的内部市场代替外部市场，从而解决由于市场不完整而带来的不能保证供需交换正常进行的问题。企业内部的转移价格起着润滑剂的作用，使内部市场能向外部市场一样有效地发挥作用。跨国化是企业内部化超越国界的表现。

内部化理论认为，由于市场存在不完整性和交易成本上升，企业通过外部市场的买卖关系不能保证获利，并导致许多附加成本，因此，企业进行对外直接投资，建立企业内部市场，即通过跨国公司内部形成的公司内部市场，克服外部市场上的交易障碍，弥补市场机制不完整缺陷所造成的风险与损失。该理论认为，市场不完全并非由于规模经济、寡占或关税壁垒，而是某些市场失效、某些产品的特殊性质或垄断势力的存在。

市场内部化的过程取决于 4 个因素：①产业特定因素，指与产品性质、外部市场结构和规模经济等有关的因素；②区位特定因素，指由于区位地理上的距离、文化差异和社会特点等引起交易成本的变动；③国家特定因素，指东道国的政治、法律和财经制度对跨国公司业务的影响；④公司特定因素，指不同企业组织内部市场的管理能力。在这几个因素中，产业特定因素是最关键的因素。因为，如果某一产业的生产活动存在着多阶段生产的特点，那么就必然存在中间产品(原材料、零部件、信息、技术、管理技能等)，若中间产品的供需在外部市场进行，则供需双方无论如何协调也难以排除外部市场供需间的摩擦和波动，为了克服中间产品市场的不完全性，就可能出现市场内部化。市场内部化会给企业带来多方面的收益。

三、国际生产折中理论

国际生产折中理论也称折中主义或国际生产综合理论，是由英国里丁大学教授约翰·H. 邓宁(John H. Dunning)在 1976 年发表的题为《贸易、经济活动的区位与跨国公司：折中理论探索》一文中提出的，并于 1981 年在其论著《国际生产与跨国企业》一书中进一步系统化、理论化、动态化地修正了该理论。

邓宁认为，海默的垄断优势理论、巴克利和卡森的内部化理论等是国际经济理论的重大发展，但这些理论都只对国际直接投资做了片面的解释，缺乏统一的、有说服力的模式。邓宁吸收了上述理论的主要论点，并引进外部区位理论，将对外直接投资的目的、条件和能力综合在一起加以分析，由此形成国际生产折中论。

邓宁指出，跨国公司所从事的国际生产方式大致有国际技术转让、产品出口和对外直接投资三种，究竟采用何种方式取决于跨国公司所拥有的所有权优势、内部化优势和区位优势的组合情况。

(一) 所有权优势

所有权优势主要是指企业所拥有的大于外国企业的优势，它主要包括技术优势、企业规模优势、组织管理能力优势、金融和货币优势以及市场销售优势等。邓宁认为，对外直接投资和海外生产必然会引起成本的提高与风险的增加，在这种情况下，跨国公司之所以还愿意并且能够发展海外直接投资并能够获得利益，是因为跨国公司拥有一种当地竞争者所没有的比较优势，这种比较优势能够克服国外生产所引起的附加成本和政治风险。他把这种比较优势称为所有权优势，这些优势要在跨国生产中发挥作用必须是这个公司所特有的、独占的，在公司内部能够自由移动，并且能够跨越一定的距离。

(二) 内部化优势

内部化优势是指企业在通过对外直接投资将其资产或所有权内部化过程中所拥有的优势，指跨国公司为了克服外部市场的不完全性对资源配置的不利影响，以公司的内部交易取代外部市场的公开交易。通过内部化，跨国公司不仅可以降低资源配置的交易成本，减少获取市场信息的困难，更重要的是可以借此克服技术市场的不确定性，将技术优势保持在公司内部，从而维持对技术的垄断，保护自己的竞争优势。

(三) 区位优势

区位优势是指可供投资的地区在某些方面较国内优越。区位优势包括劳动力成本、市场需求、自然资源、运输成本、关税和非关税壁垒、政府对外国投资的政策等方面的优势。区位优势是跨国公司在选择对外直接投资地点和经营方式时，必须考虑的东道国的各种优势。邓宁认为，区位优势不是企业所有，而属东道国所有。决定区位优势的因素不仅有自然资源禀赋、要素的质量及成本(如资源成本、运输成本)、地理条件等自然因素，而且包括经济发展水平、经济结构、市场容量及潜力、基础设施状况等经济因素，以及东道国政府对经济的干预、调节和历史、文化、习俗、商品惯例等制度性因素。区位优势直接影响到对外投资的成本和收益，跨国公司总是将资金投入有优越的区位优势的国家和地区。

邓宁认为，所有权优势、内部化优势和区位优势分别是跨国公司对外直接投资的必要条件。三种优势的组合状况及其发展变化，决定了跨国公司从事国际生产的方式：若公司只具备所有权优势，应选择技术转让；若公司具备所有权优势和内部化优势，则应选择出口贸易；只有当公司同时具备所有权优势和内部化优势，并且有东道国的区位优势可供利用时，才可选择对外直接投资方式。

本章小结

国际投资一般包括对外直接投资和对外间接投资两种形式。对外直接投资有绿地投资、合资合作、兼并与收购、投资者利润的再投资等方式，对外间接投资有证券投资和借贷资本输出两种方式。

跨国公司是指在两个以上国家(地区)拥有矿山、工厂、销售机构或其他资产，在母公司统一决策体系下从事国际性生产经营活动的企业。它可以由一个国家的企业独立创办，也可以由两个或多个国家企业合资、合作经营，或控制当地的企业使其成为子公司。

跨国公司的建立反映了世界经济从封闭的地区经济走向交流频繁的全球经济的过程。大机器工业和生产社会化程度的提高，资本主义强国的资本积累，以及为防止技术的模仿和多种多样的保护性贸易限制的刺激等因素促进了早期跨国公司的形成。"一战"前，资本输出只限于少数国家，主要是间接投资，直接投资的数额和比重均较小。"二战"后，资本的高度集中、科技革命所带来的高新技术的发展，以及国际市场的激烈的竞争使跨国公司呈现出蓬勃发展的势头，越来越多的公司包括众多的中小企业纷纷跨入跨国公司的行列，不仅数量急剧增长，规模也迅速扩大。

跨国公司内部贸易是指跨国公司内部的产品、原材料、技术和服务在国际间的流动。这主要表现为跨国公司的母公司与国外分支机构之间，以及处于不同国家的同一母公司属下的子公司之间产生的贸易关系。公司内部贸易是国际直接投资迅速发展在国际流通领域内形成的一种新的现象，是国际贸易和国际直接投资相结合的产物。

跨国公司对外直接投资在国际贸易领域扮演着越来越重要的角色。跨国公司对国际贸易的影响主要有：跨国公司的发展促进了国际贸易总额的增长；跨国公司的发展促进了国际贸易商品结构的优化；跨国公司对国际贸易地区分布的影响；跨国公司促进了国际技术贸易和国际服务贸易的发展；跨国公司的发展促进了发达国家对外贸易的发展；跨国公司的发展促进了东道国贸易的发展；跨国公司在国际贸易的发展中具有双重性。

理论的形成与发展是随着经济学和跨国公司经营实践的发展而不断发展和完善的。垄断优势理论认为跨国公司所具有的垄断优势是其对外投资的根本原因，主要包括技术优势、规模经济优势、资本和筹资优势，以及组织管理优势。内部化理论认为，由于市场存在不完整性和交易成本上升，企业通过外部市场的买卖关系不能保证企业获利，并导致许多附加成本，因此，企业进行对外直接投资，建立企业内部市场，即通过跨国公司内部形成的公司内部市场，克服外部市场上的交易障碍，弥补市场机制不完整缺陷所造成的风险与损失。邓宁将企业优势、内部化优势和区位优势相结合，提出了国际生产折中理论。邓宁认为，所有权优势、内部化优势和区位优势分别是跨国公司对外直接投资的必要条件；只有当公司同时具备所有权优势和内部化优势，并且有东道国的区位优势可供利用时，才可选择对外直接投资方式。

案例分析

案例分析
海尔集团的成功国际化

思考题

1. 简述对外直接投资的分类。
2. 简述国际投资对国际贸易的影响。
3. 简述跨国公司的特征。
4. 什么是转移价格？试述跨国公司采用转移价格的目的。
5. 试述跨国公司对国际贸易的影响。
6. 简述跨国公司对外直接投资的相关理论。

线上课堂——训练与测试

扫描封底刮刮卡　　获取答题权限

在线自测

第十四章 区域经济一体化

学习目标

本章论述了区域经济一体化的含义、发展历程和组织形式，对区域经济一体化的相关理论进行了阐述；介绍了欧盟、北美自由贸易区、亚太经济合作组织及其他区域经济一体化组织；分析了区域经济一体化对国际贸易的影响，并对中国参与区域经济一体化的情况进行了介绍。

1. 掌握区域经济一体化的基本含义和组织形式；
2. 掌握关税同盟理论、大市场理论、协议性国际分工理论等的主要内容；
3. 了解欧盟、北美自由贸易区、亚太经济合作组织及其他区域经济一体化组织；
4. 掌握区域经济一体化对国际贸易的影响；
5. 掌握中国参与区域经济一体化的主要情况。

第一节 区域经济一体化概述

一、区域经济一体化的含义

区域经济一体化(regional economic integration)又称为地区经济一体化或区域集团化，是指区域内两个或两个以上的国家或地区，通过制定共同的经济贸易政策等措施，消除相互之间阻碍要素流动的壁垒，实现成员国的产品甚至生产要素在本地区内自由流动，从而优化资源配置，促进经济贸易发展，把各国(或各地区)的经济融合起来形成一个区域性经济联合体的过程。

国家(或地区)之间经济政策和措施的统一，可以分为两个方面的内容：一方面是内部经济政策和措施的统一，即有关成员方实施统一的经济贸易政策；另一方面是外部经济政策和措施的统一，即有关成员方之间实施统一的对非成员方的经济贸易政策。在区域经济一体化的实践中，并不是一开始就在这两个方面同时实现统一的。参与一体化的国家往往先在成员方之间取消贸易和其他经济活动中的人为限制，逐步实施统一的内部经济政策，然后实现外部经济政策的统一。

区域经济一体化要求成员方之间在经济政策上实现一定程度的统一，实质上是成员方经济主权一定程度的限制和让渡。这种经济主权限制和让渡程度的区别，意味着成员方之间经济结合程度的高低，从而可划分出不同层次和水平的区域经济一体化。对成员方经济主权限制和让渡出来的部分职能需要有一个组织机构来管理行使。因此在较高层次和水平的区域经济一体化中，一般都有一个根据条约或协议而组成的超国家机构，并赋予该超国家机构一定的权力和职能。随着经济一体化水平的提高，各成员方逐步向该机构让渡更多的经济主权，由该超国家机构行使更多的共同内部经济政策和统一的对外经济政策。

二、区域经济一体化的发展历程

（一）19 世纪中期—20 世纪初，以货币同盟为主体的早期阶段

19 世纪，始于英国的工业革命在欧洲迅速扩展，以自由贸易为特征的区域经济一体化态势兴起。19 世纪中期以后，欧洲处于这场革命的中心。1860 年，以英国和法国签订"科布登条约"为标志，欧洲的贸易自由化达到高潮。在这一背景下，欧洲开始了区域经济一体化实践。

区域经济一体化起源于关税同盟。1834 年，尚处于邦国同盟状态的德国出于经济统一和工业化的要求，建立了由 18 个邦国结成的德意志关税同盟，1852 年扩展到全部 39 个邦国。1857 年，它与奥地利建立了德奥货币同盟，使用共同记账单位——银马克，直到1866 年因普奥战争而解体。

19 世纪，西欧区域经济一体化的典型形式是货币同盟。1865 年，由法国、比利时、瑞士和意大利四国建立了拉丁货币同盟，奥地利和希腊在 1867 年加入。1875 年，挪威、瑞典和丹麦三国建立了斯堪的纳维亚货币同盟。这两个货币同盟的共同特点是：成员国协商安排货币制度，统一规定货币重量、名称、形式和流通汇兑方法。拉丁货币同盟形成的直接原因是英国在世界贸易中的主导地位以及它在 1821 年确立的金本位对法国等西欧大陆国家银本位的冲击。拉丁货币同盟采取金银复本位，一方面与贸易自由化和经济开放相适应；另一方面可以保持货币的独立性和成员国之间经济关系的稳定性。1878 年后，拉丁货币同盟实行金本位制度，依然坚持白银的法定地位。斯堪的纳维亚货币同盟源于法国等实行复本位，而英国及德国实行金本位所产生的挤压，建立货币联盟是一种折中的选择；1885 年后，联盟主要发行无黄金保证的纸币，并一直坚持到 1914 年。

20 世纪初，由于西欧经济一体化的影响，1910 年在非洲也出现了由南非等四国建立的"南非关税同盟"，但两次世界大战打断了区域经济一体化进程。虽然两次世界大战之间也出现过区域化组织，如 1922 年成立的比卢经济同盟、20 世纪 30 年代的奥斯陆集团等，但这些地区组织为时不久，也无实质性发展。

（二）"二战"后的 40 年中，以共同市场为主要形式的全面兴起阶段

"二战"后，区域经济一体化发展进入复兴和全面兴起的新阶段。1948 年，在西欧，比利时、卢森堡、荷兰三国根据 1944 年伦敦协定建立了关税同盟；1952 年，法国等六国创立欧洲煤钢共同体，1958 年建立了欧洲经济共同体；1960 年，英国等七国成立了欧洲自由贸易联盟。在亚洲、非洲和拉美地区，从 1959 年法国指导加蓬、刚果、乍得和中非共和国四国在巴黎建立中非关税与经济同盟开始，兴起了一大批发展中国家的经济一体化组织。具有代表性的地区组织中，非洲有西非经济共同体、中非关税与经济同盟、东非共同体、马格里布共同市场、南非关税同盟；拉美有中美洲共同市场、加勒比共同体、东加勒比共同体、拉美一体化协会、安第斯共同市场；亚太有阿拉伯共同市场、澳新自由贸易区、东南亚国家联盟。截至 20 世纪 70 年代初，关贸总协定成员中 80 多个成员分别属于 17 个区域组织。

这个时期区域化的主要特点如下。

（1）地区合作除了关税同盟和货币合作外，还包括产业、科技、文化、社会、政治、安全方面的合作，经济共同体为主要形式。

（2）区域经济一体化组织建立了超国家性质的功能性机构，如地区合作基金、地区中央银行和投资银行等。

（3）区域组织已在大部分地区得到发展。虽然地区内由传统经济联系、政治经济状况

相近或相同成员组成的区域组织仍是主流，但与"二战"前相比，区域化的内容、组织和分布都有了很大变化。

区域经济一体化复兴和全面兴起的背景是：独立后的发展中国家十分重视自主发展与国家安全，既要参与美国主导的贸易和投资全球化，又担心外来控制和卷入国际争端。而西欧国家既担心经济上受美国控制，又担心美苏争霸危及欧洲安全以及内部冲突再起，欧洲联合被视为保证欧洲政治独立和经济自主、在东西方关系中找到回旋余地、维护欧洲安全与稳定的重大战略。20世纪70年代中期以后，由于全球经济危机的打击，区域化高潮开始回落。

（三）20世纪80年代中期后，以开放化和多样化为特征的加速发展阶段

20世纪80年代中期以来，随着"冷战"由缓和到终结，以贸易自由化和资本开放为特征的经济全球化进程加快，区域经济一体化进入振兴和加速发展期，其主要表现如下。

（1）地区组织在更广泛的领域内、更高的层次上开展合作，更多地关注社会、环境、和平与安全问题。

（2）地区组织进一步扩大。例如，欧盟1995年扩大为15国，2007年又扩大为27国。又如东盟，1984年吸收文莱，1995年越南加入，1997年吸收老挝与缅甸，1999年接纳柬埔寨，成为拥有10个成员的"大东盟"。

（3）新的地区组织大量崛起，如北美自由贸易区、南方共同市场、亚太经合组织、南亚区域合作联盟、中西亚经合组织、孟印斯泰经合组织、黑海经合组织、独联体联盟、非洲经济共同体等，地区组织已遍布全球。

（4）地区组织打破了原有单一类型的结构，形成了类型不同的国家合作共存、多种类型的地区组织并存的局面。目前，许多区域经济合作组织中既包含了发达国家，又包含了发展中国家；既包含了社会制度和价值观相同的国家，也包含了社会制度和价值观不同的国家。

拓展阅读14-1
亚洲经济一体化
是破解贸易保护
主义的利器

（5）地区组织向跨区域联合方向发展，地区组织表现出明显的开放性特征。如南方共同市场与欧盟的合作，亚欧会议开始的欧盟与东亚的合作，环印度洋地区合作联盟等。

20世纪80年代以来出现的新地区主义就是指在全球化压力下，区域经济一体化的开放性、多样性，地区含义拓展、合作内容加深、范围延伸的新状况。新地区主义的发展显然是因为各国、各地区都希望抓住发展机遇，应对全球化发展引起的一系列挑战。连欧盟这个目前最成功的地区组织也一再强调，强大的、稳定的和开放的欧洲才能成为全球经济的主角，而这又必须以区域经济一体化发展为基础。

三、区域经济一体化的形式

区域经济一体化包括不同的形式，无论从内容还是层次来看差异都很大。从不同角度考虑可以分为不同的类型。

（一）按一体化的程度划分

按一体化的程度划分，可将区域经济一体化分为以下几种。

▶ 1. 优惠贸易安排

优惠贸易安排（preferential trade arrangement）是一体化程度最低级、组织最松散的一种形式。它是指成员国之间通过协定或其他形式，对全部或部分商品规定特别的关税优惠，也可能包含小部分商品完全免税的情况，如1932年英国与其以前的殖民地建立的英联邦特惠税制。

▶ 2. 自由贸易区

自由贸易区(free trade area)是指两个或两个以上的国家之间相互取消关税及进口数量限制，使商品在区域内完全自由流动，但各成员国仍保持各自的关税结构，按照各自的标准对非成员国征收关税。这是一种松散的经济一体化形式，其基本特点是用关税措施突出了成员国与非成员国之间的差别待遇。例如，1960年成立的欧洲自由贸易联盟和1994年1月1日建立的北美自由贸易区就是典型的自由贸易区形式的区域经济一体化。

▶ 3. 关税同盟

关税同盟(customs union)是指两个或两个以上的国家通过签订条约或协定，取消区内关税或其他进口限制，并对非成员方实行统一的关税壁垒而缔结的同盟。同自由贸易区相比，关税同盟的一体化程度较高。它不仅包括自由贸易区的基本内容，而且对外统一了关税税率。缔结的目的在于使成员方的商品在统一关税的保护下，在内部市场上排除非成员方商品的竞争，它开始带有超国家的性质。世界上最早、最著名的关税同盟是比利时、卢森堡和荷兰组成的"比卢关税同盟"。比利时和卢森堡早在1920年就建立了关税同盟，"二战"中，荷兰加入"比卢关税同盟"，组成"比卢荷关税同盟"。

▶ 4. 共同市场

共同市场(common market)是指成员国不仅实行区内商品自由贸易和统一对外的共同贸易政策，而且实行资金、劳动力等生产要素的自由流动。这无疑给资金的合理流向、资源的配置、市场的扩大等带来了好处，区域内贸易自由化程度大大高于关税同盟。20世纪70年代初期的欧共体已基本达到这一发展阶段。目前，除欧盟以外，世界其他地区还没有建立起成功的共同市场。

▶ 5. 经济同盟

经济同盟(economic union)是指成员国之间不但商品与生产要素可以完全自由流动，建立对外统一关税，而且要求成员国制定并执行某些共同经济政策和社会政策，逐步消除各国在政策方面的差异，使一体化程度从商品交换扩展到生产、分配乃至整个国家经济，形成一个庞大的经济实体，如1991年已解散的经济互助委员会。

▶ 6. 完全经济一体化

完全经济一体化(complete economic integration)是经济一体化的最高级阶段。在此阶段，各成员方在完全消除商品、资本、劳动力等自由流通的人为障碍的基础上，实现区域内各国在经济、金融、财政等政策方面差异的完全消除，实现统一化。欧洲统一大市场的建立正在朝着这一目标前进。

完全经济一体化和以上几种一体化形式的主要区别在于：它拥有新的超国家的权威机构，实际上支配着各成员国的对外经济主权。1993年欧洲统一大市场以及欧洲联盟的建立，就标志着欧共体迈进了完全经济一体化的阶段。

需要说明的是，从经济一体化的程度看，存在由低级到高级的上述六种形式的经济一体化组织。但是，在理论上并不存在经济一体化组织由低级向高级发展的必然性，即自由贸易区并不一定会升级到关税同盟，关税同盟也不一定升级到共同市场，共同市场不一定升级到经济同盟等。当然，在现实中，要使关税同盟彻底地贯彻执行，有必要使关税同盟向共同市场甚至向经济同盟发展，1958年成立的欧洲共同体就是一例。实际上，随着成员国经济相互依赖关系的逐步加强，成员国也可能提出要求，使某种形式的经济一体化组织逐步升级。区域经济一体化主要形式的比较如表14-1所示。

表 14-1　区域经济一体化主要形式的比较

一体化形式	优惠关税	商品自由流通	共同对外关税	生产要素自由流通	经济政策协调	超国家经济组织
优惠贸易安排	√					
自由贸易区	√	√				
关税同盟	√	√	√			
共同市场	√	√	√	√		
经济同盟	√	√	√	√	√	
完全经济一体化	√	√	√	√	√	√

（二）按区域经济一体化的范围划分

按区域经济一体化的范围，区域经济一体化可分为以下几种。

▶ **1. 部门一体化**

部门一体化(sectoral integration)指区域内各成员国间的一个或几个部门(或商品)因达成共同的经济联合协定而产生的区域经济一体化组织。如欧洲煤钢共同体、欧洲原子能共同体。

▶ **2. 全盘一体化**

全盘一体化(overall integration)指区域内各成员国的所有经济部门加以一体化，欧盟就属此类。

（三）按参加国的经济发展水平划分

按参加国的经济发展水平划分，区域经济一体化分为以下两种。

▶ **1. 水平一体化**

水平一体化(horizontal integration)又称横向一体化，是由经济发展水平相同或接近的国家所形成的经济一体化形式。从区域经济一体化的发展实践来看，现存的一体化大多属于这种形式，如欧盟、中美洲共同市场等。

▶ **2. 垂直一体化**

垂直一体化(vertical integration)又称纵向一体化，是由经济发展水平不同的国家所形成的一体化形式。如 1994 年 1 月 1 日成立的北美自由贸易区，将经济发展水平不同的发达国家(美国、加拿大)和发展中国家(墨西哥)联系在一起，使建立自由贸易区的国家之间在经济上具有更大的互补性。

第二节　区域经济一体化的相关理论

对于区域经济一体化的效果、原则等问题，不少经济学家从多个方面进行研究和论证，提出了各种理论及衡量区域经济一体化效应的方法。由于区域经济一体化最重要的领域是国际贸易，经济一体化理论比较集中于研究国际贸易变化所带来的效果。

一、关税同盟理论

西方学者将关税同盟当作区域经济一体化的典型形式。因此，对关税同盟的研究与探讨也就比较广泛而深入。关税同盟理论是由美国经济学家 J. 范纳(J. Viner)和 R. G. 李普西(R. G. Lipsey)提出的。范纳在 1950 年出版的《关税同盟问题》一书中研究了关税同盟的经济后果，后来李普西又依据欧共体的实践进一步完善了这个理论。该理论认为，关税同盟具有静态效果和动态效果。静态效果是指在经济资源总量不变、技术条件没有改进的情况下关税同盟对区域内国家贸易、经济发展及物质福利的影响；动态效果是指关税同盟对成员国贸易及经济增长的间接推动作用。他们的主要观点如下。

（一）关税同盟的静态效果

关税同盟建立以后，关税体制成为对内取消关税、对外设置差别待遇的共同关税，将会产生以下静态效果。

▶ **1. 贸易创造效果**

贸易创造效果（trade creating effect）是指关税同盟形成后，因成员国之间相互减免关税带来的同盟国内部贸易规模扩大和生产要素重新优化配置所形成的经济福利水平提高的效果。

拓展阅读 14-2
贸易创造和
贸易转移：
英国的失与得

关税同盟成立后，生产在比较优势的基础上更加专门化，同盟内某个成员方的成本较高的国内生产品将被生产成本更低的同盟国进口产品取代。这样既提高了资源使用效率，扩大了生产利益，又使本国该项产品消费开支减少，扩大了社会需求，促进了贸易量的增加，使同盟国的社会福利总水平得以提高。

假定在 A、B、C 三国中，A、B 两个国家成立关税同盟，A、B、C 三国 X 产品价格依次为 250 美元、150 美元、100 美元。关税同盟成立以前，A 国对 X 征收 200% 的进口税（从价税），那么，对 A 国国内市场而言，A、B、C 三国 X 产品的价格依次为 250 美元、450 美元、300 美元，显然，A 国 X 产品的价格最具有竞争力，因此 A 国在 200% 的关税保护下自行生产 X。A、B 两国成立关税同盟后，若它们对外共同关税仍保持 200%，B 国生产的 X 产品在 A 国国内的价格就变为 150 美元，C 国仍为 300 美元，因此，A 国开始从 B 国进口 X 产品，于是 X 产品的生产从价格高的 A 国转移至价格较低的 B 国，A、B 两国之间创造出新的国际分工（专业化），X 产品贸易在两国间得到创造。这时，A 国可以用 150 美元的价格买到 X 产品，从而减少了消费支出，提高了福利水平。由于生产从高成本转向了低成本，A 国节省了资源，提高了资源的配置效率。对 C 国来说，因为它原来就不同 A、B 两国发生贸易关系，仍和新的贸易开始以前一样，没有什么不利。如果把关税同盟国家增加收入、增加进口的动态效应计算进去，C 国也有可能会有利可得。因此，贸易创造对整个世界是有利的。

▶ **2. 贸易转移效果**

贸易转移效果（trade diversing effect）是指关税同盟形成后，由于对内减免贸易壁垒，对外实行保护贸易而导致某成员国从世界成本最低的国家进口转向同盟成员中成本最低国进口所造成的整个社会财富浪费和经济福利下降的效果。

假定成立关税同盟以前，A 国对 X 产品课征 100% 的进口税，其他条件与前例相同，因此关税同盟成立前，A 国从 C 国进口 X 产品，因为 C 国 X 产品缴纳进口关税后在 A 国的价格为 200 美元，较 A 国的 250 美元、B 国的 300 美元低。现在 A、B 两国建立关税同盟，若其对外共同关税仍为 100%，则 A 国 X 产品的进口将从 C 国转向 B 国，因为 A、B 两国的关税废除后，B 国产品在 A 国的价格为 150 美元，A 国的 X 为 250 美元，而 C 国为 200 美元。结果，X 生产自成本较低的 C 国转移至成本较高的 B 国，这就是贸易转移效应。A 国的损失来自该国为从 B 国进口 X 产品而增加的资源流出（进口每单位 X 产品多支出 50 美元），而 C 国的损失来自市场的丧失。从全球资源配置效率来看，也由于 X 产品在 B 国生产的扩张和在 C 国的减少而降低。

▶ **3. 贸易扩大效果**

贸易扩大效果(trade expansion effect)是指成立关税同盟后,某国能够更便宜地买到某商品而导致消费量和贸易量的增加。贸易创造效果和贸易转移效果是从生产方面考察关税同盟的贸易影响的,而贸易扩大效果则是从需求方面进行分析的。关税同盟无论是在贸易创造还是在贸易转移的情况下,由于都存在使需求扩大的效应,从而都能产生扩大贸易的结果。从这个意义上讲,关税同盟可以促进贸易的扩大,增加经济福利,这就是贸易扩大效果。

如前两例中,关税同盟成立后 A 国国内 X 产品的价格,无论在贸易创造条件下,还是贸易转移条件下都比成立前低,其价格水平分别从 250 美元、200 美元降低到 150 美元。因此,如果 A 国 X 产品存在需求价格弹性,则 A 国对 X 产品的需求就会增加。这种需求的增加将使 A 国的 X 产品进口数量增加,这就是贸易扩大效应。贸易扩大效应是从需求方面形成的概念,而贸易创造效应和贸易转移效应则是从生产方面形成的概念。关税同盟无论是在贸易创造,还是在贸易转移条件下,都能产生贸易扩大效应。在这个意义上,关税同盟的建立通常可以促进成员方之间贸易的扩大。

▶ **4. 可以减少行政支出**

关税同盟建立后,彼此之间废除关税,因此可以减少征收关税的行政支出。

▶ **5. 可以减少走私**

关税同盟建立后,商品可以在关税同盟国间自由流动,消除了产品走私的部分根源。它不仅可以减少查禁走私的费用支出,还有助于提高社会的道德水平。

▶ **6. 可以加强集体谈判的力量**

关税同盟建立后,集团整体经济实力大大增强,统一对外进行关税减让谈判,有利于同盟成员国地位的提高和贸易条件的改善。如欧共体成立前后,成员国与美国在谈判中所处的地位相比较有较大的变化,欧共体与美国在关贸总协定谈判中围绕农产品贸易而形成的对抗充分反映了欧共体地位的提高和美国地位的相对削弱。

(二)关税同盟的动态效果

关税同盟的动态效果,是指关税同盟成立后,对成员方贸易以外的就业、国民收入、国际收支、国内生产和物价水平等的影响,又称为次级效果。关税同盟的动态效果主要有以下几个方面。

▶ **1. 提高资源使用效率**

在西方经济学中,从不同市场结构看,如果其他条件不变,市场竞争程度越高,其效率越高,资源配置更趋合理。因此,区域经济一体化组织的建立,摧毁了原来各国受保护的市场,使各国生产的专业化程度提高,资源使用效率提高,从而提高了市场的竞争性。

▶ **2. 获得规模经济效益**

美国经济学家巴拉萨(B. Balassa)认为,关税同盟可以使生产厂商获得重大的内部与外部规模经济利益。同盟成立后,所有成员方成为一体,自由市场扩大,可以获得专业与规模生产的利益。同时,某一部门的发展又可以带动其他部门的发展,势必带来各行业的相互促进,从而获得外部规模经济效益。

▶ **3. 刺激投资**

关税同盟成立后,它可以从三个方面刺激投资:第一,随着市场的扩大,风险与不稳定性降低,会吸引成员中新的厂商进行投资;第二,为了提高竞争力,原有厂商也会增加投资,以改进产品质量,降低生产成本;第三,迫使非成员到同盟区域内设立避税工厂,即以直接投资取代出口贸易，以绕开关税壁垒。

▶ 4. 促进生产要素的自由流动

关税同盟的成立，在推动商品自由流通的同时，也促进了生产要素的自由流动，从而使资本、技术、劳动力、原材料等资源得到更加合理的配置，降低要素闲置的可能性，提高要素的利用率，最终提高了经济效益。

▶ 5. 加速经济成长

关税同盟建立后，大规模的厂商能提供充裕的资金用于研究与开发，更激烈的竞争环境使厂商致力于更多的创新活动，从而促进区域内各成员方的经济加速成长。

二、大市场理论

提出大市场理论的代表人物是西托夫斯基（T. Scitovsky）和德纽（J. F. Deniau）。大市场理论是针对共同市场提出的，共同市场在一体化程度上比关税同盟又进了一步，它将那些被保护主义分割的小市场统一起来，结成大市场，然后通过大市场内部的激烈竞争，实现大批量生产带来的大规模经济等方面的利益。

这种理论认为，以前各国之间推行狭隘的贸易政策，只顾本国利益，把市场分得过于细小而缺乏弹性。由于市场狭窄，企业无法实现规模经济和获得大批量生产的利益。大市场理论的核心是通过国内市场向统一的大市场延伸，扩大市场范围，创造激烈的竞争环境，进而达到实现规模经济和技术利益的目的。大市场理论的核心是，共同市场导致扩大市场，促进成员企业竞争，达到资源合理配置，获得规模经济，从而实现经济利益。也可以一般表述为，通过建立共同市场，使市场扩大，将比较分散的生产集中起来进行规模化的大生产，这样，机器得到充分利用，生产更加专业化、社会化，高新科技得到更广泛的利用，竞争更加剧烈，从而使生产成本下降，加之取消了关税及其他一些费用，使得销售价格下降。这必将导致购买力的增强与生活水平的提高，消费也会增加，消费的增加又促进投资的增加，于是，便进入了良性的循环之中。

▶ 1. 市场范围的扩大可以获得规模经济效应

大市场理论认为，组建区域经济集团之前，各国之间推行的是只顾本国利益的狭隘的贸易保护政策，其结果是国际市场被分割成众多狭小而又孤立的市场，企业面对的也只能是狭窄且缺乏弹性的市场。由于市场狭窄、竞争不激烈、市场停滞和阻止新竞争企业的建立等原因，造成商品价格高昂、市场购买力低、企业资本周转率低，无法实现大批量生产和规模经济的利益。而共同市场的形成，消除了成员国之间的贸易障碍，把被保护主义割裂得分散、孤立、缺乏联系的单个国家的国内市场统一成为一个区域性大市场，从而通过实现大批量生产、专业化分工和新技术的广泛应用，获得了规模经济利益。

▶ 2. 市场范围的扩大可以激发竞争效应

大市场理论认为，在狭窄的市场中，企业满足于狭窄的国内市场和受保护的现状，行为保守、缺乏竞争的活力。大市场的建立，消除了成员国之间商品流动的障碍，打破了贸易保护主义下的垄断，为企业展开自由竞争、激活创新能力提供了外部环境和压力，促使企业经营理念的转变与企业制度的创新。同时，市场的扩大可以使机器设备得到更充分的利用，资源更合理地配置，并随着规模经济和新技术的应用，使竞争进一步加剧，从而进入成本和价格下降、消费扩大、投资增加的良性循环。

由此可见，规模经济和激化竞争是大市场理论的核心内容，规模经济是大市场的结果，通过大市场激化竞争是获得规模经济的手段和目标。

三、协议性国际分工理论

协议性国际分工理论是由日本著名教授小岛清提出的，小岛清认为，仅仅作为竞争原理的比较优势理论不可能完全实现规模经济的好处，完全依靠这一理论，可能导致各国企业的垄断和集中，影响经济共同体内分工和谐的发展和贸易的稳定发展。为了使经济共同体内经济、贸易健康地发展，小岛清认为有必要实行一种与过去的比较优势理论不同的国际分工理论，即协议性国际分工理论。

小岛清认为，传统的国际经济学论述的是在成本递增情况下通过比较优势、市场竞争形成国际分工，而对成本递减的情况却没有论及。但事实证明，成本递减也是一种普遍的情况，经济一体化的目的是要通过大市场来实现规模经济，实际上也是成本长期递减问题。因此，可以实行协议性国际分工，即一国放弃某种商品的生产并把国内市场提供给另一国，而另一国则放弃另外一种商品的生产并把国内市场提供给对方，即两国达成相互提供市场的协议，专业化分工生产一种或几种货物，使彼此的优势得以发挥，通过规模经济的实现，使生产成本下降，消费者获得利益，贸易量扩大。协议性分工不能指望通过价格机制自动地实现，而必须通过当事国的某种协议来加以实现，也就是通过经济一体化的制度把协议性分工组织化。例如，拉美中部共同市场统一产业政策，由国家间的计划决定的分工，就是典型的协议性国际分工。但是，要达成协议性国际分工，必须具备以下条件。

（1）两个（或多数）国家资本劳动禀赋没有多大差别、工业化水平和经济发展阶段大致相等，协议性分工的对象产品在哪个国家都能进行生产。在这种条件下，互相竞争的各国之间扩大分工和贸易，既是关税同盟理论的贸易创造效应的目标，也是协议性国际分工理论的目标。而在要素禀赋比例和发展阶段差距较大的国家之间，由于某个国家可能由于比较成本差距很大而陷入单方面的完全专业化，比较优势理论仍起主导作用，因此无建立协议性国际分工的必要。

（2）作为协议分工对象的商品，必须是能够获得规模经济的商品。因此，在重化工业中最容易，在轻工业中较难，而在第一产业中几乎难以得利。

（3）无论对哪个国家，生产不同商品的利益都应该没有很大差别。所以，一般协议分工是同一范畴商品内更细的分工。

上述条件表明，经济一体化或共同市场更容易在同等发展阶段的国家之间建立，而不是在工业国与初级产品生产国即发展阶段不同的国家之间建立；同时也表明，在发达工业国家之间可以进行协议性分工的商品范畴较广，因此利益也较大。另外，在生活水平和风俗习惯等互相接近的地区容易达成协议，并且容易保证相互需求的均等增长。

四、综合发展战略理论

对发展中国家经济一体化现象的阐述比较有影响的是鲍里斯·塞泽尔基的"综合发展战略理论"，他在《南南合作的挑战》一书中较完整、全面地阐述了这一理论。

（一）综合发展战略理论的原则

综合发展战略理论的原则包括以下几个。

（1）经济一体化是发展中国家的一种发展战略，它不限制市场的统一，也不必在一切情况下都寻求尽可能高的其他一体化形式。

（2）两极分化是伴随着一体化的一种特征，只能通过强有力的共同机构和政治意志制定系统的政策来规避它。

（3）在发展中国家经济一体化进程中，鉴于私营部门是导致其失败的重要原因之一，故有效的政府干预对于经济一体化的成功是重要的。

（4）发展中国家的一体化是集体自力更生的手段和按照新秩序逐渐变革世界经济的要素。

（二）发展中国家地区一体化的主要因素

发展中国家地区一体化的主要因素包括经济因素、政治和机构因素。经济因素主要有：①区域内经济发展水平以及各成员方之间的差异；②各成员方间现存的经济和其他方面的相互依存状况；③新建经济区的最优利用状况，特别是有关资源与生产要素的互补性及其整体发展的潜力；④同第三国经济关系的性质，外国经济实体（尤其是跨国公司）在特定经济集团中、在各国经济中的地位；⑤根据特定集团的实际条件选择的一体化政策模式和类型的适用性。

政治和机构因素主要有：①各成员方之间社会政治制度的差异；②各成员方间有利于实现一体化的"政治意志"状况及其稳定性；③集团对外政治关系模式；④共同机构的效率及其有利于集团共同利益的创造性活动的可能性。

（三）综合发展战略理论评价

综合发展战略理论突破了以往的经济一体化理论的研究方法。它认为以自由贸易和保护贸易理论来研究国家经济一体化过于狭窄，强调应用与发展理论紧密联系的跨学科的研究方法，把经济一体化看作是发展中国家的一种发展战略，不限于市场的统一，主张经济的相互依存发展必须以生产领域为基础，强调有效的政府干预。

考虑到发展中国家实现经济一体化过程中存在的困难，诸如民族经济的软弱、跨国公司的作用、两极分化、旧的国际经济贸易秩序的存在，因此可以把一体化看作集体自力更生的手段和按照新秩序逐渐变革世界经济的要素。

在制定经济一体化政策时，也要进行综合考虑：一方面要考虑经济因素；另一方面要考虑政治和机构因素，密切结合本国和本地区的实际。如反对外面强加的一体化，强调生产和基础设施是经济一体化的基本领域，进行区域工业化，协调对待外国资本等。该理论比较切合发展中国家的实际，故受到发展中国家普遍的欢迎，成为发展中国家经济一体化的重要根据。

第三节　区域经济一体化组织的发展

在众多的区域经济一体化组织中，欧洲联盟（EU）、北美自由贸易区（NAM）、亚太经合组织（APEC）是全世界公认的三大区域经济一体化组织。除了这三个主要的区域经济一体化组织以外，全球各地还存在大量的区域经济一体化组织，它们的建立和发展对区域经济乃至全球经济都产生了深远的影响。

一、欧洲联盟

欧洲联盟（European union，EU）简称欧盟，是到目前为止发展最为完善、一体化程度最高的区域经济一体化组织。

（一）欧盟的成立与发展

欧盟是在欧共体基础上发展而来的。欧共体包括欧洲煤钢共同体、欧洲原子能共同体和欧洲经济共同体，其中以欧洲经济共同体最为重要。1951 年 4 月 18 日，法国、联邦德国、意大利、荷兰、比利时和卢森堡在巴黎签订了建立欧洲煤钢共同体条约。1957 年 3 月

25 日，六国又在罗马签订了建立欧洲经济共同体条约和欧洲原子能共同体条约，统称《罗马条约》，1958 年 1 月 1 日条约生效，上述两个共同体正式成立。1965 年 4 月 8 日，六国签订《布鲁塞尔条约》，并于 1967 年 7 月 1 日生效。六国决定将三个共同体的机构合并，统称欧洲经济共同体。按照《罗马条约》的规定，欧洲经济共同体要求成员国消除内部的贸易壁垒，创立统一的对外关税，原六国之间的工业品和农产品，分别提前于 1968 年 7 月和 1969 年 1 月建成关税同盟。20 世纪 80 年代，欧洲经济共同体正式改名为欧洲共同体。

为了推动欧洲一体化建设，1986 年 2 月 17 日，欧共体各成员国政府首脑在卢森堡签署了旨在建立欧洲统一大市场的《欧洲单一文件》，在 1992 年年底以前基本建成了欧洲内部统一大市场，在共同体范围内实现了商品、劳务、人员和资本无国界的自由流动。1991 年 12 月，欧共体政府间会议在荷兰的马斯特里赫特签订了旨在使欧洲一体化向纵深发展和成立政治及经济货币联盟的《欧洲联盟条约》，也称《马斯特里赫特条约》。1993 年 11 月 1 日，该条约获得所有成员国批准并生效，欧洲联盟正式成立。1995 年 12 月 15 日，欧盟首脑马德里会议决定未来欧洲采用统一货币"欧元"，并于 1999 年在欧元区 11 国首先发行实施。

欧共体创始国为法国、联邦德国、意大利、荷兰、比利时和卢森堡六国。后经四次扩大，丹麦、爱尔兰和英国于 1973 年，希腊于 1981 年，西班牙和葡萄牙于 1986 年先后加入欧共体。欧共体共有成员国 12 个。1995 年 1 月 1 日，奥地利、芬兰、瑞典三国正式加入欧盟。2002 年 11 月 18 日，欧盟 15 国外长会议决定邀请塞浦路斯、匈牙利、捷克、爱沙尼亚、拉脱维亚、立陶宛、马耳他、波兰、斯洛伐克和斯洛文尼亚 10 个中东欧国家入盟，这是欧共体成立以来吸收国家最多的一次。2004 年 5 月 1 日为欧盟正式吸收 10 个中东欧新成员的日期。2007 年 1 月 1 日，罗马尼亚、保加利亚正式加入欧盟，欧盟成员国增至 27 个。

2013 年 7 月 1 日，克罗地亚加入欧盟，使欧盟的成员国达到 28 个。

2016 年 6 月 23 日，英国就是否留在欧盟举行全民公投。投票结果显示，支持"脱欧"的票数以微弱优势战胜"留欧"票数。2020 年 1 月 31 日，英国正式脱离欧盟，英国脱欧后进入过渡期。过渡期从 2020 年 2 月 1 日开始，到 2020 年 12 月 31 日结束。现在，欧盟有 27 个成员国。

目前，欧盟是一个在世界上具有重要影响的区域一体化组织。其总部设在比利时首都布鲁塞尔，欧洲中央银行设在法兰克福，有自己的盟旗、盟歌、货币及外交政策。

（二）欧盟的组织机构

欧盟统一经济政策是由欧盟的相应超国家机构制定和实施的，这些超国家机构包括欧洲理事会、部长理事会、欧盟委员会、欧洲议会、欧洲法院以及欧洲中央银行等。

▶ **1. 欧洲理事会**

欧洲理事会（European council）即首脑会议，由成员国国家元首或政府首脑及欧盟委员会主席组成，负责讨论欧盟的内部建设、重要的对外关系及重大的国际问题。每年至少举行两次会议。欧洲理事会主席由各成员国轮流担任，任期半年。

▶ **2. 部长理事会**

部长理事会（council of the European union）是欧盟的决策机构和立法机构，负责协调各成员国的经济政策，拥有欧盟的绝大部分立法权，在条约授权的范围内颁布对各成员国都具有拘束力的法规。理事会总秘书处设在比利时首都布鲁塞尔，部长理事会每月召开一次会议，除少数重大问题外，其决议应由成员国多数通过。由于《罗马条约》赋予其欧盟范围内的政府间合作的职责，因此部长理事会自 1993 年 11 月 8 日起称作"欧洲联盟理事会"。

▶ 3. 欧盟委员会

欧盟委员会(commission of European union)是欧盟的常设机构和执行机构，是欧盟唯一有权起草法令的机构，受欧洲议会的监督。其主要职责是：实施欧盟有关条约、法规和欧盟理事会做出的决定；向欧盟理事会和欧洲议会提出政策实施报告和立法动议；处理欧盟日常事务；代表欧盟进行对外联系和贸易等方面的谈判。委员会总部设在布鲁塞尔，每届任期五年。

(三) 欧盟的共同政策

《罗马条约》授权当时的欧洲经济共同体建立共同市场，使有关经济的政策逐步统一，在共同体范围内推动经济协调、持续、平衡、稳定地发展，加快人民生活水平的提高和在成员国间建立更加密切的关系。经过几十年的发展，欧盟逐步建立和完善了一系列共同政策，其中主要有共同的经济政策、共同的地区政策、共同的社会政策、共同的外交和安全政策等。

二、北美自由贸易区

(一) 北美自由贸易区的产生和发展

美国与加拿大于 1986 年 5 月开始自由贸易区谈判，1987 年 10 月达成《美加自由贸易协定》，1988 年 1 月 2 日正式签署了自由贸易协定，并于 1989 年 1 月 1 日起正式生效，从此开启了北美经济一体化的历程。1992 年 8 月 12 日，美国、加拿大和墨西哥三国就北美自由贸易协定达成协议。同年 12 月 17 日，三国共同签署《北美自由贸易协定》，该协定于 1994 年 1 月 1 日起正式生效，形成了一个拥有 3.6 亿消费者、每年国民生产总值超过 6 万亿美元的世界最大的自由贸易集团。

1994 年 12 月 10 日，美洲 34 个国家的领导人在美国的迈阿密签订协议，同意建立"美洲自由贸易区"，并将 2005 年确定为完成谈判的最后期限。然而，由于美国同阿根廷、巴西、巴拉圭和乌拉圭等国在农产品补贴、农产品市场准入等问题上存在严重分歧，美洲自由贸易区谈判进展缓慢，最终没能在 2005 年年底达成协议，谈判陷入僵局。

2017 年 8 月，在特朗普政府的主导下，美国、加拿大和墨西哥正式开启《北美自由贸易协定》的重谈进程。2018 年 9 月 30 日，三国达成新的《美国—墨西哥—加拿大协定》，简称《美墨加协定》(USMCA)，这一新的自贸协定取代已经实施 24 年之久的《北美自由贸易协定》。

特朗普政府推动重谈《北美自由贸易协定》的原因：一是认为《北美自由贸易协定》让美国利益受损；二是其规定和标准已经无法满足当今国际贸易和投资的需要。特朗普政府认为，《北美自由贸易协定》导致美国大量工作岗位流失到劳动力成本相对较低的墨西哥，不仅造成美国工人失业，还抑制了美国工人实际工资上涨，严重损害了美国工人的利益。此外，《北美自由贸易协定》生效之后，贸易便利化推动了区域内贸易急剧上升，但美国贸易逆差不断扩大。因此，美国认为《北美自由贸易协定》让墨加两国受益更多，有必要进行重新谈判以改善本国的贸易状况。另外，《北美自由贸易协定》的条款也无法应对当今国际贸易和投资领域出现的一些新变化，例如数字贸易、国有企业、宏观政策和汇率问题等。基于上述原因，美国重启《北美自由贸易协定》谈判的目标明确，即新协定要实现公平贸易，减少贸易逆差，防止汇率操纵，保持并扩大美国农产品、制造产品及服务的市场准入。

(二)《美墨加协定》的内容

2020 年 1 月 29 日，《美国—墨西哥—加拿大协定》(以下简称《美墨加协定》)正式签署，并于 2020 年 7 月 1 日生效，正式取代了 1994 年生效的《北美自由贸易协定》。同《北美自由贸易协定》相比，《美墨加协定》内容的变化主要体现在以下几个方面。

(1) 它提高了汽车行业的原产地要求。《美墨加协定》将每辆汽车在北美地区的原产价值比例从原先的 62.5% 提高到 75%，规定汽车生产所用的铁、铝和玻璃中 70% 原产于成员方，核心、主要和补充零部件的原产地价值含量分别为 75%、65% 和 60%。

（2）它制定了强制的劳工标准。《美墨加协定》规定 40%～45% 的汽车零部件须由时薪不低于 16 美元的工人生产。《美墨加协定》还指出，违背劳工法将成为协议方制裁的理由。

（3）它增加了汇率条款。《美墨加协定》要求成员方实现并维持市场汇率制度，避免通过干预外汇市场等手段实行货币的竞争性贬值。

（4）它增加了对非市场经济国家的歧视性条款。《美墨加协定》约束成员方与非市场经济国家自贸协定的达成，规定美加墨任何一方与非市场经济国家进行自贸协定谈判时，需要提前至少二个月通报其他各方，任何一方如果与非市场经济国家签订自贸协定，其他各方有权在提前六个月通知的条件下终止适用《美墨加协定》，并且用双边协定取代。

（三）《美墨加协定》的影响

▶ 1. 对美国的影响

美国是《美墨加协定》最大的受益者。《美墨加协定》严苛的原产地要求将很大一部分中国、日本和欧洲的汽车制造商排除在外；新增的劳工标准提高了汽车厂商在墨西哥的生产成本，降低了墨西哥的劳动力优势。这些都鼓励更多的汽车在美国生产和出口，在提振美国汽车业的同时促使相当一部分制造业生产回流到美国，给美国工人创造更多的就业机会。

《美墨加协定》还使得加拿大向美国开放了 3.5% 的乳制品市场，缓解了美国农产品出口的困境。作为交换，加拿大和墨西哥换来了每年 260 万辆汽车的关税豁免。此外，《美墨加协定》在延长生物制药数据保护期、版权等方面提高了标准，有利于对美国医药行业和知识产权的保护。

▶ 2. 对加拿大的影响

在《美墨加协定》中，美加两国均做出了重要让步：加拿大同意减少对乳制品行业的保护，向美国乳制品生产商扩大 3.5% 的市场份额，美国放弃修改争端解决机制条款，即投资人与东道国争端的解决机制条款。该条款允许一个国际仲裁委员会挑战东道国政府所做的决定。美方一直认为该条款有损美国主权，希望削弱该条款职能，而加拿大则认为其有利于保护本国投资者利益，保护一些行业免受美国单方面施加的不恰当关税的影响。

▶ 3. 对墨西哥的影响

《美墨加协定》可能会对墨西哥的经济造成损害：①原产地原则规定不利于全球价值链的分工与合作，这使得墨西哥逐步减少从自贸区以外国家进口低价汽车零配件的数量，从而增加汽车制造成本；②新增的劳工标准降低了墨西哥的劳动力优势，使得汽车厂商在墨西哥生产廉价汽车的难度进一步加大。这些都将减少流向墨西哥工厂的美国汽车制造业工作岗位，甚至导致汽车业制造回流，打击墨西哥汽车工业和与之配套的制造业。作为交换，墨西哥获得了每年 260 万辆汽车的关税豁免。

▶ 4. 对中国的影响

《美墨加协定》对非市场经济国家的歧视性条款明显指向中国。未来加拿大或墨西哥是否与中国签订自贸协定将受到来自美国的干预，美国可以以《美墨加协定》为筹码要挟加拿大、墨西哥两国放弃与中国签订对美国不利的协议条款。

三、区域全面经济伙伴关系协定

《区域全面经济伙伴关系协定》(*Regional Comprehensive Economic Partnership*，RCEP)是 2012 年由东盟发起，由中国、日本、韩国、澳大利亚、新西兰和东盟十国共 15

方成员制定的，旨在通过削减关税及非关税壁垒，建立统一市场的自由贸易协定。已于2022年1月1日正式生效。

《区域全面经济伙伴关系协定》是亚太地区规模最大、最重要的自由贸易协定，将覆盖世界近三分之一的人口和贸易量，成为世界上涵盖人口最多、经贸规模最大、发展最具活力的自由贸易区。

RCEP的生效，有利于构建开放型世界经济，支持多边贸易体制，改善地区贸易和投资环境，推进贸易投资自由化、便利化，帮助各国更好地应对挑战，也能增强本地区未来发展的潜力，造福于本地区的各国人民。

协议生效后，成员国将遵守共同的关税、原产地规则、投资准入、知识产权、竞争政策和电子商务方面的内容。根据目前达成的协议来看，RCEP的主要成就体现在以下四个方面：成员国之间90%的货物贸易将实现零关税；实施统一的原产地规则，允许在整个RCEP范围内计算产品增加值；拓宽了对服务贸易和跨国投资的准入；增加了电子商务便利化的新规则。

与现有的区域自由贸易协定相比，RCEP具有以下三方面的特点。

（1）RECP协议是世界最大的自由贸易协定。虽然印度暂时退出RCEP，但并不妨碍该协议成为世界上覆盖疆域最广、惠及人口最多、经济体量最大的自贸协定。从地理疆域来看，RCEP横跨东亚、东南亚、南亚、印度洋和南太平洋；从人口来看，该协议所涉及的人口占全球总人口的29%；从经济体量来看，成员国经济总量占全球GDP的31.6%，双边贸易额占全球总贸易额的28.5%。

（2）RCEP协议秉持包容性开放原则。由于RCEP成员国既包括日本、韩国、新加坡、澳大利亚等高收入国家，也包括中国、马来西亚、印度尼西亚、泰国、菲律宾等中等收入国家以及柬埔寨、老挝和缅甸等低收入国家，因此RCEP协议旨在达成一个包容的、灵活的、互惠互利的自贸协定，以求达到不同经济发展水平的国家和经济体都能受益的初衷。例如，RCEP协议设立了特殊和差别待遇条款，并给予最不发达的东盟国家额外的灵活性。

（3）RCEP协议是唯一一个以发展中经济体为中心的区域贸易协定。RCEP协议由东盟发起，所有其他参与国都是通过先与东盟构建"东盟＋1"的自贸协定，再通过东盟作为节点将这些经济体联系在一起。因此，RCEP协议内容并不一味地追求更高程度的开放，而是本着以"发展"为核心的利益诉求，最大程度地实现参与各国的经济利益平衡。

四、全面与进步跨太平洋伙伴关系协定

全面与进步跨太平洋伙伴关系协定（Comprehensive and Progressive Agreement for Trans-Pacific Partnership，CPTPP），是亚太国家组成的自由贸易区，是美国退出跨太平洋伙伴关系协定（Trans-Pacific Partnership Agreement，TPP）后该协定的新名字。

2017年11月11日，由启动TPP谈判的11个亚太国家共同发布了一份联合声明，宣布"已经就新的协议达成了基础性的重要共识"，并决定协定改名为"跨太平洋伙伴关系全面进展协定"。2018年3月8日，参与"全面与进步跨太平洋伙伴关系协定"谈判的11国代表在智利首都圣地亚哥举行协定签字仪式。2018年12月30日，全面与进步跨太平洋伙伴关系协定正式生效。2021年1月31日，英国正式提出加入申请；2021年9月16日，中国正式提出加入申请。

这一协定旨在加强各成员经济体之间的互利联系，促进亚太地区的贸易、投资和经济增长。数据显示，CPTPP覆盖4.98亿人口，国内生产总值之和占全球经济总量的13%。

五、跨大西洋贸易与投资伙伴协议

2013 年 6 月，美国与欧盟领导人发布联合声明，宣布启动《跨大西洋贸易与投资伙伴关系协定》(Transatlantic Trade and Investment Partnership，TTIP)谈判。TTIP 旨在通过扩大双边贸易和投资，以促进经济增长、创造就业，最终摆脱金融危机的影响；提高国际竞争力，应对新兴经济体的挑战；在世界贸易组织之外解决贸易壁垒问题，并为 21 世纪的国际商品—投资—服务贸易制定新的国际规则。除减免关税外，TTIP 谈判将重点致力于解决市场准入和监管法规、非关税壁垒以及市场规则等三个关键性问题。一旦美欧在产品技术标准上达成一致，将对全球产生重要影响，成为新的国际标准，进而影响到整个全球化规则的制定。

六、亚太经济合作组织

1989 年 11 月 5—7 日，澳大利亚、美国、加拿大、日本、韩国、新西兰和东盟六国在澳大利亚首都堪培拉举行亚太经济合作会议首届部长级会议，这标志着亚太经济合作会议的成立，1993 年 6 月改名为亚太经济合作组织，简称亚太经合组织（APEC）。1991 年 11 月，中国以主权国家身份，中国台湾地区和中国香港地区以地区经济体名义正式加入亚太经合组织。

亚太经合组织成员位于环太平洋地区，分布在美洲、亚洲和大洋洲。目前该组织共有 21 个成员：澳大利亚、文莱、加拿大、智利、中国、中国香港、印度尼西亚、日本、韩国、墨西哥、马来西亚、新西兰、巴布亚新几内亚、秘鲁、菲律宾、新加坡、中国台湾、泰国、美国、俄罗斯和越南。截至 2021 年，其国民生产总值占世界国民生产总值的 60%，拥有消费者人数约为 28.5 亿人（相当于全世界 40% 人口）的巨大市场，是当今世界最大的区域国际经济合作组织。此外，东南亚国家联盟（ASEAN）、太平洋经济合作理事会（PECC）和太平洋岛国论坛（PIF）均是亚太经合组织的观察员。

在成立之初，亚太经合组织是一个仅由各成员外交部长和贸易部长参加的部长级区域论坛。从 1993 年起，每年举行一次领导人非正式会议，领导人非正式会议是亚太经合组织最高级别的会议，首次领导人非正式会议于 1993 年 11 月 20 日在美国西雅图举行，会议发表了《经济展望声明》，揭开了亚太贸易自由化和经济技术合作的序幕。此后，领导人非正式会议每年召开一次，在各成员间轮流举行。按惯例，每年主办领导人会议的成员即是该年度领导人会议、部长级年会和高官会议的主席。除了领导人会议和部长级会议之外，亚太经合组织还举行有关专业部长会议和高官会议。

亚太经合组织的第一个贸易自由化目标是建立亚太自由贸易区，特别是 1994 年在印尼召开的第二次领导人非正式会议上通过的《茂物宣言》，宣布了亚太经合组织的第一步长期目标：将加强亚太地区的经济合作，扩大"乌拉圭回合"的成果，以与关贸总协定原则相一致的方式进一步减少相互间的贸易和投资壁垒，促进货物、服务和资本的自由流通。

1998 年开始，亚洲金融危机直接影响到 APEC 进程，危机的受害者开始对贸易投资自由化采取慎重态度。1998 年和 1999 年 APEC 进入一个巩固、徘徊和再摸索的调整阶段。

2000 年非正式领导人会议重申了应坚持茂物确定的贸易投资自由化目标并加强人力、基础设施和市场等方面的能力建设活动。

七、其他区域经济一体化组织

除了欧盟、北美自由贸易区、亚太经合组织这三个主要的区域经济一体化组织以外，全球各地还存在大量的区域经济一体化组织，如表 14-2 所示，它们的建立和发展对区域经济乃至全球经济都产生了深远的影响。

表 14-2　其他主要区域经济一体化组织简介

组 织 名 称	现 有 成 员	建立年份
东南亚国家联盟	文莱、印度尼西亚、马来西亚、菲律宾、新加坡、泰国、越南、老挝、缅甸、柬埔寨	1967
南亚区域合作联盟	孟加拉、不丹、印度、马尔代夫、尼泊尔、巴基斯坦、斯里兰卡、阿富汗	1985
海湾合作委员会	巴林、科威特、阿曼、卡塔尔、沙特阿拉伯、阿拉伯联合酋长国	1965
经济合作组织	阿富汗、阿塞拜疆、伊朗、哈萨克斯坦、吉尔吉斯斯坦、巴基斯坦、塔吉克斯坦、土耳其、土库曼斯坦、乌兹别克斯坦	1985
欧洲自由贸易联盟	冰岛、挪威、瑞士、列支敦士登	1960
独联体经济联盟	亚美尼亚、阿塞拜疆、白俄罗斯、哈萨克斯坦、吉尔吉斯斯坦、摩尔多瓦、俄罗斯联邦、塔吉克斯坦、土库曼斯坦、乌克兰、乌兹别克斯坦	1991
黑海经济合作组织	阿尔巴尼亚、亚美尼亚、阿塞拜疆、保加利亚、格鲁吉亚、希腊、摩尔多瓦、罗马尼亚、俄罗斯联邦、土耳其、乌克兰、匈牙利	1992
南方共同市场	阿根廷、巴西、乌拉圭、巴拉圭、智利	1991
南美洲国家联盟	玻利维亚、乌拉圭、委内瑞拉、圭亚那、苏里南	2004
安第斯共同体	秘鲁、玻利维亚、厄瓜多尔、哥伦比亚	1969
拉美一体化联盟	阿根廷、巴拉圭、巴西、秘鲁、玻利维亚、厄瓜多尔、哥伦比亚、墨西哥、委内瑞拉、乌拉圭、智利、古巴	1980
西非国家经济共同体	贝宁、布基纳法索、佛得角、科特迪瓦、冈比亚、加纳、几内亚、几内亚比绍、利比里亚、马里、尼日尔、尼日利亚、塞内加尔、塞拉里昂、多哥	1975
南部非洲发展共同体	安哥拉、博茨瓦纳、刚果民主共和国、莱索托、马拉维、毛里求斯、莫桑比克、赞比亚、塞舌尔、南非、斯威士兰、坦桑尼亚联合国共和国、津巴布韦	1992
阿拉伯马格里布联盟	阿尔及利亚、利比亚、毛里塔尼亚、摩洛哥、突尼斯	1989
泛阿拉伯自由贸易区	阿尔及利亚、巴林、科摩罗、吉布提、埃及、伊拉克、约旦、科威特、黎巴嫩、利比亚、毛里塔尼亚、摩洛哥、阿曼、巴勒斯坦、卡塔尔、沙特阿拉伯、索马里、苏丹、叙利亚、突尼斯、阿拉伯联合酋长国、也门	1998
澳新自由贸易区	澳大利亚、新西兰	1965

（一）亚洲

▶ 1. 东南亚国家联盟

东南亚国家联盟（Association of South-East Asian Nations，ASEAN，简称东盟）于1967年8月成立，1967年8月7—8日，印度尼西亚、泰国、新加坡、菲律宾和马来西亚在曼谷举行会议，发表了《曼谷宣言》，正式宣告东南亚国家联盟成立。以后文莱、缅甸、越南、老挝和柬埔寨陆续加入。现共有成员国10个，总人口5.3亿，总面积450万 km²。

到了20世纪80年代末和90年代初，东盟在经历了优惠贸易安排的10年实施后，感到单纯在局部范围实施优惠贸易安排是不够的。1992年10月，东盟签署了《新加坡宣言》，决定从1993年起，逐步削减关税，建立东盟自由贸易区。2002年1月1日，东盟自由贸易区正式启动，自由贸易区的目标是实现区域内贸易的零关税。文莱、印度尼西亚、马来西亚、菲律宾、新加坡和泰国6国已于2002年将绝大多数产品的关税降至0～5%，越南、老挝、缅甸和柬埔寨4国于2015年实现了这一目标。

2011年11月，东盟提出"区域全面经济伙伴关系"（Regional Comprehensive Economic Partnership，RCEP）倡议，旨在构建以东盟为核心的地区自贸安排。2012年11月，在第七届东亚峰会上，东盟国家与中、日、韩、印、澳、新（西兰）6国领导人同意启动"区域全面经济伙伴关系"谈判。2020年11月，第37届东盟峰会通过了《东盟全面复苏框架》及其实施计划。

▶ 2. 南亚区域合作联盟

南亚区域合作联盟（以下简称南盟）是在1985年12月成立的，成员有印度、孟加拉、巴基斯坦、斯里兰卡、马尔代夫、尼泊尔、不丹、阿富汗8个国家。1993年4月，南盟就各国间优惠贸易安排达成了协议，以此作为今后贸易谈判的基础。1994年11月起，实施了1993年4月形成的优惠贸易安排。南盟成立后30多年来，区域经济合作进展不大，其主要原因是成员国之间存在着严重的政治分歧和边界争端，以及印巴两个南亚大国之间在该地区禁止核武器问题上存有不可调和的矛盾。这也从一个方面说明，政治关系是影响区域经济一体化发展的一个重要因素。

▶ 3. 海湾合作委员会

海湾合作委员会（以下简称海合会）于1965年成立，成员国有沙特阿拉伯、科威特、巴林、阿曼、卡塔尔、阿拉伯联合酋长国。1992年年底，海湾合作委员会宣布，从1993年3月起建立共同市场，统一进口关税，以保证进口货物在六国间自由流动。2001年12月，也门被批准加入海合会卫生、教育、劳工和社会事务部长理事会等机构，参与海合会的部分工作。2003年1月1日，海合会六国正式启动关税联盟。该联盟规定，对从海合会成员国以外地区进口的商品征收5%的统一关税，同时六国之间将最终取消关税壁垒。按照海湾经济一体化进程的时间表，六国在2008年1月1日正式启动海湾共同市场。

▶ 4. 经济合作组织

经济合作组织于1985年成立，成员国有伊朗、巴基斯坦、土耳其。1992年，又增加了7个国家：阿富汗、阿塞拜疆、哈萨克斯坦、乌兹别克斯坦、吉尔吉斯斯坦、土库曼斯坦、塔吉克斯坦。经济合作组织的目的是在改进、促进贸易发展和提供投资机会方面提供一个讨论的平台，最终目的为货品和服务建立单一市场。

（二）欧洲

▶ 1. 欧洲自由贸易联盟

1959 年 7 月，英国、瑞士、丹麦、挪威、瑞典、奥地利、葡萄牙 7 国在瑞典首都斯德哥尔摩举行了部长级会议，会上通过了"成立欧洲自由贸易联盟的计划草案"，同年 11 月又签订了《欧洲自由贸易联盟条约》。1960 年 5 月 3 日，欧洲自由贸易联盟正式成立，以后芬兰、冰岛、列支敦士登相继加入。但随着英国、丹麦、瑞典、奥地利、葡萄牙、芬兰加入欧洲经济共同体，现在仅剩下挪威、瑞士、冰岛和列支敦士登 4 个国家了。

欧洲自由贸易联盟的宗旨是：实现成员国之间工业品贸易自由化。《欧洲自由贸易联盟条约》规定，自 1960 年 7 月起的 10 年内，逐步削减直至完全取消成员国之间的工业品贸易关税和数量限制。这个目标已提前于 1966 年年底实现。贸易自由化不涉及农产品。欧洲自由贸易联盟建立的最初原因是对抗欧洲经济共同体，但后来随着欧洲经济共同体力量的加强，该联盟自感实力虚弱便转而希望与欧共体加强合作。1972 年 7 月，该联盟终于与欧共体签署了建立自由贸易区的协定，决定逐步取消这些国家之间的工业品关税，把自由贸易制度扩大到这两大经济集团内的所有国家。

▶ 2. 独联体经济联盟

独联体经济联盟于 1993 年成立，是独联体国家之间的经济联合组织。该组织力图形成统一的经济空间，使其商品、劳务、资本可以自由往来；并协调货币、信贷、预算、对外经济和外汇政策，取消关税，建立灵活的相互协作机制，加速一体化和建立共同市场。其领导机构为联盟委员会，日常工作由跨国经济委员会负责，总部设在莫斯科。

▶ 3. 黑海经济合作组织

黑海经济合作组织是 1992 年 6 月在伊斯坦布尔签署《黑海经济合作宣言》而正式成立的。该文件表明，参加国间将通过双边或多边合作网，逐步加强成员国间经济合作，取消或削减不利于扩大贸易和投资的一切障碍，为商品、劳务和资金的自由流动创造条件。目前，该组织共有 12 个正式成员国：罗马尼亚、保加利亚、土耳其、阿尔巴尼亚、希腊、俄罗斯、亚美尼亚、摩尔多瓦、格鲁吉亚、乌克兰、阿塞拜疆、匈牙利。

（三）拉丁美洲

▶ 1. 南方共同市场

1991 年 3 月 26 日，阿根廷、巴西、乌拉圭、巴拉圭 4 国总统在巴拉圭首都亚松森签署了《亚松森条约》，决定建立由四国参加的南方共同市场。经过近四年的艰苦谈判，于 1994 年 12 月 17 日签署了《黑金城协定》，宣布 1995 年 1 月 1 日南方共同市场正式启动运转。它是南美地区最大的经济一体化组织，是拉美地区举足轻重的区域性经济合作组织。该组织的宗旨是通过有效利用资源、保护环境、协调宏观经济政策、加强经济互补，促进成员国科技进步和实现经济现代化，进而改善人民生活条件，推动拉美地区经济一体化进程。

2021 年 3 月 26 日，南方共同市场各成员国首脑出席了该组织成立 30 周年纪念峰会。此次峰会颁布了《南共市公民法》，以更好地维护各成员国公民的权利和利益。

▶ 2. 南美洲国家联盟

南美洲国家联盟的前身为南美国家共同体（简称南共体）。2000 年，巴西在第一届南美国家首脑会议上提出建立南共体的倡议。2004 年 12 月，南共体正式宣告成立。

2007年4月，南共体首届能源会议决定该组织更名为南美洲国家联盟。2008年5月，南美12国元首在巴西利亚签署《南美洲国家联盟组织条约》，宣告南美洲国家联盟正式成立。

▶ **3. 安第斯共同体**

1969年5月，哥伦比亚、智利、厄瓜多尔、秘鲁、玻利维亚5国在哥伦比亚的卡塔赫那签署《安第斯条约》，正式成立了安第斯集团。1995年9月5日，安第斯集团总统理事会第七次会议决定建立安第斯一体化体系。1996年3月9日，易为现名"安第斯共同体"。该组织的宗旨是充分利用安第斯地区资源促进成员国之间平衡和协调发展取消成员国之间的关税壁垒，组成共同市场加速经济一体化进程。

▶ **4. 拉美一体化联盟**

拉美一体化联盟的前身是拉美自由贸易联盟。1960年2月，阿根廷、玻利维亚、巴西、智利、墨西哥、巴拉圭、秘鲁、乌拉圭8国在乌拉圭签订了《蒙得维的亚条约》，成立了拉美自由贸易联盟。以后，哥伦比亚、厄瓜多尔、委内瑞拉和古巴相继加入了该联盟，成员国当时发展到12个。该联盟计划在12年内实现贸易自由化，但目标未能实现。1980年6月签订了新的《蒙得维的亚条约》，对原有的机构进行改革，建立了拉美一体化联盟，以推动这一地区的经济一体化进程。新条约的目标是：分别通过签订双边和多边协议，促进新联盟成员国之间及其与第三国的贸易增长。在新联盟的框架下，成员国之间的贸易自由化在部门基础上通过以下两个途径来实现：一是"区域范围协议"，即在区域内全部成员之间相互给予优惠贸易待遇；二是"小组范围协议"，即新联盟成员国中愿意签署本协议的国家之间相互提供优惠贸易待遇。

(四)非洲

▶ **1. 西非国家经济共同体**

1975年5月，15个西非国家在尼日利亚首都拉各斯举行首脑会议，签署了《拉各斯条约》，成立了西非国家经济共同体，它是目前非洲最大的发展中国家区域性经济合作组织。该共同体的宗旨是：加强区域一体化，促进成员国在政治、经济、社会和文化等方面的发展与合作。1993年7月，在共同体第16届首脑会议上签订了《西非国家经济共同体修正条约》；2021年6月，西非国家经济共同体在加纳首都阿克拉举行峰会，决定于2027年发行统一货币。

▶ **2. 南部非洲发展共同体**

该组织前身是成立于1980年的南部非洲发展协调会议。1992年8月举行成员国首脑会议，将协调会议改组为南部非洲发展共同体，目的是在平等、互利和均衡的基础上，建立开放型经济，打破关税壁垒，促进相互投资、贸易、人员、货物和劳务的自由往来，逐步统一货币，最终实现区域经济一体化。1993年7月31日，它通过决议，准许本地区的公民无须签证就可自由出入各成员国边境。1996年8月24日，在莱索托的首都马塞卢举行首脑会议，签署了争取在八年内实现地区贸易自由化的重要文件，2008年南部非洲发展共同体正式启动自由贸易区。截至2019年，该组织共有16个成员国。

▶ **3. 阿拉伯马格里布联盟**

该组织由北非五国(阿尔及利亚、利比亚、毛里塔尼亚、摩洛哥和突尼斯)在1989年2月成立。自联盟成立以来，在建立马格里布农业共同市场、实现粮食自给方面做了一些工作，但在其他方面未取得实质性进展，这主要是由于成员国之间在经济政策如对外贸易安排方面分歧较大。

▶ 4．泛阿拉伯自由贸易区

建立泛阿拉伯自由贸易区是阿拉伯人民的梦想。1995 年，在阿拉伯国家联盟经济社会理事会第 56 次会议上，埃及提出建立泛阿拉伯自由贸易区的建议，阿拉伯经济一体化掀起了新一轮高潮，在 1996 年 6 月召开的阿拉伯国家联盟首脑会议上，与会各方达成共识，通过建立泛阿拉伯自由贸易区代替名存实亡的阿拉伯共同市场，以重新启动阿拉伯贸易和经济一体化进程，1997 年 2 月，阿拉伯各国达成了发展和促进阿拉伯贸易往来的协定，并于 2005 年 1 月 1 日开始实施泛阿拉伯自由贸易区协议。

（五）大洋洲

澳新自由贸易区是在 1965 年由澳大利亚和新西兰两国政府签署了自由贸易协议后建立的。该自由贸易协议生效运转了近 20 年后，于 1983 年被《澳新更紧密经济关系贸易协定》所取代。这样，澳新区域经济合作进入了一个空前的发展阶段。1965 年协议被取代的原因是，贸易自由化的产品范围不符合"实质上所有贸易"的要求，协议只涉及关税减让，而未就非关税措施问题做出规定，这样的自由贸易区促进两国贸易发展的作用是极其有限的。从紧密经济合作关系协议的主要内容看，该协议不仅包括了所有贸易产品，而且规定在 1990 年 7 月 1 日前，所有关税及非关税措施全部取消，并对反倾销、反补贴等进行了规定。1992 年，澳新两国对协议又做了修改，修改了关于双方对协调统一商业法规和竞争政策做出承诺，使双方产品相互免除反倾销行动。所以说，澳新自由贸易区是当前众多自由贸易区中贸易自由化程度最高、最彻底的一个。

第四节 区域经济一体化对国际贸易的影响

随着科学技术和生产力的快速发展，地区间贸易与经济合作日益加强，区域内贸易、投资趋向自由化，对外则形成一定的贸易和投资壁垒。区域经济一体化的产生和发展对世界经济格局产生了非常重要的影响。根据比较优势理论，自由贸易能使世界福利达到最大化，区域经济一体化在成员之间减免关税，从而趋向自由贸易，必然导致成员国福利的增加。而对其他国家而言，影响则比较复杂，利弊皆有。

一、对区域内部贸易的影响

概括地说，区域经济一体化扩大了的市场，将对集团内成员国的贸易和经济发展产生积极影响。

（一）促进了区域内部的贸易自由化，推动了区域内贸易量的迅速增长

无论哪种形式的区域经济一体化组织，都是以减免关税和减少贸易限制为基础的。在一体化程度高的组织内部甚至取消了关税和非关税壁垒，消除了区域内的关界，逐步实现以区域内的进口替代本国产品的趋势。这必然在不同程度上减少贸易障碍，使成员方之间的贸易比与第三国进行贸易容易得多，从而大大促进区域内成员方对外贸易的自由化。

拓展阅读 14-3
RCEP：亚洲经济
一体化的艰难起航

由于区内贸易相对自由化，成员方之间贸易比与第三国贸易有利得多。加之关税同盟所产生的贸易创造效应和贸易转向效应，区外贸易为区

内贸易所代替，使区域内成员方之间的贸易往来越来越多，贸易量迅速增长，区域内部贸易在成员方对外贸易总额中所占的比重显著提高，从而使区域内成员方间的贸易迅速增长，区域内部贸易在成员方对外贸易总额中所占比重提高。

（二）促进了区域内部规模经济的发展，推动了区域内部国际分工和国际技术合作

市场扩大，能获得规模经济效益，区域一体化能把分散的小市场统一起来，结成大市场，实现规模经济等技术利益。内部生产要素可以自由流动，也便于生产资料集中使用，有利于实现规模节约。

区域内妨碍生产要素自由流动的各种障碍逐步减弱或消除后，生产要素得到合理配置，各企业将充分利用和发挥自己的比较优势，扩大专业经营规模。超越国界的大市场的建立，不仅解决了高度发展的生产力与狭隘的国域之间的矛盾，而且通过企业间互相兼并和采取优化组合以及更为合理的专业分工，成员方之间经济上的互补性越来越强，因此，区域经济一体化的发展必然促使国际分工向着纵深方向发展，在国际技术合作方面有着突出的表现。许多一国力量难以胜任的重大科研项目和技术项目，如原子能利用、航空航天技术、大型计算机等，在建立区域组织后，便由各成员方共同承担、共同完成。

（三）促进了区域内部的贸易和投资自由化，提高了市场竞争程度，经济效率随之提高

区域经济一体化的实现过程是贸易自由化不断推进的过程，也是取消投资限制的过程。贸易自由化后，各国厂商失去了本国的保护，必须迎接集团内其他国家厂商的竞争，从而刺激劳动生产率的提高和成本的下降，并刺激新技术的开发和利用。产品成本和价格下降了，再加上人们收入水平随生产发展而提高，过去只供少数富人消费的高档商品将转为多数人的消费对象，出现大市场、大规模生产、大量消费的良性循环。投资自由化以后，会导致生产要素的自由转移，经济资源配置也就趋于最优状态。

（四）促进了区域内部的国际分工和技术合作，加快了产业结构调整，提高了国际竞争力

为应付市场的扩大和竞争的加剧，集团内各企业必然增加投资、更新设备、采用新技术，所以，区域经济一体化的发展，会促进区域内的科技一体化，欧盟的"尤里卡计划"就是例证。一体化的创建还给区域内各企业提供了重新组织和提高竞争力的机会与条件。通过企业兼并或企业间的合作，加快地区分工和产业结构调整，促进了企业经济效益的提高，实现了产业结构的高级化。对于发展中国家来说，发展区域经济一体化，可以充分利用现有的资金、技术、设备和各种资源，建立起规模较大、技术水平较高的联合企业，建立起新兴的工业部门，逐步改变单一的经济结构，逐步改变出口商品单一的状况。近年来，发展中国家通过经济一体化发展工业生产，工业品的自给率已有较大幅度的提高，拉美经济一体化组织中 60% 的机器、运输设备，35% 的化工产品以及 40% 的钢材都是从区内贸易获得的。

（五）改变了国际贸易的地区分布

由于区域经济一体化组织建立后产生的贸易转移效应，贸易集团的排他性开始显现。一方面，成员国的贸易更多地转向了内部；另一方面，成员国与非成员国之间的贸易相对减少。这种变化显著地改变了国际贸易的地区分布状况。

（六）有利于一体化国家整体贸易地位的提高，集体谈判力量得到增强

区域经济一体化使得原来一些单个经济力量比较薄弱的国家以集团的身份出现在世界经济舞台上，用一个声音说话，其经济地位显著提高。同时，随着区内贸易和投资自由化程度的提高，区内市场规模进一步扩大，竞争效应和规模经济效应发挥作用，整个经济体的国际竞争能力和经济实力明显增强。

由于其地位上升和竞争能力的加强，加重了这些国家在国际贸易谈判桌上的分量，在一定程度上维护了本身的贸易利益。以为例，在关贸总协定和世界贸易组织的多边贸易谈判中，欧盟以集团身份与其他缔约国和成员方谈判，大大地增强了自己的谈判实力，维护了自己的贸易利益。

此外，区域经济一体化对于推动技术革新、加快商品的更新换代、改革商品结构等也将产生积极影响。由于政府采购市场扩大为整个集团市场，节省了预算开支，因此各国的财政收支困难情况将得到缓解。经济实力的提高和贸易量的增多又将提供更多的就业机会，以缓解失业的压力。总之，它将促进集团内经济的良性循环和整个经济实力的提高。

二、对区域外部贸易的影响

（一）积极影响

区域经济一体化对区外非成员国的经贸活动也有着一定的积极影响。这表现为：区域性集团实现内部经济一体化后，其成员国自身会增强经济活力，促进经济加速发展，扩大对外需求，从而在一定程度上促进了世界贸易总量的增长。这就为各国经济发展提供了更多的机遇，即产生了"收入—溢出效应"。此外，由于区域经济一体化在技术开发领域创造的新成果也会向外扩散，使得区外国家也可受益。如欧共体优惠的科技合作政策，汇集了区内各国的科技精英，推动了新技术产品的联合开发，这些成果也会随出口的增长转移到其他国家，从而提高了世界的科技开发水平。

（二）不利影响

然而，区域性经济集团化内外有别的各项政策对非成员国更多的是不利影响。

▶ **1. 减少了区域外部国家的贸易机会**

多数区域经济一体化组织都带有明显的排他性，在区域内部成员方之间实行贸易或更大范围的自由化的同时，为了维护区域集团的利益，成员方必然奉行"内外有别"的政策，从而导致区域内部贸易对区域外部贸易的替代。而且，由于区域集团的形成，贸易壁垒将更为隐蔽和强大，这无疑增加了一些非成员方特别是一些发展中国家的贸易难度，从而加剧了国际间贸易的不平衡。

▶ **2. 区域经济一体化组织改变了国际直接投资的地区流向**

由于贸易转移的影响，原来以出口方式进入市场的外国跨国公司，因受到歧视而改为以直接投资取代出口，在一体化区域内部直接生产。这样可以绕过进口国关税与非关税壁垒，以保护从前通过出口所占领的市场。这是因为，虽然区域一体化并没有提高非成员国商品的关税率，但由于成员国内部之间取消关税，就会使外国的跨国公司与一体化成员国的跨国公司相比处于竞争劣势；只有投资于区域经济一体化组织内部以享有国民待遇，才能使外国跨国公司的劣势得以消除，进而保护其传统市场。显然，流入的外国直接投资是从世界其他地区潜在的投资转移来的，所以，一体化区域内外国直接投资的增加，意味着一体化区域外的投资相应下降。

▶ 3. 区域经济一体化不利于多边贸易体系的改进和完善，从而影响全球贸易环境

世界经济区域化、集团化趋势，将使若干个实力相当或相近的区域经济一体化组织出现在世界经济大舞台上。可以预计，在它们之间合作与竞争并行不悖。这样，现在的国与国之间的协调，将转化为区域与区域之间的国际经济协调。相比之下，由于区域经济一体化组织具有错综复杂的利益格局，而任何一种国际协调都不可能完全符合各国的经济利益，因此，不可避免地会出现反对国，国际协调将受到重重阻力，不能完全或顺利地贯彻。

总之，区域经济一体化具有双重性质，它以对内自由贸易、对外保护贸易为特征。对内，由于取消了关税和非关税壁垒，其促进了内部贸易的自由化，使区域内各国间的生产专业化和国际分工更加密切和精细，从而使内部贸易迅速增长，可以说，它是走向世界经济全球化的一个阶梯，它使世界各国的经济变得更加难以分割；对外，由于贸易保护的加强，区域同外部国家间的贸易相对减弱，从而使本来很紧密的世界经济被分成了若干相对独立的区域，不利于世界经济全球化的发展。

第五节　中国与区域经济一体化

中国积极参与区域经济一体化进程，既是推动经济全球化与全球区域合作一体化趋势的浪潮，也是中国经济高速增长以后与国际经济紧密融合的内在要求，更是中国"入世"以后实现各种承诺、发展双边关系的必然选择。自由贸易区现已成为中国对外开放的新形势、新起点，以及与其他国家实现互利共赢的新平台。中国共产党十七大报告明确提出要"实施自由贸易区战略"。中国正在积极参加多种形式的地区经济一体化并取得了很好的成绩。中国在亚太经济合作组织、中国—东盟自由贸易区、曼谷协定和中国—巴基斯坦优惠贸易协定等方面取得了重大进展。

一、中国与东盟自由贸易区

建立"中国—东盟自由贸易区"的构想始于 2000 年在新加坡召开的第四次中国与东盟领导人会议。会上，东盟一些国家对中国即将加入世界贸易组织感到担忧，认为"入世"后，中国经济的快速增长将促使国际投资从东南亚转向中国，从而对东南亚经济产生不利影响。为了进一步解除东盟的担忧，中国总理朱镕基又主动提出双方成立自由贸易区的设想，此举在东盟国家引起了极大的反响。

2001 年 3 月，在中国的建议下双方成立了联合专家小组，对自由贸易区的可行性、经济效益以及中国加入世界贸易组织后的影响等问题进行了研究。专家小组的报告认为，中国与东盟在贸易结构上具有很大的互补性，目前双方贸易额占各自对外贸易总额的比重都较小，表明双方之间的贸易潜力很大。如果成立自由贸易区，则会产生较大的贸易创造效应，使双方都能受益。专家小组的报告得到东盟经济部长和外交部长会议的支持，双方进入协商阶段，并于 2002 年 11 月在柬埔寨首都金边举行的中国东盟峰会上签署了《中国—东盟全面经济合作框架协议》，正式确定在 2010 年建立中国—东盟自由贸易区。这是双方高瞻远瞩做出的重大决策，也是中国第一次承诺与他国达成自由贸易安排，堪称中国与东盟关系史上的一个里程碑。

2004 年 10 月，双方达成货物贸易协定和争端解决机制协议，并于同年 11 月签署这两项协定。2005 年 7 月 20 日起，根据 2004 年 11 月签署的《中国—东盟全面经济合作框架协议货物贸易协议》，中国与东盟全面开始关税减让，包括早期收获产品在内的 7 000 多个税目纳入降税计划。按照降税模式，2005 年中我国实际进行关税削减的税目共 3 408 个，约占全部税目的 50%。2007 年 1 月 14 日，中国与东盟签署《服务贸易协议》，双方在 60 多个服务部门相互做出高于世界贸易服务水平的市场开放承诺。2009 年 8 月 15 日，中国与东盟 10 国签署了中国—东盟自贸化《投资协议》，双方开始开放投资市场。协议的签署标志着双方成功完成了中国—东盟自由贸易协议的主要谈判。中国—东盟自由贸易化在 2010 年 1 月 1 日正式建成，这是一个拥有 19 亿人口、国内生产总值接近 6 万亿美元、贸易总额达 4.5 万亿美元的自由贸易区。

2020 年是中国—东盟自由贸易区全面建成的第 10 个年头。10 年来，在升级后的中国—东盟"10+1"共赢模式框架下，中国与东盟双边贸易快步增长，双向投资稳中有升，经济技术合作不断深入。中国—东盟自贸区已经成为全球最具活力、最富成效的自贸区之一，有力促进了世界经济的稳定和繁荣。中国—东盟自贸区推动构建的贸易关税新机制，使得中国对东盟的平均关税从之前的 9.8% 降至 0.1%，惠及 19 亿人口。中国与东盟双边贸易额从 2002 年自贸区建设伊始的 548 亿美元增加至 2019 年的 6 415 亿美元，较 2010 年的 2 928 亿美元实现翻番。2020 年前三季度，尽管受到新冠肺炎疫情影响，中国与东盟双边贸易额依然达到 4 818 亿美元，同比增长 5%，占中国同期外贸总额的 1/7。中国连续 11 年成为东盟第一大贸易伙伴，东盟也于今年首次成为中国第一大贸易伙伴。

二、中国与巴基斯坦建立自由贸易区

2005 年 4 月，中国与巴基斯坦宣布启动中巴自由贸易区谈判，并签署了《中巴自由贸易协定早期收获协议》。同年 8 月，中巴双方开始全面降税的谈判。2006 年 11 月，双方正式签订《中巴自由贸易协定》。根据该协定，双方承诺于 2007 年 7 月 1 日起对全部货物产品分两个阶段实施降税。第一阶段在协定生效后 5 年内，双方对占各自税目总数 85% 的产品按照不同的降税幅度实施降税，其中，35% 的产品关税将在 3 年内降至零。第二阶段从该协定生效第 6 年开始，双方在对以往情况进行审评的基础上，对各自的产品进一步实施降税。

自 2007 年 7 月《中巴自由贸易协定》实施以来，中巴两国贸易投资和经济合作发展迅速。2010 年，双边贸易额为 86.7 亿美元，增长 28%，显示了强劲的复苏势头。2011 年 3 月，中国—巴基斯坦自由贸易区第二阶段降税第一轮谈判在伊斯兰堡举行，中巴双方确定了第二阶段降税谈判大纲，并就降税模式等问题交换了意见。2019 年 4 月双方谈判结束并签署《中华人民共和国政府和巴基斯坦伊斯兰共和国政府关于修订〈自由贸易协定〉的议定书》（以下简称《议定书》）。《议定书》降税安排已于 2020 年 1 月 1 日起正式生效。根据《议定书》规定，降税安排实施后，中巴两国间相互实施零关税产品的税目数比例将从此前的 35% 逐步增加至 75%，自由化水平将提高一倍以上。此外，双方还将对占各自税目数比例 5% 的其他产品实施 20% 幅度的部分降税。《议定书》降税安排的实施，将进一步扩大两国间市场开放，使两国企业和消费者享受到更多优惠，推动中巴自贸区建设进入新阶段。

三、中国与智利缔结自由贸易协定

2005 年 11 月 18 日，中国与智利两国在韩国釜山签署了《中华人民共和国政府和智利共和国政府自由贸易协定》。这是继《中国—东盟全面经济合作框架协议货物贸易协议》之后中国对外签署的第二个自由贸易协定，也是中国与拉美国家的第一个自由贸易安排，是南南合作的重要象征。

四、中国与新西兰自由贸易区

中国与新西兰 2008 年 4 月 7 日在北京正式签署双边自由贸易协定，这是中国与发达国家签署的第一个自由贸易协定。中新（西兰）自由贸易区谈判是 2004 年 11 月胡锦涛主席与新西兰克拉克总理共同宣布启动的，也是中国与发达国家启动的第一个自由贸易区谈判。中新两国经贸关系保持良好发展势头。2007 年双边贸易额达 37 亿美元，同比增长 26%；2013 年中国已成为新西兰第二大贸易伙伴；2018 年以来，中国一直都是新西兰最大的贸易伙伴。双方在服务和投资领域的合作也日趋密切。这些都为两国达成自由贸易区协定奠定了良好的基础。

五、中国与秘鲁签署自由贸易协定

2007 年 3 月 31 日，中国、秘鲁双方领导人共同宣布启动中秘自由贸易区联合可行性研究。2007 年 9 月 7 日，在悉尼 APEC 领导人非正式会议期间，中秘双方共同宣布启动中秘自贸区谈判。2009 年 4 月 28 日，中秘双方在北京签署《中秘自由贸易协定》，该协定于 2010 年 3 月 1 日正式实施。《中秘自由贸易协定》是我国与拉美国家签署的第一个一揽子自贸协定。

《中秘自由贸易协定》覆盖领域广、开放水平高。根据该协定，在货物贸易方面，中秘双方将对各自 90% 以上的产品分阶段实施零关税；在服务贸易方面，双方将在各自对世贸组织承诺的基础上，相互进一步开放服务部门；在投资方面，双方将相互给予对方投资者及其投资以准入后国民待遇、最惠国待遇和公平公正待遇，鼓励双方投资并为其提供便利等。与此同时，双方还在知识产权、贸易救济、原产地规则、海关程序、基础性贸易壁垒、卫生和植物卫生措施等众多领域达成广泛共识。

六、中国与亚太经济合作组织

亚太地区是中国对外经济贸易的重要依托。亚太经合组织现有 21 个成员，总人口约占全球的 42%，GDP 约占全球的一半，贸易额约占全球的 46%。数据显示：2021 年 1—10 月中国与亚太经济合作组织双边货物进出口额为 311 572 492 万美元，相比 2020 年同期增长了 72 752 129.85 万美元，同比增长 30.7%。因此，积极参与亚太地区的经济合作，在亚太地区建立更加开放的贸易和投资环境，有利于中国与亚太经济合作组织其他成员经济贸易关系的稳步发展和中国国民经济的持续发展。

中国高度重视参与亚太经合组织合作，并发挥着越来越重要的作用。2021 年 11 月 12 日国家主席习近平在亚太经合组织第二十八次领导人非正式会议上的讲话指出，2021 年是中国加入亚太经合组织 30 周年。这 30 年，是中国深化改革、扩大开放的 30 年，也是亚太经济合作不断扩展的 30 年；亚太成为全球最具增长活力和发展潜力的地区，为世界经济增长和地区人民福祉做出了积极贡献；要推进落实 2040 年布特拉加亚愿景，构建开放包容、创新增长、互联互通、合作共赢的亚太命运共同体。

七、上海合作组织

上海合作组织的前身是"上海五国"机制。"上海五国"机制发源于 20 世纪 80 年代末开始的以中国为一方，以俄罗斯、哈萨克斯坦、吉尔吉斯斯坦、塔吉克斯坦四国为另一方的关于加强边境地区信任和裁军的谈判进程。2001 年 6 月 14 日，"上海五国"成员国元首和乌克兰总统在上海举行会晤，签署联合声明，吸收乌兹别克斯坦加入"上海五国"机制。15日，六国元首共同发表《上海合作组织成立宣言》，宣布在"上海五国"机制基础上成立上海合作组织，上海合作组织正式宣告诞生。

虽然"上海五国"会晤机制最初是以边境裁军和加强军事信任为议题的，但随着时间的推移，五国关系日益密切，友好关系深入发展，经贸合作与文化交流也相继展开，在能源、交通等领域进行了一系列的合作。

八、中澳自由贸易区

2003 年 10 月 24 日，中、澳两国签署《中国澳大利亚经贸框架》。根据这一框架，中、澳双方将促进在具有突出潜力的领域进行战略合作，并通过高层、商界和学术界互访和对话及部长级经济联委会机制，就促进双边贸易投资、贸易救济措施、优惠贸易安排、区域和多边贸易问题，交流信息，加强磋商，协调政策和立场。2005 年年初已经完成自由贸易区的可行性研究，2015 年 6 月 17 日正式签署，2015 年 12 月 20 日正式生效。

九、内地与香港特别行政区、内地与澳门特别行政区建立更紧密经贸关系安排

《内地与香港关于建立更紧密经贸关系的安排》(CEPA)，是国家主体与其单独关税区之间的优惠贸易安排，是一个庞大的工程，不仅包括货物贸易自由化、服务贸易自由化和贸易投资便利化，还包括内地与香港在金融、旅游、专业人士资格互认等领域的合作。

为促进内地和香港特别行政区经济的共同繁荣与发展，加强双方与其他国家和地区的经贸联系，内地与香港特别行政区代表自 2002 年 1 月 25 日起，经过多轮磋商，于 2003年 6 月 29 日在香港达成《内地与香港关于建立更紧密经贸关系的安排》(以下简称《安排》)。《安排》遵循了"一国两制"的方针，并符合世界贸易组织的规则。至此，内地与香港和澳门两个特别行政区之间正式建立起了自由贸易关系，标志着内地与港澳的经贸交流进入了一个新阶段。

《内地与香港关于建立更紧密经贸关系的安排》的内容主要包括 3 个方面：①从 2004年 1 月 1 日起商品贸易的"零关税"安排；②内地进一步向香港开放服务业；③在投资便利化方面做出安排，对贸易投资促进等七个领域提供便利。同时，为进一步扩大开放，至今又签署了 5 个补充协议。

《内地与澳门关于建立更紧密经贸关系的安排》于 2003 年 10 月 17 日由中央政府和澳门特区政府在澳门签署。

除上述外，我国还与新加坡和哥斯达黎加签订了自由贸易协议，并且正在推进和海湾阿拉伯国家合作委员会、澳大利亚、瑞士、冰岛等国家和地区的自由贸易区的谈判。同时，还在开展和印度、韩国的自由贸易区联合可行性研究。

本章小结

"二战"后，随着区域经济一体化的发展，其在国际贸易中的地位越来越重要。区域经济一体化是指区域内两个或两个以上的国家或地区，通过制定共同的经济贸易政策等措施，消除相互之间阻碍要素流动的壁垒，实现成员国的产品甚至生产要素在本地区内自由流动，从而达到资源优化配置，促进经济贸易发展，最终形成一个超国家的和经济贸易高度协调统一的整体。经济一体化依据其组织形式，可分为优惠贸易安排、自由贸易区、关税同盟、共同市场、经济同盟和完全的经济一体化。

随着区域经济一体化的发展，人们从各种角度也相应形成了一些理论成果。其中，关税同盟论、大市场理论、协议性国际分工理论和综合发展战略理论是最具代表性的四个理论体系。目前，主要的区域经济一体化组织有欧盟、北美自由贸易区、区域全面经济伙伴关系协定、亚太经合组织，其他区域经济一体化组织还包括亚洲的东南亚国家联盟、南亚区域合作联盟、海湾合作委员会、经济合作组织；欧洲的自由贸易联盟、独联体经济联盟、黑海经济合作组织；南美洲的南方共同市场、南美洲国家联盟、安第斯共同体、拉美一体化联盟；非洲的西非国家经济共同体、西非经济共同体、南部非洲发展共同体、阿拉伯马格里布联盟、泛阿拉伯自由贸易区；大洋洲的澳新自由贸易区。

区域经济一体化对国际贸易产生了非常重要的影响，对区域内部贸易的影响主要是：①促进了区域内部的贸易自由化，推动了区域内贸易量的迅速增长；②促进了区域内部规模经济的发展，推动了区域内部国际分工和国际技术合作；③促进了区域内部的贸易和投资自由化，提高了市场竞争程度，经济效率随之提高；④促进了区域内部的国际分工和技术合作，加快了产业结构调整，提高了国际竞争力；⑤改变了国际贸易的地区分布；⑥有利于一体化国家整体贸易地位的提高，集体谈判力量得到增强等。区域经济一体化对区外非成员国的经贸活动也有着一定的积极影响，然而，区域性经济集团化内外有别的各项政策对非成员国更多的是不利影响：①减少了区域外部国家的贸易机会；②区域经济一体化组织改变了国际直接投资的地区流向；③区域经济一体化不利于多边贸易体系的改进和完善，从而影响了全球贸易环境。

中国在参与多边贸易体系、融入世界经济的同时，日益重视区域经济合作，其主要有中国与东盟的自由贸易区及其他多种形式。

案例分析

案例分析
南美洲一体化任重而道远

思考题

1. 按照经济一体化的程度划分，经济一体化有哪些组织形式？
2. 经济一体化有哪几种理论？
3. 经济一体化会产生哪些静态效果？
4. 经济一体化会产生哪些动态效果？
5. 试举例说明什么是贸易创造效果和贸易转移效果。
6. 大市场理论的核心内容是什么？
7. 协议性国际分工的原理是什么？
8. 分析区域经济一体化对国际贸易的影响。
9. 中国参与地区经济一体化的进展如何？

线上课堂——训练与测试

扫描封底刮刮卡　　获取答题权限

在线自测

参 考 文 献

[1] 〔美〕托马斯·A. 普格尔，彼德·H. 林德特. 国际经济学 [M]. 11 版. 李克宁，等，译. 北京：经济科学出版社，2001.

[2] 〔美〕保罗·R. 克鲁格曼. 国际贸易[M]. 10 版. 北京：中国人民大学出版社，2016.

[3] 〔美〕多米尼克·萨尔瓦多. 国际经济学[M]. 9 版. 北京：清华大学出版社，2008.

[4] 〔意〕贾恩卡洛·甘道尔夫. 国际贸易理论与政策[M]. 王根蓓，译. 上海：上海财经大学出版社，2005.

[5] 丹尼斯·R. 阿普尔亚德，小艾尔弗雷德·J. 菲尔德，史蒂文·L. 科布. 国际贸易[M]. 北京：中国人民大学出版社，2012.

[6] 李汉君. 国际贸易概论[M]. 北京：中国财政经济出版社，1991.

[7] 盛斌. 中国对外贸易政策的政治经济学分析[M]. 上海：上海三联书店；上海人民出版社，2002.

[8] 海闻，P. 林德特，王新奎. 国际贸易[M]. 上海：上海人民出版社，2003.

[9] 刘厚俊，等. 国际贸易新发展：理论、政策、实践[M]. 北京：科学出版社，2003.

[10] 陈宪，张鸿. 国际贸易：理论·政策·案例[M]. 上海：上海财经大学出版社，2004.

[11] 冯宗宪，杨健全，张文科. 国际贸易理论、政策与实务[M]. 西安：西安交通大学出版社，2004.

[12] 朱钟棣，郭羽诞，兰宜生. 国际贸易学[M]. 上海：上海财经大学出版社，2005.

[13] 唐海燕. 国际贸易概论[M]. 北京：中国商务出版社，2006.

[14] 黄静波. 国际贸易理论与政策[M]. 北京：清华大学出版社；北京交通大学出版社，2007.

[15] 赵春明. 国际贸易[M]. 北京：高等教育出版社，2007.

[16] 李俊江. 国际贸易[M]. 北京：高等教育出版社，2008.

[17] 张曙霄，孙莉莉. 国际贸易学[M]. 3 版. 北京：经济科学出版社，2008.

[18] 李汉君. 世界贸易组织概论[M]. 北京：中国商务出版社，2008.

[19] 范爱军，等. 国际贸易学[M]. 北京：科学出版社，2009.

[20] 李汉君. 国际贸易[M]. 北京：科学出版社，2009.

[21] 胡昭玲. 国际贸易：理论与政策[M]. 北京：清华大学出版社，2010.

[22] 徐桂英. 国际贸易：理论与政策[M]. 北京：经济科学出版社，2010.

[23] 李汉君. 国际贸易：理论与政策[M]. 北京：经济科学出版社，2012.

[24] 闫国庆，孙琪，陈丽静. 国际贸易理论与政策[M]. 北京：高等教育出版社，2012.

[25] 王珏. 国际贸易前沿专题[M]. 北京：中国经济出版社，2013.

[26] 张玮. 国际贸易原理[M]. 北京：中国人民大学出版社，2013.

[27] 佟家栋，周申. 国际贸易学：理论与政策[M]. 北京：高等教育出版社，2014.

[28] 陈伟，梅萍. 国际贸易[M]. 北京：清华大学出版社，2014.

[29] 张二震，马野青. 国际贸易学[M]. 5 版. 南京：南京大学出版社，2015.

[30] 喻志军. 国际贸易[M]. 北京：企业管理出版社，2015.

[31] 周文贵. 国际贸易理论概览[M]. 北京：人民出版社，2015.

[32] 董瑾. 国际贸易学[M]. 3 版. 北京：机械工业出版社，2016.

[33] 卓岩，姜鸿. 国际贸易[M]. 北京：科学出版社，2016.

[34] 薛荣久. 国际贸易[M]. 6 版. 北京：对外经济贸易大学出版社，2016.

[35] 范爱军. 国际贸易学[M]. 北京：高等教育出版社，2016.

[36] 朱廷珺. 国际贸易[M]. 3 版. 北京：北京大学出版社，2016.

[37] 崔日明，王厚双，徐春祥. 国际贸易[M]. 2 版. 北京：机械工业出版社，2016.

[38] 余淼杰. 国际贸易学：理论、政策与实证[M]. 3 版. 北京：北京大学出版社，2021.1.

[39] 窦祥胜. 国际贸易学[M]. 北京：中国人民大学出版社，2021.2.

教师服务

感谢您选用清华大学出版社的教材！为了更好地服务教学，我们为授课教师提供本书的教学辅助资源，以及本学科重点教材信息。请您扫码获取。

≫ 教辅获取

本书教辅资源，授课教师扫码获取

≫ 样书赠送

国际经济与贸易类重点教材，教师扫码获取样书

 清华大学出版社

E-mail: tupfuwu@163.com
电话：010-83470332 / 83470142
地址：北京市海淀区双清路学研大厦 B 座 509

网址：http://www.tup.com.cn/
传真：8610-83470107
邮编：100084